Unicorn
유니콘

UNICORN
유니콘

게임 체인저들이
세상을 바꾸고 있다

유효상 지음

클라우드나인
CLOUD 9

서문

유니콘 기업 분석을 통해 글로벌 트렌드와 미래를 읽는다

월가의 투자전문가인 나심 니콜라스 탈레브_{Nassim Nicholas Taleb}가 블랙스완 black swan으로 묘사한 2008년 미국 발 금융위기는 8년이 지난 지금도 여전히 진행형이다. 더구나 미국에서 시작되어 전 세계로 확산된 이 비정상적인 심각한 경기침체 상황이 앞으로도 얼마나 더 지속될지 예측조차 어려운 실정이다.

최근 10년 내 가장 영향력 있는 경제학자로 평가받는 조지메이슨대의 타일러 코웬_{Tyler Cowen} 교수는 저서 『거대한 침체』에서 '고성장 시대는 멈추었고 저성장 시대를 맞이해야 한다'며 성장 동력을 상실하고 저성장 기조가 고착화되는 이른바 뉴노멀_{New Normal} 시대를 예고하고 있다. 그러나 성장동력이 사라지고 저성장 기조가 새로운 표준으로 자리 잡고 있는 침울한 경제 현실 속에서도 초고속 성장을 지속하며 뛰어난 인재들과 자금을 블랙홀처럼 빨아들이는 특이한 기업들이 세계 곳곳에서 계속해서 나타나고 있다.

이들 기업들은 '기업가치가 10억 달러(약 1조 2,000억 원) 이상인 스타트업'으로 영험한 능력의 뿔을 지닌 전설 속의 동물 '유니콘_{Unicorn}'으로 불린다. 미국의 『월스트리트저널_{WSJ}』에 따르면 이러한 유니콘 기업들은 2016년 현재 전 세계적으로 174개가 있는 것으로 나타났다. 미국 카우보이벤처스_{Cowboy Ventures}의 창립자 에일린 리_{Aileen Lee}가 2013년 11월 테크크런치_{TechCrunch}를 통해 천문학적 기업가치를 지닌 스타트업은 전설 속의 동물처럼 세상에서 찾아보기 어렵다는 뜻에서 유니콘에 비유하였다. 그런데 현재는 스타트업 성공 기준으로 자리 잡게 되었다.

뉴욕 경제, 금융 전문사이트 마켓워치가 조사한 바로는 7년 전 4개에 불과했던 유니콘은 2016년 1월 기준 174개로 폭발적으로 늘어났으며 2003년부터 2013 동안 평균 4개의 유니콘이 탄생한 데 비해 2014년 1월 기준 유니콘 기업

수는 45개, 2015년 99개, 2016년 174개로 증가했다. 이는 2014년 동월 기준 45개에 비해 약 287% 증가한 수치이며 놀라운 속도로 그 크기를 불려 가고 있다. 유니콘 순위 1위 기업은 2010년 샌프란시스코에서 만들어진 세계 최대 차량 공유 서비스인 우버Uber이다. 설립 5년 만에 74억 달러에 가까운 자금을 유치하면서 우버의 기업가치는 2016년 현재 680억 달러로 약 80조 원에 육박한다.

174개 유니콘 기업 중 106개가 미국기업이며 60개 기업이 실리콘밸리에 있다. 해를 거듭하면서 미국의 실리콘밸리는 물론 뉴욕이나 보스턴 등 미국 전역에서 유니콘들이 탄생하고 있으며 유럽의 여러 국가, 중국, 인도 등 세계적으로 다양한 나라에서 매년 수많은 유니콘들이 등장하고 있다. 그중에서도 가장 주목할 만한 곳은 바로 중국이다. 유니콘 순위 2위인 중국 스마트폰 제조업체 샤오미Xiaomi를 비롯하여 무려 36개 기업이 유니콘 리스트에 이름을 올리며 미국을 제외한 국가 중 가장 많다. 우리나라 기업은 쿠팡과 옐로우모바일 2개가 유니콘 리스트에 올라 있고 일본기업은 아직 한 개도 없다.

산업별 특징을 살펴보면 소프트웨어가 30%, 컨슈머 인터넷이 24%, e-커머스가 16%로 대부분을 차지하였으나 금융서비스, 헬스케어, 미디어와 교육 분야가 무서운 속도로 성장을 거듭하고 있다. 또 유니콘 기업은 B2C 기업이 B2B보다 많다. 86%가 평균 3명이 공동 창업을 하였고 76%가 이미 성공 경험이 있었다. 또 절반 이상이 미국 톱 10 대학 출신의 창업 멤버가 있었다. 또한 인도, 이란, 아일랜드, 이스라엘 출신의 공동 창업자가 많았다.

지금까지 성공한 기업들이 새로운 기술이나 독특한 아이디어로 제품의 성능이나 기능 향상에 집중했다면, 유니콘 기업들은 대부분 스마트폰, SNS, 클라우드 컴퓨팅, 사물인터넷IoT 등을 활용하여 누구나 쉽게 참여할 수 있는 플랫폼을 만들고 고객에게 전달할 가치value proposition를 중심축으로 새로운 비즈니스 모델을 만들고 기업, 정부, 언론, 교육기관, 의료기관 등 모든 시스템을 혁신하고 있다.

유니콘 기업의 키워드는 기술이 아닌 혁신적인 비즈니스 모델이다. 그렇지만 이러한 비즈니스 모델은 기존의 관습이나 제도 등을 모두 바꾸어야 하기 때문에 새로운 비즈니스 모델이 성공적으로 정착되려면 상당한 시간이 소요되기도 한다. 기업가치에 대한 버블 논란이 있긴 하다. 하지만 유니콘 기업이 미래를 지배할 거라고 확신하는 글로벌 기업과 세계적 명성의 벤처캐피털들이 앞을 다투어 이들 기업에 투자하며 유니콘들은 상장 기업이 아니면서도 자금조달 걱정 없이 자신들이 원하는 비즈니스를 전개하고 있다.

유니콘 기업에는 재무적 투자자financial investor는 물론이고 전략적 투자자 strategic investor들도 많은 투자를 하였다. 재무적 투자자 중에는 수십 개의 유망 스타트업을 발굴하여 글로벌 기업으로 육성시킨 세쿼이아 캐피털이 무려 37개, 액셀 파트너스가 29개, 안드레센 호로비츠가 28개의 유니콘 기업에 투자했다. 골드만삭스, T. 로우 프라이스, 웰링턴 매니지먼트, 인사이트 벤처 파트너스도 엄청난 거액을 투자하고 있다. 전략적 투자자로는 구글이 가장 많은 유니콘에 투자를 하였으며 소프트뱅크, 알리바바가 그 뒤를 잇고 있다. 마이크로소프트의 경우 기업가치의 99%가 상장 이후에 이루어졌고 구글은 90%, 페이스북도 60%가 상장을 하고 나서 만들어졌다는 점을 고려하면 왜 투자자들과 글로벌 기업들이 이들 기업에 주목하고 있는지도 쉽게 이해할 수 있다.

유니콘 기업을 연구하고 있는 에릭 베르메울렌Erik Vermeulen 틸부르대 교수는 수평적인 경영구조, 열린 커뮤니케이션, 포용성 있는 조직문화를 유니콘 기업의 성공 요인을 분석하기도 하였다. 새로운 비즈니스 모델과 엄청난 자금을 끌어모은 유니콘의 대거 등장으로 인재 영입 경쟁도 치열하게 벌어지고 있다. 우수한 대학을 졸업한 인재들이 유니콘에 몰리고 구글이나 페이스북에서 성공을 경험한 핵심 인력들도 우버나 에어비앤비 등으로 자리를 옮기고 있다.

혁신을 무기로 뛰어난 인재를 영입하여 발 빠르게 움직이는 오늘날의 유니콘들이 미래의 구글, 페이스북, 알리바바가 될 것이다. 현재 미국 전역에서 유니콘의 열풍이 불고 있다. 중국과 인도에서는 1~2주 간격으로 유니콘이 탄생하고 있다. 프랑스와 영국 등 유럽 국가들도 국가 차원에서 유니콘의 탄생을 지원하고 있다. 유니콘이 하나도 없는 일본은 각성의 목소리가 높다. 미래의 경제 흐름을 예측할 수 있는 대목이다.

언제나 변화를 일으키며 주도하는 기업이 있다. 그 변화의 물결을 감지하고 빠르게 대비하고 편승하는 기업도 있다. 그러나 변화를 감지하고도 여러 가지 이유로 변화를 무시하려는 기업도 있으며 아예 변화를 감지하지 못하여 몰락하는 기업도 있다. 지금은 전 세계적으로 성장 동력을 상실하고 저성장이 보편화된 뉴노멀 시대이다. 선진국과 개발도상국 모두가 이러한 비정상적인 상황에서 벗어나서 다시 성장동력을 회복하고 고도성장을 이룰 수 있는 노멀라이제이션 Normalization을 향해 치열한 사투를 벌이고 있다. 새로운 비즈니스 모델로 무장하고 혁신적인 조직문화로 세상을 바꾸려는 수많은 유니콘들이 뛰어다니고 있는 것이다.

그렇다면 우리나라는 어떤가? 대한민국은 겉으로 보기에는 스타트업의 천국이다. 수많은 젊은이들이 스타트업을 창업하고, 정부는 다양한 지원책을 펼치고, 언론은 연일 기업가정신의 부활을 외치고 있다. 대기업들도 전국적으로 창조혁신센터를 만들고 스타트업을 적극적으로 지원하고 있다.

과연 우리나라는 스타트업의 천국일까?

우리나라는 미국과 같은 제로투원0 to 1의 창조적인 혁신도 부족하고 중국이나 인도와 같이 '원투헌드레드1 to 100'로 혁신을 극대화할 수 있는 속도와 시장규모도 절대적으로 모자란다. 규제도 심각하고 스타트업에 대한 '게임의 법칙'도 제대로 이해하지 못하고 있다. 정부가 창조경제를 외치고 있지만 공허하게 들린다. 대한민국 경제성장률은 점점 하향 전망치를 갱신하고 있다. 대기업들이 해외로 공장을 옮기고 글로벌 기업들의 한국행 발길은 뜸하다. 이러한 상황에서 우리나라의 미래는 창조혁신에서 답을 찾을 수밖에 없다. 대한민국 스스로 찾아야 한다. 전 세계에서 통용될 수 있는 대한민국의 강점과 포지셔닝을 극대화하려면 '제로 투 원'과 '원 투 헌드레드' 사이에서 게이트키퍼gatekeeper나 가교 bridge 역할을 모색해야 한다.

우리는 왜 이들 유니콘에 돈이 몰리고 인재가 몰리고 거대기업들이 지대한 관심을 두고 있는지 연구하고 분석해봐야 한다. 창조적인 아이디어나 비즈니스 모델로 새로운 시장을 만들고 미래를 열어가는 유니콘들의 진정한 내면이 무엇인지, 과연 우리는 여기에서 우리의 미래를 밝혀줄 해답을 찾을 수 있을지 고민해야 할 것이다.

유니콘을 처음 접하고 흥분과 놀라움의 연속이었다.

어떻게 이렇게 단순한 비즈니스 모델로 엄청난 자금을 모으고 천문학적인 기업가치를 단 몇 년 만에 이룰 수 있을까? 어떻게 이렇게 빠르게 전 세계 시장을 장악하고 패러다임을 바꿔 놓을 수 있을까? 일시적인 거품이 아닐까? 극히 소수의 특별한 사례가 아닐까? 그러나 자료를 모으고 연구를 하면 할수록 기대 이상의 의미가 유니콘 속에 내포되었다는 것을 깨닫게 되었다. 일단 『월스트리트저널』『포천』『포브스』의 자료를 참고하여 유니콘 기업들의 홈페이지와 관련 기사들을 검색하여 2016년 현재 발표된 174개 유니콘 리스트에 올라온 기업들의 비즈니스 모델, 기업가치, 창업자 스토리, 주요 투자자 등 핵심적인 내용을 정리해서 최대한 빨리 우리나라 젊은이들에게 알려주고 싶었다. 새로운 패러다임과 변화의 물결을 감지하고 노력하면 우리나라 청년들도 유니콘의 주역이 될 수 있으며 대한민국도 미래가 있다는 것을…….

유니콘 기업들은 비상장 기업들이라 정보를 찾고 자료를 정리하는 일이 쉽지 않았다. 몇 달 동안 방학도 반납하고 헌신적으로 도와준 사랑스러운 제자 귀주, 희지, 하나, 다빈 덕분에 부족하지만 무사히 원고를 마무리할 수 있었다. 좋은 책을 만들겠다는 열정으로 너무도 열심히 노력하시는 안현주 대표와 장치혁 대표께도 무한한 고마움을 표한다.

2016.4

유효상

목차

1장

왜 유니콘인가
Why Unicorns

유니콘의 개념과 의의

전 세계 60개국 약 400개 도시에서 사람들이 앱 하나로 택시를 잡아타고 있
다. 바로 2010년 샌프란시스코에서 만들어진 세계 최대 차량 공유서비스 업체
인 우버이다. 설립 5년 만에 74억 달러에 가까운 자금을 유치하면서 2016년 기
준 기업가치는 680억 달러로 한화 약 80조 원에 육박했다. 한동안 IT 업계에
서 가장 큰 주목을 받았던 중국의 스마트폰 제조업체 샤오미Xiaomi는 2014년
에 투자자들로부터 11억 달러의 자금을 유치하면서 기업가치가 460억 달러로
4년 만에 200배나 폭등했다. 미국의 온라인 숙박 공유 서비스 업체 에어비앤비
Airbnb는 2015년 15억 달러 규모의 자금조달에 성공했다. 기업가치는 250억 달
러를 돌파했다. 대형 호텔 체인점인 메리어트 인터내셔널Marriott International 보다
높은 금액이다.

이 세 기업의 공통점은 모두 비상장기업이라는 점이다. 이렇게 비상장 상태

이면서 대규모의 투자와 함께 투자가치를 높게 평가받는 기업이 전 세계적으로 늘어나고 있다. 언론은 이들의 등장에 놀라워했고 '유니콘Unicorn'이라고 부르기 시작했다. 미국 카우보이 벤처스의 창립자 에일린 리Aileen Lee는 2013년 11월 테크크런치Techcrunch를 통해 유니콘이라는 신조어를 정의했다. 유니콘은 가치가 10억 달러로 우리 돈 1조 2,000억 원 이상에 이르는 신생기업start-up을 의미한다. 전설 속의 동물인 유니콘처럼 찾기 어렵다고 한 데서 그 이름이 유래되었다. 에일린이 유니콘이라는 단어를 소개한 이후 10억 달러라는 가치는 스타트업의 성공 기준으로 자리 잡게 되었다.

오늘날의 유니콘은 비상장 상태로 외부에서 벤처 캐피털과 사모펀드 등 전문 투자자에게 투자를 받아 성장하여 기업가치가 10억 달러 이상이 된 스타트업을 의미한다. 처음에는 좀처럼 찾아보기 어려워 희소성이 있다고 판단해 유니콘이라는 이름을 붙였다. 하지만 2014년에는 50여 개로 증가했고 2015년에는 100여 개로 증가했다. 2016년 기준 『월스트리트저널』과 『포천』의 유니콘 리스트에는 174개의 스타트업이 올라 있다. 에일린이 유니콘이라는 신조어를 만들었던 2013년의 38개에서 4배 이상 증가한 것이다. 다른 회사에 인수합병M&A이 되거나 주식시장에 상장한 스타트업을 포함하면 그 수는 200개를 훨씬 넘는다. 이제 유니콘은 '특이하다'기보다 하나의 '흐름'이 된 것이다.

심지어 최근에는 유니콘보다 기업가치가 열 배나 큰 '데카콘Decacorn'도 속속 출현하고 있다. 데카콘은 미국 블룸버그 통신이 주식시장에 기업공개IPO 전 이미 기업가치가 100억 달러를 넘어선 초거대 스타트업을 유니콘 기업과 구분 지어 표현하면서 처음 쓰이기 시작했다. 유니Uni와 데카Deca는 각각 '1'과 '10'을 뜻하는 접두사다. 이머전시 캐피털 파트너스의 제이슨 그린Jason Green은 상상 속에나 존재해야 할 유니콘들이 너무 많아지게 되면서 일부 투자자들이 유니콘의 10배에 해당하는, 즉 100억 달러의 기업가치를 가지는 데카콘이 만들어진 것이라고 이야기했다. 해를 거듭할수록 유니콘의 개수는 많아지고 그 증가 속도도 매우 빠르다. 동시에 유니콘의 평가 가치도 나날이 높아지는 현상을 바라보고 있으면 다소 의아하다. 상당수 유니콘의 평가가치는 주식시장에 상장한 기업의 시가총액보다 훨씬 높기 때문이다.

일반적인 스타트업은 주식시장에 상장이 되지 않은 상태이기 때문에 자금조달이 쉽지 않다. 일부 뛰어난 스타트업 기업들만이 벤처 캐피털이나 사모펀드로부터 주식을 매매하는 형태로 투자금을 받아 사업을 운영한다. 그래서 투자를 받은 스타트업은 반드시 투자자의 자금을 회수시켜야 할 의무를 지니게 된다. 투자자들의 투자회수Exit는 해당 기업이 다른 기업에 인수합병이 되거나 주식시장에 상장을 통해 이루어진다. 일반적으로 전문 투자자는 스타트업에 투자할 때 기업공개IPO까지의 기간과 그를 통한 일정 수익을 보장하는 조건Qualified IPO을 전제로 투자한다. 그래서 투자받은 기업은 성장하여 기업가치가 어느 정도에 이르면 바로 기업공개를 해야 한다. 빠르게 성장하는 스타트업의 기업공개 여부는 투자자의 최대 관심사 중 하나다. 스타트업의 기업공개는 성공의 잣대가 되기도 했다. 기업을 충분히 키워 상장시키면서 막대한 자금을 조달하고 투자자와 창업자가 많은 돈을 버는 것이 일반적인 성공 공식이었다.

하지만 이 많은 유니콘들은 다르다. 기업가치가 유니콘만큼 높아지면 그만큼 기업이 성장한 것이기 때문에 빨리 상장하여 투자자들에게 투자금과 함께 수익을 돌려줘야 할 것 같다. 그런데 여전히 유니콘은 비상장 기업으로 남아 있다. 2016년 1월 미국에서는 스타트업의 상장 건수가 단 하나도 없었다. 게다가 유니콘 기업가치 순위 1위부터 4위를 차지하는 우버, 샤오미, 에어비앤비, 팰런티어Palantir가 모두 2016년에는 상장 계획이 없다고 밝히기도 했다. 대표적인 성공 스타트업인 마이크로소프트, 구글, 페이스북의 기업가치도 상장할 당시에는 현재 데카콘만큼 높지 않았고 상장 이후에 크게 성장했다는 점을 생각해보면 더욱 의문점이 남는다. 어째서 유니콘은 이미 상장하기에 충분한 기업가치를 지니고 있음에도 상장하지 않는 것이며 어떻게 투자를 계속 받을 수 있는 것일까?

유니콘이 비상장 상태를 유지하는 이유로는 기업공개를 굳이 하지 않아도 자금조달에 전혀 문제가 없거나 상장을 추진하기에는 아직 비즈니스 모델Business

Model이 견고하지 않기 때문으로 해석된다. 기업공개를 하는 가장 첫 번째 이유는 원활하게 자금을 조달하기 위해서이다. 그러나 상장기업들은 반드시 상장효과와 상장유지 비용을 비교해보아야 한다.

상장효과란 대규모의 자금조달, 기존 투자자들의 투자 회수 기회제공, 기업의 신뢰도와 인지도를 높일 기회 등 상장을 했을 때 얻을 수 있는 장점을 말한다. 반면에 상장유지 비용이란 상장했을 때 필요한 회계비용, 이사회비용, 공시비용 등과 같은 금전적인 비용과 함께 이행해야 하는 공시 의무, 주주들로부터의 다양한 요구 조건 등의 비 금전적인 비용을 포함한 부정적인 효과를 일컫는다.

유니콘들은 지금까지와는 전혀 다른 비즈니스 모델로 사업을 전개하는 경우가 대부분이다. 그래서 아직은 많은 유니콘 기업이 확고한 수익구조를 갖지 못한 상황이다. 그래서 일반 투자자들은 천문학적인 유니콘의 기업가치를 부정적으로 평가하는 경우가 많다. 따라서 상장효과보다 상장유지 비용이 더 크다고 판단하고 현재 상태에서도 전문 투자자로부터 충분한 자금을 조달할 수 있기에 기업공개를 미루는 것이다. 또한 상장하게 되면 창업자의 의도대로만 기업을 이끌어나갈 수 없다. 고속 성장을 추구하는 대부분의 유니콘 기업에는 이 또한 적지 않은 부담이 된다.

벤처 캐피털과 사모펀드와 같은 전문 투자자는 포트폴리오를 구성해 투자한다. 미국의 경우 일반적으로 펀드 하나로 10개 정도의 기업에 투자하는 것을 적정한 것으로 보고 있다(미국 실리콘밸리에서는 투자자들 사이에 손가락 숫자 이내의 포트폴리오를 구성하여 손바닥 보듯이 자주 들여다봐야 한다는 격언이 있다). 수십 년 동안의 자료를 분석해보면 일반적으로 미국의 명성이 있는 벤처 캐피털들이 10개의 스타트업에 투자를 한다면 5개 기업은 완전히 망하고 4개는 간신히 명맥만 유지하는 이른바 좀비 기업이 된다. 이 중 단 1개의 기업이 소위 대박을 터트리는 구조를 지니고 있다. 이를 5:4:1의 법칙이라고 한다.

통계상으로 보면 전문 투자자의 평균 투자 성공률은 10%이다. 그래서 10개의 투자기업 중 성공한 하나의 스타트업으로부터 최소한 10배 이상의 수익이 창출되어야 한다. 그래야 전체 펀드의 수익률이 흑자로 돌아설 수 있다. 이런 기업을 펀드 메이커Fund Maker라고 부른다. 전문 투자자들도 10개 중 어느 것이 성공할지를 예측하기 어렵다. 따라서 투자하는 모든 포트폴리오 기업이 성공했을 때 최소한 10배 이상의 수익을 창출할 수 있는 펀드 메이커 역할을 기대하며 투자한다. 이미 유니콘이 된 기업에 투자한다는 것은 기업가치가 10억 달러 이상인 기업에 투자하여 최소한 100억 달러의 가치로 상장이 되어야 한다는 뜻이다. 만일 데카콘에 투자한다면 최소한 1,000억 달러 이상의 가치로 기업이 공개되어야 한다는 의미가 된다. 사실상 투자가 성공하더라도 커다란 수익을 기대하기가 어렵게 보이는 것이다.

그렇다면 투자자는 왜 이미 투자가 많이 이루어진 유니콘에 계속 투자를 하는 것일까? 전문가들은 유니콘에 계속해서 돈이 몰리는 이유를 새로운 비즈니스 모델이 실패할 것이라는 예상 속에서도 큰 성공을 거두었던 알리바바와 페이스북과 같은 과거 성공사례로부터 얻은 교훈, 굳이 큰 수익을 내지 못하더라도 뛰어난 혜안을 갖고 있다는 명성을 얻기 위한 트로피로서의 유니콘에 대한 투자실적track-record, 전 세계적인 양적완화QE로 인한 풍부한 자금, 저금리나 저성장에 따른 대체투자AI의 폭발적 성장 등으로 다양하게 해석하고 있다.

이러한 상황에서 벤처 캐피털의 끊임없는 투자로 오히려 많은 유니콘 기업들이 필요한 금액보다 더 많은 자금을 쉽게 투자받고 있다. 그 예로 구매대행 서비스 업체인 유니콘 '인스타카트'는 4억 4,000만 달러의 투자를 받은 후 불과 4개월 만에 1억 2,000만 달러를 추가로 투자받아 기업가치가 20억 달러가 되었다. 이미지 공유 SNS인 '핀터레스트'는 25억 달러로 가치를 평가받고 15개월 만에 추가 투자를 유치하여 기업가치를 50억 달러로 두 배 증가시켰다. 이미 기업가치가 높게 평가된 유니콘에 필요 이상의 자금을 투자하고 평가 가치를 높이고 있는 것이다. 이는 벤처 캐피털이 유니콘을 자신들의 포트폴리오에 포함시키려는 것을 보여준다.

스타트업의 기업가치는 현재가 아닌 미래가치를 가정하여 평가하는 것이기 때문에 현재가치가 높다고 해서 반드시 성공하리라는 보장이 있는 것은 아니다. 따라서 그 와중에 지나친 투자와 높아져만 가는 기업가치 때문에 죽은 유니콘이 다량 나타나게 될 것이라는 주장도 많다. 개인의 아이디어를 발굴해 실제 제품으로 만들어주는 신제품 개발 회사 '쿼키Quirky'가 자금난으로 2015년 파산했다.

또 메모저장 서비스 유니콘인 '에버노트'의 연이은 인력 감축과 클라우드 파일공유 서비스 '드롭박스'의 위기설이 불거지면서 유니콘에 대한 '테크버블' 논란이 일고 있다. 세쿼이아 캐피털 회장 마이클 모리츠Michael Moritz는 이를 두고 2015년 10월 "멸종할 유니콘들이 상당히 많이 있다"며 "스타트업 거품 붕괴가 임박했다"고 말하기도 했다. 이렇게 10억 달러 이상의 가치를 평가받았다가 상장 전에 망해서 사라진 스타트업을 죽은 유니콘이라는 의미로 유니콘과 시체corpse의 합성어인 '유니콥스Unicorpse'라는 신조어로 부르기도 한다.

기업공개를 성공적으로 하지 못한 유니콘들의 사례도 유니콘에 대한 부정적인 의견을 강화하고 있다. 모바일 신용카드 결제 스타트업인 '스퀘어Square'는 2015년 11월 상장 당시 시가총액이 상장 전 평가받은 기업가치의 절반 정도 수준에 머물렀다. 클라우드 스토리지 서비스를 제공하는 '박스Box'도 2015년 1월 상장 후 현재는 공모가 보다 낮게 거래되고 있다. 비즈니스용 소셜 네트워킹 서비스 '링크드인LinkedIn' 회장이자 벤처투자자인 리드 호프만Reid Hoffman은 이에 대해 "기업공개 전 유니콘 기업을 향한 치열한 투자 경쟁 때문에 이 같은 현상이 벌어진 것"이라며 "기업공개를 하게 되면 수많은 유니콘들 중 절반만 생존하게 될 것"이라고 미국 블룸버그 통신을 통해 밝혔다.

하지만 유니콘을 테크버블이라고 보는 의견에 반대하는 긍정적인 평가도 많다. 많은 전문가들은 유니콘 경제가 '제2의 닷컴버블'로 이어지지는 않을 것이라고 단언한다. 일부 유니콘에 거품이 있다고 하더라도 닷컴 버블 때처럼 단기간에 많은 기업이 무너져 경제가 뒤흔들리지는 않을 것이며 오히려 이번 위기로 거품이 낀 기업들이 정리되고 알짜배기들만 살아남아 더욱 강해질 것이라고 주장한다.

　과거 닷컴 버블 당시 닷컴 기업들은 제대로 된 비즈니스 모델이 없이 단순한 아이디어만으로 구성된 회사들이 대부분이었다. 하지만 현재의 유니콘 기업들은 금융, 헬스케어, 빅데이터, 드론 등 다양한 분야에서 제품 생산과 판매를 같이하는 확고한 비즈니스 모델과 수익구조를 가진 회사들이 많다. 독특하고 다양한 비즈니스 모델로 무장하고 있는 것이다. 또한 과거와는 달리 유니콘 기업들은 미국의 실리콘밸리뿐만 아니라 뉴욕, 중국, 인도, 유럽 등 전 세계에 골고루 다양하게 확산되어 있다.

　2000년 이후 유럽에서는 유니콘이 매년 3개 정도씩 등장했으며 2014년부터는 유럽 하이테크 스타트업high-tech start-up들의 대규모 투자유치 사례가 급증하고 있다. 중국에서도 역시 유니콘이 대거 등장하고 있다. 중국은 알리바바의 성공을 필두로 2016년에는 30개 이상의 기업을 유니콘 리스트에 올렸다. 현재 전 세계 유니콘 기업 중 기업가치 2위인 샤오미부터 2014년 나스닥 상장 당시 시가총액이 285억 달러로 최종 평가가치보다 약 168억 달러나 높았던 '제이디닷컴JD.com'도 이에 포함된다. 이와 같이 유니콘들이 다양한 지역으로 널리 퍼져 있기에 경제 기반 자체가 과거 닷컴 버블 때와는 비교가 될 수 없을 정도로 건강하다고 평가받고 있다.

　또한 유니콘의 미래를 낙관적으로 전망하는 전문가들은 유니콘 창업자나 경영진들이 과거 닷컴 기업과는 다르게 체계적인 교육과 성공한 기업들에서 다양한 경험을 축적한 경력의 사람들이 대다수를 차지한다는 점을 강조한다. 유니콘들은 특히 구글과 페이스북과 같은 성공한 기업에서 근무한 사람들을 스카우트하여 성공 경험을 공유하며 자신들의 새로운 비즈니스 모델과 접목시키고 있다. 실제로 유니콘 기업의 종사자 중에는 마이크로소프트, 구글, 페이스북 출신들이 많다.

　특히 우버는 구글의 인재들에 눈독을 들여왔다. 자체적인 지도 제작 연구개발을 강화하는 차원에서 구글의 '구글 맵' 부문 인재들을 공략해온 것이다.

이런 전략에 따라 우버는 구글의 기술 담당 부회장인 브라이언 매클렌던Brian McClendon을 영입해 연구소장직을 맡겼고 12명 이상의 지도 제작 기술인력을 구글에서 데려왔다. 에어비앤비 역시 구글에서 무려 100명의 인력을 빼내왔다.

유니콘의 상장 실패 사례들도 아직은 실패라고 부르기엔 이르다는 평이다. 박스, 뉴 렐릭New Relic, 퓨어스토리지Pure Storage 등의 상장을 실패라고 평가 내리기에는 성급한 면이 있다. 좀 더 시간을 갖고 평가해야 하며 내실 있는 기업들임에도 불구하고 다소 고평가 됐던 정도로 생각하는 전문가들도 많이 있다.

구글이나 페이스북 등과 같은 혁신적인 분야의 대기업들이 보유한 회사 유보 자금이 천문학적으로 증가하면서 그 막대한 자금으로 미래 유망 유니콘들에 대한 인수 사례도 늘고 있다. 페이스북이 미국 메신저앱 1위였던 왓츠앱WhatsApp을 190억 달러에 인수했고 증강현실헤드셋 제조업체 오큘러스Oculus를 20억 달러에 인수했다. 마이크로소프트는 인기 비디오게임 마인크래프트Minecraft를 25억 달러에 인수했다. 이러한 사례가 증가하면서 유니콘에 대한 버블 논란이나 부정적인 시각이 힘을 받지 못하고 있다. 오히려 인수금액이 시장의 예상금액을 훨씬 웃도는 경우가 많아서 유니콘에 대한 열풍이 증가하고 있다.

유니콘에 대한 다양한 의견이 존재하지만 끊임없이 비즈니스 혁신을 일으키며 시장을 이끌어가는 구글, 페이스북, 알리바바와 같은 거대 기업들도 모두 스타트업으로 시작했고 한때는 유니콘이었다. 현재의 혁신적인 거대기업들이 한창 성장하고 있을 때도 곧 망할 것이라는 의견이 팽배했다. 전통적 비즈니스 시각에서 바라본 견해였다. 하지만 이러한 기업들이 현재 세계경제를 주도해 나가고 있다.

오늘날의 유니콘들은 혁신을 무기로 뛰어난 인재를 영입하여 발 빠르게 움직이고 있다. 미래의 구글, 페이스북, 알리바바가 될 것이다. 우리는 왜 이들 유니콘들에 돈이 몰리고 인재가 몰리고 거대기업들이 지대한 관심을 두는지 연구하고 분석해봐야 한다. 창조적인 아이디어와 비즈니스 모델로 새로운 시장을 만들고 미래를 열어가는 제로 투 원Zero to One에 익숙한 창조적인 기업들인 유니콘들의 진정한 내면에 대한 학습이 절실하다.

2장

유니콘 현황
Unicorns' Situation

1) 174개의 유니콘 분석

제네피츠Zenefits는 인사팀의 급여 관리와 사원 복지 관리 시스템 소프트웨어를 판매하는 회사다. 2015년에 연 수익의 45배나 되는 450억 달러의 회사 가치를 인정받으며 '유니콘' 반열에 올랐다. 이 회사는 시어스Sears나 콜롬비아 스포츠웨어Columbia Sportswear의 200년 역사를 합친 것보다도 더 큰 기업가치를 고작 2년 반 만에 만들어냈다. 사업을 시작한 이후 매일 660만 달러씩 가치를 불려온 셈이다.

제네피츠는 기업평가 전문기관인 CB인사이트가 조사한 "2015년 한 해 동안 가장 많은 기업가치 성장을 이룬 유니콘"에서 1위를 차지했다. 창업한 지 2년 만에 소프트웨어 서비스 분야에서 실적 대비 기업가치가 가장 높은 기업으로 선정되기도 했다. 우버는 기업가치를 비상장기업 역사상 최대규모인 680억 달러 이상으로 높였다. 우버는 현재 유니콘 기업 순위 1위다. 증강현실 스타트업인 매직 립Magic Leap은 제품이 출시되기도 전인 2016년 2월 초에 알리바바 등으로부터 7억 9,400만 달러의 투자를 받으며 기업가치를 45억 달러로 높였다. 글로벌 주식시장의 불안과 중국의 경제 둔화로 저성장이 고착화된 상황에서도 혁신을 통해 기존 사회의 문제점을 해결하고 새로운 산업을 만들어내는 스타트업에 대한 관심은 그 어느 때보다도 뜨겁다.

매년 『월스트리트저널』, 『포천』, 스타트업 전문 매체 CB인사이트, 크런치베이스Crunchbase 등 주요 외신들은 급격히 증가하는 유니콘 기업에 대한 리스트를 발표해오고 있다. 특히 『월스트리트저널』은 다우존스 벤처소스Dow Jones VentureSource와 함께 '1조 스타트업 클럽The Billion Dollar Startup Club'이라는 이름으로 전 세계 유니콘 기업의 자료를 제공한다. 2014년 1월부터 지금까지 유니콘 반열에 오른 스타트업은 물론이고 산업과 지역별로 나누어 유니콘 기업들을 조회할 수 있다. 매달 업데이트되는 기업의 수를 통해 그래프의 변화도 볼 수 있다. 세상의 주목을 한몸에 받고 있는 174개의 '유니콘'을 소개한다.

2016년 1월을 기준으로 '1조 스타트업 클럽' 명단에 오른 기업들은 총 174개이다. 그중 27개 회사가 상장IPO이나 인수합병M&A를 통하여 엑시트Exit를 하여 2016년 3월 현재 147개의 유니콘 기업이 존재한다.

뉴욕 경제 금융 전문사이트 마켓워치가 조사한 바를 따르면 7년 전 4개에 불과했던 유니콘은 2016년 1월 기준 174개로 폭발적으로 늘어났다. 2003년부터 2013 동안 1년에 평균 4개의 유니콘이 탄생한 데 비해 2014년 1월 기준 유니콘 기업 수는 45개, 2015년 99개, 2016년 174개로 증가했다. 이는 2014년 동월 기준 45개에 비해 약 287% 증가한 수치이며 놀라운 속도로 그 크기를 불려 가고 있다. 이들 174개 유니콘 기업 가운데는 데카콘 기업들도 포함되어 있다.

데카콘은 미국 블룸버그 통신이 에어비엔비, 드롭박스, 핀터레스트Pinterest, 스냅챗Snapchat, 우버 등 기업가치가 100억 달러가 넘는 초거대 스타트업들을 유니콘 기업과 구분 지어 표현하면서 처음 쓰이기 시작했다. 2014년 당시 제이디닷컴, 샤오미, 드롭박스 단 3개에 불과했던 데카콘은 불과 2년 만에 12개로 무려 4배나 많아졌다. 최근 2년 동안 미국 실리콘밸리를 비롯하여 전 세계 각지에서 기존 대형 테크Tech 기업 못지않은 기업가치를 자랑하는 스타트업들이 대거 탄생한 것이다.

연도	2014	2015	2016
신규 유니콘	45	54	75
전년 대비 증가율(%)		120	139
투자회수	-	16	11

* 해당 년도 1월 기준 자료를 바탕으로 분석(출처 : 『월스트리트저널』)

연도	2014	2015	2016
총 유니콘 개수	45	83	147
엑시트	-	16	27
계	45	99	174
증가율	-	120%	76%

* 해당 년도 1월 기준 자료를 바탕으로 분석(출처 : 『월스트리트저널』)

연도	2014	2015	2016
총기업가치	1,271억 달러 (150조 4,820억 5,000만 원)	3,809억 달러 (470조 9,828억 5,000만 원)	6,875억 달러 (850조 937억 5,000만 원)
연평균	27억 달러	38억 9,000만 달러	40억 7,000만 달러

* ↑ 해당연도에 엑시트된 기업들의 당시 시가총액 반영

이들 유니콘 기업의 기업가치 평가액은 총 6,875억 달러(850조 937억 5,000만 원)에 이른다. 2015년 전체 유니콘 기업의 총 기업가치는 3,808억 9,000만 달러(470조 9,828억 5,000만 원)로 집계된 것에 비해 2배 가까이 증가한 액수이다. 2014년도 동월 기준 1,217억 달러의 약 5.5배에 달한다. 모든 기업이 '사업적 성과=성공 가능성'이라는 공식에 들어맞지 않지만 유니콘 기업에 엄청난 자금이 몰리고 있는 것만은 분명하다.

블룸버그 통신은 스타트업 특성상 상장 기업처럼 가시적인 수익 및 성과를 기준으로 기업가치를 판단할 수 없다는 점이 유니콘의 기업가치를 끌어올리는 주요인이라고 분석했다. 물론 이 외에도 앞서 얘기한 유니콘에 대한 벤처 캐피털의 투자 성향도 한몫하겠지만 창업가Entrepreneur의 비전, 꿈, 스타트업의 성장

속도와 같은 다소 추상적인 지표들이 기업가치를 평가하는 주요인으로 자리 잡고 있다. 여기에 지금 투자하지 않으면 높은 수익을 볼 수 없다는 투자자들의 두려움FOMO, Fear Of Missing Out이 더해져 몸값 100억 달러 이상의 데카콘이 탄생한다는 것이다.

지역별 분포를 살펴보자. 초기 실리콘밸리 중심의 유니콘들이 주를 이뤘던 것과 달리 해를 거듭하며 세계적으로 다양한 나라에서 등장하고 있다. 스타트업 얼라이언스의 임정욱 센터장은 "유니콘이 많을수록 그 나라 경제 기반이 건강하다고 평가한다"고 말했다. 캘리포니아주에 위치한 창업자들의 천국 실리콘밸리 지역은 역사상 가장 많은 유니콘 기업들이 탄생한 지역이며 전체 유니콘 기업 중 약 3분의 1이 실리콘밸리에 있다. 특히 우버를 필두로 미국의 '데카콘' 중 위워크WeWork만 뉴욕에 있고 나머지 모두 샌프란시스코 등 실리콘밸리 지역에 있다.

실리콘밸리는 ICT 산업에 가장 이상적인 환경과 더불어 스탠퍼드대, 버클리대, 산타클라라대 등 명문대학들이 밀집해 있어 우수한 인력확보가 쉬운 입지 조건을 갖추고 있다. 또 세계의 첨단산업이 한데 모인 전진기지로서 늘 변화와 혁신의 중심에 서 있는 곳이다. 서부 캘리포니아에 실리콘밸리가 있다면 동부 뉴욕에는 실리콘 앨리Silicon Alley가 있다. 뉴욕 맨해튼 중심부에서 남부 월스트리트로 이어지는 곳을 실리콘밸리의 이름을 따 '실리콘 앨리'라고 부른다.

앨리는 골목이란 뜻이다. 현재 뉴욕에는 12개의 유니콘 기업이 있으며 미국 내 실리콘밸리 다음으로 가장 많다. 2011년 마이클 블룸버그 당시 뉴욕시장은 "뉴욕을 다시 미국 그리고 전 세계의 기술 수도로 부활시키겠다"고 선언하기도 했다. 그 외에도 하버드대가 있는 매사추세츠주의 보스턴에 3개, 워싱턴 주에 3개, 텍사스주 오스틴에 1개 등 실리콘밸리뿐 아니라 미국 전역에서 유니콘 기업 붐이 불고 있다.

주목할 만한 곳은 바로 중국이다. 유니콘 순위 2위인 중국 스마트폰 제조업체 샤오미를 비롯하여 무려 36개 기업이 유니콘 리스트에 이름을 올리며 미국을 제외한 국가 중 가장 많은 유니콘 기업을 보유한 나라가 됐다. 중국은 '대중창업, 만중혁신大众创业, 万众创新'을 기치로 창업을 적극 장려하면서 미국의 실리콘밸리를 위협하는 '스타트업의 산실'로 변모하고 있다. 중국 경제 성장률이 전년 대비 주춤한 상황이지만 유니콘은 큰 폭의 성장세를 보이고 있다.

중국기업 중 가장 선두에 있는 샤오미는 자산가치 460억 달러(한화 약 55조 원)로 평가받고 있다. 그 뒤를 콜택시 앱 서비스 개발사인 디디추싱Didi Chuxing이 160억 달러로 전체 7위, 소셜커머스 메이투안-디엔핑Meituan-Dianping이 183억 달러로 전체 5위를 차지했다. 궈이홍過以宏 IDG캐피털 공동대표는 "앞으로 수 년 안에 전 세계 유니콘의 3분의 1이 중국 기업으로 채워질 것"이라며 중국 스타트업에 대한 강한 자신감을 내비치기도 했다.

그는 미국 실리콘밸리 스타트업과 중국 스타트업의 가장 큰 차이점이 '응용application'이라고 말했다. 미국 스타트업이 기존에 없던 새로운 것을 창조해 경쟁을 피하고 새로운 시장을 만드는 '제로 투 원0 to 1' 방식으로 혁신을 이뤄내는 것과 달리 중국 스타트업들은 기존에 성공한 것들을 가져와 중국 시장에 맞게 바꾸는 응용을 통해 '원 투 엔드1 to end'를 만들어낸다는 것이다. 신기술을 통해 미국을 따라잡거나 시장을 선점하기엔 어려움이 따르기 때문에 응용을 통해 비즈니스 모델을 만든다는 것이다.

그 중 대표적인 회사가 샤오미와 드론 제조업체 디제이아이DJI다. 샤오미는 산자이山寨, 모조품라는 비난에도 애플이나 삼성 등 선도기업의 대표 제품을 빠르게 따라 하며 훨씬 더 저렴한 가격으로 제품을 출시하고 있다. 드론 제조업체 디

유니콘 국가별 분포 (개)

■ 미국(실리콘밸리) ■ 미국(기타) ■ 아시아(중국) ■ 아시아(기타) ■ 유럽 ■ 기타

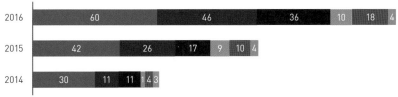

연도	미국(실리콘밸리)	미국(기타)	아시아(중국)	아시아(기타)	유럽	기타
2016	60	46	36	10	18	4
2015	42	26	17	9	10	4
2014	30	11	11	1	4	3

제이아이도 비슷한 사례다. 디제이아이가 드론업계에서 최고의 기술을 보유한 회사는 아니다. 디제이아이보다 먼저 드론을 만든 회사들이 있다. 그럼에도 업계 선두주자로 떠오른 것은 저렴한 보급형 드론을 제작한 덕분이다. 가격을 낮춰 소비자에게 다소 생소한 '드론'이라는 제품에 쉽게 접근할 수 있도록 한 것이다. 2016년 3월 12일에 서울 홍대 앞에 중국 심천에 이어 두 번째 공식매장이자 해외 첫 번째 공식매장인 제이아이 플래그십 스토어flagship store를 오픈했다. 디제이아이는 현재 80억 달러의 기업가치를 인정받으며 유니콘 순위 16위에 이름을 올렸다.

또한 중국의 거대한 대륙에 대한 이점도 분명히 존재한다. 중국에 오프라인 상점을 모두 여는 것이 불가능한 지리적 특성은 오히려 모바일과 O2O 시장을 크게 성장시켰다. 금융에 테크Tech를 접목한 핀테크 분야에서 가장 주목받는 기업인 중국의 루팩스Lufax가 대표적이다. 루팩스는 중국의 P2P 대출 스타트업으로 아시아권 내 핀테크 유니콘 중 1위이고 전 세계 유니콘 중 13위를 차지하며 96억 달러의 기업가치를 인정받았다. 루팩스의 누적 대출 실적은 약 2만 건으로 누적 대출액은 3조 원에 달한다. 한국의 P2P 대출 선두주자인 8퍼센트가 최근 누적대출 100억 원을 돌파한 것에 비하면 어마어마한 수치다.

이 외에도 유니콘 순위 37위인 온라인 음식 배달 앱인 어러머Ele.me는 제휴 음식점만 30만 개를 보유한 중국의 대표 온라인 음식 배달 업체다. 1일 거래액이 6,000만 위안(한화 약 107억 원)에 달하며 거래의 98%가 모바일로 이루어진다. 중국 위생부가 승인한 중국 최대의 온라인 진료 예약 서비스인 꽈하오왕Guhao은 23개 성시의 900개 병원과 연동되어 있으며 가입자 수만 3,000만 명에 이른다. 꽈하오왕은 복잡한 중국 내 병원 접수 과정을 개선하고자 만들어진 서비스다. 환자가 긴 대기 줄에서 기다리지 않고도 온라인으로 모든 예약 과정을 마칠 수 있도록 하는 서비스를 제공한다.

아시아 국가 중에서는 인도가 그 뒤를 바짝 추격하고 있다. 인도의 유니콘 기업은 현재 총 8개다. 이들은 인도의 수도인 뉴델리를 중심으로 뭄바이Mumbai와 방갈로르Bangalore 등에 주로 있다. 인도소프트웨어개발자협회NASSCOM는 "인도에만 4,200개가 넘는 스타트업이 있고 2015년에만 1,200개 스타트업이 생겨났다"며 "2015년에만 50억 달러 규모의 투자가 이뤄졌다"고 밝혔다. 인도는 35세 이하 창업자가 전체의 72%를 차지하는 세계에서 가장 젊은 스타트업 국가다.

또한 인도는 미국과 중국 다음으로 스마트폰 사용자 비율이 많은 나라이기도 하다(1억 3,000만 명). 나렌드라 모디Narendra Modi 인도 총리는 2016년 1월 뉴델리 컨벤션센터 비기안 바반에서 스타트업 창업자와 벤처 캐피털리스트 등 1,000여 명 앞에서 '스타트업 인디아' 출범식을 열고 '창업 등록 하루 완료' '신생 업체 3년간 소득세·세무조사 면제 혜택' 등 파격적인 규제 완화 정책을 쏟아냈다. 소프트뱅크는 10년간 100억 달러 투자를 약속했고 구글과 마이크로소프트는 철도역과 마을에 인터넷을 공급하겠다고 발표했다.

인도의 가장 대표적인 유니콘 기업인 플립카트Flipkart가 인도의 '아마존'이라 불리며 기업가치 150억 달러의 데카콘이면서 8위를 기록했고 올라캡스OlaCabs가 인도의 '우버'로 불리며 기업가치 21위를 기록했다. 플립카트 공동 창업자인 사친 반살과 비니 반살은 인도 명문인 델리공과대IITD 동문 출신으로 아마존에서 일한 경험을 바탕으로 지난 2007년 이 전자상거래 회사를 설립했다. 플립카트의 성공 스토리는 거대한 소비시장과 인터넷 인구를 바탕으로 빠르게 성장하는 인도 스타트업 시장의 단면을 보여준다. 전자상거래 업체 스냅딜Snapdeal 역시 50억 달러로 평가받으며 유니콘 순위 22위에 이름을 올렸다.

한편 한국기업들도 유니콘 그룹에 등장하기 시작했다. 전자 상거래업체 쿠팡이 50위에 올랐고 모바일 미디어 그룹인 옐로모바일이 106위에 올랐다. 쿠팡은 2015년 5월 일본 소프트뱅크에서 10억 달러를 투자받아 약 5조~6조 원의 기업가치를 인정받았다. 현재 당일 로켓배송 등을 차별화 포인트로 내세우며 롯데, 신세계 등 기존유통업계의 아성에 도전하고 있다. 옐로모바일은 다양한 산업군 별 유망 스타트업들을 한데 모아놓은 '연합군'의 개념으로 모바일 콘텐츠 플랫폼인 피키캐스트PiKi, 쇼핑서비스 쿠차CooCha 등의 서비스가 대표적이다. 그러나 중국과 인도의 유니콘 수에 비하면 매우 저조한 수치다.

금융 중심지인 유럽은 핀테크 산업을 중심으로 최근 스타트업의 중심지로 급부상하고 있다. 영국과 독일이 각각 5개, 7개를 기록하며 전체 유럽 유니콘 18개의 66%를 차지하고 있다. 유럽은 장기적인 경기침체와 불확실성으로 성장둔화에 빠져 미국이나 신흥시장만큼 투자자들의 관심을 받지 못했다. 하지만 미국 IT 전문 미디어 벤처비트와 벤처 캐피털업체 아토미코Atomiko는 2016년의 유럽 유니콘 수가 2015년 18개에서 많이 증가할 것으로 예측했다.

유럽 스타트업들은 건전한 재무상태와 높은 성장 잠재력으로 상당수가 기업가치 10억 달러에 육박하는 것으로 평가받고 있다. 코트라KOTRA 뮌헨 무역관에 따르면 유럽의 스타트업 시장은 미국, 특히 실리콘밸리의 스타트업 시장과는 판이하게 다르다고 분석하고 있다. 유럽은 과도한 투자나 스타트업의 자본금 거품을 배제하는 등 비즈니스 분위기가 전통적으로 보수적이다. 그럼에도 스타트업에 대한 관심과 장려가 많아지면서 액셀러레이터와 인큐베이터 시스템이 활성화되고 있다. 따라서 더욱 내실을 갖춘 유니콘들이 많이 배출될 가능성이 높다고 평가했다.

2015년 6월 영국 투자은행 GP 불하운드가 공개한 보고서를 따르면 2014년 4월부터 유럽 테크 기업들이 3,000만 달러 이상 투자금을 유치한 사례는 46건이 있었고 총 자금 조달 규모는 56억 5,000만 달러에 달했다. 2013년 전 조사 당시 30건 29억 달러를 기록했던 것에 비해 대규모 투자 유치 사례가 많이 늘어난 것이다. 영국은 금융 중심지인 런던을 기점으로 핀테크 관련 유니콘 기업을 많이 배출해내고 있다. 영국의 모바일 상거래업체인 포와Powa와 영국 렌딩클럽Lending Club의 뒤를 잇는 P2P 대출업체 펀딩서클Funding Circle이 대표적이다.

그 외에도 유니콘 기업 15위의 스웨덴의 음악 스트리밍 서비스업체 스포티파이Spotify는 2015년 4월 골드만삭스 등으로부터 총 5억 2,600만 달러의 신규 투자를 유치하며 85억 달러의 기업가치를 인정받았다. 85억 달러는 2000년 이후 유럽에서 탄생한 40개의 유니콘 기업 중 가장 높은 평가를 받은 것이다. 유럽 스타트업 회사는 자금 유치과정에서 미국보다 상대적으로 기업가치를 낮게 평가받는 편이다. 그래서 앞으로 상승폭이 커 투자자들에게도 매력적인 투자처로 뽑히고 있다.

전 세계적으로 막강한 기술과 비즈니스 모델을 가진 유니콘들이 생겨나면서 과연 이러한 유니콘들은 누가, 언제, 왜 만들었는지에 대한 관심도 덩달아 높아졌다. 세계 경제가 이런 '신비한' 모습을 가진 유니콘을 만들고 키워가는 앙트레프레너Entrepreneur가 누구인지, 벤처 캐피털들은 제대로 검증되지 않은 비즈니스 모델에 어떠한 기대를 갖고 그 막대한 돈을 투자하는지 주목하고 있는 것이다.

유니콘 기업은 언제 태어났을까? 그리고 그 신비한 모습을 만들어낸 사람은 누구일까? 2016년 1월 기준 유니콘 기업들을 토대로 현황을 분석해보자. 174개의 유니콘 기업의 평균 설립연도는 2007년이다. 재미있게도 이 해는 아이폰이 등장한 해이기도 하며 2013년 이전에 23개라는 가장 많은 유니콘이 탄생한 해이기도 하다. 최근 5년 이내에 설립된 유니콘 기업의 숫자는 2000년대 이후 설립된 유니콘 기업 수의 3분의 1에 달한다.

이는 아이폰, 안드로이드, 페이스북 등 세상에 없던 강력한 비즈니스 모델이 등장하기 시작하면서 다양한 변화의 기회가 포착되고 수많은 스타트업들이 그 기회를 잡아 시장의 선두주자로 나아가고 있음을 뜻한다. 이들은 닷컴버블 때와는 확연히 다른 방식으로 더 명확한 비즈니스 모델을 그려나가며 시장을 개척하고 소비자들에게 새로운 가치를 제안하고 있다.

그렇다면 유니콘 기업을 이끌어가는 주역들은 과연 어떤 사람들인가? 유니콘을 설립한 창업가들의 창업 당시 평균 나이는 32.2세며 상위 12개의 데카콘 기업의 창업자들의 창업 당시 평균 나이는 30.4세로 집계됐다. 25세 이하의 나이에 창업한 창업가들도 적지 않았다. 25세 이하의 나이에 창업한 창업가는 모두 21명다. 이들 평균 나이는 22.4세로 매우 어린 나이에 창업했다는 것을 알아냈다.

앙트레프레너들은 보통 이전에 창업에 대한 경험이 최소 한 번씩은 있거나 현재 산업분야와 연관된 회사에서 직장경험이 있는 사람들이 대부분이었다. 이들은 직장에서 일하면서 관련 분야에 대한 전문 지식과 네트워크를 바탕으로 회사를 설립했으며 단독 창업보다는 소위 드림팀을 구성한 팀 창업이 주류를 이루고 있었다. 상대적으로 나이가 어린 창업가들은 대학 재학 당시 대학 동료들과 함께 회사를 설립하거나 대학을 중퇴하고 회사를 설립하기도 했다.

유니콘 기업 중 최연소 창업가는 혈액검사 서비스를 제공하는 미국의 테라노스Theranos를 창업한 엘리자베스 홈스Elizabeth Holmes이다. 그녀는 뛰어난 외모로도 주목받는데 2002년 스탠퍼드대 화학과를 대통령 장학생으로 조기 입학한 수재다. 홈스는 싱가포르의 유전자 연구소 인턴으로 일하면서 새로운 방식의 혈액 검사와 신체 데이터 수집 방식에 대한 아이디어를 얻어 2003년 학교를 그만두고 테라노스를 창업한다. 테라노스Theranos는 치료Therapy와 진단Diagnose의 합성어다. 테라노스가 개발한 혈액검사 키트인 '에디슨'은 기존 방식처럼 주사기를 통해 대량의 혈액 샘플을 채취할 필요 없이 작은 전자 침으로 한 번 찌르기만 하면 각종 질환 검사가 가능하다고 주장했다.

테라노스는 이후 730억 달러 규모의 미 진단검진업계를 뒤흔들 만한 엄청난 잠재력의 신생기업으로 우뚝 섰다. 그녀는 『포브스』가 발표한 자수성가형 부호 중 총자산규모 47억 달러로 가장 어린 여성 자수성가형 부호에 뽑히기도 했다. 그러나 2016년 3월 기준 미국의 각종 언론으로부터 검사 방법 등에 대한 의문이 제기되면서 어려움에 직면해 있다.

그렇다면 최고령 창업가는 누구인가? 최고령 창업가는 미국기업 '인피니댓Infinidat'을 62세의 나이에 창업한 모쉐 야나이Moshe Yanai이다. 모쉐 야나는 2011년 현대 기업이 직면한 정보 저장 압박에 대처할 솔루션을 만들기 위해 이 회사를 설립했다. 모쉐 야나이는 뛰어난 성과를 내 온 기업인이자 스토리지 업계 선구자로 인피니댓이 주창한 산업 표준 스토리지 제품을 비롯해 수많은 스토리지 아키텍처를 개발한 경험이 있다.

인피니댓은 첨단 고성능 엔터프라이즈급 스토리지를 파격적인 가격에 제공함으로써 오늘날 데이터 폭증으로 인한 시스템 비용, 규모, 운영상 복잡성 증가와 같은 문제에 대처하고 있다. TPG의 존 마렌John Marren은 "TPG는 기업용 IT 분야에 오랜 투자 이력을 보유하고 있고 인피니댓은 업계에서 가장 주목받는 기업 중 하나"라며 "인피니댓은 수많은 고객사와 거래하면서 탄력적인 기술력을 입증해 왔고 인피니댓이 엔터프라이즈 스토리지 시장의 판도를 바꾸는 주자로 부상할 것이라 확신한다"고 강조했다.

또 다른 고령의 창업자는 세계 각국에서 투자가 몰리고 있어 조만간 유니콘 리스트에 이름을 올릴 인터넷 강의 업체 '코세라Coursera'의 대표인 릭 레빈Rick Levin이다. 그는 예일대 총장을 지내던 2012년 은퇴를 선언했다. 68세인 그는 스스로를 "실리콘밸리에서 가장 나이가 많은 CEO"라고 부른다. 그는 "기존 교육 시스템에 20년 넘게 있다 보니 앞으로는 돈이 없어도 누구나 교육을 받을 수 있는 플랫폼이 주목받을 것으로 생각해 창업을 결심하게 됐다"며 "내가 가장 잘 아는 분야로 창업하다 보니 투자받기도 훨씬 쉬웠다"고 말했다. 모쉬 야나와 릭 레빈의 행보와 뛰어난 성과는 '나이'라는 것이 숫자에 불과하다는 것을 여실히 보여주는 사례다. 이들은 풍부한 경험과 과감한 실행력을 바탕으로 시장을 넓혀나가고 있을 뿐만 아니라 다양한 투자유치를 통해 기업의 질을 높여가고 있다.

여성 창업가의 비중을 살펴보자. 174개 기업 중 여성 창업가는 14위의 테라노스를 창업한 엘리자베스 홈스, 60위의 어니스트 컴퍼니를 창업한 할리우드 배우 제시카 알바, 140위의 23앤드미를 창업한 앤 워짓스키, 140위의 미아닷컴mia.com을 창업한 리우 난 등 총 21명에 달한다. 제시카 알바는 아이에게 안전한 제품을 만들어주겠다는 사명 하에 유기농 밀랍으로 만든 다양한 상품 등 무독성 제품 개발 판매하며 선풍적인 인기를 끌었다.

23앤드미는 99달러만 내면 환자 개인의 타액 샘플을 통해 유전자를 분석하여 특정 질병에 걸릴 수 있는 확률을 알려주는 서비스를 제공하며 인기를 끌었다. 하지만 2013년 11월 FDA로부터 개인 고객의 유전자 분석을 통한 발병 확률을 제공하는 서비스에 대한 마케팅을 중단하라는 명령을 받으며 약 2년 동안의 영업정지 처분을 받았다. 이후 23앤드미는 FDA의 요구사항을 하나씩 만족시켜 나감과 동시에 제약회사들과 파트너십을 통해 돌파구를 모색했다.

그 결과 2015년 1월에는 제네테크Genetech와 6,000만 달러에 달하는 신약개발 프로젝트를 시작하기도 했다. 당시 많은 이들이 23앤드미의 미래를 어둡게 본 것이 사실이다. 앤 워짓스키는 당시 60만 명(현재는 90만 명)에 달하는 개인 고객으로부터 23앤드미가 분석한 유전정보를 질병 연구에 사용해도 좋다는 동의를 받아 유전자 분석결과와 발병 간의 인과관계를 입증하는 데 주력했다.

그녀는 자사 기술과 개인 유전자 분석 시장에 대한 믿음이 투철했기에 지레 포기하지 않고 정도를 밟아 FDA와 고객들의 신뢰를 회복하는 데 성공한 것이다. 여성 앙트레프레너가 별로 없었던 상황에서 앤 워짓스키 같은 창업가의 스토리는 여성 앙트레프레너들이 단지 '여성'으로서만 비치는 데서 끝나는 것이 아니라 진정한 '앙트레프레너'로서의 충분한 자질을 인정받고 있음을 보여준다. 그러나 여전히 유니콘 생태계에서도 여성 앙트레프레너의 비중은 매우 적었다. 공동 창업자를 포함해 유니콘 기업의 여성 앙트레프레너 비중은 약 10%로 소수에 그쳤다. 용기와 도전의식으로 무장한 여성 앙트레프레너들이 많이 배출되어 유니콘 생태계가 다양성으로 가득 찬 곳이 되어야 할 것이다.

독특한 창업 배경을 가진 회사들을 찾아보자. 1998년 설립되어 2014년 나스닥에 상장된 온라인 할인쿠폰 제공 사이트 쿠폰스닷컴Coupons.com과 1999년 설립된 중국의 대형 패션 그룹 트렌디 그룹Trendy Group, 2006년 설립된 셀프 이벤트 티켓팅 플랫폼 이벤트브라이트Eventbrite는 모두 부부가 사업파트너가 되어 함께 창업했다. 이들은 '부부라서' 성공한 케이스라고 볼 수 있다. 일과 가정 간의 균형을 이루면서 훌륭한 기업을 키워냈고 서로 가장 잘 아는 최고의 사업 파트너를 만난 것이다.

고객이나 시장에 리서치 플랫폼을 제공하는 퀄트릭스Qualtrics는 부자지간이 함께 창업해 성공을 이뤘다. 학부모의 인연으로 만나 함께 창업한 인도의 온라인 쇼핑몰 숍클루즈닷컴Shopclues.com, SNS를 통해 공동 창업자를 구한 중국의 온라인 유아동 상품몰인 베이베이BeiBei 등 다양한 경로를 통해 창업 팀이 구성되었다는 것을 알 수 있다. 유니콘 기업 중 공동으로 창업한 회사는 전체 174개 기업 중 115개로 66%에 달했다. 투자회수Exit된 기업을 제외하더라도 94개로 전체의 64%를 차지한다.

이들 대다수는 이미 같이 일을 해봤거나 같은 학교 출신이었다. 평균 2.8명이 팀을 이뤄 공동 창업을 했으며 주로 개발자 혹은 기술회사에서 일해본 경험이 있는 창업자가 주축이 되어 창업한 것으로 나타났다. 단독으로 회사를 설립한 경우도 50개에 달해 전체의 29%를 차지한다(인수합병한 경우, 전문경영인에 대한 정보는 있으나 창업자 또는 공동 창업자에 대한 정보가 없는 경우 리스트에서 제외).

2015년도 7월 테크크런치가 분석한 자료를 따르면, 미국의 경우 절반 이상의 회사가 미국 톱 10 대학 졸업 출신의 공동 창업자가 있었다. 이에 반해 19%는 대학을 중퇴한 공동 창업자들로서 그 분포가 다양했다. 또한 50%에 달하는 유니콘 기업에서 미국 이외의 다른 나라 출신 공동 창업자가 함께 사업을 꾸려나가고 있는 것으로 밝혀졌다. 이민자들이 유니콘 형성에 큰 영향을 주고 있다는 것이다. 이민자들은 보통 "I"로 시작하는 국가인 인도, 이란, 아일랜드, 이스라엘 출신이다.

실리콘밸리를 비롯해 각지의 신생 기업들은 창업 후 '인재 영입'에도 매우 공격적으로 뛰어들고 있었다. 앞서 이야기한 것처럼 이들은 엄청난 보상을 제공하여 구글 등 거대 인터넷 기업들의 인재들을 영입하며 기업가치를 한 층 더 높이고 있다. 유니콘들은 고속 성장 가도를 달리고 있는 자사의 가치, 빠른 일처리, 스톡옵션 등 다양한 혜택과 가치를 제공하며 전문 인력들을 업무의 최전선에 배치하고 있다.

이뿐만 아니다. 174개 기업 중 창업자가 CEO로서 회사 경영을 이끌어가고 있는 기업은 전체의 137개(투자 회수된 기업 제외하면 147개 중 118개)로 전체의 약 79%를 차지하고 있다. 나머지 37개 회사는 전문경영인을 고용하고 이사진으로 활동하거나 자회사이거나 인수합병 등으로 기업이 합쳐지면서 창업자가 CEO로 활동하지 않는다는 것을 알 수 있었다.

한국은 일반적으로 창업자가 반드시 CEO가 되어 기업 경영을 맡으려고 하는 것과는 대조적으로 유니콘 기업들은 비상장 회사임에도 창업자가 본인보다는 회사를 우선적으로 생각하며 최고의 CEO를 선정하고 있다. 능력이 뛰어난 전문경영인에게 권한을 위임하는 등 반드시 창업자가 경영 활동에 개입해야 한다는 등의 성향을 보이지 않는다는 것이다. 이들은 스타트업의 생존과 성장을 앙트레프레너 개인적 차원의 그 어떤 동기보다도 우선시하고 있다.

가장 이상적인 경우라면 앙트레프레너가 스타트업의 성공에 필요한 모든 자질을 갖추고 있어 끝까지 앙트레프레너로서 또 CEO로서 스타트업의 키를 잡고 있을 것이다. 그러나 사실 앙트레프레너란 직책이 아니라 '창업'이라는 과업의 역할이다. 따라서 만약 팀의 내부 혹은 외부로부터 자신의 스타트업을 다음 단계로 이끌 수 있는 역량을 갖춘 인물을 영입해야 하는 어떤 특정 시점에서 이들은 더 적합한 인물을 영입하고 CEO의 자리를 내놓는 것이 더 현명한 선택임을 알고 있다는 것이다.

2) 데카콘

유니콘과 데카콘은 웬만한 대기업의 시가총액을 뛰어넘는 기업가치를 가진 슈퍼 스타트업들을 수식하는 말로 통용됐다. 막강한 크기를 자랑하는 이들은 연초가 되면 늘 기업공개 시점을 두고 세간의 주목을 받는다. 하지만 아직도 많은 유니콘 기업들이 기업공개보다는 비공개 시장에서의 자금 조달을 지속하겠다는 의견을 밝히고 있다. 그렇지만 이들 기업이 기업공개를 하게 된다면 가장 주목해야 할 업체들이기도 하다.

중국 최대 전자상거래업체인 알리바바Alibaba가 지난 2014년 9월 당시 뉴욕

증시 사상 최대 규모인 250억 달러(약 30조 원)를 조달하면서 기업공개IPO 시장을 달궜다. 창업자 마윈은 그야말로 '잭팟'을 터뜨렸다. 이후 지난해에는 스마트 헬스케어 업체 '핏빗Fitbit' 등이 시장에 성공적으로 데뷔했다. 이러한 성공 사례들은 지속적으로 데카콘을 기업공개 시장의 최대 유망주로 꼽으며 이들의 성장성과 수익성을 점치고 있다.

차량 공유서비스 업체인 우버, 숙박 공유서비스 에어비앤비, 우주사업을 하는 스페이스 엑스Space X 등이 그러한 회사들이다. 전 세계적으로 인터넷을 쓰는 인구는 1999년 4억 명에서 2016년 기준 30억 명으로 늘어났다. 이제 9년 차에 접어든 스마트폰 혁명은 확산 추세로 전에는 상상할 수도 없었던 비즈니스 모델을 만들어냈다. 에어비앤비는 숙박시설을 하나도 보유하지 않고도 2015년 한 해만 벌써 3,000만 명이 넘는 고객이 투숙했다. 우버는 자동차를 한 대도 보유하지 않고도 매일 고객 300만 명을 실어 나른다. 이들이 주목받을 수밖에 없는 이유다.

스페이스 엑스는 최근 '로켓 회수'라는 우주사업 성공으로 몸값이 치솟는 중이다. 일론 머스크Elon Musk가 설립한 민간 우주선 개발업체 스페이스 엑스는 2015년 12월 위성을 장착한 로켓 '팰컨 9'을 발사한 후 다시 추진 로켓을 착륙시키는 데 성공했다. 착륙한 추진 로켓은 추후 재사용될 예정이다. 스페이스 엑스는 현재 120억 달러의 기업가치로 유니콘 중 9위에 올라 있다.

클라우드 기반의 파일 공유 서비스로 유명한 드롭박스와 사진공유 SNS 핀터레스트 모두 대표적인 IT기업이자 데카콘들이다. 2013년 단 3개에 불과했던 데카콘의 숫자는 2016년 초 12개로 급격히 늘어났다. 이들의 총 기업가치 평가액은 2,508억 달러로 전체 유니콘에 대한 기업가치 평가액의 3분의 1을 넘는다. 데카콘들이 유니콘 전체를 대표하고 있다고 해도 과언이 아니다. 이들은 다양한 이유로 기업공개IPO를 미루고 있지만 막대한 투자 유치를 통해 사업을 확장하고 시장에 적잖은 영향을 끼치고 있다.

스냅챗의 투자자이기도 한 빌 걸리Bill Gurley는 "실리콘밸리의 낙관주의가 소위 말하는 유니콘 기업들의 죽음을 불러올 것"이라며 부정적인 전망을 내놓았

다. 하지만 오히려 최근 미국 실리콘밸리에선 '유니콘'보다 열 배나 큰 '데카콘'
이 속속 출현하고 있다.

　데카콘의 투자 횟수를 살펴보자.

1. 우버 – 14라운드	2. 샤오미 – 6라운드
3. 에어비앤비 – 8라운드	4. 팰런티어 – 15라운드
5. 메이투안-디엔핑 (제외)	6. 스냅챗 – 7라운드
7. 디디추싱 – 7라운드	8. 플립카트 – 12라운드
9. 스페이스 엑스 – 7라운드	10. 핀터레스트 – 9라운드
11. 드롭박스 – 5라운드	12. 위워크 – 6라운드

　데카콘 명단에 이름을 올린 총 12개 기업은 평균 8.7회에 걸쳐 투자를 받았
다. 이들이 투자받은 총 투자금액의 연도 별 금액의 변화는 다음과 같다. 데카콘
기업에 대한 투자는 2년 새 약 3배 가까이 증가했다. 이미 수많은 벤처 캐피털로
부터 투자를 유치한 기업들임에도 계속해서 엄청난 금액을 투자받으며 '데카
콘'의 영역을 만들어나가고 있다.

　여기에는 기업에 대한 미래 가치뿐 아니라 지금 투자해야 높은 수익을 볼 수
있고 자신들의 포트폴리오에 데카콘들을 넣고자 하는 투자자들의 심리적 요인
또한 작용하는 것으로 보인다. 또한 이처럼 천문학적인 자금은 데카콘들이 기
업공개IPO를 서두르지 않는 요인이기도 하다. 벤처 캐피털로부터 투자받고 있
는 자금이 이렇게 충분하기 때문이다. 실제 우버와 에어비앤비는 최근까지 벤
처캐피털 등으로부터 각각 74억 달러와 23억 달러의 투자를 유치했다.

　투자자들은 대부분 사모펀드와 같은 전문 투자회사Finacial Investor인 벤처 캐피털
이다. 하지만 전략적 목적으로 투자하는 대기업Strategic Investor도 19개나 되었다.

연도	총 투자유치 금액 (환율 2016. 2. 29 기준)
2013	4억 7,260만 달러(약 5,850억 7,880만 원)
2014	8억 6,000만 달러(약 1조 646억 8,000만 원)
2015	11억 9,000만 달러(약 1조 4,732억 2,000만 원)

기업	주요 투자자
우버	바이두, 벤치마크 캐피털, 베조스 익스피디션, 블랙록, 피델리티 인베스트먼트, 퍼스트라운드 캐피털, 파운더 콜렉티브, 골드만삭스, 구글 벤처스, 점프스타트 캐피털, 클레이너 퍼킨스 코필드 & 바이어스, 론 포인트 캐피털, 로워케이스 캐피털, 멘로 벤처스, 뉴 엔터프라이즈 어소시에이츠, 카타르 투자청, 서밋 파트너스, TPG 그로스, 발리언트 캐피털 매니지먼트, 웰링턴 매니지먼트
샤오미	올스타 인베스트먼트, 디지털 스카이 테크놀러지스, GIC 프라이빗, 호푸 인베스트먼트 매니지먼트, IDG 캐피털 파트너스, 모닝 사이드 그룹, 치밍 벤처 파트너스, 퀄컴 벤처스, 테마섹 홀딩스, 윙펑 캐피털 매니지먼트
에어비앤비	안데르센 호로비츠, 액셀 스프링거, 발리기포드, 차이나 브로드밴드 캐피털, DST 그룹, 드래고니어 인베스트먼트, 애니악 벤처스, 피델리티 인베스트먼트, 파운더스 펀드, 제너럴 애틀랜틱, 제너럴 카탈리스트 파트너스, GGV 캐피털, 그레이록 파트너스, 힐하우스 캐피털 그룹, 호라이즌 벤처스, 클레이너 퍼킨스 코필드 &바이어스, 세쿼이아 캐피털, 테마섹 홀딩스, 타이거 글로벌 매니지먼트, TPG 그로스, T. 로우 프라이스, 웰링턴 매니지먼트, Y 콤비네이터, 유니버시티 벤처스
플랜티어	플루크 벤처 파트너스, 파운더스 펀드, 글린 캐피털 매니지먼트G, 인큐텔, 포인트 72 애셋 매니지먼트, 타이거 글로벌
메이투안-디엔핑	발리기포드, 캐나다 연금제도 투자 이사회, DST 글로벌, 푸싱 그룹, 파운턴베스트 파트너스, 제너럴 애틀랜틱, 구글 벤처스, 이그니션 파트너스, 라이트스피트 차이나 파트너스, 라이트스피드 벤처 파트너스, 베이지광창업투자사, 치밍 벤처 파트너스, 세쿼이아 캐피털 차이나, 테마섹 홀딩스, 텐센트 홀딩스, 트러스트 브릿지 파트너스, 완다 그룹, 월든 인터내셔널, 샤오미
스냅챗	알리바바, 벤치마크, 코튜 매니지먼트, 제너럴 카탈리스트 파트너스, 글레이드 브룩 캐피털 파트너스, 인스티튜셔널 벤처 파트너스, 클레이너 퍼킨스 코필드 &바이어스, 라이트스피드 벤처 파트너스, SV 엔젤, 텐센트 홀딩스, 야후, 요크 캐피털 매니지먼트
디디추싱	차이나 인베스트먼트 코프, 텐센트 홀딩스, GGV 캐피털, DST 글로벌, 테마섹 홀딩스, 씨틱 프라이빗 이쿼티, GSR 벤처스, 알리바바 그룹 홀딩, 아메바 캐피털, 매트릭스 매니지먼트. 소프트뱅크, 타이거 매니지먼트, 코튜 매니지먼트, 파랄론 캐피털 매니지먼트, 웨이보, 캐피털 인터내셔널 프라이빗 이쿼티, 핑안 벤처
플립카트	액셀 파트너스, 아베크 매니지먼트, 발리기포드, 드래고니어 인베스트먼트, DST 글로벌, GIC 프라이빗, 그린옥스 캐피털, 헬리온 벤처 파트너스, 아이코닉 캐피털, IDG 벤처 인디아 어드바이저, 모건 스탠리 프라이빗 이쿼티, 나스퍼스, 뉴 엔터프라이즈 어소시에이츠, 카타르 투자청, 소파이나, 스테디뷰, 타이거 글로벌 매니지먼트, T. 로우 프라이스, TR 캐피털, 벌칸 캐피털
스페이스 엑스	카프리콘 캐피털 파트너스, 드레이퍼 피셔 저비슨, 피델리티 인베스트먼트, 파운더스 펀드, 구글, 발로 이쿼티 파트너스

핀터레스트	안드레센 호로비, 베세머 벤처 파트너스, 퍼스트마크 캐피털, 피델리티 그로스 파트너스 유럽, 골드만삭스, 피컷 벤처스, 라쿠텐, SV 엔젤, 발리언트 캐피털 매니지먼트, 웰링턴 매니지먼트
드롭박스	액셀 파트너스, 벤치마크 캐피털, 블랙록 프라이빗 이쿼티, 글린 캐피털 매니지먼트, 골드만삭스 그룹, 그레이록 파트너스, 인덱스 벤처스, 인스티튜셔널 벤처 파트너스, 모건 스탠리 인베스트먼트 매니지먼트, RIT 캐피털 파트너스 PLC, 세일즈포스닷컴, 세쿼이아 캐피털, T. 로우 프라이스, 발리언트 캐피털 파트너스, Y 콤비네이터
위워크	알레프, 벤치마크, 커먼펀드, 피델리티 매니지먼트, 골드만삭스, 하버드 매니지먼트, 제프리 그룹, J. P. 모건 체이스, 론 그룹, T. 로우 프라이스, 웰링턴 매니지먼트

- 2013년도: 샤오미(하드웨어), 드롭박스(소프트웨어), 제이디닷컴(E-커머스)
- 2014년도: 우버(컨슈머 인터넷), 샤오미(하드웨어), 에어비앤비(컨슈머 인터넷), 팰런티어(소프트웨어), 스냅챗(컨슈머 인터넷), 플립카트(E-커머스), 스페이스 엑스(항공우주), 드롭박스(소프트웨어)
- 2015년도: 우버, 샤오미, 에어비앤비, 팰런티어, 메이투안-디엔핑, 스냅챗, 디디추싱, 플립카트, 스페이스 엑스, 핀터레스트(컨슈머 인터넷), 드롭박스(소프트웨어), 위워크(부동산)

12개의 데카콘들은 다양한 산업에 포진해 있다. 그 중 우버, 에어비앤비, 스냅챗을 포함한 5개 기업은 컨슈머 인터넷에 속한다. 컨슈머 인터넷 산업군은 인터넷을 통해 각종 소비자 편의를 제공하는 비즈니스를 말한다. 교통서비스, 음식 배달서비스 등 온라인과 오프라인을 연계하는 각종 O2O 서비스가 여기에 포함된다고 생각하면 된다. 그 외에도 E-커머스, 소프트웨어 분야는 각각 2개, 하드웨어, 항공우주, 부동산이 뒤를 이었다. 데카콘 기업 중 8개가 미국 샌프란시스코에, 3개가 중국에, 1개가 인도에 있다. 확실히 중국 스타트업이 약진을 거듭하고 있다는 것을 알 수 있는 대목이다.

주요 데카콘은 2016년 안에 상장 계획이 없다. 당분간 비공개 시장에서의 자금 조달을 지속하겠다는 의미다. 우버의 CEO 트래비스 캘러닉Travis Kalanick은 2015년 말의 한 콘퍼런스에서 "우버는 현재 '중학생' 개발단계 수준이다. 기업공개IPO는 우리에게 고등학교 졸업 댄스파티에 가라는 말과 같다"며 "기업공개를 논하기는 좀 이르다. 우리에게는 시간이 좀 더 필요하다"고 말하며 당분간 상장할 계획이 없다는 것을 공고히 했다.

샤오미의 창업자 레이쥔雷軍 역시 2015년 말 제2회 세계인터넷대회에 참석한 자리에서 "샤오미는 아직 증시에 상장할 필요가 없다. 이후 몇 년간 기업공개 계획이 없다"고 했다. 데카콘 3위인 에어비앤비의 공동 창업자 네이션 블레차르지크Nathan Blecharczyk CTO는 최근 한 언론 인터뷰에서 "언젠가는 상장을 하겠지만, 현재 기업 자금 사정이 좋기 때문에 당장 기업공개 계획은 없다"고 말했다. 4위인 빅데이터 분석 기업 팰런티어도 마찬가지로 "상장하지 않을 것"이라고 밝혔다.

데카콘 중에서 상장 가능성이 가장 높은 기업은 자동삭제 기능으로 인기를 끌고 있는 소셜 메시지 서비스 스냅챗과 민간 우주선 개발업체 스페이스 엑스이다. 스냅챗은 2013년 페이스북의 30억 달러 인수 제안을 거절해 유명세를 타기도 했다. 스냅챗 공동 창업자 에반 스피겔Evan Spiegel은 2015년 5월 미국 캘리포니아 로스앤젤레스에서 열린 한 콘퍼런스에서 "어떤 인수 제안도 받아들일 생각이 없다"며 "2년 내 기업공개에 나설 계획"이라고 밝혔다.

데카콘은 전에 없던 새로운 비즈니스 모델을 만들어 우리에게 새로운 가치를 제시하고 있다. 이제 더 이상 숨겨진 보석이 아니라, 일상적이었던 우리의 삶 전체를 바꾸는 가장 중요한 지표가 되고 있다. 이들이 언제 기업공개를 통해 세상 밖으로 나올지는 모르지만 데카콘의 성장은 현재 가장 뜨거운 산업군을 쉽게 알아볼 수 있는 기회임과 동시에 가장 혁신적인 기업의 기준인 것만큼은 확실하다. 이들의 기업공개 시기엔 또 한 번 세상이 떠들썩할 것이다.

3) 유니콘의 결말-엑시콘

유니콘은 주식시장에 상장이 되지 않은 상태이다. 따라서 투자자들로부터 투자를 받아서 회사에 필요한 자금을 조달한다. 투자를 받은 스타트업은 일정 시간이 흐르면 반드시 투자자의 투자회수Exit에 신경을 써야 한다. 투자회수는 인수합병이 되거나 기업공개를 통해 이루어진다. 다른 회사에 자산이나 경영권이 넘어가서 인수합병이 되거나 주식시장에 기업을 공개하여 기존에 투자했던 벤처 캐피털과 사모펀드와 같은 전문 투자자들이 투자금을 회수할 수 있도록 하는 것이다. 투자한 기업이 잘 성장하여 높은 가격으로 상장하거나 다른 회사에 매각되면 투자자는 큰 수익을 올릴 수 있다. 하지만 투자했던 금액보다도 적은 금액을 회수하여 손실을 보거나 아예 파산하여 투자금 전체를 날리는 경우도 많다.

2014년부터 2016년 1월까지 『월스트리트저널』이 유니콘으로 선정한 전체 174개 기업 중 엑시트Exit가 이루어진 기업은 총 27개이다. 이렇게 상장이 되거나 경영권을 매각하여 유니콘에서 엑시트된 유니콘을 엑시콘Exitcorn이라고 명명하겠다. 2014년 엑시콘은 15개로 그중 5개는 2014년에 유니콘이 되고 그 해 바로 엑시콘이 되었다. 2015년 엑시콘은 12개이다. 유니콘의 개수가 해마다 급증하고 기업가치도 폭발적으로 늘어났다. 그러한 현실에 비춰볼 때 엑시콘의 개수는 상대적으로 아주 적은 숫자에 불과하다.

『월스트리트저널』 유니콘 리스트에 따라 조사한 174개의 유니콘 중 2016년 1월을 기준으로 엑시콘은 총 27개였으며 이중 인수합병된 회사는 11개로 41%에 달했다. 이중 5개 기업은 최종 기업가치보다 낮은 금액으로 인수되었다. PCH인터내셔널은 1억 5,000만 달러의 금액으로 종합 디자인 상품 판매 온라인쇼핑몰 팹Fab을 인수하였다. 이는 유니콘 거래에서 가장 낮은 금액으로 기록되고 있다.

블랙베리Blackberry도 스마트폰 보안 솔루션 업체 굿 테크놀러지Good Technology를 최종 평가금액보다 낮은 금액으로 인수하였다. 또 유니콘 중 유일하게 하이브리드 친환경 자동차 제조업체인 피스커 오토모티브Fisker Automotive가 파산하였다. 피스커 오토모티브는 2012년 디자인적 감각이 살아 있는 하이브리드 전기차 '카르마'를 시장에 선보였다. 하지만 출시 이후 재정적 문제가 두드러지고 배터리 결함 문제로 심각한 리콜 사태도 생기면서 생산을 중단했다. 이후 파산경매에서 중국 자동차 부품회사인 완샹그룹이 피스커 오토모티브를 1억 4,290만 달러에 인수했다.

중국 완다그룹이 인수한 할리우드 영화 제작사 레전더리 엔터테인먼트 Legendary Entertainment, 애플이 인수한 음향기기 제조사 비츠 일렉트로닉스Beats Electronics, 구글이 인수한 스마트 실내온도조절기 제조업체 네스트 랩스Nest Labs 는 성공적으로 매각한 사례이다. 2016년 1월 중국 완다 그룹이 인수한 레전더리 엔터테인먼트의 가격은 35억 달러로 시장의 예상보다 상당히 높은 금액이었다.

네스트 랩스의 거래는 당시 많은 이들의 관심을 끌었다. 구글이 2014년 네스트 랩스를 매출액의 10배 이상의 가격인 32억 달러로 인수했기 때문이다. 이는 구글이 2012년 휴대폰 제조기업 모토로라를 125억 달러로 인수한 이후로 가장 큰 규모이기도 했다. 구글의 사물인터넷 분야 주도를 위한 전략을 알아볼 수 있는 사건이었다. 거래된 유니콘은 최저 1억 4,290달러에서 최고 35억 달러이며 평균 금액은 15억 달러이다.

27개의 엑시콘 중 주식시장에 상장한 기업은 16개로 59%였다. 이 기업들 중에서는 14개의 기업이 최종 평가받았던 기업가치보다 높은 가격으로 상장하였다. 2개의 기업만이 평가 가치보다 낮은 금액으로 상장하였는데 그 차이는 약 1억 달러로 3% 정도 낮았다. 거품 논란에도 대부분의 유니콘들은 상장 전의 평가금액보다 높은 가치평가를 시장에서 받았다는 것이 눈길을 끈다.

상장 당시 시가총액이 가장 높았던 엑시콘은 중국의 대형 전자상거래 온라인 쇼핑몰인 제이디닷컴JD.com으로 2014년 5월 나스닥에 상장했고 당시 시가총액은 285억 달러로 최종 평가가치보다 약 168억 달러 높았다. 상장 당시 시가총액이 가장 낮았던 엑시콘은 빅데이터 관리 소프트웨어 솔루션 업체인 호튼웍스Hortonworks였다. 호튼웍스는 2014년 11월 나스닥에 상장했다. 상장 직전에는 평가 가치보다 상장 가격이 낮게 책정될 것이라는 예측이 많았으나 시가총액은 11억 달러로 최종 평가가치와 비슷한 결과를 낳았다.

주식시장에 상장한 16개 기업은 미국 뉴욕증권거래소NYSE에 7개, 나스닥에 6개, 프랑크푸르트증권거래소에 2개, 홍콩증권거래소HKEX에 1개였다. 프랑크푸르트증권거래소에는 성공한 비즈니스 모델을 빠르게 벤치마킹하여 다른 국가에 도입하는 스타트업 빌더인 로켓인터넷RocketInternet과 패션 온라인몰 업체 잘란도Zalando가 상장했다. 둘 다 독일기업이다. 로켓인터넷은 상장 당시 시가총액 82억 달러로 최종 평가가치보다 24억 달러 높게 상장했고 잘란도는 상장 당시 시가총액 68억 달러로 최종 평가가치보다 19억 달러 높게 상장해 상당히 성공적인 결과를 얻었다. 잘란도는 로켓인터넷의 투자와 지원을 기반으로 설립된 기업이다.

13개의 기업은 미국 주식시장에 상장했다. 대부분이 미국기업이다. 하지만 미국기업이 아님에도 뉴욕증권거래소NYSE와 나스닥NASDAQ에 상장한 기업이 있다. 기업고객을 대상으로 온라인 쇼핑몰 제작 툴을 제공하는 캐나다 기업 쇼피파이는 뉴욕증권거래소에 상장했고 중국의 대형 전자상거래 업체 제이디닷컴은 나스닥에 상장했다. 지능형 운전보조시스템과 자동 충돌방지장치 기술을 개발하는 이스라엘 기업 모빌아이Mobileye도 나스닥에 상장했다.

상장 당시 시가총액 평균은 뉴욕증권거래소가 20.1억 달러, 나스닥이 28.8억 달러다. 일반적으로 뉴욕증권거래소가 나스닥보다 월등히 높은 시가총액을 기록할 거란 예상과는 달리 오히려 나스닥에 상장한 기업이 뉴욕증건거래소에 상장한 기업보다 기업가치가 45% 정도나 높았다. 각각 상대적으로 시가총액이 아주 높은 85억 달러와 285억 달러로 상장한 기업을 제외한 금액이다. 전통적으로 규모가 큰 전통적인 기업들이 뉴욕증권거래소에 상장되고 규모가 작은 하이테크기업들이 나스닥에 많이 상장해왔다. 그런 상황을 고려하면, 주식시장에도 변화가 있다는 것을 보여주는 결과라 할 수 있다.

인수합병과 기업공개를 통해 평가되었던 기업가치보다 높은 가격으로 성공적인 투자 회수가 이루어졌던 기업은 총 17개였다. 63%의 유니콘이 성공적으로 마무리된 것이다. 투자 회수 당시 기업가치가 최종 평가금액보다 168억 달러가 높아진 특이한 경우를 예외로 하더라도 평균 13억 달러 이상의 상승이 있었다.

상장한 16개의 기업 중 2016년 2월 말 기준으로 상장 당시의 시가총액과 비슷하거나 증가한 기업은 7개였다. 가장 많이 주가가 상승한 기업은 제이디닷컴으로 시가총액이 285억 달러에서 365억 달러로 증가했다. 반면 시가총액이 감소한 기업은 9개이다. 이는 최근 미국 주가가 근 2년간 조정을 많이 받은 영향도 고려해야 할 것이다. 그중에서도 시가총액이 가장 많이 감소한 기업은 P2P 대출서비스중개 업체인 렌딩클럽Lending Club으로 상장 당시 85억 달러에서 34억 달러로 60%나 하락했다.

엑시콘의 평균 업력은 8.7년이었다. 성공적인 엑시콘은 업력이 9.2년으로 평균보다 약간 높았다. 인수합병이 된 기업은 8.2년이었고 주식시장에 상장한 기업의 업력은 평균 9년이었다. 업력이 가장 긴 엑시콘은 굿 테크놀러지로 설립 19년 차에 매각되었으나 성공적이지는 못했다. 가장 빠르게 엑시트한 기업은 소프트웨어업체 호튼웍스였다.

엑시콘 중 가장 많은 산업군은 E-커머스로 약 30%를 차지했다. 나머지는 하드웨어, 소프트웨어, 금융 서비스, 컨슈머 인터넷 산업에 골고루 분포되어 있었고 에너지와 엔터테인먼트·게임 산업에도 각각 한 기업씩 있었다. 특징적인 것으로는 금융 서비스 산업의 엑시콘은 모두 주식시장에 상장하는 것으로 마무리되었다는 것과 하드웨어 산업의 엑시콘은 인수와 상장 모두 성공적인 마무리를 했다는 점이다.

4) 산업별 특징

『월스트리트저널』에서 제시한 '1조 스타트업 클럽' 리스트에 따라 산업군을 크게 하드웨어, 소프트웨어, 컨슈머 인터넷, 파이낸셜 서비스, 엔터테인먼트·게임, 항공우주, E-커머스, 헬스케어, 부동산, 에너지, 교육, 미디어 12가지로 분류했다. 세부 산업군은 『포천』 기준을 참고하였다.

유니콘의 개수는 2014년부터 3년간 전체적으로 개수가 대폭 증가하였으나 모든 산업마다 수가 증가한 것은 아니었다. 특징에 따라 12가지 산업으로 분류하긴 했지만 유니콘은 특정 산업 몇 가지에 집중된 것을 확인할 수 있었다.

2014년에는 유니콘의 개수가 총 45개였다. 산업별 유니콘의 개수와 비율을 봤을 때 소프트웨어, E-커머스, 컨슈머 인터넷, 하드웨어 순서로 4가지 산업이 높은 비중을 차지하는 것을 확인할 수 있다. 2014년의 특이한 사항은 소프트웨어 분야의 유니콘 13개 중 10개가 미국 실리콘밸리에 있다는 것이다. 전체적으로 소프트웨어 분야의 스타트업 기업들의 상당수가 미국에, 그중에서도 기술혁신의 심장부인 실리콘밸리에 있기 때문이다. 하지만 E-커머스, 컨슈머 인터넷 분야 기업들의 지역분포가 비교적 다양한 것에 비해 소프트웨어는 실리콘밸리가 독보적이다.

2015년에는 유니콘의 숫자가 거의 두 배 가까이 증가했지만 여전히 주요 비중을 차지하는 산업군은 한정되어 있다. 2015년 유니콘의 주요 산업군은 소프트웨어, E-커머스, 컨슈머 인터넷, 금융 서비스 등 4개 분야였다. 하지만 전년대비 헬스케어, 컨슈머 인터넷, 금융 서비스 분야가 눈에 띄게 성장하였다.

2016년에도 2015년에서 나타났던 특징들이 지속되는 것을 확인할 수 있다. 소프트웨어가 30%, 컨슈머 인터넷이 24%, E-커머스가 16%로 대부분을 차지하였다. 금융 서비스와 헬스케어의 비중이 2배 이상 증가하였고 미디어와 교육 분야가 가장 높은 성장세를 나타냈다. 2014년에 가장 커다란 비중을 차지하였던 하드웨어 산업은 성장세가 꺾이면서 전체의 4%에 그쳤다. 다른 산업에서 유니콘이 대거 등장하는 현상과는 대조된다.

유니콘의 개수가 증가하면서 산업별로 지역적인 특징이 조금 더 드러났다. 소프트웨어 부분에서는 미국이 독보적이며 그중에서도 실리콘밸리가 여전히 주축을 이룬다. E-커머스 부분은 아시아, 특히 중국과 인도에 많이 집중되어 있었다. 지역이 넓으면서도 인구밀도가 높다는 지역적 특성이 E-커머스 시장의 발달과 가능성에 큰 영향을 끼쳤을 것으로 판단된다. 여러 산업 중 비교적 지역적 분포가 다양하게 나타난 분야는 컨슈머 인터넷이었다. 모바일 환경을 기반으로 소비자들의 여러 가지 욕구에 맞춰 다양한 서비스가 제공되는 산업이기 때문일 것이다.

유니콘 기업에서 가장 중요한 비중을 차지하는 소프트웨어, E-커머스, 컨슈머 인터넷, 금융 서비스, 헬스케어 등 5가지 산업에 대해 2016년을 기준으로 조금 더 자세히 분석해보고 해당 산업의 대표적인 유니콘을 소개한다.

::: 소프트웨어

소프트웨어 산업의 대부분은 SaaS_{Software as a Service} 형태로 비즈니스용 소프트웨어를 제공하는 B2B 기업들이 68%를 차지했다. 나머지는 개인고객들도 이용할 수 있는 클라우드 스토리지, 보안서비스, 광고플랫폼 등이 있다.

유니콘 기업 중 가장 많은 비중을 차지하지만 소프트웨어 산업 기업들의 평균 평가가치는 22억 달러로 5개 산업군 중 가장 낮다. 평균 2억 9,700만 달러를 투자받아 평균 투자금 역시 주요 5개 산업군 중 가장 낮다. 소프트웨어 산업의 유니콘 기업 중 가장 많은 투자를 받은 기업은 SI 업체인 세일즈포스닷컴Salesforce.com으로 6개 투자자로부터 투자를 받았다. 유니콘이 되기까지 평균 업력은 9.7년이다.

팰런티어 - 200억 달러 가치의 소프트웨어 산업 1위 빅데이터 분석 유니콘

페이팔을 운영하며 신용카드 사기에 대응하기 위해 만든 소프트웨어에서 아이디어를 얻었다. 팰런티어의 창업자 피터 틸Peter Thiel은 페이팔 보안 시스템의

복합 접근법을 이용하면 테러리스트들의 연락망과 금융 사기도 막아낼 수 있을 것이라는 생각에 팰런티어를 창업하였다. 팰런티어는 고객에게 빅데이터 분석을 통한 사기, 범죄, 테러 등을 예방하는 솔루션을 제공하는데 CIA나 FBI 등이 주 고객이다. 팰런티어는 베일 속의 회사로 알려져 있다. 평가가치 200억 달러로 소프트웨어 산업 유니콘 중 독보적 1위이다.

박스 – 27억 달러 시가총액으로 상장한 클라우드 스토리지 비즈니스의 간판 기업

박스는 기업 및 개인에게 저장공간인 클라우드 스토리지를 제공한다. 다양한 앱에서 사용이 가능하고 미디어 파일이나 폴더에 위젯을 설정하여 다른 웹페이지에 붙일 수 있는 특징이 있다. 주 수익원은 사용료이며 가격에 따라 차등 적용되는 다양한 옵션을 제공한다. 박스는 현재 유니콘 중 클라우드 스토리지 제공 서비스를 가장 먼저 시작했다. 최종 평가가치는 2014년 15억 달러였다. 2015년 창업 10년 만에 나스닥에 상장하였으며 시가총액은 27억 달러였다.

::: 컨슈머 인터넷

컨슈머 인터넷이란 인터넷을 통한 각종 소비자 편의 제공 비즈니스를 의미한다. 교통서비스, 음식배달 서비스 등 온라인과 오프라인을 연계하는 O2O 서비스가 66%를 차지한다. 나머지는 온라인 및 모바일 소셜 커뮤니티, 판타지 스포츠, 음악 앱 등의 서비스가 있다. 컨슈머 인터넷 산업의 57%가 P2P 공유경제 플랫폼이다. P2P 공유경제 플랫폼 중 35%가 교통서비스를 제공한다. 유니콘 평가가치 1위 기업인 우버도 이에 포함된다.

컨슈머 인터넷 기업들의 평균 가치는 53억 달러로 5개 주요산업 중 가장 높다. 다른 산업의 평균 기업가치가 27억 달러인 점을 고려하면 거의 2배로 독보적이다. 투자받은 자금 역시 평균 8억 5,900만 달러로 다른 산업 분야와 비교해

가장 높다. 기업가치 100억 달러 이상의 데카콘 12개의 기업 중 5개가 해당 산업에 속해 있고 10억 달러 이상의 투자를 받은 기업도 26%에 달한다. 평균 업력은 5.7년으로 5개 산업 중 눈에 띄게 낮다. 즉 컨슈머 인터넷 산업이 가장 빠르게 성장하여 유니콘이 되고 가장 많은 투자를 받으며 높은 가치로 평가받는다는 것이다.

우버 – 택시앱의 시조

우버는 모바일 차량 예약 서비스 업체다. 회사에 고용되거나 공유된 차량의 운전기사와 승객을 모바일 앱으로 연결하는 서비스를 제공한다. 우버 서비스는 스마트폰 GPS 정보를 이용해 호출을 시작한다. 호출 즉시 호출자와 가장 가까운 차량을 연결한다. 매칭 시 호출자와 매칭된 차량 사이의 거리와 교통 정보를 기반으로 예상 가격을 제시한다.

호출자는 매칭된 기사의 평가를 참고해 운송 여부를 결정할 수 있으며 운전기사에게 문자메시지나 전화로 요청 사항을 전송할 수 있다. 현재 운영 중인 대부분의 교통서비스 앱은 우버의 벤치마킹 버전이라고 볼 수 있다. 우버는 무려 680억 달러의 기업가치로 유니콘 기업순위 1위를 자랑한다.

블루에이프런 – 음식 배달을 넘어서 음식재료 배달

컨슈머 인터넷 사업에서 고급 레스토랑 수준의 음식을 집으로 직접 배달해주는 배달 비즈니스들이 많은 인기를 얻고 있다. 블루에이프런Blue Apron은 사용자가 유명 쉐프가 추천하는 음식을 집에서 직접 해먹을 수 있도록 음식재료를 작게 포장해 일주일에 한 번 배송해주는 '서브스크립션 서비스Subscription Commerce'를 제공하는 회사다. 스웨덴에서 음식재료 키트를 판매하는 업체 리나스 맛케스Linas Matkasse를 보고 아이디어를 얻어 미국에서 온라인사업을 시작했다.

2인 기준 매주 3개의 조리 전 식자재를 제공하는 조건으로 이용자들에게 59달러 94센트를 받는다. 한 끼에 9달러 99센트 정도인 셈이다. 블루에이프런의 공식 발표에 따르면 한 달에 판매되는 음식제품 세트의 수는 300만 개다. 한 세트당 10달러로 계산했을 때 회사가 매년 거두는 매출은 3억 6,000만 달러(약 4,036억 원)다. 이들은 지난 2015년 6월 피델리티 매니지먼트와 리서치 컴퍼니로부터 1억 3,500만 달러(약 1,513억 원)의 투자를 유치하며 무려 20억 달러(약 2조 2,400억 원)의 기업가치를 인정받았다.

이 외에도 유명 배달 스타트업인 먼처리Munchery와 도어대쉬DoorDash 역시 가정으로 한 끼 식사를 배달하고 있다. 하지만 블루 에이프런은 완성된 요리를 배달하는 것이 아니라 사용자가 직접 요리를 할 수 있도록 레시피와 식재료를 배달한다는 점에서 차별성이 있다. 식사를 해결하면서도 요리를 배울 수 있어서 일거양득인 셈이다.

핀터레스트 - 수익성을 추가한 이미지 소셜네트워크

핀터레스트는 관심사 기반 이미지 공유 SNS 서비스이다. 인터넷 서핑 중 관심 있는 이미지를 핀잇pin it 해두면 자신의 보드에 저장되고 다른 사람들이 올린 이미지나 동영상도 쉽게 공유가 가능한 서비스다. 관심 있는 정보를 선별적으로 볼 수 있는 큐레이팅 기능이 가장 큰 장점으로 꼽힌다. 초창기에는 광고 없이 이미지 공유 플랫폼으로 시작했다. 최근에는 광고도 연결하고 사용자가 이미지 검색 및 수집에 그치지 않고 바로 해당 상품을 구매할 수 있도록 서비스를 확장하여 비즈니스 수익구조를 만들어가고 있다.

핀터레스트는 사진을 분석해 회원들의 취향을 기반으로 상품을 추천하는 방식을 사용한다. 페이스북, 트위터와 비교했을 때 핀터레스트가 더 비즈니스적으로 성공적인 서비스라고 평가받는다. 사용자들이 자발적으로 올려놓는 사진들을 분석해 구매 가능성이 높은 광고를 연결해주기 때문이다. 핀터레스트의 기업가치는 110억 달러로 데카콘에 해당한다.

::: E-커머스

E-커머스 산업은 온라인 네트워크를 통해 거래가 일어나는 모든 산업을 의미한다. E-커머스 산업에 해당하는 유니콘 기업들의 54%가 복합 온라인 쇼핑몰이다. 그 중 패션, 유아용품에 특화된 카테고리가 각각 15%이다. 모든 비즈니스는 고객이 직접 온라인 쇼핑몰을 이용하는 B2C 형태이다. E-커머스 산업의 평균 기업가치는 30억 달러이고 평균 6억 7,700만 달러를 투자받았다. 평균 업력은 7년이다.

메이투안-디엔핑 – 유니콘과 유니콘이 합병해 데카콘이 되다

메이투안-디엔핑Meituan-Dianping은 제휴업체들과의 상품, 서비스 계약을 체결하여 수수료를 받는다. O2O 기반 플랫폼 소셜커머스 업체인 메이투안Meituan과 디엔핑Dianping의 합병으로 탄생했다. 중국 최대의 전자상거래업체인 알리바바가 15%의 지분을 보유하고 있던 메이투안과 텐센트가 20%의 지분을 보유하고 있던 디엔핑이 합병한 회사이다.

알리바바와 텐센트가 전략적으로 제휴하여 소셜커머스 분야에서 확고한 지배력을 가지려고 만든 회사이다. 알리바바는 합병 이후에 메이투안 지분을 매각했다. 유니콘끼리 합병을 하였으나 상장이 되거나 비즈니스가 통합된 것은 아니며 메이투안과 디엔핑이 각각 별도로 서비스를 운영한다는 것이 특징이다. 최종 기업가치는 183억 달러로 데카콘이며 E-커머스 분야의 1위이다.

플립카트 – 인도 최대의 복합 전자상거래 온라인 쇼핑몰

2007년 인도델리공과대IITD 동창생이 함께 창업한 회사이다. 플립카트는 창업자들이 모두 아마존닷컴에서 근무한 경험이 있어 '인도의 아마존'이라는 별칭을 갖고 있다. 사친 반살Sachin Bansal과 비니 반살Binny Bansal이 작은 아파트에서 서적 전자상거래로 비즈니스를 시작한 것도 아마존의 시작과 닮았다.

시장조사기관인 테크노팩Technopak에 따르면 인도의 전자상거래 시장은

23억 달러 규모로 전체 상거래 규모의 0.4%에 불과하다. 인도 최대의 온라인 쇼핑몰인 플립카트의 미래를 예측할 수 있는 대목이다. 플립카트의 최종 평가가치는 150억 달러로 데카콘이다.

제이디닷컴 – 가장 성공적인 기업공개를 기록한 중국 쇼핑몰

제이디닷컴JD.com은 중국 최대 전자상거래 기업인 알리바바 다음으로 규모가 큰 종합 온라인 쇼핑몰로서 알리바바의 가장 강력한 경쟁자로 떠오르고 있다. 알리바바의 오픈마켓 형식과는 다르게 정품만을 취급하며 엄격하게 관리되는 쇼핑몰로 자체 물류창고를 가지고 있다. 2014년에는 텐센트와의 제휴하여 텐센트의 모바일 메신저 큐큐QQ와 위챗WeChat에 전자상거래 서비스를 연동시켜 모바일 전자상거래 플랫폼을 선점하였다. 제이디닷컴은 가장 성공적인 투자회수가 이루어진 중국 쇼핑몰로 2014년 상장 당시 시가총액이 185억 달러로 투자자들은 상당한 수익을 냈다.

:::: 금융 서비스

금융 서비스의 비즈니스 모델에 정보통신기술을 결합한 핀테크Fin-tech 서비스가 활발해지는 현상과 함께 금융 서비스 산업의 유니콘 기업들 역시 대부분 대출서비스나 모바일 결제서비스를 제공한다. 글로벌 데이터 분석업체 CB인사이트를 따르면 2016년 1분기 유니콘 174개 중 19개 기업이 핀테크 업체다. 핀테크 유니콘 업체 중 기업가치가 가장 높은 것으로 알려진 곳은 중국의 루팩스Lufax다.

직접 대출이 이루어지는 2개의 기업을 제외하면 모든 유니콘 기업들은 온라인으로 대출업체와 고객을 연결하는 플랫폼의 역할을 한다. 직접 대출이 이루어지는 기업 역시 과거와는 달리 온라인과 모바일을 통해서 대출신청과 자동화된 심사 서비스를 제공한다. 핀테크 산업은 세계의 금융 1번지인 미국, 전통의

금융 강국인 영국, 정보기술IT과 인터넷으로 금융산업을 혁신하고 있는 중국에서 활발하게 발달하고 있다. 금융 서비스 유니콘 기업의 숫자도 미국과 중국이 압도적이다.

금융 서비스 산업 기업들의 평균 기업가치는 31억 달러이며 평균 4억 3,300만 달러의 투자를 받았다. 평균 업력은 8.6년이다.

루팍스 – 중국 P2P 대출 중개업의 선두주자

루팍스는 중국 최대 보험기업인 핑안 보험그룹 산하의 P2P 대출업체이다. 중국 금융업계의 타오바오를 꿈꾸며 2011년 9월 상하이시 정부의 지원을 등에 업고 등장했다. 2015년 4월 한 달 동안 루팍스의 대출액은 550억 위안(약 10조 원)으로 1년 만에 270%나 증가했다. P2PPeer to Peer 대출이란 금융기관을 거치지 않고 온라인상에서 이뤄지는 개인 간 대출을 뜻한다. P2P 대출업체가 다수 투자자에게 조금씩 자금을 모아 빌려주거나 대출 신청을 받은 다음 금리와 대출 기간 등 조건을 알리고 모금하는 등의 방식으로 이뤄진다.

루팍스의 P2P 금융은 기본적으로 대출자(채무자)와 출자자(채권자)를 이어주는 중개서비스다. 만 21~55세의 중국(홍콩, 마카오 제외) 국적자라면 누구나 대출을 신청할 수 있고 만 18세 이상이면 누구나 출자자가 될 수 있다. 대출은 1만 위안(약 176만 원)에서 최대 30만 위안(약 5,300만 원)까지 가능하며 대출자는 투자자에게 원금과 이자를 상환하면 된다.

대출 방법도 간단한 편이다. 루팍스 홈페이지에 가입한 후 이름과 휴대폰 번호를 남겨 대출 신청 의사를 밝히면 회사의 콜센터 직원으로부터 전화가 온다. 간단한 인터뷰로 대출적합 여부를 평가받고 핑안 보험그룹의 융자보증기관을 통해 대출자의 신용 평가가 이루어진다. 이 과정이 통과되면 돈은 바로 입금된다. 통상적으로 3~5일 정도가 소요된다. 대출원이 되는 투자 자금 조달 방법도 쉽다. 마치 금융 투자 상품에 가입하는 것과 같다. 루팍스 홈페이지에 가입한 후 실명인증과 연결 은행계좌 등록, 투자금 충전, 투자 가능 리스트(대출자 명단) 열람 후 선택을 하면 된다.

투자 가능 대상들은 원잉-안e穩剩-安e, 원잉-안예穩剩-安業 등 다양한 상품 카테고리로 나눠진다. 투자 기간은 최소 2개월에서 최대 36개월이고 연간 최소 보장 수익률은 5.8~7.84%로 차이가 있다. 루팩스의 기업가치는 96억 달러로 현존하는 핀테크 유니콘 업체 중 기업가치가 가장 높다. 상하이에 본사를 둔 루팩스는 최근 12억 1,700만 달러(1조 4,700억 원)의 투자금을 유치해 185억 달러(약 22조 4,000억 원)의 기업가치를 인정받으며 중국의 핀테크 서비스의 성장 잠재력을 입증하고 있다.

스트라이프 – 핀테크 회사를 위한 핀테크 서비스

스트라이프Stripe는 온라인 상거래 업체들의 결제 시스템을 만들어주는 회사다. 페이스북, 트위터 등 IT 스타트업(창업 초기 기업)뿐만 아니라 애플 페이나 중국 알리페이와 같은 업체를 고객으로 둔 '핀테크 업체를 상대로 영업하는 핀테크 업체'다. 스트라이프는 철저한 판매자 중심의 서비스를 제공하고 있다. 스트라이프는 웹이나 인앱 판매자들을 돕는 부가서비스로 사용자가 결제를 위해 해당 웹페이지나 앱을 벗어날 필요가 없는 것이 가장 큰 특징이다.

페이팔이나 다른 결제 시스템은 여러 페이지를 거쳐야 한다. 그럼에도 사이트 개발자들은 스트라이프가 다른 결제 시스템보다 훨씬 더 안전하다고 입을 모으고 있다. 아일랜드 출신의 소프트웨어 개발자 존 콜리슨과 그의 형 패트릭이 창업한 회사로 미국 샌프란시스코에 본사를 두고 있다. 스트라이프의 기업가치는 50억 달러로 평가된다. 이 외에도 아디엔Adyen과 클라르나Klarna도 스트라이프처럼 기업에 결제 시스템을 제공하는 핀테크 업체로 각각 기업가치가 23억 달러와 22억 달러로 추산되고 있다. 아디엔은 암스테르담에 본사를 둔 네덜란드 업체고 클라르나는 스톡홀름에 있는 스웨덴 업체다.

소파이 – 대학 졸업 후 학자금 상환 부담을 덜어주는 P2P 대출업체

소파이SoFi는 미국에서 학벌과 인맥을 기반으로 대출해주는 P2P 업체이다. 이름은 '소셜Social'과 '파이낸스Finance'에서 따왔다. 2016년 1월 기준으로 누적 대출 금액이 70억 달러를 넘어섰다. 소파이는 대출신청부터 승인까지 단 15분밖에 걸리지 않는 것을 강점으로 내세운다. 은행처럼 절차가 까다롭지 않고 필요한 서류의 양을 줄여 보다 수월하게 대출받을 수 있도록 했다.

소파이는 스탠퍼드대 경영대학원 학생 4명이 모여 만든 업체다. 졸업한 선배가 재학생인 후배에게 학자금을 빌려주도록 연결하는 사업 모델로 시작해 지금은 주택담보대출과 개인대출까지 사업을 확장한 상태다. 소파이가 대출 서비스를 시작하고 4년이 지난 현재까지 대출금 상환을 포기한 채무 불이행자는 단 한 명도 없다. 연방정부의 학자금 대출서비스를 이용한 사람 중 14%가 빚을 갚기 시작한 지 3년 만에 채무 불이행을 선언한 것과 비교하면 신용도가 매우 높은 편이다.

여기엔 소파이만의 엄격한 대출 기준이 숨어있다. 대출 신청자의 학위 및 신용등급뿐만 아니라 현재 일을 하고 있는지 혹은 취직 제의를 받아 90일 안에 일을 시작할 수 있는지를 꼼꼼히 따진다. 로스쿨 출신의 경우 시험에 합격해 면허를 딴 사람만 대출을 받을 수 있다. 소파이는 이런 식으로 대출 대상을 좁혀 위험을 줄였다. 학맥이 중요 비중을 차지하다 보니 만약 대출금을 갚지 못할 경우 그 사람이 누군지 알게 되는 구조다. 최근엔 아서 레빗 전 미 증권거래위원회SEC 위원장과 안슈 제인 도이체방크 전 회장 등을 고문으로 영입했다.

아디엔 – 우버, 에어비앤비와 제휴를 맺은 온라인 전자결제업체

아디엔Adyen은 온라인 전자 결제 및 POS 단말을 제공하는 기업이다. 아디엔 서비스의 핵심은 모든 지불 시스템들로부터 지불 옵션을 통합시키는 것이 가능하다는 점이다. 매장은 물론 모바일 및 데스크톱까지 다양한 채널을 통해 지불이 가능하도록 해준다. 아디엔은 지난 2012년 우버가 네덜란드 사업을 출범

할 당시 처음으로 글로벌 결제 파트너로 제휴 관계를 체결했으며 이후 6개 대륙 50여 개 시장으로 서비스를 확대했다.

아디옌은 지역마다 각기 다른 규제와 지불 결제 인프라를 수용하고 자사 포트폴리오의 지불 결제 데이터를 활용함으로써 우버와 협력해 전 세계에서 최적화된 결제를 지원하고 있다. 일반 사용자들에게 온라인 전자 결제를 제공하면서 수수료를 받고 제휴를 맺은 업체들로부터 수수료를 받는다. 그리고 지불 결제 서비스를 파트너에게 제공해준다. 아디옌은 약 23억 달러의 기업가치로 유럽의 유니콘 기업 중 6번째로 큰 규모다.

캐비지 - 오로지 온라인만으로 대출심사를 해주는 대출업체

캐비지Kabbage는 데이터 분석만으로 대출심사를 하는 중소기업 대상 온라인 서비스 기업이다. 중소기업 고객이 캐비지 웹사이트에서 대출 신청을 하면 온라인상에서 짧은 시간 안에 대출 심사가 완료되고 대출금이 다음날 입금된다. 대출 심사에서는 사람이 관여하지 않고 고객 기업이 사용하는 회계 소프트웨어, 페이팔과 이베이 등의 온라인 결제 서비스 이용 현황, SNS 등 온라인을 통한 빅데이터를 이용해 대출 신청기업의 신용을 평가한다.

캐비지에서 신용평가를 받은 신청자가 자신의 SNS와 캐비지 홈페이지를 링크해 놓으면 신용점수를 추가로 주기도 한다. 캐비지 측은 페이스북과 트위터 계정을 캐비지 사이트와 연결해 놓은 신청자의 연체율이 평균 연체율보다 20% 정도 낮다고 밝히기도 했다. 캐비지는 전통적인 대출업에서는 이용하지 않았던 새로운 데이터를 활용한 비즈니스 모델로 세계 각국 은행과의 비즈니스 확장 가능성을 높이고 있다.

:::: 헬스케어

유니콘뿐만 아니라 비즈니스 전체에서 최근 홈, 웨어러블, 생체이식 헬스케어 등 IT 기업과 연계한 스마트 헬스케어 산업에 관심이 뜨겁다. 헬스케어 산업의 유니콘 기업들은 대부분 최근 1년 사이에 유니콘이 되었기 때문에 투자 회수한 기업은 아직 없다. 헬스케어 관련 산업 유니콘 기업의 73%가 질병 진단법과 치료법 등을 연구 개발하는 기업들이기에 B2B 성격이 뚜렷하다. 이 외에 개인과 의사를 연결해주는 중개서비스와 유전정보검사 결과를 알려주는 일부 B2C 형태의 기업이 있다.

헬스케어 산업의 유니콘 기업들의 평균 기업가치는 26억 달러이다. 평균 4억 400만 달러를 투자받았으며 헬스케어 산업에서는 투자금액이 10억 달러 이상 되는 기업은 없었다. 또한 헬스케어 유니콘 기업의 평균 업력은 11년으로 다른 산업군보다 길었다.

테라노스 – 혈액검사기술의 혁신과 진위 공방

테라노스는 총 7억 5,000만 달러의 자금을 조달하면서 총 90억 달러로 기업가치를 평가받아 헬스케어 산업군의 유니콘 중 평가 가치 1위의 기업이다. 엘리자베스 홈스가 19세 때인 2003년에 창업한 회사로 극소량의 혈액으로도 30여 가지 질병을 검사할 수 있는 혈액검사 키트를 개발하여 1960년대 이후 변화가 없던 혈액 검사 기술 시장에서 혁신적이라는 평가를 받았다.

테라노스의 혈액 검사 키트는 불편함을 최소화한 침을 이용해 손가락에서 소량의 혈액을 채취하는 방법으로 채취량이 기존 대비 최소 1,000분의 1 수준이다. 하루에도 몇 번씩 혈액을 뽑아야 하는 환자나 어린이 등 노약자도 어려움을 겪지 않고 검사를 받을 수 있다. 2013년 후반부터 진단 서비스를 제공하기 시작했다. 대부분은 미국의 대형 약국 체인인 월그린스에서 의사 없이 약사나 보조원이 피 한 방울을 뽑는 것으로 알려져 있다.

혈액으로 분석한 상태와 질병의 연관성, 상태 호전도 등을 예측하는 데이터베이스 분석력이 테라노스의 강점이다. 지난 2005년 이후 글락소스미스클라인 등 대형 제약회사 임상시험을 담당하며 여러 데이터를 축적했다. 하지만 2015년 내부 직원이 테라노스의 실험 결과 조작과 타사 기술 이용에 대해 미국 CMSCenters for Medicare and Medicaid Services에 고발하는 사건으로 대대적인 논란이 있었다. 잇따라 의료계 일부 전문가들도 테라노스의 검사 기술이 비밀에 싸여 있고 피어리뷰peer review 논문 출판을 통한 과학적인 입증 절차를 거치지 않았다는 점을 들며 기술에 의혹을 제기했다. 그 진위를 둘러싼 공방이 아직 진행 중이다.

작닥 – 의사와 환자를 이어주는 P2P 서비스

작닥Zocdoc은 의사와 환자를 연결하는 병원정보 공유 서비스를 제공한다. 의사들은 연간 300달러의 이용료를 내고 본인의 스케줄을 등록한다. 그럼 환자들은 무료로 의료진의 전문 분야, 서비스 범위, 위치, 학력, 후기 등을 확인할 수 있다. 웹사이트와 앱을 통해 병원 검색, 진료 예약, 리뷰 등의 정보를 이용할 수 있다.

편리하게 예약을 받고 약속 시각 직전 취소된 예약을 대신할 새로운 예약도 받을 수 있어서 환자와 의사 모두에게 인기를 끌고 있다. 전통적으로 미국에서 진료예약 기간은 평균 18일이었다. 그러나 작닥을 이용하면 원하는 의사의 진료 일정을 보면서 직접 가능한 시간에 예약할 수 있다. 작닥의 가치는 18억 달러이다.

⦂⦂⦂ 하드웨어

하드웨어 산업에서 기업가치가 가장 큰 유니콘은 단연 중국의 샤오미이다. 하드웨어 기업이지만 기존의 제조업과 전혀 다른 혁신적인 비즈니스 모델을 갖고 있다. 샤오미는 하드웨어를 아주 싼 가격에 판매하면서 소프트웨어를 통한 수익을 창출하고 있다. 이는 하드웨어 산업의 다른 유니콘도 마찬가지이다.

네스트 랩스 – 하드웨어의 진화 사물인터넷시대

네스트 랩스는 스마트 실내온도 조절기를 개발하고 제작해 온라인과 오프라인으로 판매하는 기업이다. 최종 평가가치는 20억 달러였으며 2014년 구글이 32억 달러에 인수하여 더욱 유명해졌다. 네스트 랩스의 온도 조절기는 방에 불이 켜져 있거나 햇볕이 강할 때를 스스로 감지하고 거주자의 움직임을 분석하여 집안의 히터나 에어컨도 자동으로 조절할 수 있다. 거주자의 생활습관을 분석하고 생활 패턴을 파악하여 온도를 조절한다. 아이폰이나 PC를 활용하여 원격 조절도 가능하다.

이후 출시한 스마트 화재경보기 역시 온도조절기와 마찬가지로 사물인터넷 개념이 적용된 제품이다. 와이파이가 연결된 상태이면 오류 수정, 성능 향상, 추가 기능을 위한 업데이트를 받을 수도 있다. 하드웨어를 판매하는 기업이지만 소프트웨어의 기능이 중요한 비중을 차지한다. 구글이 높은 가격으로 네스트 랩스를 인수하면서 사물인터넷Internet of Things에 높은 관심을 두고 있다는 것이 알려졌다.

매직 립 – 현실과 가상의 경계를 허물다

매직 립Magic Leap은 3차원 디지털 이미지를 제공하는 웨어러블 기기 관련 증강현실AR 기술을 개발하는 기업이다. 대표적으로 사용자의 안구眼球 움직임을 추적해 이미지를 안구에 투사하는 기술이나 현실감이 탁월한 3차원 영상 기술 등을 개발하는 것으로 알려져 있다. CEO인 로니 애보비츠Rony Abovitz는 "디스플레이 기술의 새로운 유형으로써 매직 립의 기술은 PC 모니터와 스마트폰 스크린을 뛰어넘는 진화가 될 것이다."라고 말했다.

또한 그는 영화와 비디오 게임 등 엔터테인먼트를 위한 새로운 포맷을 공급하겠다는 포부도 밝혔다. 사실 가상현실이나 증강현실과 같은 미래의 스크린 시장에 대한 관심은 이미 뜨겁다. 페이스북은 2014년 초 20억 달러에 가상현실 헤드셋 제조사 오큘러스 리프트를 인수했으며 소니의 '플레이스테이션VR'와

MS의 '홀로렌즈' 등 가상현실 헤드셋 출시가 임박해지면서 2016년부터 가상현실 기기의 대중화가 시작될 전망이다. 구글은 매직 립에 지속적으로 투자하고 있다. 매직 립의 기업가치는 20억 달러이다.

::: 에너지

유니콘 리스트에는 미래 세대를 위한 대체 에너지 분야가 주목받고 있다.

선런 - 태양에너지를 사용하고 싶은 일반인을 위하여

선런Sunrun은 제조업체로부터 태양광 판넬을 구매하여 일반주택에서 전기 대신 태양광에너지를 쓰고 싶어하는 고객에게 대여해주고 관리를 해준다. 주택용 태양에너지 이용에 관심이 있는 고객들은 인터넷 홈페이지나 전화 등을 통해 무료로 견적을 받아볼 수 있다. 선런은 상담 후 신청한 집의 적합성을 판단하고 현재 상태와 요금 절약 목표에 맞추어 견적과 일정을 맞춘다.

이들은 고객과 긴밀히 소통하며 태양광 패널을 구매하거나 대여하는 등 조건을 최적화하고 전반적인 관리 시스템을 제공한다. 고객은 전기료 대신 태양광 패널 이용료를 선런에게 월별로 낸다. 고객들이 내는 이용료가 주 수입원이다. 고객들은 선런 시스템을 이용하면 기존에 지불하던 전기료의 20% 정도를 절약할 수 있다. 최종 기업가치 13억 달러로 2015년 8월 상장되었다.

::: 미디어

미디어 산업의 유니콘은 2015년부터 등장했다. 더 이상 기존의 언론은 디지털 시대에 맞지 않는다. 디지털 시대에 걸맞은 매체가 유니콘이 된다.

복스미디어 - 차세대 디지털 매체

복스미디어Vox Media는 독자들에게 무료로 인터넷 기사, 동영상, 사진 등의 콘텐츠를 제공한다. 기사 및 콘텐츠는 에디터들이 작성하고 원고료를 받는다. 주 수익원은 광고료이다. 복스 미디어는 각각의 테마별 하위 브랜드를 만들어 디지털 콘텐츠를 관리한다. 정보통신 분야 더 버지The Verge, 스포츠 분야 SB 내이션 SBNation, 게임 분야 폴리곤Polygon, 음식 분야 이터Eater, 부동산 · 지역 정보 분야 커브드Curbed, 셔핑 분야 래키드Racked, 스토리텔링 분야 복스Vox이다.

복스 미디어는 저널리즘뿐만 아니라 '코러스'라는 콘텐츠 관리시스템 기술로도 유명하다. 코러스는 콘텐츠 생산, 큐레이팅, 배치, 유통, 분석 등의 과정을 자동화하여 쉽고 편리하게 구성할 수 있는 툴이다. 코러스를 이용해서 에디터들은 편리하게 콘텐츠를 만들어 낼 수 있고 광고주에게는 광고 콘텐츠 관리와 제작에 도움을 준다. 『워싱턴포스트』 정치부 스타 기자 에즈라 클레인Ezra Klein이 온라인 미디어 기업인 복스미디어로 옮겨간 이유가 바로 '코러스' 때문이다.

⠿ 엔터테인먼트와 게임

가레나 온라인 – 동남아 최대의 게임 소셜 플랫폼

가레나Garena는 싱가포르에 본사를 두고 현재 대만, 홍콩, 말레이시아 등 동남아시아 지역에서 수백만 명의 유저들을 대상으로 플랫폼, 온라인, 모바일 콘텐츠를 서비스하는 동남아 최대의 인터넷 서비스 기업이다. 2010년에 유저들이 채팅과 게임을 할 수 있는 온라인 플랫폼 '가레나+'를 출시했다.

이후 가레나는 동남아의 온라인 엔터테인먼트 비즈니스 모델에 재투자했고 강력한 네트워크 효과를 지닌 플랫폼을 만들어서 리그오브레전드LOL나 피파 온라인FIFA Online 등 전 세계의 유명 게임들을 유저들에게 선보였다. 2015년 3월 온타리오 교사퇴직연금제도the Ontario Teachers Pension Plan가 투자하면서 기업가치를 25억 달러로 평가했다. 가레나는 기본적으로 유저들에게 게임 소셜 플랫폼을 제공하는 대신 선수들의 가상 장비 등을 구매하는 비용과 구독료를 주 수익원으로 하고 있다. 그리고 소셜 플랫폼에 광고하고 싶어하는 광고주들에게 광고료를 받고 게임 개발자들에게는 게임 로열티를 제공한다.

:::: 항공 우주

스페이스 엑스 – 전 세계 최고의 앙트레프레너 일론 머스크의 우주사업

스페이스 엑스는 페이팔을 공동 창업한 일론 머스크가 어린 시절부터 꿈꿔왔던 우주와 청정에너지에 대한 미래를 실현하기 위해 2002년에 창업한 우주사업을 위한 기업이다. 로켓과 우주선의 개발 및 발사를 통한 우주 수송이 주 업무이다. 여전히 개발 중에 있으며 당장의 수익은 없다.

하지만 일론 머스크는 인류의 미래에 투자한다고 이야기하면서 스페이스 엑스의 사업을 진행하고 있다. 팰컨 1으로 불린 싱글 엔진 탑재 로켓이 2003년 11월 처음 발사됐다. 100킬로그램 소형 화물을 탑재할 수 있는 수준이었다. 2015년 12월에는 위성을 탑재한 로켓 '팰컨 9'을 발사한 후 다시 추진 로켓을 지상에 착륙시키는 데 성공했다. 2015년 6월 로켓 폭발 사고 이후 6개월 만의 성공이었다. 스페이스 엑스의 로켓 회수 성공으로 민간인 우주여행 시대가 앞당겨질 것이라며 그의 우주산업에 대한 기대감 또한 높아지고 있다.

:::: 교육

전통적인 교육 사업과는 다르다. 온라인을 통해 대학교육을 받는 것이 보편화 되어가고 있다.

유다시티 – 온라인 강의로 학위까지

유다시티Udacity는 세계 최초의 온라인 공개수업MOOC 사이트이다. 구글의 비

밀연구소 '구글X' 초대 소장 겸 부사장이자 스탠퍼드대 교수인 서베스천 스런 Sebastian Thrun이 동료 교수 2명과 함께 '실리콘 밸리에 의한 대학'을 세우고자 설립했다. 대학이나 IT 기업에서 만든 여러 온라인 강의가 유다시티에 업로드된다. 이중 일부는 무료강의로 제공되고 일부는 저렴한 이용료로 유료강의로 제공된다.

유료강의를 듣는 이용자들에게는 시험과 과제 참여 기회와 그에 대한 피드백이 제공되며 수료증도 제공된다. 일부 IT 기업의 실무에 도움이 되는 특정 수업들에 관련하여서는 나노학위가 제공된다. 이 나노학위를 받는 특수과정 수료생들은 그 기업에 취업을 지원할 수 있다는 점이 다른 온라인 교육 기업들과의 차별점이다.

:::: 부동산

부동산 산업 역시 기존의 부동산 임대와는 다르게 사무실 공유 사업이라는 점에서 전통적 비즈니스와 차별화된다.

위워크 – 사무실을 공유하다

위워크는 사무실을 코워킹 오피스로 재임대하는 방식으로 사무실 공유office share 사업의 선두주자이다. 세계 최대의 사무실 공유 서비스 기업으로 건물을 통째로 임대하거나 층을 임대하여 다시 소기업이나 1인 창업자 등에게 재임대하는 전전세 형태로 임대사업을 한다. 전 세계 3만 개 이상의 개인과 법인 사업자 회원이 있고 미국과 유럽에 공유 사무실 52곳을 운영 중이다. 아시아에서는 중국 상하이에 이어 우리나라에 두 번째로 진출하였다. 2016년 10월 서울 명동 대신증권 신사옥을 시작으로 연내에 1조 원 이상 투자해 수도권 일대 10곳에 공유 사무실을 오픈할 계획이다. 기업가치는 100억 달러로 데카콘이기도 하다.

3장

유니콘 기업
174개 분석
174 Unicorns'
Analysis

일러두기 🏠(산업분야) 🌍(국가/도시) 📅15(창업연도)

1. 우버 Uber
스마트폰 앱 차량 공유 서비스

🏠 컨슈머 인터넷(운송 서비스)　🌐 미국 샌프란시스코　🗓️ 2009년

기업가치(단위: 달러)
마지막 평가일(2015. 12)

680억

412억

38억

2013　　　2014　　　2015. 12

총 투자유치 금액
74억

매출
20억

2015

비즈니스 모델

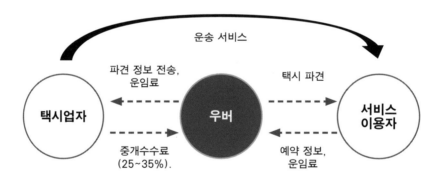

운송 서비스

택시업자　　파견 정보 전송, 운임료　→　우버　←　택시 파견　서비스 이용자

중개수수료 (25~35%).　　　　예약 정보, 운임료

　　미국 기업 우버 테크놀러지스가 운영하는 자동차 배차 웹사이트 및 배차 응용 프로그램이다. 2016년 기준 64개국 385개 도시에서 사용되고 있다. 우버에 고용된 차량의 운전기사와 일반 승객을 모바일 앱을 통해 중개하는 서비스를 제공한다. 우버는 택시업자와 서비스 이용자의 수수료와 운임을 통해 수익을 창출하며 각각 파견 정보와 이용정보를 전송하는 중간 역할을 시행한다.

어떤 사업을 하는가

우버 서비스는 스마트폰 GPS 정보를 이용해 호출을 시작하고 호출 즉시 호출자와 가장 가까운 차량부터 매칭을 시작한다. 매칭 시 호출자와 매칭된 차량 사이의 거리와 교통 정보를 기반으로 예상 가격을 제시한다. 요금은 날씨, 시간, 요일에 따라 차등 책정된다. 예를 들어 눈이나 비가 오는 날은 가격이 올라가고 평일 낮에는 가격이 내려간다. 호출자는 매칭된 기사의 평가를 참고해 운송 여부를 결정할 수 있으며 운전기사에게 문자메시지나 전화로 요청 사항을 전송할 수 있다. 우버 앱을 통해 승객이 결제하면 20% 내외의 수수료를 가져가고 나머지는 운전기사에게 배분한다.

우버는 택시 서비스 외에도 이삿짐 운반, 음식배달주문 서비스, 택배 퀵서비스, 헬리콥터 운송 서비스 등으로 사업 영역을 확대해나가고 있는데 스마트폰 기반의 운송 플랫폼 사업자가 되는 것을 목표로 하고 있다. 최근 "모든 것이 우버화Uberfication되고 있다"는 기사가 나올 정도로 온디맨드On Demand 비즈니스와 공유경제의 성장을 이끌었다.

우버는 최근 카네기멜런대학교의 무인자동차 연구부서 전체를 영입해오면서 무인자동차 연구와 개발도 본격적으로 시작했다.

창업자는 누구인가

트래비스 캘러닉Travis Kalanick, 개릿 M. 캠프Garrett M. Camp, 오스카 살라자Oscar Salazar가 공동 창업했다. 트래비스 캘러닉은 1976년 LA에서 슬라브계 엔지니어로 일하는 아버지 돈Don과 유대인으로 광고 컨설턴트와 개인사업을 하던 어머니 보니Bonnie 사이에서 태어나 캘리포니아주 노스리지에서 자랐다. 그의 어린 시절 꿈은 스파이였으나 곧 사업가적 기질을 드러냈다. 이미 10대 때 주방 브랜드 컷코의 칼을 방문 판매하러 다녔던 것. 18세 때는 한국인과 함께 뉴웨이아카데미라는 미국 대학입학시험SAT를 준비하는 보습학원을 차리기도 했다.

그는 캘리포니아대에서 컴퓨터 공학을 공부하다가 그만두고 1998년에 함께 수업을 듣던 친구 마이클 토드와 빈스 부삼과 함께 파일공유 서비스 회사 스카워Scour을 창업했다. 닷컴버블로 넷 비즈니스가 인기가 높을 때라 큰 투자를 받아 시작했다. 그러나 곧 투자조약을 어겼다는 이유로 투자자에게 소송을 당했고 설상가상으로 33개 콘텐츠 제공 기업으로부터 저작권 문제로 300조 원대 소송을 당했다. 결국 스카워는 2000년에 파산하고 회사 문을 닫았다. 그는 그 당시를 회상하며 폐업 이후 할 일이 없어 하루에 14시간씩 침대에 누워만 있기도 했다고 말했다.

그 후 2001년에 그는 합법적인 파일공유 서비스 회사 레드 스우시Red Swoosh를 창업했다. 하지만 국세청으로부터 세금 포탈 고지를 받고 11만 달러의 추징을 당했고 그 일로 공동 창업자였던 마이클 토드와 사사건건 다투게 되면서 갈등이 극에 달했다. 결국 토드가 회사를 떠나게 되면서 대부분의 직원들이 그를 따라 나갔다. 그래서 그는 3년간 혼자 남아 일해야 했다. 하지만 시간이 지나면서 레드 스우시의 가치가 높아져 창업 10년 만인 2007년에 IT업체 아카마이 테크놀러지에 1,900만 달러(약 224억 원)에 매각했다. 그 후 그는 백만장자 대열에 들어섰다.

그가 백만장자가 돼서 가장 먼저 한 일은 1년간 세계여행을 한 것이다. 스페인, 일본, 그리스, 아이슬란드, 그린란드, 하와이, 프랑스, 호주, 포르투갈, 세네갈, 카보베르데 등 수많은 나라를 여행했다. 그러던 중 2008년 프랑스 파리에서 열린 르웹 테크놀러지 컨퍼런스에 참가했다가 택시 잡기가 너무 어려워 '터치만 하면 차가 오는 스마트폰 앱을 만들 수 없을까?'에 대한 아이디어를 떠올리게 됐다고 한다. 이 아이디어가 오늘날의 우버를 탄생시킨 것이다.

2009년 레드 스우시를 매각한 자금을 가지고 개릿 M. 캠프, 오스카 살라자, 콘라드 웰렌과 사업을 시작해 우버캡 앱을 개발했다. 마침내 2010년 6월 샌프란시스코에서 '모든 사람의 개인기사가 돼주겠다'는 의지를 담아 100여 명을 대상으로 우버 서비스를 시작했다.

주변 지인들은 트래비스 캘러닉이 성공한 원인으로 그의 공격적이고 오만한 성격을 꼽기도 한다. 실제로 2014년 9월 샌프란시스코에서 열린 세계 최대 스

왼쪽부터 트래비스 캘러닉, 개릿 M. 캠프, 오스카 살라자. (출처 : 우버)

타트업 콘퍼런스 '테크크런치 디스럽트 SF 2014'에서 첫 세션의 주인공으로 나왔을 때 대담자가 "택시업계, 자동차 제조사, 리프트 같은 경쟁자들까지 도대체 우버의 적은 몇 개인가요?"라고 묻자 "글쎄요. 우버의 비즈니스 성격이 파괴적disruptive이다 보니 어디를 가든 적이 있었고 그들과 싸워야 했습니다. 어쨌거나 우리는 미국의 거의 모든 도시에서 이겼습니다."라고 말했다.

주요 투자자

크리스 사카, 숀 패닝, 구글벤처스, 바이두, 베닛 콜먼, MS, 미하일 프리드먼, 피델리티 인베스트먼트, 웰링턴 매니지먼트, 블랙록, 벤치마크 캐피털, 베조스 엑스피디션, 퍼스트 라운드 캐피털, 파운더 콜렉티브, 골드만삭스, 점프스타트 캐피털, 클레이너 퍼킨스 코필드 & 바이어스, 론 포인트 캐피털, 로워케이스 캐피털, 멘로 벤처스, 뉴 엔터프라이즈 어소시에이츠, 카타르 국부펀드, 서밋 파트너스, TPG 그로스, 발리언트 캐피털 매니지먼트, 웰링턴 매니지먼트 등.

2. 샤오미 Xiaomi

스마트폰 제조 개발 회사

🏠 하드웨어(컨슈머 일렉트로닉스)　🌐 중국 베이징　📅 2010년

기업가치(단위: 달러)
마지막 평가일(2014. 12)

460억　　460억

100억

2013　　2014　　2015

총 투자유치 금액
14억

매출

21조 4,000억 원
13조 3,000억 원

2014　　2015

비즈니스 모델

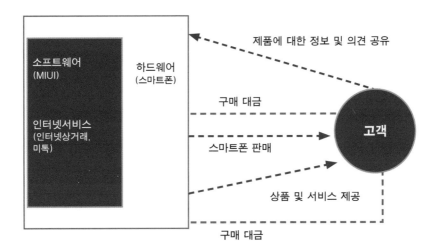

소프트웨어
(MIUI)

인터넷서비스
(인터넷상거래,
미톡)

하드웨어
(스마트폰)

제품에 대한 정보 및 의견 공유

구매 대금

스마트폰 판매

상품 및 서비스 제공

구매 대금

고객

　스마트폰 제조 개발업체. 샤오미는 스마트폰을 비롯해 TV, 헬스케어, 공기 청
정기, 에어컨, 정수기, 이어폰, 전동 스쿠터 등 영역을 확장하며 제품 다각화 전
략을 시행하고 있다.

어떤 사업을 하는가

샤오미의 성공은 크게 보면 애플 전략을 따라 한 것이다. 첫째, 드림팀을 구축한다. 둘째, 미유아이MIUI라는 독자적인 휴대폰 운영체제를 구축해 브랜드를 알리고 충성 고객을 확보한다. 셋째, 충성 고객을 기반으로 휴대폰을 출시한다. 충성 고객을 샤오미폰을 사랑하는 '미펀Mifam'으로 전환한다. 넷째, 다양한 휴대폰앱을 통합한다.

우선, 샤오미는 창업 당시부터 중국과 세계무대에서 일한 경험이 풍부한 드림팀으로 구성됐다. 창업 8인들의 면면이 화려하다. 레이쥔은 킹소프트의 CEO를 역임했고 리완창도 킹소프트 출신이다. 그 외 황장지는 MS 출신이고 린빈과 홍평은 구글 출신이다. 또한 류더는 베이징 과기대학 산업디자인학과 학과장 출신이다. 샤오미는 자체적으로 개발한 안드로이드 기반의 운영체계인 미유를 선보이며 대중의 관심을 불러 일으켰다. 애플을 벤치마킹한 전략이었다. 그후 2011년 8월에 30만 원대 저가 스마트폰 Mi1 100대를 선보였고 9월 5일 샤오미닷컴을 오픈하고 한 첫 구매예약에서 34시간 동안 30만 대 구매예약을 이루어냈다. 그후 1년간 단 1종만을 철저하게 수량 조절하며 판매했다. 곧 가격 대비 성능이 뛰어나다는 입소문이 나면서 순식간에 '갖고 싶은 제품' '필수 아이템Must Have Item'으로 등극했다.

2012년 8월 발표한 Mi2는 11개월 동안 1,000만 대를 판매했다. 또 2014년 2월 21일과 3월 7일에 싱가포르에서 홍미와 Mi3가 각각 출시됐다. Mi3는 출시 첫날 단 2분 만에 매진되는 기록을 세웠다. 그러한 여세를 몰아 2014년 3분기에 애플과 삼성을 제치고 중국 휴대폰 시장 점유율 1위를 차지했다. 초창기 높은 성능에 믿을 수 없을 만큼 저렴한 가격 때문에 '대륙의 실수'라고 불렸지만 이제는 명실공히 '대륙의 기적'이 되고 있다.

샤오미는 창업 초기부터 소프트웨어+하드웨어+인터넷을 결합한 철인 3종 모델을 추구해왔다. 중국의 애플에서 점차 중국의 아마존, 중국의 삼성전자, 중국의 구글이 돼가고 있다.

왼쪽부터 린빈 사장, 황장지 부사장, 저우광핑 부사장, 레이쥔 회장, 리완창 부사장, 류더 부사장, 왕첸 부사장, 홍평 부사장. (출처 : 샤오미)

창업자는 누구인가

레이쥔Lei Jun, 린빈Lin Bin, 황장지Wong Jiangji, 저우광핑Zhou Guangping, 리완창Li Wanqiang, 류더Liu De, 왕첸Wang Chuan, 홍평Hong Feng이 공동 창업했다. 창업 당시 린 빈은 구글 모바일과 안드로이드 중국 현지화 사업 책임자였다. 황장지는 마이크로소프트에서 수석엔지니어로 일했다. 저우광핑은 모토로라 베이징 R&D센터 수석연구원으로 모토로라 밍 시리즈를 성공시킨 장본인이다. 레이쥔은 킹소프트 사장을 역임했다. 리완창은 레이쥔과 함께 킹소프트에서 일했다. 류더는 미국 캘리포니아 아트센터를 졸업했고 산업디자인학회에서 손꼽히는 디자이너였다. 더욱이 베이징 과기대학 산업디자인학과 학과장이기도 했다. 왕첸은 시나닷컴 편집장이었다. 홍평은 린빈과 함께 구글차이나에서 R&D팀을 이끌었다.

레이쥔은 1969년 후베이에서 태어나 1987년 우한대학 계산기학과에 입학했다. 1990년 여름 대학 친구들 세 명과 선서SUNSIR라는 회사를 창업했다. 하지만 자금 부족과 경영 미숙으로 1년 만에 회사를 그만두고 중국판 실리콘밸리로 불리는 중관춘으로 갔고 그곳에서 실력을 인정받았다. 1992년 추보쥔이 설립한 킹소프트에 입사해 소프트웨어 개발에 매진했고 6년 만에 CEO가 됐다. 하지만 그곳에서 일하면서 중국산 워드프로세스만을 고집하다가 인터넷이 대세가 되는 흐름을 놓쳤다. 그 일은 그에게 뼈아픈 반성을 이끌어냈다.

1999년 쇼핑몰 줘웨卓越를 아마존에 매각하면서 자금을 확보했다. 2007년 그는 킹소프트를 상장시켰고 1년 뒤인 2008년 퇴사한 뒤 250여 개의 중국 IT 업체의 엔젤투자자로 활동했다. 그는 2010년 4월 6일에 인터넷업계에서는 은퇴해야 할 나이인 42세에 "태풍의 길목에 서면 돼지도 날 수 있다"며 모바일 인터넷을 새로운 카드로 꺼내 들고 샤오미를 창업했다. 물론 태풍의 길목에 서려면 그 태풍을 감당할 능력이 필요하다. 그는 그런 정도의 능력이 있는 사람이었다. 그래서인지 레이쥔을 수식하는 말들도 많다. 휴대폰 마니아, 인터넷 마니아, 탄산음료와 면 티셔츠 광, 스키 광, 자신이 투자한 회사의 제품을 자랑하고 청결함을 자랑하는 바이커, 이미지 관리에 철저하고 카메라를 멀리하는 애연가.

샤오미에서 샤오는 중국어로 좁쌀이라는 뜻이다. '수미산처럼 큰 공덕이 깃든 작은 쌀알이 성난 물결을 순식간에 잠재울 수 있다'는 의미를 담고 있다. 샤오미에서 미MI는 모바일Mobile 인터넷Internet의 약자이다.

주요 투자자

올스타스인베스트먼트, DST, GIC 프라이빗, 호푸인베스트먼트, IDG 캐피털파트너스, 모닝사이드그룹 홀딩스, 치밍 벤처파트너스, 퀄컴벤처스, 테마섹 홀딩스, 윈펑캐피털 등.

3. 에어비앤비 Airbnb

전 세계 숙박공유 서비스

🏠 컨슈머 인터넷(숙박 서비스)   🌏 미국 샌프란시스코 칼리프   15 2008년

기업가치(단위: 달러)
마지막 평가일(2015. 6)

255억

100억

25억

2013   2014   2015. 6

총 투자유치 금액
23억

매출

9억

4억 5,000만

2억 5,000만

2013   2014   2015

비즈니스 모델

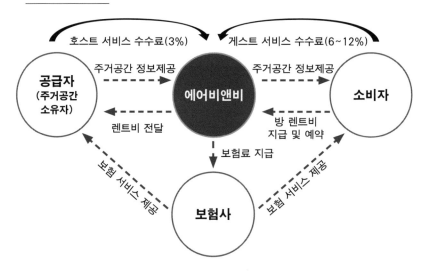

호스트 서비스 수수료(3%)   게스트 서비스 수수료(6~12%)

공급자
(주거공간
소유자)

주거공간 정보제공 → **에어비앤비** → 주거공간 정보제공

소비자

← 렌트비 전달   방 렌트비
지급 및 예약 ←

보험료 지급

보험 서비스 제공

보험 서비스 제공

보험사

일반인이 자신의 공간 일부를 다른 사람에게 빌려주는 서비스를 제공하는 온라인 사이트이다. 자신의 공간을 홈페이지나 스마트폰 애플리케이션에 게재하면 공간이 필요한 이용자는 이를 저렴한 비용으로 사용할 수 있다. 숙박요금

은 숙박을 제공하는 주인이 정하며 에어비앤비는 숙박 예약을 중개해주고 수수료를 받는다. 네트워크를 통해 해외 여행객들이 많이 이용하고 있다. 2015년 3월 기준 전 세계 190개국 3만 4,000여 개 도시에서 하루 평균 100만 실의 빈방을 여행객에게 연결해주고 있다. 우리나라에서는 2012년부터 시작했는데 2015년 2월 기준 등록된 시설이 6,000여 곳을 넘었다.

주거 공간 소유자와 주거 공간을 소비하는 소비자의 중간 역할로 호스트 서비스 수수료 3%와 게스트 서비스 수수료 6~12%가 주요 수익원이다.

어떤 사업을 하는가

"수십 개의 몽골 시베리아 유목민들의 전통 텐트인 유르트, 동굴, 텔레비전이 있는 천막, 개인 소유의 섬, 온실, 등대, 와이파이가 터지는 이글루, 짐 모리슨이 머물렀던 집도 보유 중이죠. 오두막집도 있죠. 버몬트주 링컨에 있는 오두막집들은 본채보다 더 가치가 커요. 버몬트주에 있는 오두막집 숙박을 위해 6개월 정도 대기자 명단이 있을 정도니까요."

공동 창업자 브라이언 체스키가 에어비앤비를 홍보하며 한 말인데 성만 해도 600개 채가 넘는다고 한다. 에어비앤비는 공유경제의 대표적인 모델로 주목받으며 온라인 네트워크 활성화에 힘입어 날로 발전해가고 있다. 단순히 숙박업소를 이용한다는 것보다 현지인들의 삶에 들어가 생활하는 경험을 제공해준다는 것이 차별점이다. 하지만 100% 신뢰가 보장되지 않아서 생기는 안전 문제와 숙박업소로 운영되고 있지만 사업자등록을 하지 않아 관리 사각지대라는 문제점이 있다. 우리나라에서도 2015년 9월 행정 당국에 신고하지 않고 에어비앤비를 통해 숙박 서비스를 제공하는 것은 불법이라는 판결을 내린바 있다.

창업자는 누구인가

브라이언 체스키Brian Chesky, 조 게비아Joe Gebbia, 네이선 블랜차르지크Nathan Blecharczyk가 공동 창업했다. 브라이언 체스키는 뉴욕에서 사회복지사로 일하던 부모 사이에서 태어나 로드아일랜드 디자인 스쿨에서 산업디자인을 전공했다. 기업을 경영하거나 CEO가 되는 데 산업디자인이 도움될 것으로 생각했기 때문이다. 2004년 대학을 졸업하고 LA에 있는 산업디자인 회사에 취직했으나 비중 없는 일들을 하는 데 회의가 들었다. 그는 모험을 해보기로 했다.

그는 2007년 샌프란시스코로 가서 로드아일랜드 디자인 스쿨 동창생인 조 게비아Joe Gebbia와 함께 생활을 시작했다. 조 게비아 역시 출판사에 취직했다가 별 재미를 못 느껴 그만두고 무작정 실리콘밸리로 왔다는 점에서 둘은 닮은꼴이었다. 그러던 중 2008년에 샌프란시스코에서 국제 디자인 콘퍼런스 연례회의가 열렸다. 두 사람도 참석하기 위해 행사 홈페이지를 보다가 참가자들이 숙소를 잡지 못해 고생한다는 걸 알았다. 무려 1만 명이 참석하다 보니 생긴 일이다. 두 사람은 아파트 임대료나 벌자는 생각에서 참가자들을 대상으로 잠자리를 제공하기로 했다.

게비아가 가진 3개의 에어매트릭스를 활용해 거실에 잠자리를 만들고는 사진을 찍어 인터넷에 올렸다. 그러자 놀랍게도 세 명이나 신청을 해왔고 그들에게 1인당 1박에 80달러를 받고 공항 픽업과 아침 식사 제공까지 했는데 5일 만에 1,000달러를 벌었다. 두 사람은 사업으로 키워보자는 생각을 하고 마이크로소프트에서 일하던 네이선 블레차르지크Nathan Blecharczyk를 끌어들였다. 그는 하버드대 컴퓨터공학과를 나왔고 프로그램을 짜는 데 일가견이 있었다. 그렇게 셋이서 의기투합해 만든 게 에어비앤비이다.

에어비앤비는 에어매트릭스와 조식을 뜻하는 에어 베드 앤드 브랙퍼스트Air Bed and Breakfast의 약자다. 이들은 사업 초창기에 공동 창업자 세 명 중 두 명이 디자인을 전공했다는 이유로 투자를 받는 데 어려움을 겪기도 했다. 이에 대해 체스키는 다음과 같이 말했다.

"우리는 인간을 중심으로 공감에 기반을 두고 창의성을 활용하는 회사를 경영하는 데 디자이너가 완벽한 사람이라고 생각합니다."

에어비앤비는 우여곡절을 겪으며 Y 콤비네이터를 만든 폴 그레이엄의 투자

왼쪽부터 브라이언 체스키, 조 게비아, 네이선 블레차르지크. (출처 : 에어비앤비)

를 받으면서 이어서 수많은 투자자들로부터 본격적으로 투자를 받기 시작하였다. 에어비앤비는 단순히 집을 공유하는 플랫폼을 넘어 여행의 새로운 플랫폼을 제시하고 있다는 평가를 받고 있다. 최근 에어비앤비를 이용했다가 도둑을 맞거나 폭행을 당하는 등의 위험한 일이 벌어지기도 했으나 온라인 '평판시스템' 등의 예방 조치들을 만들어나가면서 해결해가고 있다.

주요 투자자

안데르센 호로비츠, 액셀 스프링거, 발리기포드, 차이나 브로드밴드 캐피털, DST 그룹, 드래고니어 인베스트먼트그룹, 애니악 벤처스, 피델리티 인베스트먼트, 파운더스 펀드, 제너럴 카탈리스트 파트너스, GGV 캐피털, 그레이락 파트너스, 힐하우스 캐피털 그룹, 호라이즌 벤처스, 클라이너 퍼킨스 코필드 앤드 바이어스, 세쿼이아 캐피털, 테마섹 홀딩스, 타이거 글로벌 매니지먼트, TPG 그로스, T. 로우 프라이스, 웰링턴 메니지먼트, Y 콤비네이터, 유니버시티 벤처스 등.

4. 팰런티어 Palantir

빅데이터 분석을 통한 사기, 범죄, 테러 등의 예측 솔루션 제공

🏠 소프트웨어(데이터 분석 소프트웨어) 🌐 미국 샌프란시스코 팔로알토 📅15 2004

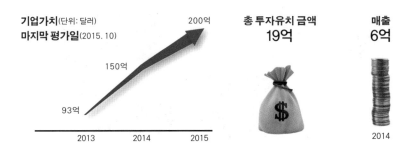

기업가치(단위: 달러)
마지막 평가일(2015. 10)

200억
150억
93억

2013   2014   2015

총 투자유치 금액
19억

매출
6억

2014

비즈니스 모델

링크 분석 ----정보 추출----> 팰런티어 ----정보 분석----> 고객 (CIA, FBI, 국방부)
                                      <----이용료 지급----

비밀 데이터 분석기업
최근 은행, 보험, 에너지, 소비재 부문으로 사업 확대 진행 중

　페이팔 공동 창업자들이 창업한 빅데이터 분석 전문 회사. CIA, FBI 등을 고객으로 확보하고 있다. 인간과 일반컴퓨터의 결합은 슈퍼컴퓨터보다 강력하다는 개념에서 출발했으며 효율성을 위해 인간의 두뇌가 필요하다는 점을 강조한다. 즉 팰런티어는 방대한 양의 데이터 속에서 서로 간의 연결고리를 찾고 범죄예방 및 국제 관계 파악 등에 조력하는 기업이다. B2B 기업으로 정보 분석을 해

주고 받는 이용료가 수익원이다.

어떤 사업을 하는가

팰런티어라는 회사명은 판타지소설 『반지의 제왕』에 등장하는 마법사 간달프가 사용하는 구슬 이름에서 따왔다. 『반지의 제왕』 3권에서 악의 마법사 사우론이 팰런티어를 차지해 나쁜 용도로 썼다. 창업자 피터 틸Peter Thiel은 "왜 이름을 그렇게 정했나요?"라는 직원의 질문에 "기술을 어떻게 쓰는지에 따라 좋은 의도로 사용될 수도 있고 나쁜 의도로 사용될 수도 있음을 일깨워주기 때문"이라고 답했다.

피터 틸은 페이팔 당시 가동했던 사기 방지 프로그램을 더욱 확대해 사기 방지 및 범죄 예방 소프트웨어 회사를 세웠다. 그 뒤 미국 중앙정보국CIA이 설립한 벤처 캐피털인 인큐텔에서 200만 달러의 투자를 유치하면서 빅데이터를 기반으로 한 범죄행위, 범죄자, 사이버테러 징후 등을 감지하는 솔루션 회사로 거듭났다. 정보부가 테러 네트워크 작업을 추적할 때나 경찰이 사기꾼이나 도둑 사건일지를 분석해 법적으로 활용할 수 있도록 돕는 소프트웨어다. 9·11 테러 주범인 오사마 빈 라덴을 잡는 데도 일조했다.

아프가니스탄에서 반군이 만든 사제 폭탄의 위치 예측, 고위직의 내부 거래, 세계 최대 아동 포르노 단체 적발, 금융사기 탐지 등 고도의 분석 소프트웨어를 제공한다. 주요 고객으로 미 중앙정보국CIA, 연방수사국FBI, 국토안보부DHS, 연방대테러국, 네이비실Navy Seal, 특수전사령부, 미 해병대 등이 있다. 현재는 은행에서부터 언론에 이르기까지 세계 다수 민간 업체에 솔루션을 제공 중이다. 금융 기관은 직원들 사이에 있는 내부거래자를 추적하는 데 사용하고 있다. 팰런티어의 전체 사업 중 60%가 민간 부문이다.

전 세계 기업 가운데 인턴 직원에게 가장 많은 급여(월 7,012달러, 약 830만 원)를 주는 것으로 알려졌다. 하지만 빅데이터 세계에서 가장 베일에 가려진 회사이기도 하다. 팰런티어 기술의 장점은 정형화된 데이터뿐 아니라 이메일, 트위

왼쪽부터 피터 틸, 조 론스데일, 나선 게팅스, 알렉스 카프, 스티븐 코헨.

터, 타임라인 등 비정형 데이터까지도 통합 분석할 수 있다는 것이다. 그리고 매일 축적되는 페타바이트 단위의 데이터를 아주 빠른 속도로 찾아내고 사람이 분석할 수 있도록 다양한 그래프로 시각화한다는 것이다.

창업자는 누구인가

피터 틸Peter Thiel, 조 론스데일Joe Lonsdale, 나선 게팅스Nathan Gettings, 알렉스 카프Alex Karp, 스티븐 코헨Stephen Cohen이 공동 창업했다. 피터 틸은 창업가이자 투자자이다. 스탠퍼드대에서 철학을 전공하고 스탠퍼드 로스쿨을 졸업했다. 1998년 전자결제시스템회사 페이팔을 설립해 CEO로서 회사를 이끌었으며 2002년 페이팔을 상장시켜 빠르고 안전한 온라인 상거래 시대를 열었다. 2004년 그는 첫 외부 투자로서 페이스북에 투자했고 페이스북 이사로 활동했다. 같은 해인 2004년에 소프트웨어 회사 팰런티어 테크놀러지Palantir Technologies를 출범시켰다.

틸은 또한 링크트인과 옐프를 비롯한 수십 개의 성공적 기술 스타트업에 초기 투자자로 참여했다. 이들 기업 중 다수는 '페이팔 마피아'라는 별명이 붙은 전직 동료들이 운영하고 있다. 페이팔 마피아는 페이팔 멤버들이 실리콘밸리를 움직이는 파워 그룹으로 성장하면서 붙여진 이름이다. 그는 실리콘밸리의 벤처 캐피털 회사 파운더스 펀드의 파트너이기도 하다. 파운더스 펀드는 스페이스 엑스, 에어비엔비, 옐프 등 페이팔 마피아 멤버들이 창업한 회사 및 실리콘밸리 스타트업에 투자하고 있다. 이런 점 때문에 그는 페이팔 마피아의 대부로 불린다.

주요 투자자

플루크 벤처 파트너스, 파운더스 펀드, 글린 캐피털 매니지먼트, 인큐텔, 포인트72 에셋 매니지먼트, 타이거 글로벌 매니지먼트 등.

5. 메이투안-디엔핑
Meituan-Dianping

온라인 영화예매와 식당 예약업

🏠 이커머스(소셜 커머스) 🌐 중국 베이징 📅 2015

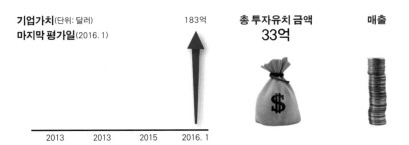

기업가치(단위: 달러)
마지막 평가일(2016. 1)

183억

총 투자유치 금액
33억

매출

| 2013 | 2013 | 2015 | 2016. 1 |

비즈니스 모델

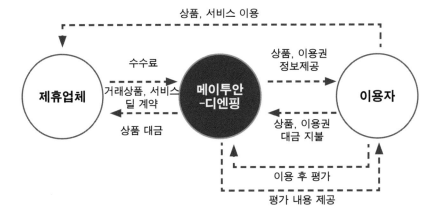

온라인 영화 예매 – 메이투안
식당 예약, 맛집 평가 사이트 – 메이투안의 합병으로 탄생

중국 최대 소셜커머스 업체 메이투안과 음식점 리뷰 업체 디엔핑의 합병으로 탄생한 기업이다.

어떤 사업을 하는가

2015년 10월 중국 1위 소셜커머스 업체 메이투안과 1위 맛집 정보 업체 따종디엔핑의 합병으로 탄생한 기업이다. 메이투안은 2010년에 만들어져 레스토랑 예약과 영화티켓 구매, 호텔예약 서비스 등을 제공하는 회사다. 알리바바, 제이디닷컴, 웨이핀후이에 이어 중국 4대 전자상거래업체로 이름을 올렸다.

따종디엔핑은 2003년에 중국 지역 서비스 소비자 평가 웹 서비스로 출발해 메뉴, 위치, 가격 정보, 소비자 평가뿐만 아니라 공동구매, 음식점 예약, 테이크아웃 서비스, 온라인 쿠폰 프로모션 등 다양한 서비스를 제공한다. 중국 사람들은 식당에 가기 전에 먼저 스마트폰으로 따종디엔핑의 평가를 보는 것이 일상일 정도다.

창업자는 누구인가

메이투안과 디엔핑이 합병해 탄생했다.

메이투안 창업자 왕싱Wang Xing은 1979년에 중국 남동부 푸젠 성의 한 마을에서 태어났다. 1992년 중학생 때 부모로부터 개인용 컴퓨터를 선물 받았고 1990년대 중반에 모뎀을 사서 선전과 광저우의 온라인 게시판에 접속하게 된다. 중국 대부분 지역에 인터넷이 연결되지 않았던 때다. 그는 1997년 성적 우수로 중국 최고 명문 칭화대 전기공학과를 무시험 전형으로 입학했다. 대학 졸업 후에도 전액 장학금을 받고 2001년 미국 델라웨어대 대학원에 진학했다. 그러나 미국에서 SNS인 '프렌즈터'를 보고는 곧 소셜네트워킹이 대세가 될 것임을 직감하고 박사학위 과정도 포기하고 귀국했다.

그는 2004년 중국 최초의 SNS인 두어두어요우를 만들었다. 하지만 중국 시장에서는 너무 이른 서비스였다. 1년도 못 버티고 문을 닫아야 했다. 1년 뒤인 2005년에 중국판 페이스북 런런왕의 모태가 되는 샤오네이왕을 만들었다. 대학생들에게 큰 인기를 얻었는데 돌연 창업 1년 만에 중국 종합인터넷그룹인 치엔시앙에 매각해 사람들을 놀라게 했다.

왼쪽부터 왕싱, 장타오.

이후 그는 트위터의 중국판인 판퍼우왕과 해외 거주 중국인을 연결해주는 하이네이왕을 개발했다. 하지만 자금력이 다시 발목을 잡았다. 왕싱은 두 회사를 정리하고 2010년 3월 중국 최초 소셜커머스 기업을 선보인다. 바로 미국의 그루폰을 모방한 메이투안이다. 다섯 번째 창업이었다.

메이투안은 서비스 시작과 동시에 폭발적으로 성장했다. 매출은 2011년 14억 위안(약 2,500억 원)에서 2014년 73억 570만 위안(약 1조 3,300억 원)으로 껑충 뛰었다. 곧 중국 시장에 소셜커머스 붐이 일었다. 2011년엔 비슷한 사이트가 5,058개에 달했다. 점유율을 높이기 위한 과다 출혈 경쟁이 치열했다.

왕싱은 출혈 경쟁을 포기하는 대신 '소비자 우선' 원칙에 충실했다. 2011년 3월 업계 최초로 '유효기간 지난 공구 티켓 환불 제도'를 도입했다. 공동 구매 후 사용하지 않은 티켓을 소비자에게 전액 돌려주는 제도이다. 이 제도는 자금과 현금 회전율에 엄청난 악영향을 미치는 조치였다. 이에 따라 순식간에 1,000만 달러의 자금이 사라졌다. 동종 업계의 비웃음과 업체의 불만을 불러일으켰다. 단기적으로 엄청난 리스크를 수반하는 것이었지만 소비자를 우선시하는 입소문 경영을 전파했다. 또 업계 최초로 대규모 콜 센터를 운영해 소비자 불만족에 대응했다. 소비자들이 서비스 만족도를 평가할 수 있는 평가 시스템도 마련했다. 그 결과 2011~2012년 공동구매 소비자 만족도 조사에서 연속 1위를 차지했다. 결국 메이투안은 중국 소셜커머스 시장에서 50% 이상의 점유율을 유지하며 업계 1위를 차지했다.

디엔핑 창업자 장타오Zhang Tao는 1972년에 상하이에서 태어나 펜실베이니아대 와튼스쿨에서 MBA 과정을 마쳤다. 그는 2003년 10년간의 미국 생활을 마치고 상하이로 돌아갔다. 그는 미식가로서 맛있는 음식 먹기를 좋아했다. 그런데 귀국하고 나서는 어디 가서 무엇을 먹을지 몰라 항상 고민해야 했다. 주변 지인들에게 물어물어 식당들을 찾아다녔지만 그렇게 하는 데도 한계가 있었다.

그래서 그는 미국에서 접했던 레스토랑 안내 웹 사이트와 서적을 벤치마킹하여 중국에는 없던 서비스인 디엔핑을 상하이에 도입했다. 서로가 음식점을 평가하여 정보를 공유할 수 있는 레스토랑 안내 웹사이트로 출발했다.

주요 투자자

발리기포드, 캐나다 연금제도 투자 이사회, DST 글로벌, 푸싱그룹, 파운턴베스트 파트너스, 제너럴 애틀랜틱, 구글벤처스, 이그니션 파트너스, 라이트스피드 차이나 파트너스, 라이트스피드 벤처 파트너스, 베이지광창업투자사, 치밍 벤처 파트너스, 세쿼이어캐피털차이나펀드, 텐센트 홀딩스, 트러스트 브리지 파트너스, 완다그룹, 월든 인터내셔널, 샤오미 등.

6. 스냅챗 Snapchat

10초 후면 사라지는 동영상과 사진 특화 앱

🏠 컨슈머 인터넷(소셜미디어) 🌐 미국 캘리포니아 📅 2012

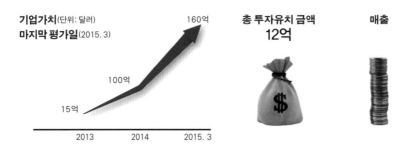

기업가치(단위: 달러)
마지막 평가일(2015. 3)

160억

100억

15억

2013   2014   2015. 3

총 투자유치 금액
12억

매출

비즈니스 모델

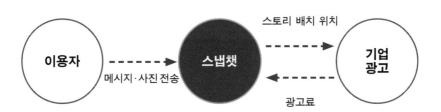

이용자

메시지·사진 전송

스냅챗

스토리 배치 위치

광고료

기업
광고

　　스마트폰 사진 공유 앱. 사진과 영상을 전송할 수 있는 소셜 미디어 서비스이다. 전송된 메시지가 확인된 후 10초 이내에 사라진다는 특징을 갖고 있다. 기업 광고에서 스토리 배치 위치에 따른 광고료가 스냅챗의 수익원 중 하나이다.

어떤 사업을 하는가

"이 메신저에서는 상대가 메시지나 사진을 확인하면 10초 후 모두 삭제됩니다."

스냅챗을 가장 잘 소개하는 말이다. 다시 말해 모바일 메신저를 기반으로 자신이 공유한 정보(주로 사진이나 짧은 영상)에 타이머를 부착한 형태로 발상의 전환이 만들어낸 서비스이다. 정보를 공유하면서도 흔적은 남기지 않고 싶어하는 사람들의 양면적 욕구를 반영해 기록되고 저장되는 기존 메신저의 특성을 과감하게 버렸다. 뒷일 걱정 없이 비밀 이야기를 나눌 수 있는 메신저이다. 그러한 기능 때문에 '펑' 하고 사라지는 '자기파괴앱' '유령 메신저'라고도 불린다.

출시 초기 마케팅 홍보 등을 거의 하지 않았다. 하지만 캘리포니아 오렌지카운티에 살던 에번의 사촌 동생이 설치해 사용하기 시작하면서 금방 10대들에게 큰 인기를 끌게 됐다. 시장조사업체 컴스코어의 2014년 조사를 보면 스냅챗은 32.9%로 미국 밀레니엄 세대(18~31세)에 인기 있는 소셜 앱 3위를 차지했다. 소셜컴퓨팅연구소 한상기 소장은 저서『한상기의 소셜 미디어 특강』에서 스냅챗의 의의에 대해 다음과 같이 말한다.

"우리의 프로필이 단지 우리가 올리는 개별적이고 서로 구별된 객체들의 모음으로 이루어지는 것이 맞는가에 대한 질문과 함께 삶 자체가 하나의 컨테이너에 모아져 박물관처럼 되는 것이 맞는가에 대한 질문을 던진다. 삶은 오히려 고정된 정체성이 아니라 흐르는 액체처럼 유동적이고 변화되는 것이며 자기 검열과 정착에 의해 자기표현이 제약받는 정적인 것이 아니라는 것이다. ……스냅챗은 기존 소셜 미디어의 고정적 정체성, 규정화된 프로필 시대에 반감이 있는 청소년과 젊은 세대가 해방되는 새로운 공간을 창출하고자 했던 것이다."

물론 스냅챗이 장점만 있는 것은 아니다. 상대방에게 보낸 메시지가 자동삭제되다 보니 섹스팅이라는 문화현상을 만들어내기도 했다. 섹스팅Sexting은 섹스Sex와 문자를 보낸다는 의미의 텍스팅Texting의 합성어이다. 스마트폰으로 외설적인 문자 메시지와 사진 등을 주고받는 것을 의미하는 말이다.

왼쪽부터 바비 머피, 에번 스피걸.

2013년 페이스북 CEO인 마크 주커버그에게 인수 제안을 받았지만 거절해
화제가 되기도 했다. 스냅챗은 모바일 메신저로 확보한 이용자층을 가지고 콘
텐츠 플랫폼으로 진화해나가고 있다. 2014년 하나의 영상물에 출연한 각자의
영상물로 기록물을 만드는 콘텐츠인 '라이브 스토리'를 만들었다.

창업자는 누구인가

에번 스피걸Evan Spiegel과 바비 머피Bobby Murphy가 공동 창업했다. 에번 스피걸은
1990년에 LA에서 태어났다. 부모가 모두 변호사였던 덕분에 캘리포니아 해변의
200만 달러짜리 고급주택에서 부유하게 자랐다. 어린 시절부터 유럽과 바하마
등에 가족여행을 다녔고 아버지의 헬리콥터를 타고 캐나다로 스노보드를 타러
가기도 했다. 고등학교 때 학교 다니기 불편하다고 BMW를 사달라고 했다가 아
버지와 사이가 틀어지기도 했다. 청소년 시절에 낭비벽이 있어 부모의 속을 썩였
지만 공부도 잘해서 스탠퍼드대에 입학해 디지털 제품 디자인을 전공했다.

스피걸은 2011년 4월 친구 중 한 명이 메신저로 사진을 잘못 보낸 것을 후회
하는 것을 보면서 '순간 사라지는 온라인 사진 게시물'을 떠올렸다고 한다. 스
탠퍼드대 백인 주축의 사교클럽 '카파시그마'에서 알게 된 바비 머피와 레기 브
라운과 함께 스냅챗의 전신인 '피카부'를 개발했다. 이후 대학을 중퇴하고 아버

지 집 거실에서 자신은 UX 디자인을 맡고 버디가 코딩을 맡아 업그레이드해서 2011년 9월에 출시한 것이 바로 동영상과 사진 특화 앱 스냅챗이다.

『포브스』는 2015년 IT 분야 40대 이하 억만장자를 소개하면서 스피걸을 전 세계에서 가장 나이가 어린 억만장자로 꼽았다. 그의 자산은 15억 달러에 이른다. 은수저를 물고 태어나 금수저로 바꾼 셈이다. 그래서였을까? 스피걸은 자신의 성공 요인이 부유하게 자란 환경 덕분이라고 말한다.

"나는 젊고 백인이며 잘 교육받은 남성이다. 나는 정말 운이 좋았다. 그리고 삶은 공평하지 않다."

주요 투자자

알리바바, 벤치마크, 코튜매니지먼트, 제너럴 카탈리스트 파트너스, 글레이드 브룩 캐피털 파트너스, 인스티튜셔널 벤처 파트너스, 클라이너 퍼킨스 코필드 앤드 바이어스, 라이트스피드 벤처 파트너스, SV 엔젤, 텐센트 홀딩스, 야후, 요크 캐피털 매니지먼트 등.

⭘ DiDi 7. 디디추싱 Didi Chuxing
More than a journey

중국판 카카오택시 앱

🏠 컨슈머 인터넷(운송 서비스) 🌐 중국 베이징 📅 2012

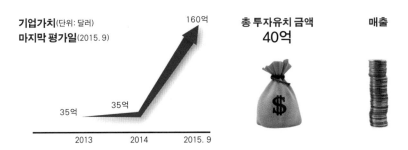

기업가치(단위: 달러)
마지막 평가일(2015. 9)

160억

35억   35억

2013   2014   2015. 9

총 투자유치 금액
40억
$

매출

비즈니스 모델

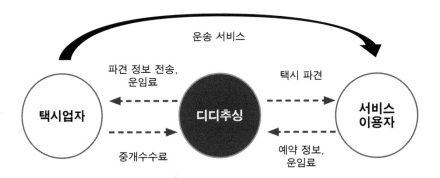

운송 서비스

파견 정보 전송,
운임료

택시 파견

택시업자 ◀---- **디디추싱** ----▶ **서비스 이용자**

중개수수료

예약 정보,
운임료

우버와 같은 비즈니스 모델이다. 택시업자와 서비스 이용자를 중개하면서
얻는 중개 수수료와 운임을 수익원으로 한다.

어떤 사업을 하는가

디디추싱은 베이징을 중심으로 서비스를 해온 디디 다처Didi Dache와 항저우

기반으로 서비스해온 콰이디 다처Kuaidi Dache가 2015년 2월 합병해서 생긴 법인이다. 우버와 기능적으로 비슷하지만 일반 차주는 빼고 기존 택시사업 라이선스 보유자만 대상으로 한다.

2015년 2월 기준 기업가치는 6조 5,000억 원에 달했다. 2015년 8월 30억 달러 자금을 유치하면서 165억 달러(약 20조 4,000억 원)로 기업가치가 3배 이상 증가했다. 텐센트와 알리바바가 뒷배라는 점도 가치를 끌어올렸다. 실제로 텐센트가 운영하는 중국 국민 메신저 위챗은 우버 계정을 영구 차단하기도 했다. 개인정보보호 등이 이유라지만 우버를 견제하려는 조치라는 분석이 지배적이다.

디디추싱의 중국 내 시장점유율은 무려 80%다. 지난해 탑승객만 14억 3,000만 명에 달한다. 중국인 대부분이 한 번쯤은 디디추싱을 이용했다는 의미다. 지난해 미국 전체 택시 이용객 갑절에 해당한다. 우버가 세계에서 태운 고객 수가 10억 명 수준인 것을 고려하면 디디추싱의 영향력을 알 수 있다. 디디추싱은 버스와 기업 통근 버스 등을 함께 서비스하고 있어 직접 비교가 무리라고 볼 수도 있지만 의미 있는 수치다. 디디추싱이 운영하는 차량 공유 서비스인 디디순펑처도 2016년 춘제 기간에 최대 규모 여객 운송량을 기록했다.

중국 도시지역 출퇴근 인구는 약 7억 5,000만 명으로 추산된다. 미국 전체 인구보다 두 배 이상 많다. 2015년 11월 기준으로 디디추싱이 지원하는 중국 내 도시는 100여 개다. 우버는 5분의 1수준인 21곳이다. 디디추싱의 성장 잠재력을 높이 평가하는 이유다. 게다가 디디추싱은 중국에서 정식으로 차량공유 서비스로 인정받았다. 사우스차이나모닝포스트에 따르면 디디추싱은 2015년 중국 최초로 상하이교통위원회로부터 인터넷 차량 공유 플랫폼 경영 허가를 받았다. 아직 정식 허가를 받지 못한 우버와의 경쟁에서 시장 선점 효과를 누릴 것으로 기대를 모으고 있다.

디디추싱은 막강한 내수 고객을 바탕으로 해외시장 진출까지 노리고 있다. 2015년 말 미국의 리프트, 인도의 올라, 동남아시아의 그랩택시와 공동 서비스를 선보인 것이다. 이들 4개 서비스가 지원하는 지역이면 어떤 앱을 써도 같은 서비스를 받을 수 있다. 디디추싱 앱으로 중국은 물론이고 미국, 인도, 동남아시아에서 현지처럼 사용할 수 있는 방식이다. 쓰던 언어나 요금 결제도 그대로다. 정산은 회사끼리 한다. 4개 업체 연합은 디디추싱이 주도했다. 리프트와 올라, 그랩택시에 잇달아 투자했다. 지난해 끌어모은 30억 달러를 이용해 재투자했다.

지금까지 총 투자받은 금액은 40억 달러다. 합병 이후 절대적인 점유율을 무기 삼아 대리운전, 고급택시, 카풀 서비스 등 인접 서비스로 사업 다각화를 시작했다. 이 외에도 신사업 개척과 기술 개발, 사용자 경험 제고 등에 투자를 늘릴 계획이다. 3년 내 세계 최대 원스톱 교통 플랫폼으로 자리매김한다는 목표도 설정했다.

창업자는 누구인가

디디 다처와 콰이디 다처가 합병해서 만들어진 회사다. 디디 다처 창업자 청웨이Cheng Wei는 1983년 장시성의 시골 마을에서 태어나 베이징 화공대에서 행정관리학을 전공했다. 2005년 알리바바에 입사해 영업부서에서 일했고 6년간 B2B 사업부문에서 인터넷 전자기기 마케팅을 했다. 2011년에 B2C 사업부문의 부사장에 오르며 '고속승진'의 신화를 썼다. 당시 결제회사 알리페이의 가맹점 관리를 하면서 중국 내 각종 기업의 경영을 관찰할 수 있었다. 그는 직장생활을 하면서 차근차근 사업 준비를 했다. 하지만 동료들은 그가 하려는 사업에 대해 다들 부정적 의견을 내며 극구 반대했다. 중국 택시 기사들이 스마트폰 앱을 이해하지 못할 것이고 모바일 결제방식이 제대로 자리 잡으리라는 보장이 없고 정책적인 규제도 해결하기 어려우리라는 점 때문이었다. 요즘 말로 결론은 '기' '승' '전' '반대'였다.

하지만 그는 30세가 되던 2012년 6월 과감하게 사표를 내고 사업에 뛰어들어 샤오쥐커지小桔科技를 설립했다. 시작은 무모했지만 3개월 만에 택시호출 앱인 디디 다처를 만들어냈다. 중국의 택시 기사들이 택시호출 앱을 제대로 사용하지 못한다는 문제를 음성호출로 해결했다. 택시 기사들은 앱을 통해 자동으

왼쪽부터 청웨이, 뤼찬웨이.

로 고객의 위치를 파악할 수 있었다. 또 버튼 하나만 누르면 고객이 녹음한 호출 음성을 들을 수 있다. 여기에 출퇴근 기능을 더해 충성고객을 선점했다. 자신의 집과 회사 위치를 등록해 출퇴근 시 버튼 하나로 간편하게 택시를 호출하도록 했다. 고객들은 폭발적인 반응을 보였다. 그런데 한 가지 아이러니한 점은 청 회 장이 운전면허가 없다는 것이다. 전혀 운전할 줄 모르는 사람이 운송 서비스를 시작해 중국 교통 문화를 혁명적으로 바꾸어가고 있는 셈이다. 그는 2015년 중 국 포털 소후와의 인터뷰에서 다음과 같이 말하며 포부를 밝혔다.

"중국에 자가용은 넘쳐나지만 95%의 시간은 그냥 주차장에서 공간만 차지 하죠. 우리 모두 운전한다고 나서면 어떻게 될까요? 전 아마 평생 운전면허는 못 딸 것 같아요."

디디추싱이 만들어낸 효과는 단지 비즈니스적인 사업성만이 아니라 중국의 교 통 수준까지 한 단계 높였다. 다른 많은 공유경제 모델들이 추구하고 내세우는 장 점이 잘 구현되고 있다. 빈 차로 운행하는 택시가 예전의 절반으로 줄어들었고 에 너지 절약에 환경보호까지 부가적인 효과도 많다. 택시 기사들의 수입은 20% 증 가했으면서도 휴식시간은 1시간 반이나 늘어났다.

콰이디 다처 창업자인 뤼찬웨이Dexter Chuanwei Lu는 중국판 우버를 표방하며 2012년 5월 항주에 콰이디 과학기술 유한공사를 설립했고 8월에 콰이디 다처 를 런칭했다. 그는 2013년에 알리바바에서 1,000만 달러 투자를 받으며 전국

30개 도시로 비즈니스를 확장했다. 2013년 9월 홍콩까지 사업 영역을 확대하고 10월에 전체 시장에서 1위로 등극했다. 2013년 11월에 다황평 다처를 인수하고 2015년 1월에 소프트뱅크로부터 투자를 받았다. 사업상 강력한 경쟁상대였던 디디 다처와 2015년 2월 14일 발렌타인 데이에 전격적으로 합병을 발표해 전 세계를 놀라게 했다.

주요 투자자

차이나 인베스트먼트 그룹, 텐센트 홀딩스, GGV 캐피털, DST 글로벌, 테마섹 홀딩스, 씨틱PE, GSR 벤처스, 알리바바 그룹 홀딩, 아메바 캐피털, 매트릭스 매니지먼트, 소프트뱅크, 타이거 글로벌 매니지먼트, 코튜 매니지먼트, 파랄론 캐피털 매니지먼트, 웨이보, 캐피털 인터내셔널 프라이빗 이쿼티, 펑안 벤처스 등

8. 플립카트 Flipkart

인도판 아마존으로 불리는 전자상거래 사이트

🏠 이커머스　🌐 인도 방갈로르　📅 2007

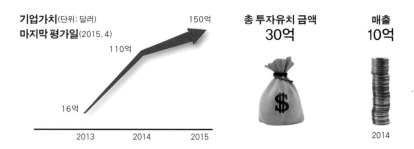

기업가치(단위: 달러)
마지막 평가일(2015. 4)

150억
110억
16억

2013　　2014　　2015

총 투자유치 금액
30억

매출
10억

2014

비즈니스 모델

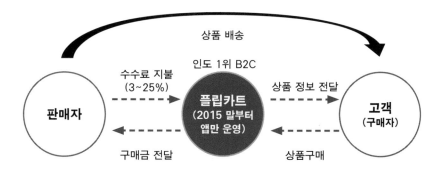

상품 배송

인도 1위 B2C

수수료 지불
(3~25%)

상품 정보 전달

판매자

플립카트
(2015 말부터
앱만 운영)

고객
(구매자)

구매금 전달

상품구매

　인도 최대의 온라인 쇼핑몰로 아마존의 카피캣 기업이다. 3~25%에 달하는 수수료와 광고 수익을 통해 수익을 창출한다.

어떤 사업을 하는가

　플립카트는 인도 1위의 B2C 사이트로 엄청난 투자 유치로 유명세를 탄 기

왼쪽부터 사친 반살, 비니 반살.

업이다. 최근 아동복 분야를 주요 카테고리로 지정해 다가올 몇 년 동안 아동복 사업에 집중할 계획이며 이에 따라 아동복 라인 '플립카트 리틀스타Flipkart Little Star' 컬렉션을 출시했다.

창업자는 누구인가

2007년 인도델리공과대학IITD 동창생인 사친 반살Sachin Bansal과 비니 반살Binny Bansal이 작은 아파트에서 서적 전자상거래로 시작한 회사. 창업자들이 모두 아마존닷컴에서 근무한 경험이 있어 '인도의 아마존'이라는 별칭을 갖고 있다.

주요 투자자

액셀 파트너스, 애드벡 매니지먼트, 발리기포드, 그래고니어 인베스트먼트, DST 글로벌, GIC 프라이빗, 그린옥스 캐피털, 헬리온 벤처 파트너스, 아이코닉 캐피털, IDG 벤처스 인도 어드바이저, 모건 스탠리 사모펀드, 나스퍼스, 뉴 엔터프라이즈 어소시에이츠, 카타르 투자청, 소파이나, 스테디뷰 캐피털, 타이거 글로벌 매니지먼트, T. 로우 프라이스, TR 캐피털, 벌칸 캐피털 등.

9. 스페이스 엑스 Space X

우주 수송업

🏠 항공우주산업(항공우주)　🌐 미국 캘리포니아　📅 2002

기업가치(단위: 달러)
마지막 평가일(2015. 1)

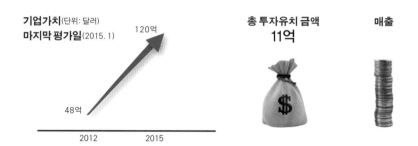

120억

48억

2012　　2015

총 투자유치 금액
11억

매출

비즈니스 모델

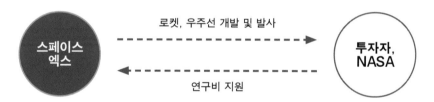

스페이스 엑스

로켓, 우주선 개발 및 발사

연구비 지원

투자자, NASA

로켓과 우주선의 개발 및 발사를 통한 우주 수송을 주 업무로 한다.

어떤 사업을 하는가

로켓 개발을 전문으로 하는 민간 기업. 일론 머스크가 2002년에 창업했다. 스페이스 엑스는 로켓과 우주선을 디자인, 제조, 발사하는 일을 하고 있다. 기업의 궁극적인 목표는 다른 행성에서 사람들이 살 수 있도록 하는 것이다. 팔콘9와 팔콘 헤비 발사 서비스를 고정 가격으로 제공하고 있다.

스페이스 엑스는 어떻게 하면 우주개발 비용을 낮출 수 있을지 고민하다가

로켓 재활용을 시도하겠다고 발표했다. 이는 기존 로켓 발사에서는 한 번도 시도되지 않은 방법이었다. 재활용 로켓을 사용하면 기존의 발사 비용을 10분의 1로 줄일 수 있을 것으로 기대됐다. 실제로 지난 2015년 12월 스페이스 엑스의 팔콘9 로켓이 발사 후 착륙에 성공하면서 로켓의 재사용이 가능하다는 것을 보여주기도 했다.

창업자는 누구인가

일론 머스크Elon Musk는 1971년 남아프리카공화국 프리토리아에서 엔지니어인 아버지와 모델인 어머니 사이에서 태어났다. 어린 시절 하루 10시간씩 독서했던 것으로 유명하다. 캐나다 퀸즈대에서 경영학을 공부하다가 미국 펜실베이니아대 와튼스쿨로 편입했다. 경제학 학사를 딴 뒤 1년 더 물리학 공부를 해 물리학 학사도 땄다. 1995년 스탠퍼드대 에너지 물리학 박사과정에 입학했다. 그러나 인터넷, 재생 에너지, 우주에 대한 열망 때문에 입학한 지 이틀 만에 자퇴를 선택한다.

그리고 그는 창업 전 자신에게 돈이 얼마나 필요한지를 실험하기 위해 하루에 1달러만 쓰는 실험을 했다. 핫도그와 오렌지만 먹고 살았지만 그다지 나쁘지 않았다. 그래서 한 달에 30달러만 있으면 되겠다고 결심하고 창업했다. 첫 창업회사는 24세 때 인터넷을 기반으로 지역 정보를 제공하는 '집투ZIP2'이다. 이후 4년 만에 컴퓨터 제조업체 컴팩에게 집투를 매각했고 그 돈으로 온라인 금융 서비스를 제공하는 엑스닷컴X.com을 시작했다.

1999년 탄생한 엑스닷컴은 1년 만에 경쟁사였던 콘피니티를 인수하면서 이메일 결제 서비스였던 페이팔까지 함께 인수합병했다. 그는 페이팔에 집중하면서 사업을 키워나갔고 이후 페이팔을 이베이에 약 15억 달러로 매각했다. 그는 매각으로 얻은 수익금 1억 7,000만 달러로 대학 시절부터의 꿈인 '우주'와 '청정 에너지'에 투자하기로 했다. 이것이 스페이스 엑스의 창업 동기가 됐다.

그는 당시 페이팔을 만들어 벌어들인 수익을 우주개발 사업에 쏟아 부었다.

일론 머스크 (출처 : 일론 머스크)

스페이스 엑스는 화성에서 작물을 재배하겠다는 구상으로 '화성 오아시스'라는 머스크 콘셉트 프로젝트에서 시작됐다. 당시 이 계획을 실현시키기 위해 러시아 발사 로켓을 구매하려 했다. 하지만 너무 비싼 가격에 부딪혔다. 수차례 시도 끝에 그는 차라리 직접 로켓을 만드는 것이 싸다는 결론에 도달했고 그렇게 로켓을 만든 결과 이제는 민간업체로 유일하게 '우주 화물선'을 운행하게 됐다.

일론 머스크는 잡스 이후 전 세계적으로 가장 주목받는 경영자이다. 그는 전기차 브랜드인 '테슬라 모터스'의 창업자 겸 CEO이고 민간 우주로켓 기업인 '스페이스 엑스'의 창업자 겸 최고 디자이너이다. 또한 태양 에너지 기업인 솔라시티의 창업을 돕고 현재는 최대 주주 자리에 있다.

주요 투자자

카프리콘 캐피널 파트너스, 드레이퍼 피셔 저비슨, 피델리티 인베스트먼트, 파운더스 펀드, 구글, 발로 이쿼티 파트너스 등.

10. 핀터레스트 Pinterest

이미지 공유 및 검색 SNS

컨슈머 인터넷(소셜 미디어)　🌐 미국 샌프란시스코　📅15 2008

기업가치(단위: 달러)
마지막 평가일(2015. 2)

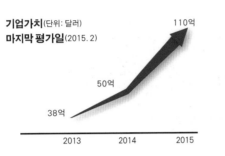

110억

50억

38억

2013　　2014　　2015

총 투자유치 금액
13억

매출

비즈니스 모델

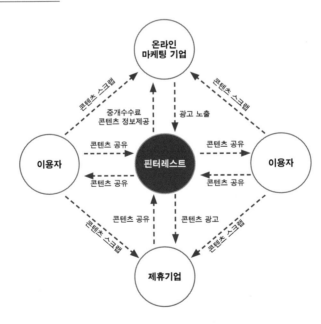

온라인에서 자신이 관심 있는 이미지를 핀으로 콕 집어서 포스팅하고 이를

SNS 사이트와 연계해 지인들과 공유하는 이미지 기반 소셜 네트워크 서비스이다. 이용자 간 콘텐츠를 공유하고 온라인 마케팅기업과 제휴기업들은 핀터레스트에게 중개수수료와 광고료를 지불한다.

어떤 사업을 하는가

이미지 공유 및 검색 사이트이자 이미지 중심의 SNS. 이미지 보드에 핀으로 사진을 꽂는 것과 비슷한 개념으로 이미지 파일을 모으고 관리할 수 있다는 것이 특징이다. 핀Pin과 인터레스트Interest의 합성어인 '핀터레스트Pinterest'는 자신이 좋아하거나 관심이 있는 주제별로 사진을 모을 수 있다.

핀터레스트는 사진을 분석해 회원들의 취향을 기반으로 상품을 추천하고 이를 구매로 연결시키는 서비스를 제공한다. 이 방식은 페이스북, 트위터와 비교했을 때 핀터레스트가 상업적으로 더 성공적인 수치를 보이는 주요 요인으로 꼽힌다. 사용자들이 자발적으로 올려놓는 사진들을 분석해 구매 가능성이 높은 광고를 연결시켜 주기 때문이다. 즉 페이스북과 트위터가 더 많은 사용자를 확보하고 있음에도 구매 가능성에서는 핀터레스트가 압도적으로 높은 비율을 차지한다.

창업자는 누구인가

벤 실버맨Ben Silbermann, 폴 시아라Paul Sciarra, 에반 샤프Evan Sharp가 공동 창업했다. 벤 실버맨은 1982년에 태어나 어린 시절 곤충 채집을 즐겨 했다. 기어 다니는 벌레를 잡아 벽에 걸린 보드에 핀으로 꽂아 놓았던 기억에 영감을 받아 핀터레스트를 창업하게 되었다. 핀터레스트 사용자들은 주제를 갖는 사진 핀 보드를 만들 수 있다. 온라인 웹 서핑 시 '핀 잇Pin It' 버튼을 눌러 핀보드에 온라인에 올라와 있는 미디어를 추가할 수 있다. 혹은 사용자의 컴퓨터에서 미디어를 올려 추가할 수 있다. 각각의 미디어 항목 하나하나를 '핀pin'이라고 부른다. 여기서 미디어는 사진, 비디오 등이 될 수 있다. 핀들이 모여 '보드board'를 이룬다.

왼쪽부터 폴 시아라, 벤 실버맨, 에반 샤프. (출처 : 핀터레스트)

다수의 핀터레스트 사용자들은 최신 유행을 좇기 위해 서비스를 이용하는 것으로 알려져 있다. 즉 자신이 사고 싶은 제품, 패션, 인테리어 등의 이미지들을 모으는데 쇼핑으로 직접 연결되는 경향이 다른 SNS에 비해 강하다. 따라서 미국 기업들은 핀터레스트를 주요한 SNS 마케팅 채널로 활용하고 있다. 또한 이베이 등 다른 인터넷 업체들도 핀터레스트를 모방한 서비스들을 속속 내놓고 있다.

주요 투자자

안드레센 호로비츠, 배스머 벤처 파트너스, 퍼스트마크 캐피털, 피델리티 그로스 파트너스 유럽, 골드만 삭스, 피컷 벤처스, 라쿠텐, SV 엔젤, 발리언트 캐피털 매니지먼트, 웰링턴 매니지먼트 등.

11. 드롭박스 Dropbox

웹 기반의 파일 공유 서비스

🏠 소프트웨어(클라우드 스토리지)　🌐 미국 샌프란시스코　🏰15　2007

기업가치(단위: 달러)
마지막 평가일(2014. 1)

100억

100억

2014　　　2015

총 투자유치 금액
6억 700만

매출

1억 1,600만

4,600만

1,200만

2010　2011　2012

비즈니스 모델

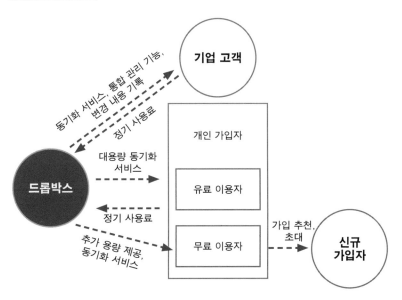

기업 고객

동기화 서비스, 통합 관리 기능, 변경 내용 기록

정기 사용료

드롭박스

대용량 동기화 서비스

정기 사용료

추가 용량 제공, 동기화 서비스

개인 가입자

유료 이용자

무료 이용자

가입 추천, 초대

신규 가입자

파일 동기화와 클라우드 컴퓨팅을 이용한 웹 기반의 파일 공유 서비스이다.
기업 고객은 정기 사용료를 내고 서비스를 이용하며 신규가입자는 유료 이용자와 무료 이용자로 분류한다. 유료 이용자 역시 정기 사용료를 낸다.

어떤 사업을 하는가

웹 기반의 파일 공유 서비스. 온라인 저장 공간인 클라우드 스토리지와 로컬에 있는 여러 대의 컴퓨터 사이에서 데이터의 공유 및 동기화가 가능하도록 지원한다.

2008년 테크크런치50 컨퍼런스에서 처음으로 공식 버전을 소개했다. 같은 해 9월 정식 서비스를 시작해 2015년 안정화 버전 3.6.8까지 출시됐다. 한국어를 포함한 16개 언어를 지원하고 있으며 윈도우즈, MacOS X, 리눅스, iOS, 안드로이드, 윈도우즈 모바일, 블랙베리 등의 플랫폼을 지원한다.

드롭박스의 전용 폴더에 필요한 파일을 드래그 앤 드롭하는 것만으로 데이터의 공유 및 동기화가 가능하다. 등록된 파일은 온라인으로 백업된 파일의 변경 내용을 바탕으로 롤백이 가능하다. 롤백은 오류가 발생했을 때 그 이전 상태까지 돌아오는 작업을 말한다. 드롭박스를 통해 PC의 특정 폴더에 데이터를 저장하면 자동으로 웹의 온라인 스토리지 상의 데이터도 업데이트된다. 로컬에 데이터를 온라인으로 동기화하기 때문에 오프라인에서 사용하려는 경우도 따로 다운로드 작업은 필요 없다.

드롭박스란 말은 원래 우편물 투입함 혹은 우체통을 의미한다. 우체국이 문을 닫은 다음에도 소포를 접수할 수 있도록 둔 통을 의미한다. 드롭박스는 편지를 우체통에 넣기만 하면 쉽게 전달되는 것처럼 쉽게 내용물을 전달한다는 이미지를 준다. 클라우드를 이용한 파일 공유 서비스는 많이 있었는데 드롭박스만 유독 폭발적 성장을 할 수 있었다. 그 이유는 사용자 인터페이스와 사용자 경험ux에서 장점이 있기 때문이다. 최고의 장점은 사용이 단순하고 쉽다는 것이다.

"사용자들이 '드롭박스를 사용하는 이유는 간단하다. 쓰기 쉬우니까.'라고 말합니다. 저희는 그 한마디에 큰 자부심을 느낍니다. 저희의 성공 비결도 바로 이 부분이라고 생각합니다. 세상은 점점 복잡해지고 있고 저희는 사람들에게 자유를 줍니다."

하지만 클라우드 서비스 경쟁이 치열해지면서 아마존, 구글, 애플, 마이크로소프트 등에서 공짜 혹은 매우 저렴한 가격에 클라우드 스토리지 등을 제공하면서 드롭박스가 과연 계속 버텨낼 수 있을지에 대한 의문이 제기되고 있다. 이에 휴스턴은 드롭박스가 '추억'을 파는 곳으로 감성적으로 비즈니스 모델을 만들었다. 다시 말해 드롭박스가 '기억의 저장고' 역할을 한다는 것이다. 스마트기기가 발전하면 할수록 더 많은 사진과 동영상 자료들이 생기고 더 많은 저장공간이 필요해지기 때문이다.

창업자는 누구인가

드루 휴스턴Drew Houston과 아라시 페르도시Arash Ferdowsi이 공동 창업했다. 드루 휴스턴은 엔지니어로 일하던 아버지의 영향을 받아 컴퓨터에 관심이 많았다. 그는 5세 때 이미 어린이용 IBM을 선물 받아 프로그래밍에 빠져들었다. 하지만 고등학교 사서였던 어머니는 아들이 컴퓨터에만 빠져 지내는 것을 탐탁지 않게 여겼다. 그래서 방학기간에는 컴퓨터를 만지지 못하도록 일부러 여행을 다니기까지 했다. 하지만 어머니는 아들의 컴퓨터에 대한 애정을 없애지는 못했다. 그는 게임을 즐기다가 게임을 만드는 일에 흥미를 느껴 소스 공부를 하기도 했다. 14세 때 온라인 게임 회사의 베타 서비스에 참여했다가 오류를 잡아낸 공로로 채용되기도 했다.

그는 MIT 컴퓨터공학과에 진학하고 나서는 몇몇 스타트업에서 일하며 기회를 엿보았고 온라인 대입 교육 서비스와 온라인 포커 게임을 포함해 다섯 번이나 창업을 시도했지만 모두 실패했다. 그러다가 2007년 1월에 그는 보스턴에서 뉴욕으로 가기 위해 버스 정류장에서 기다리다가 버스가 출발할 때까지 시간이 남아 랩탑 컴퓨터를 꺼내 코딩 작업을 하려고 했다. 그런데 그 순간 코딩 작업을 하는 데 필요한 파일이 들어 있는 USB 메모리를 집에 두고 나온 것을 알았다. 다시 집에 돌아가려니 화가 났다. 아마 그런 유사한 일을 휴스턴뿐만이 아니라 수

많은 직장인과 학생들도 경험했을 것이다. USB를 깜박하는 것은 흔한 실수이기 때문이다.

휴스턴은 그때 'USB 메모리 없이 언제 어디서든 파일을 꺼내 쓸 방법이 없을까?' 하고 고민을 했다. USB 메모리 스틱이 아니라 네트워크로 모든 파일을 공유하고 관리한다면 이러한 문제가 발생하지 않으리라고 판단한 것이다. USB 메모리 대신 웹으로 모든 데이터를 관리하는 사업을 고안한 것이다. 바로 드롭박스다.

주요 투자자

액셀 파트너스, 벤치마크 캐피털, 블랙록, 글린 캐피털 매니지먼트, 골드만삭스 그룹, 그레이록 파트너스, 인덱스 벤처스, 인스티튜셔널 벤처 파트너스, 모건 스탠리 인베스트먼트 매니지먼트, RIT 캐피털 파트너스 PLC, 세일즈포스닷컴, 세쿼이아 캐피털, T. 로우 프라이스 그룹, 발리언트 캐피털 파트너스, Y 콤비네이터 등.

왼쪽부터 드루 휴스턴, 아라시 페르도시.

12. 위워크 Wework

사무실 공유 서비스

🏠 부동산　🌐 미국 뉴욕　📅 2010

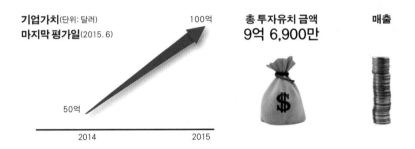

기업가치(단위: 달러)
마지막 평가일(2015.6)

100억

50억

2014　　2015

총 투자유치 금액
9억 6,900만

매출

비즈니스 모델

소규모
스타트업
기업

월세

위워크

임대료

건물주

사무공간 제공　　　　사무공간 대여

적은 비용으로
대도시 내 사무공간 마련 가능

　세계 최대의 사무실 공유 서비스 기업으로 건물을 통째로 임대하거나 층을 임대해 다시 소기업이나 1인 창업자 등에게 재임대하는 방식이다. 일종의 전전세 형태로 이루어지는 임대 사업이다. 소기업, 1인 창업자는 월세를 내고 적은 비용으로 대도시 내 사무공간을 마련할 수 있다는 장점이 있으며 건물주와 이용자로부터 받은 수수료가 주요 수익원이다.

(출처: 위워크)

어떤 사업을 하는가

세계 최대의 사무실 공유 서비스 제공업체. 사무실을 코워킹 오피스로 재임대하는 방식을 취하면서 쉐어 오피스의 선두주자로 자리매김하고 있다. 전 세계 3만 개 이상의 개인, 법인 사업자 회원이 있고 미국과 유럽에 공유 사무실 52곳을 운영 중이다. 아시아에서는 중국 상하이에 이어 우리나라에 두 번째로 진출했다.

2016년 한국에 진출한 위워크는 연내에 1조 원 이상을 투자해서 수도권 10곳에 공유 사무실을 시행할 예정이다. 2016년 10월 준공하는 지상 26층짜리 서울 명동 대신증권 본사 사옥의 10개층(연면적 2만여 제곱미터)을 앞으로 15년간 통임대하는 내용의 양해각서MOU를 체결한 것으로 확인됐다. 위워크는 대신증권 본사 외에도 서울 강남과 경기 판교신도시 등 수도권에 고층 빌딩을 가진 대·중소기업 10여 곳과 임대 협상을 진행 중이다.

왼쪽부터 미구엘 맥켈비, 애덤 뉴먼. 애덤 뉴먼은 패셔니스타로 어깨까지 내려오는 긴 머리, 단추 두 개를 풀어놓은 셔츠, 올 블랙 패션이 트레이드 마크다. (출처: 위워크)

창업자는 누구인가

애덤 뉴먼Adam Neumann과 미구엘 맥켈비Miguel McKelvey가 공동 창업했다. 애덤 뉴먼은 이스라엘 텔아비브에서 태어나 고등학교를 졸업했다. 그 후 군 복무를 마치기 위해 해군 장교학교에 지원했다. 그는 600명 중 거의 꼴찌로 입학했는데 3등이라는 우수한 성적으로 졸업했다..

군제대 후 여동생과 함께 미국으로 갔다. 그는 뉴욕에서 모델 활동을 하는 여동생 은행계좌를 관리하며 뉴욕시립대 버룩칼리지에서 경영학을 공부했다. 졸업 후 의류업에 발을 담그고 어린이 무릎보호대와 고급 옷을 만들어 온라인으로 팔아 수익을 냈다. 하지만 그 정도 수익만으로는 부족했기에 더 큰 기회를 찾았다. 그러던 중 2008년 파티장에서 같은 건물에 입주해 있던 건축설계사 미구엘 맥켈비를 만나 이런저런 이야기를 나누다가 공간 재임대 사업 모델을 생각해냈다. 두 사람은 의기투합해 바로 회사를 차리기로 했고 이름도 '그린 데스크'로 정했다.

다음날 두 사람은 건물주를 찾아갔다. 건물주는 두 사람에게 월 5,000달러를 먼저 주면 한 층을 다 빌려주겠다고 했다. 그러자 두 사람은 돈은 추후에 줄 테니 먼저 한 층을 임대해달라고 했다. 대신 그 한 층을 15개의 사무실 공간으로 쪼개서 각 사무실당 월 1,000달러씩의 임대료를 받아서 그 절반인 7,500달러를 주겠다고 한 것이다. 건물주로서는 5,000달러보다 더 많은 돈을 준다고 하니 거절할 이유가 없었다. 그리고 그 결과는 대성공이었다. 영세사업자와 1인 창업자들이 광고를 보고 몰려들었다.

뉴먼과 맥켈비는 2년 후인 2010년 그린 데스크를 건물주에게 300만 달러에 넘기고 사업 확장을 시작했다. 그해 2월 위워크는 출범 한 달 만에 흑자를 내기 시작했다. 입주자는 형편에 맞춰 책상 한 개부터 전용 사무실까지 골라서 사용할 수 있다. 그러한 다양한 방식이 호응을 얻었다. 최근에는 사업 영역을 넓혀가고 있다. 아파트를 고쳐서 여러 명에게 '마이크로 아파트'를 재임대하는 '위리브 WeLive' 사업을 시작했다.

주요 투자자

알레프, 벤치마크, 커먼펀드, 피델리티 매니지먼트, 골드만 삭스, 하버드 매니지먼트, 제프리스 그룹, J. P. 모건 체이스, 론 그룹, T. 로우 프라이스, 웰링턴 매니지먼트 등.

13. 루팩스 Lufax

상하이를 기반으로 한 P2P 대출업체

🏠 파이낸셜 서비스 🌐 중국 상하이 15 2011

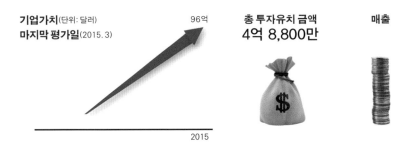

기업가치(단위: 달러)   96억   **총 투자유치 금액**   매출
마지막 평가일(2015.3)   **4억 8,800만**

2015

비즈니스 모델

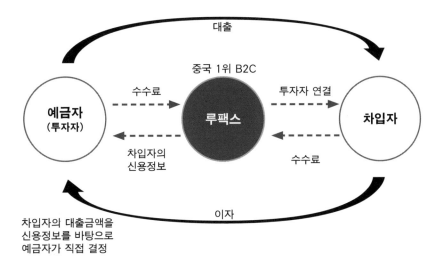

중국의 P2P 대출기업. 차입자의 대출금액을 예금자가 직접 결정하는 방식인데 이때 신용정보가 바탕이 된다. 예금자가 내는 수수료와 차입자가 내는 수수

료가 수익원이다. 대출금에 따른 이자는 예금자에게 전달된다.

어떤 사업을 하는가

P2P 대출 업체. 개인과 개인 간의 금융거래를 중개하는 핀테크 서비스를 제공한다. 담보가 많은 공기업 대출을 선호하는 중국은행의 관행상 루팩스는 성장 잠재력이 매우 크다. 만21~55세의 중국(홍콩, 마카오 제외) 국적자라면 누구나 루팩스에서 대출을 신청할 수 있고 만18세 이상이면 누구나 출자자가 될 수 있다. 현재 1,000만 명 이상의 중국인이 루팩스의 사용자로 등록돼 있다.

루팩스의 대출은 1만 위안(약 176만 원)에서 최대 30만 위안(약 5,300만 원)까지 가능하다. 대출자는 투자자에게 원금과 이자를 상환하면 된다. 그리고 담보 회사와 루팩스에 별도의 담보비용과 중개수수료도 내야 한다. 대출 이자는 개인의 상황에 따라 다르지만 통상 인민은행이 공시한 대출 기준금리의 140% 수준에서 정해진다. 가장 최근의 대출 기준금리인 연율 5.10%를 적용할 경우 최소 7.14%의 이자를 내야 한다.

대출 방법도 비교적 간단하다. 루팩스 홈페이지에 가입하고 이름과 휴대폰 번호를 남겨 대출 신청 의사를 밝힌다. 그러면 콜센터 직원이 전화하고 간단한 인터뷰를 통해 대출 적합 여부를 판단한다. 대출자의 신용 평가 등은 평안보험그룹의 융자보증기관에서 진행하는데, 이 과정이 통과되면 돈은 바로 입금된다. 입금까지 일반적으로 3~5일 정도가 걸린다.

(출처: 루팩스)

대출원이 되는 투자 자금 조달 방법도 쉬운 편이다. 마치 금융 투자 상품에 가입하는 것과 같다. 루팩스 홈페이지에 가입한 후 실명 인증과 연결 은행계좌 등록, 투자금 충전, 투자 가능 리스트(대출자 명단) 열람 후 선택을 하면 된다. 투자 가능 대상들은 원잉-안e穩剩-安e, 원잉-안예穩剩-安業 등 다양한 상품 카테고리로 나눠진다. 투자 기간은 최소 2개월에서 최대 36개월이고 연간 최소 보장 수익률은 5.8~7.84%로 차이가 있다. 대출과 마찬가지로 현재 거래수수료는 면제다.

핑안 보험그룹 창업자이자 현 회장 마밍저.

창업자는 누구인가

중국 최대 보험기업인 핑안 보험그룹 계열사다. 중국 금융업계의 타오바오를 꿈꾸는 기업으로 2011년 9월 상하이시 정부의 지원을 업고 등장했다.

주요 투자자

CDH 인베스트먼트, 차이나 인터내셔널 캐피털, 선전 핑안 이노베이션 캐피털 인베스트먼트, 정 혜 캐피털 매니지먼트 등.

14. 테라노스 Theranos
혈액 진단기기 및 키트 개발업체

🏠 헬스케어　🌐 미국 캘리포니아　📅 2016

기업가치(단위: 달러)
마지막 평가일(2014. 2)

90억

90억

10억

2010　　2014　　2015

총 투자유치 금액
7억 5,000만

매출
4,000억 원

2014년 누적 매출

비즈니스 모델

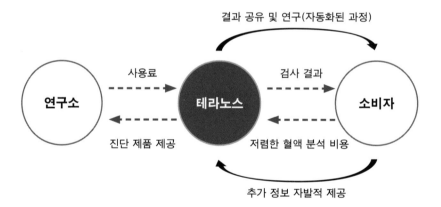

결과 공유 및 연구(자동화된 과정)

연구소　사용료 →　**테라노스**　검사 결과 →　**소비자**

진단 제품 제공　　저렴한 혈액 분석 비용

추가 정보 자발적 제공

　　연구소에 혈액검사 키트를 제공하고 사용료를 받는다. 개인 소비자에게는 저렴한 분석 비용을 받는다.

어떤 사업을 하는가

한두 방울의 혈액으로 200여 가지 질병을 검사할 수 있는 혈액검사 키트를 개발했다. 1960년대 이후 변화가 없던 혈액 검사 기술 시장에서 혁신적이라는 평가를 받았다. 특히 주사를 맞는 대신 침을 이용해 손가락에서 소량의 혈액을 채취하는 방법이 적용됐다. 혈액량이 기존 대비 최소 1,000분의 1 수준이기에 하루에도 몇 번씩 혈액을 뽑아야 하는 환자나 어린이 등 노약자가 어려움을 겪지 않고 검사를 받을 수 있다는 점이 크게 환영받았다. 또한 다른 개인 검진회사보다 비용이 4분의 1 수준이라는 것이 최대 강점이다. 종합병원과 비교하면 최고 10분의 1로 낮아진다. 검사 비용은 의료보험 환급금의 절반을 넘기지 않도록 했다. 회사는 모든 검진 가격을 온라인에 고시해 가격 체계를 투명하게 운영하고 있다.

그러나 2015년 10월 『월스트리트저널』이 테라노스의 기술에 대해 폭로성 기사를 실으면서 혈액검사의 정확성에 대한 의혹이 증폭됐다. 첫째, 2014년 12월 기준으로 전 직원의 증언으로는 총 200여 가지의 분석 중 자체기기인 에디슨으로 분석한 것은 15개밖에 없다. 둘째, 에디슨 기기 역시 정확성 검사를 제대로 받지 않았다. 셋째, 피 한 방울의 분자 수로는 200여 가지의 분석을 하기 어렵다. 넷째, 테라노스의 분석 결과가 정확하지 않다. 그런 의문이 제기되자 최근 CMS에서 의료 실험실의 모니터링을 실시했다. CMS는 테라노스의 혈액검사가 환자 건강에 위험할 수 있다는 결과를 발표했다. 현재 테라노스는 창업 이래 최고의 위기상황을 겪고 있다.

창업자는 누구인가

엘리자베스 홈스Elizabeth Holms는 1984년에 태어나 스탠퍼드대 화학과를 다니던 중 2학년 때 자퇴하고 2003년 테라노스를 설립했다. 테라노스Theranos는 치료Therapy와 진단Diagnosis을 합성한 말이다. 대학 시절 싱가포르 게놈 연구소에서 인턴으로 근무하던 중 당시 기존보다 더 적은 양으로 빠르고 정확하게 혈액

엘리자베스 홈스

검사를 하는 것에서 아이디어를 얻었다. 그녀 스스로 주사를 맞는 것에 대한 개인적 공포가 있어서 더 큰 관심을 두었던 것으로 보인다.

그녀는 스티브 잡스를 흠모해 팔로 알토에 회사를 차렸고 항상 검은색 터틀넥과 바지를 입고 다닌 것으로도 유명했다. 미모의 젊은 여성 창업자라는 이유 때문에 많은 화제를 몰고 다녔다.

주요 투자자

ATA 벤처스, 드레이퍼 피셔 저비슨, 샌드 힐 파이낸스, 타코 벤처스 등.

15. 스포티파이 Spotify

무료음악 스트리밍 서비스

🏠 컨슈머 인터넷(스트리밍 미디어) 🌐 스웨덴 스톡홀름 📅 2006

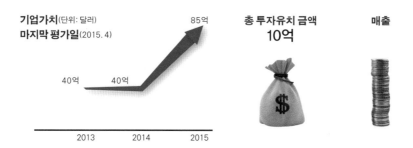

기업가치(단위: 달러)
마지막 평가일(2015. 4)

85억

40억   40억

2013   2014   2015

총 투자유치 금액
10억

매출

비즈니스 모델

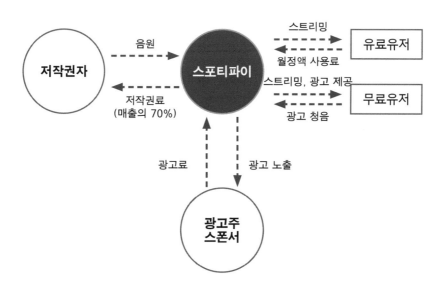

저작권자 ──음원──▶ 스포티파이 ──스트리밍──▶ 유료유저
스포티파이 ◀──월정액 사용료── 유료유저
저작권자 ◀──저작권료 (매출의 70%)── 스포티파이
스포티파이 ──스트리밍, 광고 제공──▶ 무료유저
스포티파이 ◀──광고 청음── 무료유저
광고주 스폰서 ──광고료──▶ 저작권자
스포티파이 ──광고 노출──▶ 광고주 스폰서

　음악을 구매하거나 소유하는 대신 대여한다는 접근으로 창업했으며 소비자들에게 무료로 음악을 듣는 대신 광고를 함께 듣는 스트리밍 방식을 차용했다.

저작권자에게는 매출의 70%를 준다. 월정액 사용료를 내는 유료 이용자와 광고를 필수적으로 들어야 하는 무료 이용자로 분류할 수 있으며 광고와 스폰서십의 확보를 통해 지원을 받고 있다.

어떤 사업을 하는가

무료 음악 스트리밍 서비스. 스포티파이는 기존에 음원 파일을 내려받아 기기에 저장했던 '다운로드' 방식에서 인터넷에서 실시간으로 재생해 듣는 '스트리밍' 방식을 세계적인 추세로 정착시켰고 유럽과 미국 시장에서 빠르게 성장하고 있다. 스포티파이는 평소 좋아했던 음악을 서비스하는 공간 제공과 모든 노래를 무료로 이용하고 합법적으로 들을 수 있는 완전한 음악 생태계를 목표로 성장하고 있다.

창업자는 누구인가

다니엘 엑Daniel Ek과 마틴 로렌존Martin Lorentzon이 공동 창업했다. 다니엘 엑은 1983년 스웨덴에서 태어났다. 그는 2000년대 초반 음악 산업이 불법다운로드로 심한 몸살을 앓고 있을 때 "음악 산업이 불황을 겪는 것을 두고 볼 수 없다"며 창업에 나섰다고 한다. 하지만 엑도 한때 '온라인 해적활동'을 한 특이한 이력이 있다. 지금은 불법으로 규정된 파일 공유 사이트 유토렌트uTorrent의 CEO로 일했다. 당시 스웨덴이 지적재산권에 관대했기 때문에 가능했다. 하지만 지적재산권법이 바뀌면서 불법 파일 공유에 대해 법적인 제재가 가해지기 시작했다. 엑은 스포티파이를 창업하기 전 불법 파일 공유 문제를 해결해야 했다. 그러다가 찾은 해법이 바로 광고 지원 스트리밍 방식이다. 그는 음악을 구매나 소유하는 대신 대여한다는 접근으로 서비스의 골격을 만들었다. 그리고 음악을 무료로 듣는 대신 광고를 듣게 했다.

창업 초기 2년 동안 여러 차례 어려움을 겪었다. 서비스가 출시도 되기 전에 스웨덴 벤처 캐피털로부터 받았던 자금이 바닥을 드러냈던 것. 하지만 곧 서비

왼쪽부터 마틴 로렌존, 다니엘 엑. (출처 : 스포티파이)

스가 출시되자 본격적으로 성공 가도에 오르기 시작했다. 영국의 음악산업 분석가 마크 멀리건은 스포티파이가 성공한 원인으로 특별할 것 없는 단순한 기능, 무료로 음악을 드는 것이 합법적인 방식, 초대제를 바탕으로 한 바이럴 마케팅을 들었다. 무엇보다도 무료 음악 이용의 대안을 제시했다는 것이 가장 큰 강점이다.

주요 투자자

아부다비 투자위원회, 액셀 파트너스, 발리기포트, 코카콜라, 크린덤, D. E. 쇼, 디지털 스카이 테크놀러지, 디스커버리 캐피털 매니지먼트, 피델리티 인베스트먼, 파운더스 펀드, 골드만 삭스 그룹, GSV 캐피털, 할시온 애셋 매니지먼트, 클레이너 퍼킨스 코필드 & 바이어스, 랜즈다운 파트너스, 리카싱 파운데이션, 노스존 벤처스, 인켈베르크 캐피털, 센베스트 캐피털, 테크롤러지 크로스오버 벤처스, P. 쉔펠드 애셋 매니지먼트, 텔리아소네라, 웰링턴 파트너스 등.

16. 디제이아이 DJI

드론 제작업체

🏠 하드웨어(로봇공학) 🌐 중국 선전 📅 2006

기업가치(단위: 달러)
마지막 평가일(2015. 5)

80억

2013 2014 2015

총 투자유치 금액
1억 500만

매출

10억 이상

3,000만

420만

2011 2014 2015

비즈니스 모델

디제이아이 ← 상업용 드론 제공 → 기업

구매

　　상업용 드론을 제작하는 중국 기업이다. 드론계의 애플이라고도 불린다. 촬영용, 농업용, 정찰용, 방재용 등 다양한 산업용 드론을 개발 및 생산하고 판매를 통한 수익을 창출한다.

어떤 사업을 하는가

　　드론 제작업체. 기존에는 불가능했던 곳으로의 비행을 가능하게 하고 촬영을 할 수 있도록 도와준다. 2013년 매출 1억 3,000만 달러를 기록했던 것에 비해 현재 매출이 8배 급증하였다. 현재 디제이아이는 전 세계 드론 시장 점유율의

60% 이상 차지하고 있다.

2016년 1월 한국법인을 정식으로 등록한 데 이어 3월 11일 공식 발표회를 열고 국내 시장 영업을 본격화한다. 드론 제품의 AS 지원도 이루어지며 자체 기술력으로 핵심 역량을 극대화시키는 중이다.

프랭크 왕 (출처 : 디제이아이)

창업자는 누구인가

프랭크 왕Frank Wang은 홍콩과학기술대 전자공학과 4학년 때 조별 과제로 '헬기 제어 시스템'을 설계하며 창업을 준비했다. 그는 2006년에 26세의 대학원생 신분으로 소형 무인 헬기를 만들어 세계에서 처음으로 에베레스트 횡단에 성공한 후 동기생 2명과 함께 선전에서 일반 주택을 빌려 디제이아이를 차렸다. 그는 "창업 당시엔 직원 20명 규모의 중소기업을 만들어 내가 어릴 때부터 좋아하던 소형 무인헬기를 만드는 게 목표였다"고 말했다. 그의 대학원 교수였던 리저샹李澤湘이 고문이자 첫 투자자로 200만 위안(약 3억 6,000만 원)을 지원했다.

주요 투자자

액셀 파트너스, 세쿼이아 캐피털 등.

众安保险 ZhongAn Insurance

17. 종안 온라인 재산보험 ZhongAn Online

중국 최초의 온라인 전문 보험사

🏠 파이낸셜 서비스(보험) 🌏 홍콩 🗓️ 2013

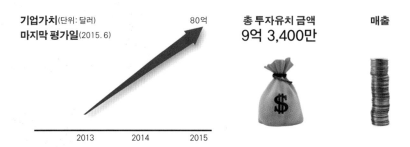

기업가치(단위: 달러)
마지막 평가일(2015. 6)   80억

2013   2014   2015

총 투자유치 금액
9억 3,400만

매출

비즈니스 모델

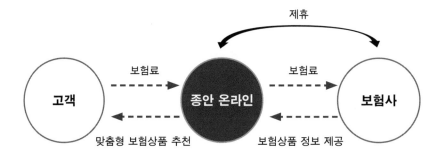

제휴

고객 ──보험료──▶ 종안 온라인 ──보험료──▶ 보험사

맞춤형 보험상품 추천   보험상품 정보 제공

　중국 최초의 온라인 전문 보험사로 다수 보험사와의 제휴를 통해 다양한 보험상품 정보를 제공하는 '계약연결 방식'으로 운영되고 있다. 보험사로부터 받은 정보를 바탕으로 고객에게 맞춤형 보험상품을 추천한다.

어떤 사업을 하는가

　중국 최초의 온라인 전문 보험사. 온라인채널에서 축적된 빅데이터 분석을

왼쪽부터 핑안보험의 마밍저, 알리바바의 마윈, 텐센트의 마화텅.

통해 맞춤형 보험상품 개발, 신시장, 틈새시장 발굴에 주력 중이다. 이들은 빅데이터를 활용해 고객의 보험 가입 승낙 여부 심사를 신속 정확하게 처리하는 시스템을 도입하는 등 보험판매를 활성화시키기 위한 노력을 계속하고 있다.

창업자는 누구인가

종안 온라인 재산보험은 2013년에 알리바바의 마윈馬雲 회장, 텐센트 마화텅馬化騰 회장, 핑안보험의 마밍저馬明哲 회장이 함께 설립한 중국 최초 온라인 전문 보험사이다. 세 사람의 성姓을 따 '3마馬가 함께 투자했다'고 말한다. 고객을 세분화한 보험상품 판매가 특징이다. 2014년 11월 11일 제3자 전자상거래 플랫폼인 타오바오를 통해 1억 8,600건의 온라인 쇼핑 소포 배달 손실 보상 보험을 판매해 17억 9,900만 원의 수입 보험료를 거수했다.

주요 투자자

차이나 인터내셔널 캐피털 그룹, CDH 인베스트먼트, 키와이즈 캐피털 매니지먼트, 모건 스탠리, 핑안 보험, SAIF 파트너스, 텐센트 홀딩스, 제지앙 앤트 스몰 앤 마이크로 파이낸셜 서비스 그룹 등.

UBER
优步

18. 우버 차이나
UberChina

차량 서비스 공유 앱

🏠 컨슈머 인터넷(운송 서비스) 🌐 중국 베이징 📅 2015

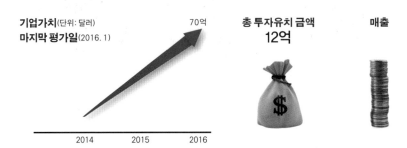

기업가치(단위: 달러)
마지막 평가일(2016. 1) 70억

2014 2015 2016

총 투자유치 금액
12억

매출

비즈니스 모델

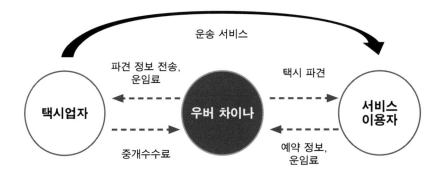

운송 서비스

택시업자 ← 파견 정보 전송, 운임료 ← 우버 차이나 → 택시 파견 → 서비스 이용자

택시업자 → 중개수수료 → 우버 차이나 ← 예약 정보, 운임료 ← 서비스 이용자

어떤 사업을 하는가

2015년에 미국 우버가 중국 시장 개척과 라이벌인 디디콰이디와 경쟁하기 위해 만든 중국의 독립법인이다. 우버 테크놀러지가 창업자*이자 투자자.

---

* 자세한 내용은 68쪽 1. 우버 참고.

19. 리프트 Lyft
차량 공유 서비스

🏠 컨슈머 인터넷(운송 서비스)   🌐 미국 샌프란시스코   🏰 15   2012

기업가치(단위: 달러)   55억
마지막 평가일(2016. 1)

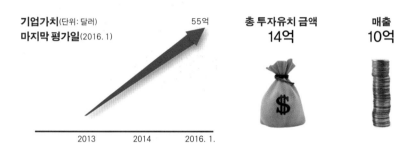

2013   2014   2016. 1.

총 투자유치 금액
14억

매출
10억

비즈니스 모델

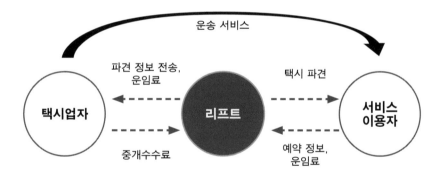

우버와 경쟁하는 차량 공유 서비스이다. 우버가 고급 리무진 차량 이용 서비스로 시작한 것과 달리 리프트는 저렴한 택시를 표방했다. 또한 차량 공유 서비스 이용자가 느끼는 불안감 해소를 위해 철저한 검증 시스템을 도입했다. 그래서 기사가 되기 위한 조건이 까다롭다. 사업 모델은 우버와 같다.

어떤 사업을 하는가

미국 차량 공유 서비스 2위 업체. 미국 내 65개 지역에서 스마트폰 앱을 통해 승객들과 자가용 운전자들을 이어주는 유사 콜택시 서비스이다. 우버와 더불어 공유경제 분야 대표 기업으로 꼽힌다. 이들은 2007년 짐라이드란 회사를 창업했는데 우버보다 먼저 '차량 공유'의 개념을 실험하고 시도했다. 짐라이드의 문제점을 개선하기 위해 2012년 리프트로 문을 연

리프트 택시 (출처 : 리프트)

뒤 2014년 1월부터 2015년 1월까지 이용객 수와 매출액이 다섯 배 이상 늘었다. 캘리포니아 주 샌프란시스코와 텍사스 주 오스틴에서 시장 점유율이 각각 40%와 45%이다.

리프트는 2014년부터 리프트 라인이라는 '카풀carpooling' 서비스에 집중적으로 투자하며 우버와 경쟁을 가속화하고 있다. 목적지가 같은 승객들을 짝지어 줘 요금을 나누어서 내도록 하는 방식이다. 현재 이 서비스는 뉴욕, LA, 샌프란시스코에서만 이용 가능한데 점진적으로 확장시켜 나간다는 방침이다.

또한 2015년부터 중국, 인도, 동남아 차량 공유 서비스업체와 파트너십을 체결했다. 리프트 고객은 중국에서는 디디추싱을 이용할 수 있고 인도에서는 올라를 이용할 수 있다는 것이다.

창업자는 누구인가

로건 그린Logan Green과 존 짐머John Zimmer가 공동 창업했다. 로건 그린은 LA에서 수의사 어머니와 의사 아버지 사이에서 외아들로 태어났다. 10대 시절 LA에서 등하교할 때마다 꽉 막힌 도로에서 3시간씩 갇혀 있곤 했다. 차마다 운전자

왼쪽부터 로건 그린, 존 짐머. (출처 : 리프트)

한 사람만 탄 채 모두 같은 방향으로 가고 있었다. 그런 그런 경험을 하면서 교통을 원활하게 하는 것에 많은 관심을 두게 됐고 대학 3학년 때 프리우스 6대로 캠퍼스에 수천 명에 달하는 학생과 교직원에게 서비스를 제공했다. 또한 UCSB 캠퍼스 내 주차정책을 담당하는 주차비지급자문위원회의 의장이 됐다. 4학년 때는 시 교통위원회에도 출마해 일했다. 하지만 두 번 다 자신의 교통 정책을 반영하는 데는 실패했다.

그는 2007년 지인의 소개로 리먼 브러더스의 분석가 존 짐머를 만나 '짐라이드'를 설립했다. 존 짐머는 짐라이드라는 이름을 들었을 때 자신의 성과 비슷해서 깜짝 놀랐지만 좋은 징조라고 받아들여 합류했다. 그런데 사실 짐라이드라는 이름을 지을 때 짐은 짐바브웨의 첫 글자이다. 로건 그린은 교통 정책을 해결할 방법이 분명 있을 것으로 생각하고 답을 찾고 있었다. 그러다 아프리카를 여행하던 중 짐바브웨에서 해결책을 찾았다. 그는 자동차로 붐비는 짐바브웨의 수도 하라레에서 해결책이 될 만한 대중교통 제도를 발견했다. 대형 자가용이 도시 버스를 대신하고 있던 것이다. 기사들은 자발적으로 조직해 노선을 만들었다. 승객이 늘면 다른 사람이 차를 끌고 와 수용력을 늘리거나 새로운 노선을 개설했다. 그린은 여행을 마치고 미국으로 돌아와 짐바브웨 방식을 적용해 보기로 하고 짐라이드를 만들었다.

짐라이드는 페이스북을 이용한 합승 서비스로 페이스북에 운전자 위치, 목적지, 시간을 올리면 이용자가 댓글을 다는 방식으로 진행됐다. 이 서비스는 대부분 장거리 이동인데다 성사 때까지 계속 메시지를 주고받아야 한다는 점이 문제점이었다. 그래서 2012년 짐 라이드를 보완하기 위한 서비스로 리프트가 시작되었다. 초창기 리프트는 친절한 이미지를 부각하기 위해 운전자들에게 자동차에 분홍색 콧수염을 붙이도록 했다. 또 승객들이 운전자를 만났을 때 주먹을 치며 친근하게 인사하도록 했다. 2013년 로건 그린은 리프트에 집중하기 위해 150여 곳이 넘는 대학 캠퍼스에 수십만 명의 사용자를 보유한 짐라이드를 엔터프라이즈 렌터카에 매각하였다.

주요 투자자

알리바바, 안드레센 호로비츠, 코튜 매니지먼트, 디디추싱, 플러드게이트, 포트리스 인베스트먼트 그룹, 파운더 펀드, 제너럴 모터스, GSV 캐피털, 아이칸 엔터프라이즈, 야누스 캐피털 매니지먼트, 킹덤 홀딩, K9 벤처스, 메이필드 펀드, 라쿠텐, 서드 포인트 캐피털 등.

20. 스트라이프 Stripe

모바일 결제업체

🏠 파이낸셜 서비스(모바일 결제) 미국 캘리포니아 2009

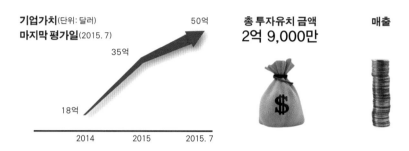

기업가치(단위: 달러)
마지막 평가일(2015. 7)

50억
35억
18억

2014 　2015 　2015. 7

총 투자유치 금액
2억 9,000만

매출

비즈니스 모델

판매자 → 고객 개인 정보 → 스트라이프 → 간편한 구매 과정 제공 → 고객(구매자)

결제 과정 단순화 ← 스트라이프 ← 상품구매 ← 고객(구매자)

　온라인 지불 결제 기업인 스트라이프를 사용하면 전 세계 139가지 통화 결제가 가능하다. 은행계좌뿐만 아니라 글로벌 기업인 비자카드와 애플페이 등이 파트너사로 참여해서 신뢰성도 확보했다. 스트라이프는 판매자로부터 고객 개인 정보를 받고 고객에게는 간편한 구매 과정을 제공한다. 상품을 구매하는 과정에서 결제 과정을 단순화시킨 것이 특징이다.

어떤 사업을 하는가

미국 모바일 결제 업체. 판매자, 특히 개발자 중심으로 결제 과정을 단순화시킨 모바일 결제 시스템이다. 판매자가 사이트에 결제 시스템을 적용할 때 기존의 '페이팔'을 이용하게 될 경우 9단계를 거쳐야 한다. 그러나 스트라이프를 이용하면 3단계의 과정으로 결제 모듈을 웹 또는 모바일에 적용할 수 있다.

주로 전자상거래 개발자나 모바일 앱 개발자들이 온라인 결제 플랫폼을 사용하고자 도입하는 경우가 많다. 웹사이트 소유자는 스트라이프를 이용하면 신용카드 가맹점의 은행계좌와 은행거래 과정 없이 신속하게 결제를 할 수 있다. 핀터레스트, 트위터, 페이스북, 애플페이와 같은 유명 기업에도 온라인 지불 결제 서비스를 제공하고 있다. 스트라이프는 전 세계 135개국 통화를 비롯해 가상화폐 비트코인과 중국의 알리페이를 지원한다.

평균 4~5%인 미국 신용카드와 비교해 수수료가 2.9%+30센트로 낮고 환불 수수료, 해외 발급 카드 수수료도 없어 고객이 빠르게 증가하고 있다. 스트라이프의 핵심은 개발자 관점에서 API Application Programming Interface를 제공한다는 것에 있다. 그만큼 결제 시스템을 쉽게 적용할 수 있도록 만들어졌기 때문이다.

창업자는 누구인가

패트릭 콜리슨Patrick Collison과 존 콜리슨John Collison 형제이다. 콜리슨 형제는 아일랜드에서 전기 기술자인 아버지와 미생물자인 어머니 사이에서 태어났다. 형 패트릭 콜리슨은 어려서부터 컴퓨터에 재능을 보였고 17세에 MIT에 입학했다. 그리고 동생 존과 함께 옥토매틱Auctomatic이라는 회사를 세웠다. 그런데 회사 설립 10개월도 되지 않아서 캐나다 회사에 매각해 약 500만 달러의 돈을 벌게 됐다. 이후 패트릭은 옥토매틱 모회사에서 수석 엔지니어링 디렉터로 일했다. 존은 하버드대 물리학과에 입학했다. 패트릭은 1년 정도 다니던 회사를 그만두고 다시 학교로 돌아와 존과 함께 프로젝트를 진행하기로 했다.

그런데 두 사람은 프로젝트를 진행하는 과정에서 복잡한 온라인 결제시스템

왼쪽이 형 패트릭 콜리슨이고 오른쪽이 존 콜리슨. (출처: 스트라이프)

때문에 어려움을 겪었다. 여러 웹페이지를 거쳐야만 결제할 수 있었던 것. 형제는 이 문제를 직접 해결하기로 했고 2009년 창업을 다짐하게 됐다. 이들 형제는 22세와 19세 때 인터넷상에서 돈의 흐름이 자유로워야 한다는 사업관을 바탕으로 모바일 결제 사업인 스트라이프를 시작했다. 스트라이프에 전념하기 위해서 존은 대학까지 중퇴했다.

스트라이프와 같은 간편 결제서비스의 등장은 전 세계의 결제 시장에서 온라인 비율을 높일 뿐만 아니라 상품과 서비스 거래의 절대량도 증가하기 때문에 전 세계의 경제 성장도 끌어올릴 수 있다. 웹사이트 소유자가 신용카드 가맹점의 은행 계좌와 은행 거래 과정 없이도 안전하게 결제받을 수 있는 것이 핵심 역량이다.

주요 투자자

앨런, 아메리칸 익스프레스, 안드레센 호로비츠, 파운더스 펀드, 제너럴 카탈리스트 파트너스, 코슬라 벤처스, 클레이너 퍼킨스 코필드 & 바이어스, 레드포인트 벤처스, 세쿼이아 캐피털, SV 엔젤, 스라이브 캐피털, 비자, Y 콤비네이터 등.

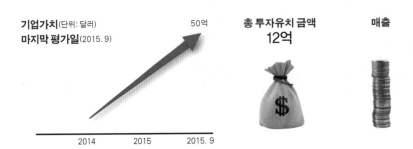

◉ OLᴧ 21. 올라 캡스 Ola cabs
모바일 기반 콜택시 서비스

🏠 인터넷/(운송 서비스) 🌐 인도 뭄바이 15 2011

기업가치(단위: 달러)
마지막 평가일(2015. 9)   50억

총 투자유치 금액
12억

매출

2014   2015   2015. 9

비즈니스 모델

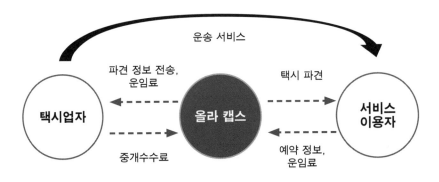

운송 서비스

파견 정보 전송,
운임료

택시 파견

택시업자   **올라 캡스**   **서비스
이용자**

중개수수료

예약 정보,
운임료

올라캡스는 인도판 카카오 택시라고 할 수 있다. 사업 모델은 우버와 같다.

어떤 사업을 하는가

2010년 설립된 모바일 기반의 콜택시 서비스 기업. 인도의 '우버'라고 불리는 스타트업이다. 사용자들이 올라캡스 어플을 실행하면 가장 가까이 있

왼쪽부터 바비시 아가왈, 안킷 바티.

올라캡스 창업팀.

는 택시의 번호판과 기사 정보가 화면에 뜨고 차량이 5~10분 안에 도착한다. 2016년까지 약 35만 명이 넘는 운전자를 확보해 인도 102개 도시에서 승객들이 올라캡스를 이용하고 있다. 소프트뱅크와 DST 글로벌의 투자펀딩을 받으면서 올라캡스는 유명해졌고 경쟁사인 택시포슈어TaxiForSure를 인수하기도 했다.

2014년 소프트뱅크 2억 1,000만 달러 투자 유치에 이어 다른 투자자들과 함께 4억 달러 추가 투자(총 7회에 걸쳐 11억 8,000만 달러 투자)를 유치했다.

창업자는 누구인가

바비시 아가왈Bhavish Aggarwal과 안킷 바티Ankit Bhat가 공동 창업했다. 바비시 아가왈은 2011년 인도에서 태어나 인도 국립공과대Indian Institute of Technology Bombay에서 공학과 컴퓨터 공학을 공부했다. 이후 마이크로소프트 리서치에서 약 2년 동안 일했다. 당시 2개의 특허를 내고 국제 저널에 3편의 논문을 발표하기도 했다. 2010년 8월 하던 일을 그만뒀고 기업가 정신을 살려서 2011년 올라캡스를 창업했다. 당시 그의 나이 25세였으며 그가 설립한 올라캡스는 차량 공유서비스 업체 우버를 압도하며 인도 택시 시장에 성공적으로 자리 잡았다.

주요 투자자

액셀 파트너스, DST 글로벌, 디디콰이디 조인트, 팰콘 캐피털 엣지, 싱가포르 투자청, 매트릭스 매니지먼트, 세쿼이아 캐피털, 소프트뱅크, 스테디뷰 캐피털, 타이거 글로벌 매니지먼트 등.

snapdeal ## 22. 스냅딜 Snapdeal
인도 전자상거래 업체

🏠 이커머스(전자상거래) 🌏 인도 뉴델리 📅 2010

기업가치(단위: 달러)
마지막 평가일(2015. 8)

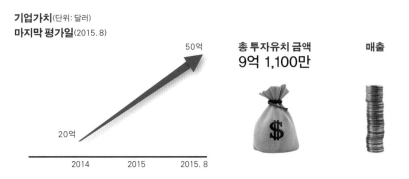

50억

20억

2014   2015   2015. 8

총 투자유치 금액
9억 1,100만

매출

비즈니스 모델

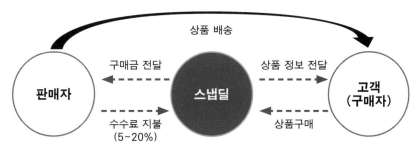

상품 배송

구매금 전달   상품 정보 전달

판매자   **스냅딜**   **고객**
(구매자)

수수료 지불   상품구매
(5~20%)

플립카트와의 차이점: 즉시 환불 서비스 정책 시행
+ 대출/신용카드 서비스 중개 플랫폼인 루피파워 이수 후 금융 서비스 시작

　　인도 전자상거래 기업인 플립카트와 라이벌 관계이다. 사업 모델 역시 같고 수수료(5~20%)를 통해 이익을 얻는다. 즉시 환불 서비스 정책을 시행한다는 점에서 플립카트와 비교 가능하다. 최근 대출·신용카드 서비스 중개 플랫폼인 루피파워 인수 후 금융 서비스를 시작한 것이 돋보인다.

어떤 사업을 하는가

인도 최대의 전자상거래 플랫폼 운영업체. 스냅딜은 판매자의 편의성을 극대화하기 위해 쇼핑사이트 운영과 상품 발송, 고객 상담 등 여러 시스템을 원스톱으로 제공한다. 또한 까다롭게 판매자를 심사하고 구매입금 확정 후 대금결제가 이뤄지는 방식으로 고객들에게 신뢰를 줄 수 있도록 서비스를 제공하고 있다.

지금까지 중국 최대의 전자상거래 업체인 알리바바와 세계 최대 전자제품 위탁생산업체인 대만의 팍스콘과 일본 소프트뱅크 등으로부터 투자를 유치했다. 지금까지 이베이가 5,000만 달러를 투자했다. 2015년 5월 중국 최대 전자상거래 업체 알리바바와 세계 최대 전자제품 위탁생산업체인 대만의 팍스콘 등으로부터 5억 달러의 투자를 받았다. 2016년 2월 캐나다 온타리오 교직원 연금으로부터 2억 달러 투자유치에 성공했다. 더불어 대출 및 신용카드 서비스 중개 플랫폼 업체 루피파워를 인수해 대출 서비스도 시작했다. 플립카트와 비교해 독보적으로 사업 영역을 확장 중이다. 2015년에는 모바일 거래 플랫폼 프리차지Freecharge를 인수하면서 인도에서 가장 큰 모바일 커머스 회사가 되었다. 앞으로 인도 온라인 쇼핑몰 시장은 1,000억 달러 규모까지 급성장할 것으로 보여 스냅딜 역시 더욱 성장할 것으로 보인다.

창업자는 누구인가

쿠날 발Kunal Bahl과 로힛 반살Rohit Bansal이 공동 창업했다. 쿠날 발은 인도 뉴델리에서 2010년 2월 데일리 딜을 하는 플랫폼으로 스냅딜을 시작했다. 온라인을 기반으로 접근성을 높여서 인도 소매시장에 민주화를 가져오겠다는 목표로 창업을 한 것이다. 그러나 인도에서 아마존과 유사한 플립카트가 성공하는 것을 보고 온라인 마켓 플레이스로 사업을 확장했다. 현재는 인도의 대표적인 전자상거래 사이트 중 하나이며 15만 명 이상의 판매자로부터 다양한 카테고리의 제품들을 1,200만 개 이상 판매하고 있다.

왼쪽부터 쿠날 발, 로힛 반실.

주요 투자자

알리바바 그룹 홀딩, 배스머 벤처 파트너스, 블랙록, 이베이, 폭스콘, 인텔 캐피털, 칼라아리 캐피털, 메리어드 애셋 매니지먼트, 넥서스 벤처 파트너스, 프렘지 인베스트, 리쿠르트 홀딩스, 리쿠르트 파트너스, 루넷 벤처스, 사마 캐피털, 소프트뱅크, 테마섹 홀딩스, 타이본 캐피털 매니지먼트, 캐나다 교직원 연금 등.

Stemcentrx # 23. 스템센트RX Stemcentrx

종양(암) 치료용 줄기세포 연구개발 기업

🏠 헬스케어(암 치료) 🌐 미국 캘리포니아(샌프란시스코 남부) 📅 2008

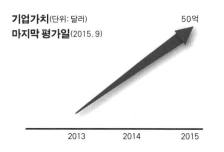

기업가치(단위: 달러) 50억
마지막 평가일(2015. 9)

총 투자유치 금액
2억 5,000만

매출

2013   2014   2015

비즈니스 모델

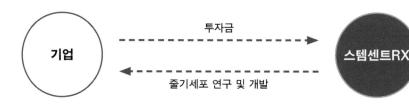

투자금

기업

스템센트RX

줄기세포 연구 및 개발

기업 고객으로부터 투자금을 유치 받아 줄기 세포 연구 및 개발을 하는 기업이다.

어떤 사업을 하는가

종양(암) 치료를 위한 줄기세포 연구 및 개발업체. 암 줄기세포를 찾는 고유의 플랫폼을 통해서 치명적인 암을 발견하는 데 투자하고 있다. 인간 임상 시험을 통해 약 5가지의 시험용 약물을 보유하고 있으며, 다른 암들을 치료하기 위한 새로운 약물을 추가적으로 개발하는 중이다.

왼쪽부터 브라이언 슬링거랜드, 스콧 J. 딜라. (출처: 링크드인)

창업자는 누구인가

브라이언 슬링거랜드Brian Slingerland와 스콧 J. 딜라Scott J. Dylla가 공동 창업했다. 브라이언 슬링거랜드는 버지니아 공대에서 공부하며 재무 학위를 취득했다. 경력을 쌓던 초기엔 전략거래와 자본증식 등의 일을 하면서 골드만 삭스와 크레딧 스위스에서 근무했다. 이후 기술 중심의 투자 은행인 콰탈리스트 파트너스Qatalyst Partners를 공동으로 창업했고 2008년에 스템센트RX를 창업했다. 현재 CEO를 맡고 있다.

세계적인 투자자인 피터 틸이 2015년 2억 5,000만 달러를 투자하면서 세간의 주목을 끌고 있다.

주요 투자자

아티스 벤처스, 파운더스 펀드 등.

24. 제네피츠 Zenefits
의료보험 자동 가입 소프트웨어

🏠 소프트웨어(비즈니스 소프트웨어) 🌐 미국 샌프란시스코 📅 2013년

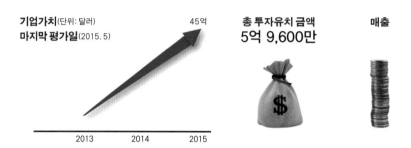

기업가치(단위: 달러) **45억**
마지막 평가일(2015. 5)

2013 2014 2015

총 투자유치 금액
5억 9,600만

매출

비즈니스 모델

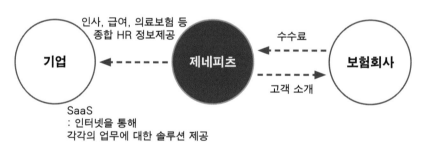

인사, 급여, 의료보험 등
종합 HR 정보제공

기업 ← - - - - **제네피츠** ← 수수료 **보험회사**
- - - - →
고객 소개

SaaS
: 인터넷을 통해
각각의 업무에 대한 솔루션 제공

　미국에서 인력관리, 봉급관리, 직원 의료 보험을 담당해주는 종합 HR 솔루션 SaaS 업체. 미국은 건강보험, 치과와 안과 보험, 각종 연금제도, 생명보험 등 분산된 다양한 보험 및 보상제도들을 일일이 다 분담 처리해야 한다. 거기다 세금 문제도 복잡하다. 중소기업으로서는 여간 까다로운 일이 아니다. 그렇다고 전문 담당 직원을 두기에는 비용이 만만치 않아 부담이 된다. 그래서 브로커에게 처리를 맡기고 있다. 제네피츠는 그 문제를 사업 기회로 포착하여 서비스형 소프트웨어SaaS 방식으로 풀어냈다. 기업의 비용을 줄이는 아이디어와 시스템을

무료로 제공했다. 대신 보험회사들에게 고객사를 소개해주며 커미션을 받는다. 4억여 개의 건강보험 명세서를 한 곳에서 무료로 처리해준다.

어떤 사업을 하는가

2013년 6월에 12명의 인원으로 창업했다. 미국은 보험 종류가 많아서 회사마다 이익을 따져 보고 가입을 해야 한다. 그래서 각각의 브로커를 따로 고용해야 하는 번거로움이 있었다. 그 문제를 해결해준 회사가 바로 제네피츠다. 창업 5개월 만에 210만 달러 투자 유치에 성공했다. 기업에는 서비스를 제공하고 보험회사로부터 수수료를 받아서 이익을 냈다. 사용자의 비용 절감을 SaaS 방식으로 풀어내서 이용자 수가 급증했다. 2013년부터 2014년 사이 실적이 매월 30% 이상 상승했다.

그러나 창업한 지 2년 만인 2015년 말에 매출 실적이 예상치인 1억 달러의 절반에도 못 미치는 4,500만 달러에 그쳤다. 몇 가지 문제가 불거졌기 때문이다. 세일즈 직원들이 보험판매 라이센스를 취득하기 위해서는 54시간 사전 트레이닝을 정식으로 수료해야 한다. 그런데 이러한 과정을 거치지 않고 편법으로 주 정부 법을 우회하였다. 그 문제로 창업자인 파커 콘래드가 대표직을 사임했다.

현재 제네피츠는 소송에 휘말리며 직원을 감원해 기업가치가 25% 하향 조정되는 등 위기를 겪고 있다. 실제로 제네피츠의 경쟁사이기도 한 66년 역사의 인력관리 서비스 회사 오토매틱 데이터 프로세싱은 콘래드와 제네피츠를 명예훼손, 허위 광고, 의도적인 고객 매수, 불공정 경쟁 혐의로 고발한 바 있다.

2014년 약 2,000만 달러를 유치했고 2015년 5억 달러의 투자를 유치하는 등 꾸준히 그 성장잠재력을 인정받고 있다. 할리우드 스타 애슈턴 커처가 투자자로 나서면서 제네피츠 기업에 대한 홍보 효과도 누리고 있다. 4억여 개의 건강보험 명세서를 한 곳에서 처리하는 HR 솔루션 서비스를 제공하는 것이 핵심 역량이다.

왼쪽부터 파커 콘래드, 락스 쉬리니. (출처: 테크크런치&플리커)

창업자는 누구인가

파커 콘래드Parker Conrad와 락스 쉬리니Laks Srini가 공동 창업했다. 파커 콘래드는 비영리환경단체 베네포드Benford 2020 연합의 창립자이자 의장인 엘렌 로우즈 콘래드Ellen Rouse Conrad와 뉴욕 대표 로펌 중 하나인 데이비스 포크 & 워드웰Davis Polk& Wardwell의 전 시니어 파트너인 윈스럽 B. 콘래드 주니어Winthrop B. Conrad, Jr. 사이에서 태어났다. 그는 어퍼웨스트사이드에 있는 명문 고등학교 칼리지 에이트 스쿨에서 2년 동안 신경생물학을 연구하였다.

그는 이 연구를 통해 2만 달러의 상금을 받으며 웨스팅하우스 과학영재 발굴 프로그램에 선정되기도 했다. 1998년 하버드대에 진학했지만 학교 학생신문인 『하버드 크림슨The Harvard Crimson』에 너무 열중한 나머지 학업을 소홀히 하게 되었다. 결국 하버드대를 떠나게 되는 지경에 이르게 된다. 비록 1년 뒤에 다시 학교로 돌아와 학업을 마치긴 했으나 24세의 젊은 나이에 암에 걸리는 등 굴곡이 많은 학창시절을 보냈다.

그의 첫 직장은 암젠Amgen이라는 바이오테크놀러지 회사였다. 암젠에 다니면서 개인의 포트폴리오를 관리해주는 스타트업인 위킨베스트Wikinvest(현 사명은 시그피그SigFig)를 대학친구인 마이크 샤Mike Sha와 공동 창업하게 된다. 그러나마이크와 사이가 틀어져 회사를 떠나게 된다. 당시 그는 암을 앓고 있었기 때문에 건강보험에 관심이 상당히 많아 전문가 수준이었다. 그는 시그피그를 창업하여 얻은 경험과 암과 투쟁하면서 겪었던 시간을 바탕으로 자신만의 새로운스타트업인 제네페츠를 창업했다.

주요 투자자

안데르센 호로비츠, 피델리티 매니지먼트, 하이드래진 캐피털, 인스티튜셔널벤처 파트너스, 매버릭 캐피털, SV 엔젤, TPG, 벤록, Y 콤비네이터 등.

25. 클라우데라 Cloudera

대용량 데이터 분석, 처리 서비스

🏠 소프트웨어(데이터 분석 소프트웨어) 🌍 미국 캘리포니아 15 2008

기업가치(단위: 달러)
마지막 평가일(2014. 3)

41억　　　41억

2013　　2014　　2015

총 투자유치 금액
6억 7,000만

매출
7,300만

2013

비즈니스 모델

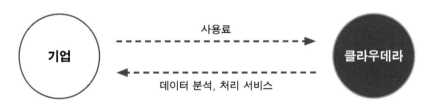

기업　—사용료→　클라우데라
←데이터 분석, 처리 서비스—

　대용량 데이터 분석 처리 서비스 제공업체. 기업 고객에게 서비스를 제공하고 고객은 사용료를 지불한다. 클라우데라는 이 밖에도 미래 핵심사업인 생명공학, 텔레콤 등의 마켓을 타깃으로 하는 사업을 추진하고 있다.

어떤 사업을 하는가

　빅데이터 플랫폼 전문업체. 대용량 데이터 분석과 처리 서비스를 기업 고객에게 제공하고 있다. 클라우데라는 하둡 기반의 빅데이터 분석 플랫폼을 전문으로 하고 있으며 '클라우데라 하둡 배포판(CDH)' 등의 소프트웨어를 무료로

왼쪽부터 크리스토퍼 비시글리아, 아무르 아와달리, 마이크 올슨. (출처 : 클라우데라)

제공한다. 그리고 오픈소스 플랫폼을 패키지화시켜서 고객들에게 서비스한다. 2014년에는 인텔로부터 7억 4,000만 달러의 투자를 유치하기도 했으며, 2015년 초에는 연 매출액 1억 달러를 돌파해 오픈소스 분야에서 두 번째로 연매출 1억 달러를 기록했다. 투자유치 이후 클라우데라의 서비스 사용료 매출은 100% 증가했으며 고객인 기업은 85% 가까이 증가했다.

또한 모든 산업에 걸쳐 전통적인 기업들을 구글처럼 데이터 중심적인 기업으로 전환시켜주는 것이 클라우데라의 역할이다. 이러한 기업들은 데이터 기반으로 고객들을 위한 더 좋은 서비스와 경쟁력을 제공할 수 있다. 클라우데라의 기존 고객들은 엄청난 양의 데이터와 제품, 서비스를 보유하고 있는 금융, 통신, 공공 분야가 많다. 최근에는 각 분야가 융합되는 현상이 가속화되고 있다. 따라서 데이터 플랫폼 기반에서 제공되는 통합 서비스 시장 전망도 밝을 것으로 예상된다.

창업자는 누구인가

클라우드 컴퓨팅이라는 용어를 처음 만든 클리스토퍼 비시글리아Christophe Bisciglia를 중심으로 오라클, 구글, 야후, 페이스북 등에서 일했던 아무르 아와달리Amr Awadallah, 마이크 올슨Mike Olson이 모여 설립한 컨설팅 회사다.

주요 투자자

액셀 파트너스, 구글 벤처스, 그레이록 파트너스, 이그니션 파트너스, 인큐텔, 인텔, 메리케트 캐피털 파트너스, MSD 캐피털, T. 로우 프라이스 등.

26. 소파이 SoFi

학생 대출 재융자, 융자금 대출 등을 하는 대출전문업체

🏠 금융 서비스 🌐 미국 샌프란시스코 📅 2011

기업가치(단위: 달러)
마지막 평가일(2015. 8)

총 투자유치 금액
14억

매출

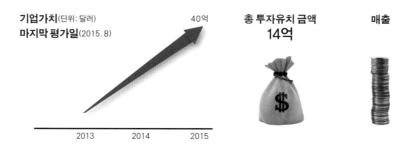

비즈니스 모델

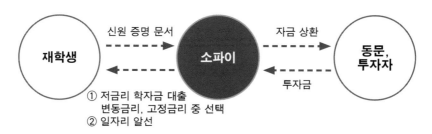

① 저금리 학자금 대출
변동금리, 고정금리 중 선택
② 일자리 알선

동문 커뮤니티를 통해 재학생과 투자자를 연결하는 착한 학자금 대출 서비스 기업이다. 신원확인 된 재학생에게는 저금리 학자금 대출을 제공하며 스스로 변동금리와 고정금리 중 선택할 수 있게 한다. 또한 취업 준비생과 실업자에게는 일자리를 알선하는 서비스를 제공한다. 동문 투자자에게는 투자금을 받고 재학생으로부터 자금 상환이 원활하게 이루어질 수 있도록 한다.

어떤 사업을 하는가

소파이는 개인과 개인을 직접 연결해주는 P2P_{Peer to Peer} 학자금 대출 전문업체다. 낮은 금리로 학생 대출 재융자, 융자금 대출 등을 제공하고 있다. 학맥을 이용한 자금 조달 방법이 눈에 띄며 현재까지 채무 불이행자가 0명이라는 점이 돋보인다.

대출 서비스만을 제공하는 것이 아닌 대학생들을 위한 취업 멘토링 서비스를 동시 진행함으로서 기존 학자금 대출과 차별화시켰다. 소파이의 대출 절차는 기존 금융회사를 거치지 않고 온라인에서 모든 과정이 진행된다. 대출 신청부터 승인까지 단 15분밖에 걸리지 않는 것을 강점으로 내세우며 은행처럼 절차가 까다롭지 않고 필요한 서류의 양을 줄여 보다 수월하게 대출받을 수 있도록 했다.

신청자가 현재 자신의 대출 상태와 신원을 증명할 수 있는 문서를 스마트폰으로 찍거나 PC 화면을 캡처해서 올리는 방식으로 서류 제출도 쉽게 했다. 금리와 상환기간, 상환방법도 직접 선택할 수 있도록 했다. 금리는 변동금리(1.93~5.18%)와 고정금리(3.50~7.24%) 중 한 가지를 선택할 수 있다. 연방정부가 제공하는 학자금 대출 금리보다 싼 이율로 빌려준다. 상환방법으로 매월 계좌에서 자동으로 돈이 빠져나가게 하는 '자동납부'를 선택하면 금리를 추가적으로 0.25% 낮출 수 있다. 소파이는 벤처투자자들로부터 투자를 받기도 했지만 동문 선배들의 '십시일반 투자'를 통해서도 자금을 마련했다. 스탠포드 대학원 출신인 캐그니는 사업 초기 스탠퍼드 동문들부터 접촉했다. 졸업 후에도 대출받은 학자금을 갚느라 어려움을 겪는 재학생과 졸업생들을 위해 동문 선배들로부터 돈을 끌어오는 것이 1차 목표였다. 물론 사전검증을 거쳐 동문을 선정했다. 당장 투자 가능한 자산이 100만 달러 이상이거나 연간 소득이 20만 달러 이상인 '성공한 동문'이 대상에 속했다. 그 결과 총 40명의 동문으로부터 200만 달러를 조달해 100명에게 대출을 해줄 수 있었다. 이후 하버드대, 펜실베이니아대, 노스웨스턴대 등으로 사업을 확장했다.

왼쪽부터 마이크 캐그니, 다니엘 맥클린, 앤드루 카라, 이안 브래디, 제임스 피니건. (출처 : 소파이)

　　더불어 소파이는 소파이만의 대출기준을 엄격하게 갖추고 있다. 대출 신청자의 학위 및 신용등급뿐 아니라 현재 일을 하고 있는지 혹은 취직제의를 받아 90일 안에 일을 시작할 수 있는지를 따진다. 이런 식으로 대출 대상을 좁혀 위험을 줄였고, 또 학맥으로 연결된 비즈니스이기 때문에 만약 대출금을 갚지 못하면 그 사람이 누군지 알게 되는 구조다.

창업자는 누구인가

　　마이크 캐그니Mike Cagney, 다니엘 맥클린Daniel Macklin, 앤드루 카라Andrew Carra, 이안 브래디Ian Brady, 제임스 피니건James Finnigan이 공동 창업했다. 마이크 캐그니는 1971년에 태어났다. 1993년 캘리포니아대 경제학과를 졸업했고 1994년에 캘리포니아대 응용경제학 석사를 취득했다. 이후 웰스 파고 은행에 입사했고 2000년에는 자산관리 소프트웨어 회사 피나플렉스를 창업했다. 2005년에는 헤지펀드 회사 카베존 인베스트먼트 창업하기도 했다. 2010년에는 스탠퍼드 경영대학원에 입학했다. 2011년 졸업 후 학자금 상환 부담을 덜어주기 위해서 소파이를 공동 창업했다.

　　2015년 소프트뱅크가 10억 달러 투자(핀테크 업계 사상 최대 싱글 투자 라운드). 기존 금융회사를 거치지 않고 온라인에서 모든 대출 과정이 진행된다는 것이 핵심 역량이다. 또한 대출 서비스 이외에도 대학생들을 위한 취업 멘토링 서비스를 동시에 하는 점 또한 돋보인다.

주요 투자자

인스티튜셔널 벤처 파트너스, 웰링턴 매니지먼트, 서드 포인트 벤처스, 톰베스트 벤처스, 위클로 캐피털, 디스커버리 캐피털 매니지먼트, RPM 벤처스, DCM 벤처스, 렌렌, 이노베이션 엔데버, 베이스라인 벤처스, 소프트뱅크 그룹 등.

27. 크레딧 카르마 Credit Karma

온라인 신용등급 관리업체

🏠 금융 서비스(금융 소프트웨어) 🌐 미국 캘리포니아 📅 2007

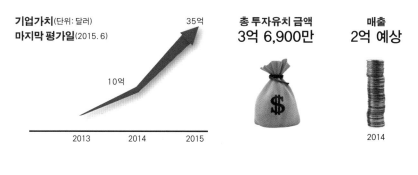

기업가치(단위: 달러)
마지막 평가일(2015. 6)

35억

10억

2013   2014   2015

총 투자유치 금액
3억 6,900만

매출
2억 예상

2014

비즈니스 모델

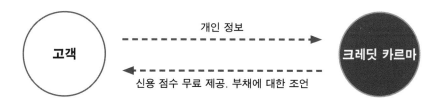

고객

개인 정보

크레딧 카르마

신용 점수 무료 제공. 부채에 대한 조언

고객이 개인 정보를 입력하면 신용 점수를 무료로 제공하고 더불어서 부채에 대한 조언도 제공해준다.

어떤 사업을 하는가

온라인 신용등급 관리업체. 금융상품의 마케팅 및 영업 채널 모델을 갖고 있다. 크레딧 카르마는 웹과 모바일 상에서 미국 소비자들이 신용정보를 관리할 수 있는 무료 플랫폼을 제공한다. 미국 생활에서 은행 잔액보다 더 중요한 것은 바로 신용 점수이다. 크레딧 카르마에서는 파이코 스코어FICO Score, 엑스페리언

Experian, 트랜스유니온Transunion, 에퀴팩스Equifax 등의 기관에서 발표하는 각자의 신용 점수를 무료로 제공하여 신청자들이 자신의 신용도를 가늠할 수 있게 도와준다. 또한 통합계좌account aggregation 서비스인 요들리Yodlee를 통해 지출 관리 툴을 제공한다. 사용자들은 자신들의 신용카드, 대출 거래 내역을 확인할 수 있다. 그리고 재무상품 리뷰와 신용 관련 포럼을 주최하기도 하고 분할 상환과 단순 대출 등을 위한 계산 도구도 제공한다.

켄 린

2014년 연간 매출은 2억 달러이며 같은 해에 구글의 벤처 캐피털 자회사인 구글 캐피털 등에서 8,500만 달러를 투자받았다. 무료로 신용정보를 확인할 수 있다는 점이 강점이다.

창업자는 누구인가

켄 린Kenneth Lin은 보스턴대에서 경제와 수학 학사학위를 취득했다. 2007년에 크레딧 카르마를 창업했다. 그는 3명의 작은 팀에서 수백 명의 직원들로 구성된 팀까지 주도적으로 기업을 이끌어왔다. 켄은 2006년에 멀티리틱스 마케팅Multilytics Marketing도 설립한 경험이 있다.

주요 투자자

500 스타트업, 펠리시스 벤처스, 파운더스 펀드, 구글 캐피털, QED 인베스터, 리빗 캐피털, 서스쿼해나 그로스 이쿼더, SV 엔젤, 타이거 글로벌 매니지먼트, 발리노르 매니지먼트, 바이킹 글로벌 인베스터 등.

28. 태니엄 Tanium
스마트 IT 시스템 관리 툴 제공업체

🏠 소프트웨어(기업 소프트웨어) 🌐 미국 캘리포니아 📅15 2007

기업가치(단위: 달러) 35억
마지막 평가일(2015. 9)

2013   2014   2015

총 투자유치 금액
2억 6,200만

매출

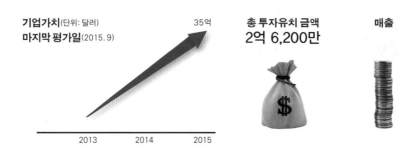

비즈니스 모델

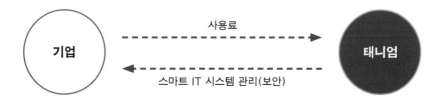

사용료

기업 → 태니엄

스마트 IT 시스템 관리(보안)

기업 고객에게 스마트 IT 시스템 보안 관리를 제공하고 사용료를 받는다.

어떤 사업을 하는가

'구글 서치'처럼 손쉽게 쿼리를 온라인 툴에 넣으면 해당하는 컴퓨터들을 보여주는 제품 개발업체. 독자적인 검색 기법을 적용해서 15초 이내에 이상 여부를 식별해 즉각적인 조치를 할 수 있다. 그리고 다양한 솔루션과의 연동이 자유로우며 IT 보안을 위한 모든 요소를 갖추고 있어 기업의 보안 위험을 크게 낮춘다. 또 사내 네트워크망에 수만여 대의 PC들이 제대로 연결돼 있는지 확인하고

왼쪽부터 데이비드 힌다위와 오리온 힌다위. 두 사람은 부자지간이다. 왼쪽이 아버지. (출처: 태니엄)

각 PC의 소프트웨어 업데이트 현황 또는 보안 프로그램 설치 현황을 한눈에 파악할 수 있게 해 준다. 태니엄 솔루션은 현재 『포천』100대 기업 중 절반 이상과 미 국방성을 포함한 주요 기관에서 도입하면서 매년 400% 이상 매출 증가를 기록하고 있다.

창업자는 누구인가

빅픽스BigFix의 창업자로서 부자지간인 데이비드 힌다위David Hindawi와 오리온 힌다위Orion Hindawi는 약 18년 동안 엔드포인트 문제에 대해서 연구해왔다. 이후 기업들이 보유한 수많은 컴퓨터들을 효율적으로 관리하기 어렵다는 문제점을 해결하기 위해 2007년 태니엄을 창업했다. 해결책이 될 수 있는 플랫폼을 개발하고자 약 5년을 투자했다. 태니엄은 이제 미국의 대표적 IT 보안업체로 자리잡았다.

2014년에 9,000만 달러를 유치했고 2015년에 5,200만 달러(약 574억 원)를 추가 유치했다. 연간 400%의 매출액 성장률을 보이며 해외 지사를 15곳으로 확장하고 보안 사고에 대응하는 부가 기능을 추가한 플랫폼을 개발할 예정이다. 기업의 전산 시스템이 공격받는지를 주시하는 자체 플랫폼을 보유한 것이 핵심 역량이다.

주요 투자자

안드레센 호로비츠, 인스티튜셔널 벤처 파트너스, TPG 캐피털, T. 로우 프라이스 어소시에이츠 등.

ƎFG 29. 글로벌 패션 그룹 Global Fashion Group

신흥 시장에서 온라인으로 패션을 도입하는 업체

🏠 전자상거래　🌐 룩셈부르크 세닝거버그　[15] 2014

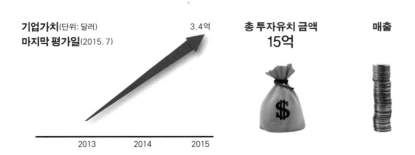

기업가치(단위: 달러)
마지막 평가일(2015. 7)　3.4억

총 투자유치 금액
15억

매출

2013　2014　2015

비즈니스 모델

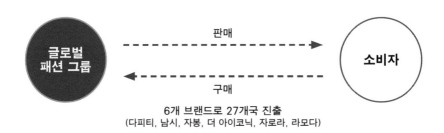

글로벌
패션 그룹

판매 →

소비자

← 구매

6개 브랜드로 27개국 진출
(다피티, 남시, 자봉, 더 아이코닉, 자로라, 라모다)

남미, 동남아, 중동 등 신흥 시장을 무대로 하는 글로벌 패션기업.

어떤 사업을 하는가

신흥 시장에서 온라인으로 패션 사업을 하는 업체. 약 27개국에서 6개의 브랜드 플랫폼을 운영한다. 브라질, 콜롬비아, 아르헨티나, 칠레에는 다피티DAFITI, 사우디아라비아, 아랍 에미리트, 쿠웨이트 등의 지역에는 남시NAMSHI, 인도에는 자봉JABONG, 호주와 뉴질랜드에는 더 아이코닉THE ICONIC, 인도네시아, 베트남,

로켓인터넷을 창업한 삼 형제. 왼쪽부터 마크 잠버, 올리버 잠버, 알렉산드라 잠버.

필리핀 등의 지역에는 자로라ZALORA, 러시아, 카자흐스탄, 우크라이나 등의 지역에는 라모다LAMODA라는 온라인 소매업체를 보유하고 있다. 또한 1만 명 이상의 직원들과 일하고 있으며 고객들에게는 약 3,000여 개의 국제 및 지역 브랜드를 제공한다.

창업자는 누구인가

로켓인터넷 자회사. 로켓인터넷이 미국과 중국을 뺀 지역을 대상으로 만든 전자상거래 플랫폼들인 남미의 다프티Dafiti, 러시아의 라모다Lamoda, 중동의 남시Namshi, 동남아와 오스트레일리아의 잘로라Zalora, 인도의 자봉Jabong을 하나로 합병해 새롭게 출범시킨 패션 전문기업이다. 본사는 런던에 있다.

합병 당시 지분은 스웨덴의 투자회사 키네빅이 25.4%이고 로켓인터넷이 23%를 소유하였다. 2015년 4월에 로망 부그Romain Voog를 CEO로 영입했다. 그는 세계적 컨설팅 회사인 보스턴 컨설팅 그룹과 베인앤컴퍼니에서 전략 컨설턴트로 일했으며 아마존 프랑스 지사의 회장을 역임했다.

주요 투자자

키네빅, 로켓 인터넷, 액세스 인더스트리스, 서밋 파트너스, 벌린베스트, 온타리오 교직원 연금, 템겔만 벤처스 등.

30. 유카 Ucar

중국 내 대리운전 서비스 업체

🏠 소비자 인터넷(운송 서비스)   🌐 중국 탄진   📅 2014

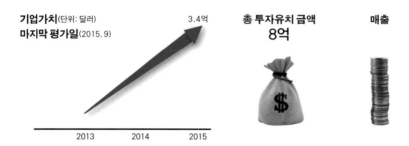

기업가치(단위: 달러)   3.4억
마지막 평가일(2015. 9)

2013   2014   2015

총 투자유치 금액
8억

매출

비즈니스 모델

대리운전과 비슷한 서비스를 중국 내에서 제공.

어떤 사업을 하는가

중국 내에서 대리운전과 비슷한 서비스를 제공하는 기업이다. 중국 내 차량 대여와 함께 운전기사 서비스를 제공한다. 유카는 중국의 차량대여 사이트인 차이나 오토 렌탈CAR Inc에서 내놓은 차량 대여 서비스 앱이다. 우버와 같은 개인 P2P 택시 예약 서비스에서 택시운전자 면허가 없는 일반인이 운전하여 승객 안전성 문제가 논란이 되고 각국 택시 운전사협회 등이 제기했던 불법 논란이 강해지면서 사업의 기회를 얻었다.

(출처: 유카)

유카는 안전하고 표준화된 서비스를 위해 전문적으로 훈련된 기사들을 이용해서 다른 택시 앱과 차별화했다. 카풀 서비스 경험과 대여 차량 등을 자원으로 이용했다. 중국 내 인기 소셜네트워크 서비스 웨이보의 유카 공식 계정으로 우버를 겨냥하여 우버를 사용하지 말자는 뉘앙스의 지면 광고를 게재하여 유명해지기도 했다.

류정야오

창업자는 누구인가

류정야오Lu Zhengyao가 창업했다. 그는 베이징과학기술대에서 엔지니어링 분야 학사학위를 땄고 베이징대에서 EMBA를 수료했다. 2005년에 류정야오 오토모빌 클럽LuZhengyao Automobile Club이라는 합작투자회사를 창업했다. 2007년부터는 세단, 스포츠카, 다용도차량 등을 단기 및 장기 임대나 전세로 제공하는 회사인 차이나 오토 렌탈 홀딩스China Auto Rental Holdings의 회장 겸 대표이사를 맡고 있다.

주요 투자자

CAR Inc., 레전드 캐피털, 워비그 핀커스 등.

31. 딜리버리 히어로 Delivery Hero
독일의 음식 배달 대행업체

🏠 소비자 인터넷(음식 배달) 🌐 독일 베를린 🏰 15 2011

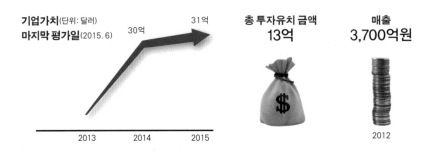

기업가치(단위: 달러)
마지막 평가일(2015. 6)

31억

30억

2013   2014   2015

총 투자유치 금액
13억

매출
3,700억원

2012

비즈니스 모델

고객
(소비자)

주문 →

← 배송

딜리버리
히어로

수수료 →

← 제품 제공

업체
고객

　　한국의 요기요와 배달통을 소유하고 있는 독일 기업으로 고객과 음식점 업주를 연결해주는 중개 플랫폼이다. 전화통화 없이 온라인 및 어플을 통해 음식주문 결제를 진행하는 시스템으로 점주와 이용고객을 이어주면서 수수료를 취하는 플랫폼을 운영한다.

어떤 사업을 하는가

　　독일의 음식배달 대행업체. 독일에 본사를 두고 전 세계 20여 개국에서 배달음식 주문 서비스를 제공하고 있다. 이와 같은 서비스는 한국인들에게 생소하지 않다. 딜리버리 히어로는 창업 1년 만인 2012년에 우리나라에서 배달 앱 요기요를 설립했고 2015년에는 경쟁 앱 배달통을 인수하며 이름을 알렸다. CEO 니클라스 외스트버그는 한국을 매력적인 시장이라고 이야기하며 한국 시장에서의 성공이 여타 글로벌 시장의 성공적 공략 여부를 가르는 관건이 될 것이라고 밝히기도 했다.

유럽을 기반으로 하고 있지만 한국과 중국 유명 배달 앱들을 잇달아 인수하면서 아시아에서도 적극적으로 사업을 확장하고 있다. 딜리버리 히어로의 시작은 독일이었지만 지역 현지의 음식점이 발달한 유럽 전역에서 온라인 배달 사업 모델은 통했다. 네덜란드 경제지 『이머스Emerce』는 '2014년 유럽 최고의 스타트업'으로 딜리버리 히어로를 선정하기도 했다. 2011년 오스트레일리아, 멕시코, 러시아에 이어 2012년 한국과 중국 등 아시아 시장에 진출했다. 딜리버리 히어로라는 이름으로 서비스되는 국가는 오스트레일리아뿐이고 나머지 국가에서는 국가마다 적합한 이름으로 서비스를 운영한다. 하지만 2016년 3월 2일 자 테크크런치 기사를 보면 딜리버리 히어로가 중국 사업을 철수한다고 보도했다. 바이두, 와이마이, 어러머 등 현지 업체와의 경쟁에서 밀린 결과다.

창업자는 누구인가

니클라스 외스트버그Niklas Östberg, 클로드 리터Claude Ritter, 니키다 페렌홀츠Nikita Fahrenholz, 마커스 포먼Markus Fuhrmann이 공동 창업했다. 니클라스 외스트버그는 2005년 스웨덴 왕립기술원에서 산업공학 석사학위를 받고 글로벌 경영 컨설팅 회사 올리버 와이먼에서 5년간 컨설턴트로 일했다. 그는 컨설팅하는 것에 따분함을 느끼던 중 2007년 온라인 피자주문 네트워크 피자닷누Pizza.nu를 구축해 곧바로 스칸디나비아 시장의 선두주자가 됐다.

피자닷누의 방법은 지금의 딜리버리 히어로와 별반 다르지 않았다. 동네 피자 배달점들을 한데 묶어 소비자들에게 보여주는 간편함이 주 무기였다. 니클라스 외스트버그는 여기서 성공 가능성을 내다보고 30세에 회사를 나와 딜리

왼쪽부터 니클라스 외스트버그, 클로드 리터, 니키다 페렌홀츠, 마커스 포먼. (출처: 딜리버리 히어로)

버리 히어로를 창업하며 본격적인 사업에 나섰다.

유럽에서 음식 배달의 초기시장을 확보한 후에 빠르게 글로벌 시장으로 진출했다. 글로벌 시장을 공략하기 위해 철저하게 현지 시장을 파악하고 분석해 진출 국가를 선택했다. 각 국가의 특성에 맞는 명칭으로 서비스를 운영한다. 딜리버리 히어로는 유럽의 유니콘 중 세 번째로 가치가 높은 기업이다. 독일의 스타트업 빌더 로켓 인터넷이 지분 40%를 소유하고 있다.

주요 투자자

앵커리지 캐피털 그룹, 인사이트 벤처 파트너스, 카이트 벤처스, 크레오스 캐피털, 룩소르 캐피털 그룹, 포인트 나인 매니지먼트, 푸트남 인베스트먼트, 루넷 벤처스, 로킷 인터넷, 팀 유럽 벤처스, 텐겔만 벤처스, 보스톡 나프타 인베스트먼트 등.

VANCL 32. 반클 VANCL

중국의 의류 종합 온라인 쇼핑몰 업체

🏠 전자상거래 🌐 중국 베이징 👥 2005

기업가치(단위: 달러)
마지막 평가일(2011. 12)

30억
30억   30억   30억

2011   2014   2015

총 투자유치 금액
5억 1,200만

매출
6억 위안

2009

비즈니스 모델

고객
(소비자)

→ 상품 구매 →
← 최저가 배송 ←

반클

→ 구매금 전달 →
← 제품 제공 ←

업체
고객

중국 B2C 전자상거래업체로 고객에게 최저가 배송을 지향한다. 그러나 최근 대규모 제품 라인이 확대되고 높은 마케팅 비용, 물류 배송 비용 증가 등의 이유로 기업공개가 지연되고 있다.

어떤 사업을 하는가

의류, 액세서리, 화장품 등을 판매하는 B2C 의류 종합 쇼핑몰이다. 중국 B2C 의류업계의 잠재력이 반클 성장의 핵심 원동력이다. 유니클로나 자라와 같은 패스트패션 브랜드인 반클은 오프라인 매장 없이 오로지 온라인으로 판매하는

니엔 첸

패션 온라인 쇼핑몰이다. 초기에는 유럽, 미국의 유명 디자이너가 디자인하고 아시아의 남자 체형에 맞춰서 출시된 남성 패션을 판매하는 쇼핑몰이었지만, 점차 종합 패션 쇼핑몰로 성장했다.

창업 이후 몇 년간 비약적인 성장을 하다가 2011년부터 인력 감원, 여러 고위층 임원의 사직, 재고누적, 기업공개 실패, 위법 광고 등의 악재 소식이 1년 정도 잇따랐다. 제품라인의 확대로 재고비용과 인건비가 급격히 증가했고 물류원가의 상승 등의 문제로 적자는 계속되었다. 계속되는 적자를 개선하기 위해 반클은 글로벌 웹사이트를 설립해 유럽과 미국 등의 세계 시장 진출을 시작했다. 중국의 노동력 원가가 점점 상승하자 2012년 중반부터 부분 오더를 방글라데시로 옮기기 시작하여 일부 제품의 해외 OEM 생산을 시작했다. 2013년부터는 진행하던 사업 다각화를 접고 의류 중심으로 돌아왔다.

창업자는 누구인가

창업자 니엔 첸Nian Chen은 중국에서 가장 오래된 전자상거래업체인 조요Joyo를 창업한 장본인이기도 하다. 조요는 조요 아마존Joyo Amazon으로 명칭을 변경

하고 가장 유명한 B2C업체가 됐다. 그는 매장이나 중개상 없이 주로 인터넷을 통해 중저가 남성 셔츠를 판매하는 웹사이트 PPG를 접하고 이를 벤치마킹한 반클을 고안해냈다.

중국의 다른 패션 온라인 몰과는 다르게 독자적으로 자체 브랜드 상품을 판매하는 전략을 펼친다.

주요 투자자

처위엔 벤처스, CITIC 프라이빗 이쿼티 펀드 매니지먼트, F&H 펀드 매니지먼트, IDG 캐피털 파트너스, 케리 그룹, 치밍 벤처 파트너스, SAIF 파트너스, 테마섹 홀딩스, 타이거 매니지먼트 등.

33. 파나틱스 Fanatics

스포츠 관련 상품 판매 기업

🏠 전자상거래 🌐 플로리다 📅 1995

기업가치(단위: 달러)
마지막 평가일(2015. 8)

31억   31억   30억

총 투자유치 금액
6억 2,000만

매출

2014   2015   2016

비즈니스 모델

고객
(스포츠 팬)

상품 구매 →

스포츠 관련 상품 ←

파나틱스

구매 자금 →

공인 제품 제공 ←

구단,
미디어채널

스포츠 관련 제품을 모아 둔 쇼핑몰로 스포츠구단과 고객의 중간 역할을 한다. 스포츠 구단과 미디어 채널이 구단과 관련된 공인 제품을 파나틱스에게 제공해 고객에게 판매한다.

어떤 사업을 하는가

스포츠 팬들을 위해 스포츠 관련 상품을 판매하는 기업. 대량의 제품들이 공식적으로 공인된 제품이며 주요 스포츠 리그, 미디어 채널과의 협력을 통한 제품 판매를 한다.

마이클 루빈 (출처: 파나틱스)

다양한 구단과 스포츠에 로얄티가 높은 팬들을 대상으로 관심있는 스포츠 구
단의 상품을 구매할 수 있다. 실제로 NFL, MLB, NBA, NHL, NASCAR, PGA 등
과 같은 주요 스포츠 리그와 NBC, CBS, FOX 등과 같은 미디어 채널과도 협력
하여 제품을 판매 중이다.

창업자는 누구인가

파나틱스는 1995년에 앨런 트래거Alan Trager와 미치 트래거Mitch Trager 형제가
잭슨빌 몰에 재래식 구멍가게를 내서 잭슨빌 재규어라는 의류 브랜드를 위주로
판매하면서 시작했다. 파나틱스는 주로 기업인수를 통해 성장했다. 첫 번째 인
수는 2006년에 대학미식축구 관련 용품 온라인 상점인 리처드 페렐Richard Perel
의 마켓스빌Marketsville, Inc라는 스포츠 웹사이트였다. 마켓스빌과의 제휴를 통한
매출은 전체 매출액의 25%에 육박했다.

리처드 페럴은 기업을 매각한 후에도 파나틱스의 마케팅 담당 이사로 지내며
2013년에 회사가 기업가치 3억 1,000만 달러로 인정받아 투자금을 받을 수 있

도록 도왔다. 이후 몇 차례의 추가 인수작업이 있었다. 그러다가 2011년에 파나틱스 회사 자체가 마이클 루빈Michael G. Rubin이 이끄는 GSI 커머스라는 회사에 인수되었다. 2012년에 마이클 루빈은 자신의 우산 제조회사였던 키네틱Kynetic을 모회사로 삼고 마지막 라운드의 벤처 캐피털 펀딩을 통해 파나틱스 주식의 72%를 소유하기에 이른다. 2014년 4월에 더그 맥Doug Mack을 파나틱스의 대표 이사로 선임해 직원 1,800여 명을 관리하게 하고 있다.

온라인으로 스포츠 팀의 공식 스포츠용품을 전문적으로 판매하기 때문에 미국 내에서 자신이 좋아하는 스포츠 팀이 있는 지역에 살지 못하는 사람들에게 특별히 인기가 있다. 유럽의 축구팀 등 해외의 스포츠 팀을 좋아하는 팬들도 이용 가능하다.

주요 투자자

알리바바 그룹, 안드레센 호로비츠, 인사이트 벤처 파트너스, 실버 레이크, 테마섹 홀딩스 등.

34. 도큐사인 Docusign

디지털 전자서명 서비스 제공업체

🏠 소프트웨어(비즈니스 소프트웨어) 🌐 미국 캘리포니아 📅 2003

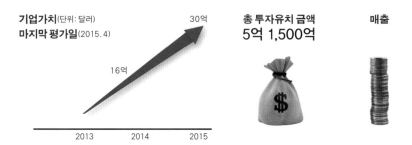

기업가치(단위: 달러)
마지막 평가일(2015. 4)

30억

16억

2013   2014   2015

총 투자유치 금액
5억 1,500억

매출

비즈니스 모델

고객 ──사인──▶ 도큐사인 ──사인 전달──▶ 기업

◀──비즈니스의 디지털화 구현. 모바일 전자 서명── ◀──서비스 가입──

비즈니스의 디지털화를 구현하고 모바일 전자서명이 가능한 서비스를 제공한다. 시간과 비용 절감이 이 서비스를 통해 이루어지며 각종 클라우딩 서비스 통합으로 사용과정이 더욱 간편해졌다. 도큐사인은 개인이 서명한 사인 혹은 전자 사인을 기업에게 전달한다.

어떤 사업을 하는가

직접서명을 대신할 수 있는 전자 서명 서비스와 함께 전자거래 관리 서비스를 제공한다. 도큐사인은 전자서명을 선도하며 전자서명의 글로벌 표준을 만들고 있다. 금융 서비스, 보험, 기술, 헬스케어, 제조, 통신, 자산관리, 소비재 등 거래나 계약이 일어나는 거의 모든 산업분야에서 고객들은 도큐사인을 통해 전자서명과 전자거래관리 서비스를 이용할 수 있다. 전자서명 서비스이기 때문에 정보 확인 및 서명을 위한 계약서의 출력, 팩스 전송, 스캔, 밤샘 처리 및 조회 작업이 필요 없다.

디지털 거래관리 플랫폼은 서류 기반의 거래를 디지털 형태로 관리하기 위한 클라우드 서비스의 새로운 카테고리이다. 문서의 결재, 서명 및 반환을 온라인에서 단 몇 분 만에 언제, 어디서나, 어떤 장치에서든 편리하고, 빠르며 안전하게 처리할 수 있다. 이그나이트나 박스 등의 클라우드 스토리지 사이트와의 서비스 통합으로 이용자들은 클라우드 서명한 문서를 스토리지 사이트에서 직접 전송하고 저장해둔다. 업로드한 계약서 및 서류의 즉시 검토와 동료와의 사본 공유도 가능하다. 구글 드라이브와 연동하면 구글 드라이브에 저장된 계약서 및 서류를 편리하게 주고받을 수 있어 계약 진행에 효율적이다. 고객은 자신에게 맞는 이용 기간과 서비스 구성 패키지를 선택해 매월 10달러부터 125달러까지 등급에 맞는 이용료를 낸다.

도큐사인의 CEO 키스 크래치는 "고객들이 비즈니스 시작에서 마지막까지 비즈니스의 디지털화를 구현할 수 있도록 거래 과정에서 종이와 수작업을 제거하는 데 매우 중요한 역할을 하고 있다."며 "2012년 시작 이래로 글로벌 네트워크에서 모바일 서명이 300% 증가했다."고 밝혔다.

다수의 선도적인 구매담당 조직들이 공급업체, 벤더사 및 계약 처리의 능률화를 위해 도큐사인을 사용하면서 도큐사인이 디지털 거래관리표준Digital Transaction Management™의 국제 표준이 되었다. 전 세계적 요구사항에 맞추기 위해 국가마다 합법적인 전자 및 디지털 서명 프로세스를 지원하고 43개의 언어로 현지화되어 있다.

톰 곤서 (출처 : 모드 미디어)

창업자는 누구인가

톰 곤서Tom Gonser는 우편이나 팩스를 통해 계약서를 주고받는 번거로움을 개선하여 대출 과정을 간소화하기 위해 창업했다. 그는 누구나 쉽게 사용할 수 있고 기업의 경영자들 역시 편하게 사용할 수 있는 소프트웨어를 개발했다.

주요 투자자

액셀 파트너스, 베인 벤처스, BBVA 벤처스, 브룩사이드 캐피털, 컴캐스트 벤처스, 델 벤처스, 프레이저 테크놀러지 벤처스, 제너레이션 인베스트먼트 매니지먼트, 구글 벤처스, 이그니션 파트너스, 인텔 캐피털, 클레이너 퍼킨스 코필드 & 바이어스, 전미부동산협회NAR, NTT 파이낸스, 세일즈포스닷컴, 삼성벤처 인베스트먼트, 사파이어 벤처, 스케일 벤처 파트너스, 세컨드 센추리 벤처스, 시그마 웨스트, 싱가포르 경제개발청, 텔스트라, 비자, 웨스트리버 캐피털 등.

moderna

35. 모더나 Moderna

바이오 의약품 개발업체

🏠 헬스케어(생명공학) 🌐 미국 매사추세츠 🏰15 2011

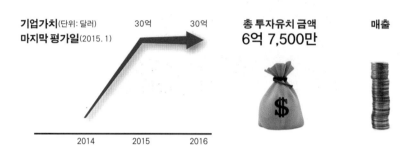

기업가치(단위: 달러)   30억   30억
마지막 평가일(2015. 1)

2014   2015   2016

총 투자유치 금액
6억 7,500만

매출

비즈니스 모델

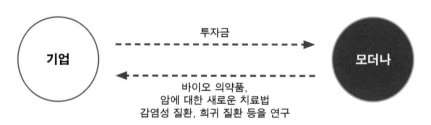

기업 ← 투자금 → 모더나

바이오 의약품,
암에 대한 새로운 치료법
감염성 질환, 희귀 질환 등을 연구

　기업으로부터 투자금을 받아 바이오 의약품을 개발한다. 암 치료법, 감염성 질환, 희귀 질환 등을 연구하여 새로운 치료법을 개발한다.

어떤 사업을 하는가

　모더나는 유전정보를 DNA에서 단백질로 변환시키는 m-RNA를 억제하는 치료법과 치료제를 연구한다. 이는 mRNA로부터 단백질이 발현되는 것을 차단하는 '안티센스 RNAiAntisense RNA interference' 치료법이라고 불린다. RNA 분자가 명확한 mRNA 분자를 파괴함에 의해 유전자 발현을 저해하는 RNA 기반 유전자 발현 억제 프로세스이다. 글로벌데이터의 보고서를 보면 2014년 시장에서 안티센스 RNAi 치료법은 가장 큰 거래 가치를 보였다. 아직은 특별한 결과나 수익을 내지는 못하고 있다. 모더나는 임상 시험용 첫 번째 제품이 준비되고 안정화될 때까지 치료용 단백질과 항체들을 만들어내고 연구하는 다른 바이오테크 회사들과 파트너십을 맺으며 비상장 상태를 유지할 예정이다.

2016년 1월에는 아스트라제네카와 여러 종류의 암에 걸쳐 mRNA 치료 후보 물질을 발굴하여 공동개발 및 상용화하는 새로운 협력을 하기로 했다. 대상 임상연구를 위해 진행되고 있으며, 임상시험은 올 연말에 개시될 예정이다.

창업자는 누구인가

누바 아페얀Noubar Afeyan, 케네스 R. 치엔Kenneth R. Chien, 로버트 랭거Robert S. Langer, 데릭 로시Derrick Rossi가 공동 창업했다.

누베 아페얀은 1962년 레바논 베이루트에서 태어났으며 1983년 캐나다 맥길대에서 화학공학을 전공했고 MIT에서 바이오테크놀러지로 박사학위를 받았다. 미국의 기업가이자 벤처캐피털리스트이다. 2000년도에 플래그십 벤처스Flagship Ventures를 설립하여 헬스케어 분야에 대한 투자와 스타트업의 성장을 지원하고 있다. 현재 MIT MBA에서 부교수로 앙트레프레너십, 혁신, 벤처캐피털과 관련된 내용에서부터 생명공학, 신약개발, 의학기술 등을 강의한다. 또한 모더나 등을 포함해 수많은 회사들을 창업했고 창업을 지원하기도 했다.

케네스 R. 치엔은 세계적으로 인정받는 심혈관 분야의 권위자이다. 그는 하버드대에서 생물학을 전공했고 미국 템플대학교에서 MD와 PhD를 취득했다. 2005년부터 보스턴에 있는 메사추세츠 종합병원 심혈관 연구센터에서 중책을 맡고 있다. 그는 세계적으로 심혈관계 줄기세포 연구를 주도하는 하버드대 줄기세포 연구소의 멤버이기도 하다.

로버트 랭거는 미국의 생명공학자이며 기업가이자 MIT공대 교수이기도 하다. 특히 약물전달시스템drug delivery systems과 조직공학tissue engineering에서 그의

왼쪽부터 누바 아페얀, 케네스 R. 치엔, 로버트 랭거, 데릭 로시. (출처 : 모데나)

논문이 많이 인용되고 있다. 2015년에 엔지니어링 분야에서 가장 영향력 있는 상인 엘리자베스 여왕 공학상Queen Elizabeth Prize for Engineering을 수상하기도 했다.

데릭 로시는 토론토에서 태어나 자랐으며 토론토 대학에서 세포생물학 학사와 석사학위를 취득했으며 2003년 헬싱키대학에서 박사학위를 취득하기 전까지 미국과 유럽 등 다양한 대학에서 공부하기도 했다. 그는 스탠퍼드대에서 줄기세포에 관한 연구를 했으며 2007년 하버드대 의대 교수로 취임했다. 2010년 『타임』선정 '올해의 인물People who Mattered'로 선정됐고 2011년에는 세계에서 가장 영향력 있는 100인에 선정되기도 했다.

주요 투자자

알렉시온, 아스트라제네카, 플래그십 벤처스, 인버스 그룹, RA 캐피털 매니지먼트, 바이킹 글로벌 인베스터, 웰링턴 매니지먼트 등.

36. 위시 Wish

맞춤형 제품 추천 모바일 쇼핑 플랫폼

🏠 전자상거래　🌐 미국 워싱턴　15 2011

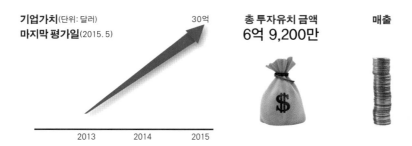

기업가치(단위: 달러)
마지막 평가일(2015. 5)　　　　　30억

2013　　　2014　　　2015

총 투자유치 금액
6억 9,200만

매출

비즈니스 모델

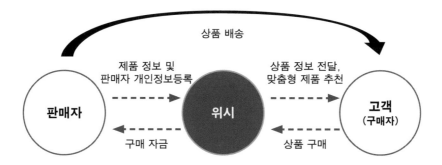

판매자와 구매자를 중개하는 맞춤형 쇼핑몰이다. 소비자에게 상품 정보를 전달하는 동시에 맞춤형 제품을 추천함으로써 쇼핑의 만족도를 높일 수 있는 서비스이다.

어떤 사업을 하는가

오픈마켓 모바일 패션 쇼핑 앱 업체. 사용자가 장바구니에 아이템을 담으면 추천엔진이 이용자의 선호도를 학습하여 자동으로 고객에게 맞춤형 제품을 추천해주는 모바일 쇼핑 플랫폼이다. 웹과 모바일을 기반으로 소셜 쇼핑 서비스를 제공하고 있다. 주로 유럽과 북아메리카 지역을 중심으로 인기를 끌고 있다. 구글플레이의 쇼핑서비스 중 톱 10, 애플앱스토어의 라이프스타일 부문에서는 상위 10~20위를 꾸준하게 유지하고 있다.

위시가 기존의 쇼핑 플랫폼과 다른 점은 바로 스마트한 타깃팅에 있다. 위시는 사용자들이 자신이 원하는 상품을 위시 리스트에 담고 태그를 단 뒤 친구들에게 추천하면 할인쿠폰이나 무료 업그레이드 등의 혜택을 제공한다. 위시의 추천엔진은 위시 리스트 데이터를 분석해 사용자의 취향을 학습하고, 이후에는 사용자들이 다른 상품을 검색하지 않더라도 사용자에게 딱 맞는 상품을 추천해준다. 이러한 위시 내부의 작동원리로 판매자들은 추가적인 키워드, 지면광고 비용지출 없이 타겟팅된 고객에게 자신의 상품을 노출할 수 있다. 상품의 배송은 판매자들이 책임지며, 위시는 판매자와 소비자를 연결하는 오픈마켓의 역할을 한다. 2012년 4월 한국지사 '컨텍스트로직코리아'를 시작하여 국내 안드로이드 마켓에도 위시앱을 출시했다. 현재는 차세대 모바일 쇼핑 서비스로 소호 패션 전문 큐레이션 서비스 '스타일 샵Style#'을 개발 중이다.

투자금은 알리바바 등 대형 전자상거래 사이트 내에서 활동하고 있는 판매자를 위시에 입점시키는 것에 집중적으로 사용한다. 고객의 구매 내역을 이용하는 아마존과 이베이 등의 추천 알고리즘에서 더 나아가, 위시리스트와 태그 등의 데이터를 추가적으로 이용한 추천 서비스로 기존의 쇼핑서비스들과 다른 쇼핑 경험을 제공하는 것을 차별화 전략으로 삼고 있다.

왼쪽부터 피터 슐체스키, 대니 장. (출처: allthingsd.com)

창업자는 누구인가

슐체스키Peter Szulczewski와 대니 장Danny Zhang이 공동 창업했다. 피터 슐체스키
는 대학에서 컴퓨터과학을 전공하고 구글에서 6년 반 동안 소프트웨어 엔지니
어로 근무했다. 대니 장과 함께 처음에는 구글 애드센스를 뒤이을 차세대 모바
일 광고 네트워크를 만들려고 창업을 시작했으나 곧 쇼핑 서비스인 위시로 비
즈니스 모델을 변경했다.

주요 투자자

DST 글로벌, 펠리시스 벤처스, 포메이션 8 파트너스, 파운더스 펀드, GGV 캐
피털, 레전드 캐피털, 트랜스미디어 캐피털, XG 벤처스 등.

37. 어러머
Ele.me

중국 음식 배달 서비스 O2O 플랫폼

🏠 소비자 인터넷(음식 배달)　🌐 중국 상하이　📅 2009

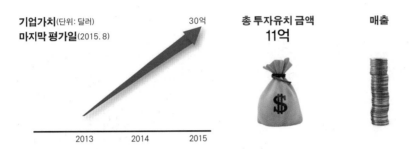

기업가치(단위: 달러)
마지막 평가일(2015. 8)　　30억

2013　　2014　　2015

총 투자유치 금액
11억

매출

비즈니스 모델

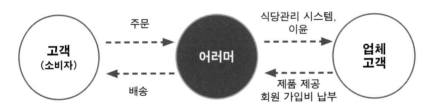

배달 서비스로 음식점 업주에게 회원 가입비를 받고 랭킹 서비스를 이용할 수 있게 하는 방식을 차용했다. 수익원은 회원 가입비와 광고 수익이 대부분이다.

어떤 사업을 하는가

중국 내 모바일 음식배달 서비스 애플리케이션으로 웹과 모바일 모두 주문 가능하다. 전체 주문의 98% 이상이 모바일 거래이다. 자체 배달 인력을 통해 주문 배달을 진행한다. 2009년 창업했고 현재 직원 1만 명, 등록 고객 4,000만 명, 제휴 음식점 30만 개를 보유한 중국의 대표 온라인 음식 배달 업체다. 일 거래액은 6,000만 위안(약 107억 원)에 달한다. 거래의 대부분은 모바일로 이뤄지고 있다. 중국 소비자들이 하루 평균 3.22번 어러머의 서비스를 이용하고 있다.

초기 배달 앱의 높은 수수료로 매출이 크지 않은 중소형 식당들의 불만이 높았다. 어러머는 2010년 당시로는 파격적인 배달 앱의 이용 수수료를 과감히 포기하는 선택을 내린다. 대신 어러머가 직접 개발한 식당 주문 관리 솔루션NAPOS을 만들어 점주들에게 저렴하게 배포하여 사용하게 하는 계획을 세웠다. 단순 배달이 아니라 가맹 식당 운영에 꼭 필요한 고객관리, 메뉴 관리, 주문 관리, 회계 정산 등이 포함된 솔루션을 제공해 사업에 도움을 준다는 것이다. 예를 들어 고기요리, 야채만두, 음료가 함께 잘 팔린다면 세트 메뉴로 만들어 더 잘 팔리도록 했다. 영세 가맹 식당으로서는 환영할 만한 일이었다. 가격 역시 연간 4,800위안(약 88만 원)으로 합리적으로 책정하여 식당 점주들의 마음을 돌리는 데 성공했다.

또한 어러머 정규 직원이 직접 정기적으로 가맹 식당을 방문해 솔루션을 교육하거나 식당 마케팅과 운영 컨설팅까지 해주며 점주들과의 신뢰를 쌓아나가 단기간에 배달 앱 1위에 올라서게 된다. 또한 배달 서비스의 핵심인 배송 시간 단축을 위해 자체 배송 네트워크를 구축했다. 또 평균 배송 시간을 45분 내외로 일정하게 관리하는 방법을 도입해 추진력 있게 진행하면서 시장의 입지를 공고히 했다.

창업자는 누구인가

장쉬하오張旭豪, 왕룬, 덩예, 캉지아康嘉가 공동 창업했다. 장쉬하오는 1985년에 태어나 2008년 상하이 명문 상하이 교통대학交通大學 대학원 석사 과정에 다녔다. 어느 늦은 밤 기숙사에서 룸메이트인 캉지아와 한창 유행하는 축구 온라인 게임인 위닝 일레븐을 하고 있었다. 저녁 10시가 넘자 배가 출출해져 학교 주변 식당에 배달 음식 전화를 했지만 한 군데에서도 음식을 배달해주려 하지 않았다. 장쉬하오는 이런 불편함에서 번뜩이는 아이디어를 얻어 그 다음 날 그의

왼쪽부터 왕룬 부사장, 장쉬하오 최고경영자, 덩예 고객서비스 총괄, 캉지아 최고 전략책임자. (출처: 어러머)

룸메이트 캉지아와 다른 친구들 두 명과 함께 중국 돈 12만 위안을 모아 음식 배
달에 관련된 소규모 창업을 했다. 어러머는 중국어로 "배고프냐?"는 구어체이
다. 친구들끼리 하던 말을 그대로 회사명으로 했다.

2008년 4월 당시는 지금처럼 인터넷이나 스마트폰의 모바일 인터넷 기반이
아니었다. 기숙사 방에 일반 전화기를 놓고 음식 배달원을 모집한 것이 전부였
다. 그리고 학교 주변 식당에 명함을 돌린 다음 주문 전화가 걸려 오면 어러머 배
달원들이 직접 음식을 가져다 배달해주는 아날로그적인 방식이었다. 하지만 이
사업이 학생들 사이에 입소문을 타면서 4명으로 시작했던 것이 1년 만에 10여
명으로 늘어났고 따로 사무실까지 얻게 된다. 그들은 2009년 어러머 온라인 주
문 시스템을 만들면서 본격적으로 이름을 알리기 시작했다. 인터넷 도메인은
어러머의 중국어 병음을 그대로 따서 'ele.me'로 정했다. 닷컴.com이나 닷넷.net

을 따라 하지 않았다. 중국의 인터넷 모바일 성장과 함께 폭발적인 성장을 해오고 있다.

중국 주간지 『카이신』은 2015년 12월 알리바바 그룹 홀딩스가 중국에서 모바일 음식배달 서비스 애플리케이션을 운영하는 어러머에 12억 5,000만 달러(약 1조 4,600억 원)을 투자하기로 했다고 보도했다. 이에 따라 알리바바는 어러머의 지분 27.7%를 인수해 최대주주로 올라설 것이라고 밝혔다. 2015년 초 어러머는 씨틱 프라이빗 에쿼티, 텐센트홀딩스, 제이디닷컴 등으로부터 3억 5,000만 달러를 투자받은 바 있다. 알리바바, 텐센트 등은 쇼핑부터 레스토랑 예약까지 스마트폰을 이용하는 중국인이 늘어나는 추세에 발맞춰 자사의 플랫폼 이용자 수를 늘리기 위해 공격적인 투자에 나서고 있다.

주요 투자자

차이나 미디어 캐피털, 씨틱 프라이빗 이쿼티, 디엔핑닷컴, 고퍼 애셋, 화리엔 그룹, 제이디닷컴, 세쿼이아 캐피털, 텐센트 홀딩스 등.

38. 헬로 프레쉬 HelloFresh

독일의 식재료 배달 서비스 업체

🏠 소비자 인터넷(음식 배달)　🌐 독일 베를린　📅 2011

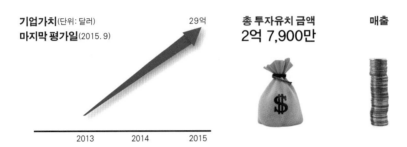

기업가치(단위: 달러)
마지막 평가일(2015. 9)　29억

2013　2014　2015

총 투자유치 금액
2억 7,900만

매출

비즈니스 모델

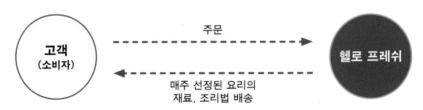

고객
(소비자)

주문

헬로 프레쉬

매주 선정된 요리의
재료, 조리법 배송

　주문을 넣으면 매주 선정된 요리의 재료와 조리법을 배송해주는 서비스이다. 양은 옵션으로 선택 가능하며 완제품이 아닌 재료가 배달된다는 것이 다른 배달 앱과의 차이점이다.

어떤 사업을 하는가

　클론팩토리로 알려진 로켓인터넷이 만든 또 하나의 유사 스타트업이다. 헬로 프레쉬는 '무조건 쉬워야 한다'는 것을 목표로 간단하고 빠르게 조리할 수 있는

레시피를 제공하고 있다. 이들은 유명 쉐프의 레시피와 유기농 식자재를 매주 가정으로 배송하는 서비스로 타 경쟁업체와 서비스를 차별화하면서 미국 내 30개 주까지 서비스를 확대했다. 헬로프레쉬는 요리 레시피에 맞게 계량화된 재료를 2~3인분 양으로 제공한다. 매주 소비자에게 신선한 유기농 재료를 담아 3가지 또는 5가지 요리를 배달하고 있으며, 채식주의자든 아니든 모두 서비스를 사용할 수 있다.

식단을 짜고 마트에 가서 식자재를 고르고 재료를 다듬는 시간을 대폭 줄여주는 것은 물론이고 전문 셰프들이 짠 식단에는 필수영양소가 충분히 안배되어 있다. 직장인들만이 타겟은 아니다. 전업주부라도 본인의 요리실력을 향상시키고 싶은 이들에게 평소엔 접하기 어려운 유명 셰프들의 요리를 배울 기회를 제공하기도 한다. 일인 당 한 끼에 11달러 50센트 정도의 가격으로 근사한 식사를 할 수 있다는 점이 헬로프레쉬의 가장 큰 장점이다. 이들은 현재 매달 400만 개의 식사를 배달하고 있다.

왼쪽부터 도미니크 리히터, 토마스 그리에셀, 제시아 닐슨. (출처: 헬로 프레쉬)

창업자는 누구인가

도미니크 리히터Dominik Richter는 토마스 그리에셀Thomas Griesel과 제시아 닐슨 Jessia Nilsson과 함께 창업을 위해 베를린으로 건너갔다. 그는 식료품 분야에 대한 무한한 가능성을 보고 차별화된 서비스를 제공할 방안을 고려하게 된다.

헬로 프레쉬는 독일을 포함해 총 7개 나라에서 서비스를 제공하고 있다. 2014년도의 순수익이 7,000만 유로로 한화로 약 932억에 달한다. 연 성장률 은 392%로 급격한 성장을 이루고 있다. 로켓 인터넷이 57.2%의 지분을 가지고 있다. 이러한 서비스는 바쁜 직장생활 속에서도 건강하고 균형 잡힌 식사를 하 고자 하는 이들에게 해결책을 제시하며 독일 내에서 큰 인기를 끌고 있다. 지난 2015년 9월 스코틀랜드의 투자사인 발리기포드로부터 약 8,500만 달러를 투 자받는 데 성공했다.

주요 투자자

발리기포드, HV 홀츠브링크 벤처스 어드바이저 GmbH, 인사이트 벤처 파트 너스, 인베스트먼트 AB 키네빅, 페노멘 벤처스, 로켓 인터넷 AG, 포어베르크 다 이렉트 셀링 벤처스 등.

Bloomenergy·

39. 블룸 에너지 Bloom Energy

클린 에너지 개발 업체

🏠 에너지(대체 에너지)　🌐 미국 캘리포니아　📅 2001

기업가치(단위: 달러)
마지막 평가일(2011. 9)

29억　　29억　　29억

2011　　2014　　2015

총 투자유치 금액
12억

매출

비즈니스 모델

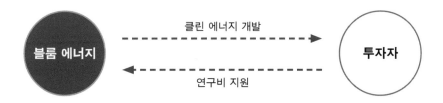

블룸 에너지 → 클린 에너지 개발 → 투자자

투자자 → 연구비 지원 → 블룸 에너지

고객으로부터 연구 개발비를 받고 클린 에너지를 개발하는 R&D 기업이다.

어떤 사업을 하는가

클린 에너지 업체. 2013년 손정의 회장의 소프트뱅크와 합작하여 블룸 에너지 재팬을 설립해 일본시장에도 진출했다. 앞으로 데이터센터, 병원, 기업체, 공공기관 등을 위한 건물용 연료 전지 시장을 개척할 예정이다. 연료전지 방식 가운데 고체산화물연료전지SOFC 기술에서 주목받고 있다. 지난 2010년 '블룸박스'라는 연료전지 서버를 공개하면서 전 세계에 폭발적인 관심을 불러일으켰

블룸 에너지 서버. (출처: 나사)

다. 세라믹 멤브레인 연료전지를 이용하는 이 제품은 연료전지 셀이 적층된 대형 냉장고 크기의 연료전지 서버로 불리는 시스템이다.

블룸박스는 25와트 연료전지를 적층한 것으로 가정에서는 연료전지 40개로 구성된 1kW급 스택이면 충분하다. 건물 및 상업용으로 사용할 경우에는 25kW급 모듈화된 연료전지 시스템을 활용한다. 결국 수요처에 따라 모듈화된 연료전지 시스템을 병렬하면 100kW에서 최대 MW 출력도 가능하다고 한다.

창업자는 누구인가

K. R. 스리다르K. R. Sridhar는 미항공우주국 나사에 재직할 당시 화성에서 인간이 거주하는 데 필요한 기반 기술을 연구하면서 연료전지 기술에 관심을 두게 되었다. 그는 8년 간 비밀리에 개발을 진행해 연료전지 방식의 획기적인 전력 공급장치를 공개하며 세간의 주목을 받았다. 그는 이전에 미항공우주국 나사에 있을 때 개발했던 산소발생 장치를 응용해 산소와 연료가 혼합된 일종의 대형 연료전지 개념으로 '블룸 박스Bloom Box'를 개발했는데 플러그 앤드 플레이* 접근방식을 제공한다.

---

* Plug-and-play: 주변기기를 꼽자마자 곧바로 이용할 수 있는 기능.

K. R. 스리다르

블룸에너지는 지난 2015년 클레이너 퍼킨스 코필드 & 바이어스와 뉴 엔터프라이즈 어소시에이츠 등으로부터 1억 3,000만 달러를 추가로 투자받는 데 성공했다. 래리 페이지 구글 창업자는 블룸에너지의 블룸박스 가능성을 높이 평가했다. 인터뷰를 통해 "향후 블룸 전력장치만으로 데이터센터의 모든 전력을 공급할 수 있는 날이 올 것이다. 그리고 이 기술이 미래 에너지 시장에 엄청난 영향을 미칠 것이다."라고 전망했다. 구글의 초기 투자가로 유명한 존 도어는 블룸 에너지에 많은 투자를 하고 있다. 그는 자신이 결정한 이 투자가 구글의 주식 상장에 필적할 만한 대단한 사건이라고 말했다.

주요 투자자

어드밴스드 이쿼더스 파이낸셜, 어드밴스드스테이지 캐피털, 크레딧 스위스 그룹, DAG 벤처스, E.ON 벤처 파트너스, 골드만삭스 벤처스, 클레이너 퍼킨스 &바이어스, 모비어스 벤처 캐피털, 뉴 엔터프라이즈 어소시에이츠, 뉴질랜드 노령연금 기금 등.

40. 슬랙 Slack
비즈니스 협업 툴 제공 앱 업체

🏠 소프트웨어(비즈니스 소프트웨어) 🌐 미국 캘리포니아 📅 2009

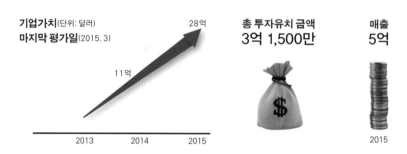

기업가치(단위: 달러)
마지막 평가일(2015. 3)

28억

11억

2013 2014 2015

총 투자유치 금액
3억 1,500만

매출
5억

2015

비즈니스 모델

이용자 → 계정 연동 → 슬랙 (업무용 메신저) → 업무용 파일 및 이벤트 분류 → 이용자

이용자 ← 커뮤니티 제공 ← 슬랙 (업무용 메신저) ← 계정 연동 ← 이용자

이용자와 이용자를 연결해주는 업무용 메신저 앱. 슬랙을 통해 업무용 파일 및 이벤트 분류가 가능하기 때문에 시간과 비용이 절약되고 업무에 더욱 집중할 수 있다. 유료, 무료 버전이 있다.

어떤 사업을 하는가

메시지 교환 및 비즈니스 협업 앱. 슬랙은 라인, 카카오톡, 페이스북 등의 메신저들과 다르게 업무용으로만 사용할 수 있고 팀 활동에 도움을 주는 유용한 기능들을 갖추고 있다. 2013년 샌프란시스코에서 설립된 메시지 기반 협업 서비스이다. 슬랙을 사용하면 커뮤니케이션 흐름의 전체를 볼 수 있어 투명성이 크게 높아진다는 것이 장점이다. 궁극적인 목표는 사람들의 근무 환경을 더 단순하고 생산성 높게 바꾸는 것이다.

기업 내 팀원들과 빠르고 간편하게 소통할 방법을 원하는 개발자에게 있어 가장 필요한 것은 IRCInternet Relay Chat 클라이언트다. IRC는 인터넷의 초창기까지 거슬러 올라가는 오래된 온라인 커뮤니케이션 도구지만 단순하고 특정 플랫폼이나 제공업체에 종속되지 않으며 다른 채팅 플랫폼과는 다른 독특한 방식으로 작동한다. 화려하지는 않지만 안정적이다. 슬랙은 소셜, 모바일, 그리고 공유를 중심으로 하는 즉석 협업의 시대에 걸맞은 기업 친화적인 IRC를 구축한 메신저 협업 툴이다. 기존 IRC에 기초하면서도 '더 뛰어난' 기술을 개발했다.

슬랙에서 채팅은 특정 주제나 부서에 따라 일련의 주요 채널들로 나뉜다. 사용자는 내키는 대로 영업, 마케팅, 회사 소프트볼 팀을 비롯해 다양한 채팅 채널을 손쉽게 즉석에서 만들 수 있다. 또한 슬랙은 드롭박스나 구글 드라이브 등 외부와도 통합적으로 연결된다. 사용자는 파일을 슬랙에 직접 업로드하고 이 파일을 특정 대화방과 연결할 수 있다. 따라서 특정 채널에 있는 모든 사용자가 프레젠테이션을 공유해야 할 경우, 파일을 해당 채널에 업로드하면 그 채널에 있는 모든 사용자가 프레젠테이션을 보고 의견을 올릴 수 있다.

이 외에도 개발자들이 일상적으로 사용하는 다른 모든 시스템의 콘텐츠를 추가하고 공유할 수 있는 등 다양한 서비스를 사용자들에게 제공하고 있다. 무료 버전을 통해 검색할 수 있는 메시지는 1만 개로 제한되며 외부 통합도 5개까지만 된다. 이에 월 6.97달러의 사용료를 내면 무제한으로 아카이브 검색, 무제한 통합과 더 철저한 IT 계측과 통제를 이용할 수 있다. 만일 한층 더 강력한 통제와 우선 지원, 기타 앞으로 제공될 여러 부가 기능까지 원할 경우 사용자당 월 12달러 50센트의 정액요금을 내야 한다.

왼쪽부터 스튜어트 버터필드, 에릭 코스텔로, 칼 헨더슨, 세르게이 무라초프. (출처 : 슬랙)

창업자는 누구인가

스튜어트 버터필드Stewart Butterfield, 에릭 코스텔로Eric Costello, 칼 헨더슨Cal Henderson, 세르게이 무라초프Serguei Mourachov가 창업했다. 스튜어트 버터필드는 한때 유용한 도구였던 이메일에 스팸 메시지만 쌓이는 것을 보고 창업하게 되었다고 밝혔다. 그는 과거 사진 공유사이트인 플리커를 공동 창업하고 야후에 매각한 경험이 있다. 그리고 그의 최신작 슬랙은 플리커를 야후에 매각한 뒤 개발했던 온라인게임 글리치Glitch 작업 중에 사용했던 커뮤니케이션 시스템으로부터 만들어졌다. 실패작인 온라인게임 글리치 사업을 정리하면서 (게임개발 작업을 위해 만들었던) IRCInternet Relay Chat 플랫폼이 매우 유용하다는 점을 깨달았다. 이후 사내 커뮤니케이션 시스템에 중점을 맞춘 슬랙을 개발하게 된다.

2015년 매출 5,900억 원으로 매년 성장하고 있다. 슬랙은 지난 2015년 3월 1억 6,000만 달러(약 1,730억 원)의 투자를 추가로 유치했다. 2015년 10월 1억 2,000만 달러 투자를 받은 지 6개월 만의 추가 투자이다. 기업가치는 10월 11억 2,000만 달러에서 28억 달러로 두 배 이상 뛰어올랐다. 슬랙이 주목받는 이유는 모든 커뮤니케이션을 한 곳에 모아 '사람들을 덜 바쁘게 하자'는 서비스 목표 덕분이다.

슬랙에선 트위터, 드롭박스, 구글드라이브, 깃허브, 젠데스크 등에서 메시지와 파일을 수집할 수 있고 또 이런 발표, 알림, 버그 트래킹, 데이터들을 팀 커뮤니케이션 스트림에 적절하게 통합시킬 수 있다. 새로운 비즈니스의 협업 툴을 제시하며 빠르게 그 영역을 넓혀가고 있으며 최근 가장 주목받는 스타트업이기도 하다.

주요 투자자

액셀 파트너스, 안드레센 호로비츠, DST 글로벌, 구글 벤처스, 호러이즌 벤처스, 인덱스 벤처스, 인스티튜셔널 벤처 파트너스, 클레이너 퍼킨스 코필드 & 바이어스, 소셜+캐피털 파트너십 등.

41. 포와 Powa

글로벌 상거래 전문 프로그램 제공 업체

🏠 금융 서비스(모바일 결제)   🌐 영국 런던   15 2007

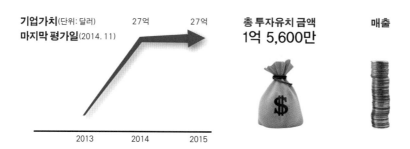

기업가치(단위: 달러)   27억   27억
마지막 평가일(2014. 11)

2013   2014   2015

총 투자유치 금액
1억 5,600만

매출

비즈니스 모델

고객   모바일 결제 →   포와   결제 서비스 제공 →   기업
   ← 결제 창 제공   ← 사용료

모바일 상거래 업체로 고객과 기업을 중개한다. 기업으로부터 사용료를 받고 고객에게 모바일 결제 서비스를 제공한다.

어떤 사업을 하는가

글로벌 상거래 전문업체로서 온라인, 오프라인 그리고 모든 곳의 모든 구매 채널에서 끊김 없는 소비자 경험을 가능케 하는 기술을 만들고 있다. 쇼핑객들이 매장에서 상품을 손쉽게 구입하거나 스마트폰으로 온라인 구매를 할 수 있도록 기술을 지원하는 것이다. 이 회사는 2014년 모바일 앱 포와택이라는 지불

댄 바그너 (출처: 뉴스사이트)

결제 시스템을 출시했다.

포와는 차세대 솔루션인 포와태그PowaTag, 포와포스PowaPOS, 포와웹PowaWeb 등을 통해 혁신적인 모바일 즉시 지불 기술, 최초의 완전 통합 태블릿 POS 플랫폼, 앞선 클라우드 기반 상거래 솔루션 등으로 글로벌 상거래의 장벽을 허물고 있다. 포와는 영국 런던에 본사를 두고 뉴욕, 애틀랜타, 샌디에고, 마이애미, 토론토, 파리, 마드리드, 스톡홀름, 밀라노, 홍콩, 싱가포르, 대만, 도쿄, 상하이에 사무소를 두고 있다

2014년 11월 웰링턴 매니지먼트Wellington Management로부터 8,000만 달러를 투자받으며 기업가치를 27억 달러로 평가받았다. 그러나 포와는 2016년 2월 파산신청을 하며 311명의 직원 중 74명을 해고하는 등 경영에 큰 어려움을 겪고 있다.

창업자는 누구인가

댄 바그너Dan Wagner는 16세에 학교를 중퇴하고 리처 사운즈Richer Sounds라는 가게에서 어시스턴트로 일했다. 이후에 광고대행사 WCRS의 AE로 일을 하다가 마케팅 전문가들을 위한 비즈니스 데이터베이스를 만드는 것에 대한 아이디어를 얻는다. 이 아이디어로 바그너는 WCRS를 그만두고 1984년 21세의 나이로 온라인 시장분석 데이터 회사인 메이드MAID를 설립했다. 메이드는 빠르게 성장했고 시장점유율이 26%에 달하는 회사로 성장했다.

메이드는 1994년 회사명을 다이얼로그Dialog로 변경하며 나스닥에 상장했다. 이로서 바그너는 20대에 상장회사의 CEO가 된 것으로 유명해졌다. 2000년 닷컴 버블의 붕괴로 다이얼로그의 주가가 95% 가까이 폭락하면서 결국 톰슨에 5억 달러에 매각되고 만다. 바그너는 그 다음 해에 전자상거래 소프트웨어 공급 회사 벤다Venda를 설립했고 2007년에 벤다의 비즈니스 솔루션을 기반으로 전자상거래 결제 비즈니스 회사인 포와 테크놀러지를 설립했다.

주요 투자자

브라이트 스테이션 벤처스, 웰링턴 매니지먼트 등.

42. 인모비 InMobi

모바일 광고 네트워크 업체

🏠 소프트웨어(광고) 🌐 인도 방갈로르 📅 2007

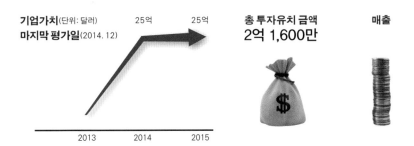

기업가치(단위: 달러)   25억   25억
마지막 평가일(2014. 12)

            2013   2014   2015

총 투자유치 금액
2억 1,600만

매출

비즈니스 모델

고객
(소비자)
    광고 시청 →
    ← 모바일 광고 노출 / 제품 정보 제공

인모비

    모바일 광고 제작 →
    ← 광고 제작 비용

업체 고객
(예:카카오)

글로벌 모바일 광고 플랫폼. 광고 제작 비용을 기업에게 받는 것이 주요 수익원이다. 소비자에게 모바일 광고를 노출시키면서 제품 정보를 제공한다.

어떤 사업을 하는가

인모비는 전 세계에서 가장 큰 규모를 자랑하는 독립적인 모바일 광고 네트워크다. 초창기에는 SMS 문자 서비스로 광고하는 비즈니스 모델을 선보였다. 현재는 배너와 리치미디어 모바일 광고 플랫폼 사업을 하고 있다. 이들은 확실한 현지화 전략으로 해당 시장만의 특성을 인지하고 각 지사에 최대한의 권한을 주는 시스템을 도입했다. 그 결과 인도에서 시작한 이 서비스는 이후 동남아시아, 아프리카, 유럽, 미국과 일본 시장으로 꾸준히 그 영역을 넓혀왔다.

현재 인모비는 165개국의 약 8억 명의 사용자들에게 자신들이 확보한 네트워크로 광고를 전달하고 있다. 인모비의 주력 광고 플랫폼은 네이티브 광고 플랫폼이다. 네이티브 광고는 모바일 앱이나 웹 콘텐츠의 일부와 같아 보이도록 디자인한 광고다. 매체에서 제공하는 콘텐츠와 동일한 폼으로 자연스럽게 노출되기 때문에 기존의 배너 광고보다 최대 6배나 높은 효율을 보이고 있다. 이들은 최근 '앱포그래픽 타게팅'이라는 광고 타게팅 서비스를 발표하기도 했다.

앱포그래픽 타깃팅은 업계 최초로 모바일 사용자들의 앱 선호도에 따라 광고를 타깃팅하는 기술이다. 개개인이 스마트폰에 설치해 둔 앱들을 통해 관심사를 추측, 특정 앱에 가장 관심을 둘 만한 사용자를 대상으로 광고를 보여줄 수 있도록 하는 기술인 것이다. 이들은 현재 전 세계 17개국에서 지사를 운영 중이며 165개국에 광고를 상영하고 있다. 따라서 국내와 세계 시장의 구분 없다. 국내 광고주들이 세계 시장에 진출하거나 제품을 출시할 때 모바일 화면을 통해 캠페인을 집행할 수 있도록 한다.

이들은 삼성, LG, 현대-기아와 같은 대형 브랜드 광고주들과 국내 유명 게임사, 쇼핑 앱들과 파트너십을 맺고 다양한 캠페인과 광고를 하고 있다. 이들은 페이스북, 구글, 트위터에 이어 세계에서 네 번째로 큰 모바일 광고사라는 자부심을 품고 세계 최대 네이티브 광고 플랫폼이 되는 것을 목표로 하고 있다.

창업자는 누구인가

나빈 티와리Naveen Tewari, 아밋 굽타Amit Gupta, 압헤이 싱할Abhay Singhal, 모히트 색시나Mohit Saxena가 공동 창업했다. 나빈 티와리는 인도공과대IIT에서 전자공학 학위를 받았다. 대학 졸업 후 맥킨지 뭄바이 사무소에 일했고 이후 하버드 비즈니스 스쿨에서 MBA를 취득했다. 그는 여타 기업의 입사제의를 거절하고 창업 가능성을 타진해보기 위해 실리콘밸리로 향했다. 그는 실리콘밸리에서 전자상

왼쪽 부터 아밋 굽타, 나빈 티와리, 모히트 색시나, 압헤이 싱할. (출처 : 인모비)

거래 및 모바일 VoIP 벤처기업에서 일했다. 1년 4개월 후 모바일 검색 및 상거래 관련 사업을 모국인 인도에서 시작해보기로 한다

그는 인도의 저명한 벤처케피탈인 뭄바이 엔젤스부터 50만 달러를 모아 세명의 공동 창업자들과 함께 모바일 검색엔진 개발을 했다. 하지만 6개월 후 사업성이 좋지 않다고 판단했다. 소비자들에게 유익하고 어느 정도 매출과 수익 발생이 가능하지만 그가 꿈꾸는 것만큼 혁신적이거나 거대 스케일의 사업으로 키우기에는 부적당했던 것이다. 그는 어렵게 용기를 내 투자자들을 만나 그동안의 진행상황과 현재 그의 생각을 전했다.

그동안 했던 것을 다 버리고 완전히 새로운 일을 시작하는 것은 쉬운 결정이 아니었다. 하지만 그들은 모바일 광고 플랫폼이라는 새로운 비즈니스 모델을 수용하게 된다. 당시 미국은 모바일 광고기업 인수합병이 활발하게 진행되고 있었다. 구글은 애드몹AdMob을 7억 5,000만 달러에 인수했고 애플 역시 모바일 광고회사인 콰트로Quattro를 2억 7,500만 달러에 사들이고 있었다. 그런 분위기 덕분에 나빈의 사업 아이디어는 인정을 받았다.

인모비는 글로벌 모바일 광고 네트워크 1위로 2011년 손정의의 소프트뱅크로부터 2억 달러(약 2,360억 원)의 유치를 한 바 있다. 또한 2014년 12월 소프트뱅크로부터 500만 달러를 추가로 유치하는 데 성공했다. 손정의 사장은 최근 '21세기는 인도의 것'이라며 인도 스타트업에 대한 투자를 확대할 것이라고 밝혔다. 그는 인도 시장에 대한 높은 잠재력을 바탕으로 모바일 스타트업에 대한 투자를 아끼지 않고 있다.

주요 투자자
클레이너 퍼킨스 코필드 & 바이어스, 셔팔로 벤처스, 소프트뱅크 등.

43. 가레나 온라인
Garena Online

동남아시아 최대의 온라인 및 모바일 게임 퍼블리셔

🏠 엔터테인먼트 · 게임(비디오 게임)   🌐 싱가포르   📅 15 2009

기업가치(단위: 달러)
마지막 평가일(2015. 3)   25억

2013   2014   2015

총 투자유치 금액   **매출**

2억
2,200만
1,700만

2011   2012   2014

비즈니스 모델

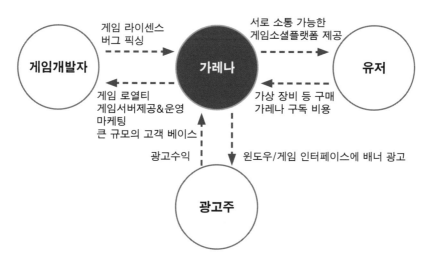

가레나는 기본적으로 게임 유저들에게 게임을 함께 즐길 수 있는 소셜 플랫폼을 제공한다. 유저들이 게임 속 선수들의 가상 장비 등을 구매하는 비용과 가레나 플랫폼 구독 비용을 수익으로 받는다. 그리고 소셜 플랫폼에 광고하고 싶

어하는 광고주들에게 광고 수익을 받는다. 게임 개발자들에게는 게임 로열티를 제공하며 그들에게 게임 라이선스를 지원받고 있다.

어떤 사업을 하는가

싱가포르에 본사를 둔 가레나는 포레스트 리Forrest Li 와 그의 동업자들이 2009년에 창업한 회사이다. 창업 후 '글로벌 아레나Global Arena'의 줄임말인 '가레나Garena'로 사명을 정했다. 현재 대만, 홍콩, 말레이시아 등 동남아시아 지역에서 수백만 명의 유저들을 대상으로 플랫폼 및 온라인, 모바일 콘텐츠를 서비스하는 동남아 최대의 인터넷서비스 기업이다. 온라인 PC와 모바일 엔터테인먼트, 소셜 커머스, 금융 서비스 등의 플랫폼을 제공한다.

2010년에 유저들이 채팅과 게임을 할 수 있는 온라인 플랫폼 '가레나플러스Garena+'를 출시했다. 이후 동남아시아의 온라인 엔터테인먼트 비즈니스 모델에 재투자했고 강력한 네트워크 효과를 지닌 플랫폼을 만들어서 LOL과 피파온라인 등 전 세계의 유명한 게임들을 유저들에게 선보였다. 가레나는 전례 없는 성장을 했다. 2015년 3월 온타리오 교사퇴직연금이 투자하면서 25억 달러의 기업가치를 지닌 것으로 평가되었다.

창업자는 누구인가

포레스트 리는 상하이 교통대에서 공학을 공부했으며 스탠퍼드대에서 MBA를 밟았다. 그 후 모토로라(중국)와 코닝 앤 MTV 네트웍스에서 근무했다. 2009년 5월에 가레나를 설립했고 회장과 최고경영자를 겸임하고 있다.

그는 게임은 사회 및 경제적 영향력이 커져 TV, 라디오, 영화 등 기존 엔터테인먼트를 뛰어넘을 것이며 사람들이 서로 더 잘 이해할 수 있는 '공용어' 역할을 할 것이라고 믿었다. 그런 믿음하에 그는 사람들의 일상적인 삶이 기술을 통해 더욱 좋아지기를 원했다. 그래서 기술, 미디어, 전자통신 분야로 커리어를 쌓아왔다. 리는 사람들이 상호작용할 수 있는 '게임'이야말로 중요한 엔터테인

포레스트 리 (출처 : 가레나 온라인)

먼트 형태가 될 수 있다고 보았다.

2013년에 동남아시아의 첫 모바일 소셜 네트워크인 비토크Beetalk, 2014년
에 온라인 콘텐츠와 휴대전화, 전자상거래 등의 비용을 결제할 수 있는 금융 서
비스 에어페이AirPay, 2015년에 모바일 중심의 소셜 마켓플레이스 쇼피Shopee까
지 출시했다.

이렇게 'PC와 모바일, 콘텐츠와 커뮤니케이션, 대규모 거래와 지불결제의 조
합'이 가레나의 핵심적인 가치제안VP이다. 이를 제공하기 위해 갖추고 있는 네
트워크와 플랫폼들이 가레나의 핵심 역량이 될 수 있다. 또한 싱가포르를 중심
으로 동남아시아에서 가장 크고 가장 빠르게 성장하는 인터넷과 모바일 플랫폼
회사라는 것은 충분히 매력적인 투자 포인트다.

주요 투자자

제너럴 애틀랜틱, 온타리오 교사퇴직연금, 텐센트 홀딩스 등.

44. 모지도 Mozido

금융 서비스를 제공하는 앱을 지닌 모바일 커머스 회사

🏠 금융 서비스(모바일 결제)   🌐 미국 텍사스 오스틴   🏰 2008

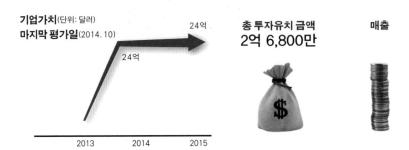

기업가치(단위: 달러)
마지막 평가일(2014. 10)

24억

24억

2013   2014   2015

총 투자유치 금액
2억 6,800만

매출

비즈니스 모델

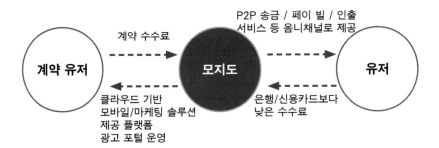

계약 유저

계약 수수료

클라우드 기반
모바일/마케팅 솔루션
제공 플랫폼
광고 포털 운영

모지도

P2P 송금 / 페이 빌 / 인출
서비스 등 옴니채널로 제공

은행/신용카드보다
낮은 수수료

유저

모지도는 사용자들에게 P2P 송금과 인출 서비스 등을 제공한다. 그리고 은행이나 신용카드보다 더 낮은 수수료를 받고 있다. 한편 계약자에게는 클라우드 기반의 모바일 및 마케팅 솔루션을 제공하며 계약 수수료를 수익으로 받는다.

(출처 : 모지도)

어떤 사업을 하는가

모지도는 2007년 미국에서 트럼펫 모바일 브랜드Trumpet Mobile brand하에 모바일 월렛을 처음으로 론칭했다. 이후 모지도는 클라우드 기반 모바일 금융 서비스와 커머스 솔루션의 세계적인 리더로 알려지게 되었다. 은행 계좌 없이도 모바일 기기만으로 소비자가 금융 거래를 할 수 있는 모바일 결제 플랫폼을 개발했고 이를 앱으로 제공한다. 또한 기업 재무 서비스 솔루션은 모바일과 전자기기를 통해서 상품과 서비스 구매 및 대금 지불 등을 가능하게 한다.

모지도의 솔루션은 요금 지불, P2P 지불, 맞춤화된 마케팅 등 SMS 기반의 모바일 기기나 스마트폰의 편의성을 기반으로 한 서비스를 제공한다. 그리고 마스터카드사와 파트너를 맺어서 카드 톱업top-up, 추가지불 서비스와 P2P 지불결제 등 다양한 결제 서비스를 사용할 수 있다. 은행 계좌 없이 금융 거래를 할 수 있는 모바일 지갑 특허를 갖고 있다는 것이 핵심역량이다.

창업자는 누구인가

마이클 리버티Michael Liberty는 1980년 뉴잉글랜드에서 가장 크고 성공한 부동산 지주회사 중 하나인 리버티 그룹을 설립했다. 1990년대 초기에는 사모펀드 회사인 케임브리지 어소시에이트 홀딩스를 공동 설립했다. 또 CEO로서 소비재, 직물, 음식산업 분야 사업을 했다. 그는 다양한 브랜드를 만들었으며 월마트를 포함한 대규모 미국 소매 업체와 함께 일했다.

마이클 리버티 (출처 : 모지도)

이후 인텔리전트 인포메이션 인코퍼레이티드Intelligent Information Incorporated라고 불리던 모바일 무선호출기 회사의 엔젤투자자가 되었다. 회사는 'I3 모바일'로 상장됐고 그는 1997년 이래로 무선산업 분야의 선구자가 되었다. 1998년에는 모바일 미디어 그룹MMG을 설립했고 이 회사는 모바일 지불결제 분야를 선도하는 기업으로 성장했다. 현재 모지도라는 이름으로 운영되고 있다. 마이클 리버티는 이사회 멤버이자 창업자로 있다. 그는 은행계좌가 없는 고객들을 위해서 모바일지갑 특허를 냈고 그 외에 미국 및 다른 국가에서 40개 이상의 특허권들을 보유하고 있다.

주요 투자자

웰링턴 매니지먼트, H. R. H. 셰이크 나흐얀, 마스터카드, 타이거 매니지먼트, 투모로우 벤처스 등.

45. 하우즈 Houzz
세계 1위 홈 디자인 커뮤니티 업체

🏠 소비자 인터넷(홈 디자인) 🌐 미국 캘리포니아 🔢 2009

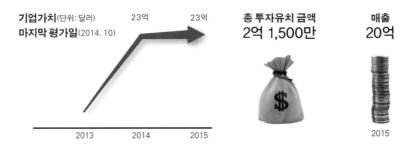

기업가치(단위: 달러)   23억   23억
마지막 평가일(2014. 10)

      2013   2014   2015

총 투자유치 금액
2억 1,500만

매출
20억

2015

비즈니스 모델

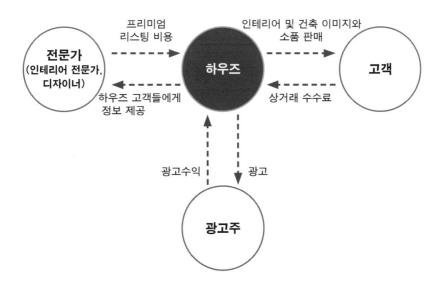

인테리어 및 건축 전문가들, 리모델링을 원하는 일반 집주인들, 소품 및 가구
판매자 등이 고객이다. 전문가들은 더 쉽게 고객들이 자신들을 찾을 수 있도록

프리미엄 리스팅 비용을 지불한다. 이는 하우즈의 수익이 되며 소품이나 가구 판매업자들로부터는 광고 수익을 얻는다. 그리고 고객들이 전자 상거래를 이용하면서 내는 수수료 또한 수익이 된다.

어떤 사업을 하는가

세계 규모 1위의 홈 디자인 커뮤니티. 하우즈는 주택 리모델링에 특화된 소비자-건축업자 중개 플랫폼. 집 리모델링을 위해서 판매자와 소비자가 서로 거래할 수 있는 플랫폼을 앱으로 제공한다. 전문가와 집주인 등이 하우즈를 사용할수 있고 유저들은 다양한 스타일별로 건축 및 인테리어 이미지를 찾아볼 수 있다. 또 마켓플레이스로서 이곳에서 서로 의견을 교환하고 소품도 구매할 수 있다. 건축, 인테리어, 부동산 전문가들의 포트폴리오와 아이디어들도 찾아볼 수 있기에 하우즈 유저들은 집을 짓고 공간을 구상하는 데 도움을 받을 수 있다.

비즈니스 모델을 살펴보면 먼저 인테리어 및 건축 전문가들은 더 쉽게 하우즈 고객들이 자신들을 찾을 수 있도록 프리미엄 리스팅 비용을 하우즈에게 지불한다. 이는 하우즈의 수익이 되며, 소품이나 가구 판매업자들로부터 얻는 광고 수익과 고객들의 전자 상거래 이용 수수료 등이 또 다른 수익으로 돌아온다.

2014년 하우즈의 수익이 상승한 비율은 약 34~45%였다. 2015년에는 약 30~37%의 두 자리 수 매출 수익률을 기록했다. 주택 리모델링에 특화된 플랫폼을 운영한다는 것이 하우즈의 핵심 역량이다. 플랫폼은 세계 1위의 규모이며 유저들을 매개해주는 커뮤니티이자 마켓플레이스 역할도 하고 있다.

창업자는 누구인가

아디 타타코Adi Tatarko와 알론 코헨Alon Cohen이 공동 창업했다. 아디 타타코는 1996년 이스라엘 예루살렘 히브리대를 졸업하고 친구들 2명과 태국 방콕에서 꼬사무이까지 버스 여행을 했다. 그때 버스 운전기사가 그녀를 뒷자리에 앉아 있던 남자들 3명 중 한 명의 옆자리에 앉혔다. 그 남자가 바로 남편이 된 알론 코

아디 타타코, 알론 코헨. 두 사람은 부부이다. (출처 : 하우즈)

헨이다. 두 사람은 방콕 여행 내내 붙어 다녔고 여행을 마치고 이스라엘로 돌아
와 프라이스 소프트웨어라는 작은 회사를 차렸다.

　이들은 1998년 결혼 후 뉴욕으로 이사했다. 2001년 코헨이 이베이의 엔지니
어링 팀을 이끌게 되면서 실리콘밸리로 옮겼다. 타타코는 두 아이를 낳고 커먼
웰스 파이낸셜에서 파트타임으로 일했다. 그러던 중 아디 타타코와 알론 코헨은
1950년대의 팔로 알토의 집을 한 채 샀다. 1950년대 목장형 집이었는데 리모

델링을 해야 했다. 그런데 좋은 재료를 얻는 것도 힘들었고 고치는 걸 도와줄 전문가를 선택하는 것도 힘들었다. 사실 다른 주요 산업들은 온라인으로 진행되는 반면에 홈 리모델링과 디자인은 과거와 다르게 큰 변화가 없었다. 그래서 그들은 잡지에서 사진들을 서투르게 오려내는 과정에 매달렸고 주로 친구나 가족들로부터 받은 소개에 의존하기도 했다. 결국 그들은 이런 리모델링 과정 때문에 큰 비용이 들고 시간이 낭비된다는 결론을 내렸다.

그래서 그들을 도울 프로젝트로 '하우즈'를 만들기로 했다. 만약 한 커뮤니티 안에 집주인과 전문가를 함께 데려올 수 있다면 고민했던 문제들이 쉽게 해결될 것 같았다. 그래서 샌프란시스코의 집주인들, 디자이너들, 건축가들과 아이디어를 공유했다. 사람들이 이 아이디어에 흥미를 느낀다는 걸 알게 됐다. 이후 주방 디자이너와 계약자 같은 리모델링 및 디자인 전문가들, 그리고 샌프란시스코 외의 다른 지역프로들과 집주인들로부터 하우즈에 더 많은 카테고리를 열어달라는 문의를 받았다. 그들은 하우즈가 개인적인 프로젝트 그 이상이 됐다는 것을 깨달았다. 코헨은 2009년 이베이를 그만두고 하우즈에 완전히 매진하기 시작했다. 2010년 오렌 지브가 이끄는 투자자들이 200만 달러를 투자했다.

주요 투자자

컴캐스트 벤처스, DST 글로벌, GGV 캐피털, 클레이너 퍼킨스 코필드 & 바이어스, 뉴 엔터프라이즈 어소시에이츠, 세쿼이아 캐피털, T. 로우 프라이스 등.

adyen 46. 아디엔 Adyen

온라인 전자결제 및 POS 단말제공 서비스업체

🏠 금융 서비스(모바일 결제)   🌐 네덜란드 암스테르담   🏰 2006

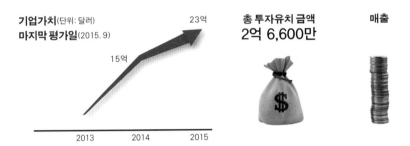

기업가치(단위: 달러)
마지막 평가일(2015. 9)

23억
15억

2013   2014   2015

총 투자유치 금액
2억 6,600만

매출

비즈니스 모델

파트너십
(예: 우버)

제휴수익 →

← 지불결제 서비스

아디엔

온라인 전자 결제 →

← 결제 수수료

유저

일반 사용자들에게 온라인 전자 결제 서비스를 제공하면서 수수료를 받는다. 그리고 제휴를 맺은 업체들로부터 제휴 수익을 받으며 지불 결제 서비스를 제공해준다.

어떤 사업을 하는가

온라인 전자 결제 및 POS 단말을 제공하는 업체. 2006년에 설립되었다. 아디엔 서비스의 열쇠는 비즈니스들이 다른 지불 시스템들로부터 지불 옵션을 통합시킬 수 있도록 한다는 것이다. 그리고 매장부터 모바일 및 데스크톱까지 다양

피터 반 데어 도즈

한 채널을 통해 지불 서비스를 이용할 수 있도록 해준다.

지난 2012년 우버가 네덜란드 사업을 출범할 당시 처음으로 글로벌 결제 파트너로서 제휴관계를 체결했고 이후 6개 대륙 50여 개 시장으로 서비스를 확대했다. 아디엔은 지역마다 각기 다른 규제와 지불 결제 인프라를 수용하고 자사포트폴리오의 지불 결제 데이터를 활용함으로써 최적화된 결제를 지원하고 있다.

일반 사용자들에게 온라인 전자결제를 제공하면서 수수료를 받고 제휴를 맺은 업체들로부터 제휴수익을 받는다. 그리고 지불 결제 서비스를 파트너에게 제공한다.

창업자는 누구인가

아디엔은 2006년 지불 결제 전문가들인 피터 반 데어 도즈Peter van der Does, 아넛 슈이지프Arnout Schuijff가 공동 창업했다. 모두 비빗Bibit에서 12년 가까이 함께 일한 사람들이었다. 비빗은 소량의 콘텐츠를 위한 결제 플랫폼이었다. 당시 초기 단계였던 e비즈니스업체들은 지불을 처리하기 위한 믿을 만한 방법이 필요했다. 그래서 비빗은 오늘날의 '지불결제payments'로 사업방향을 돌렸다. 이것이 성공하여 스코틀랜드 왕립은행RBS에 팔리게 된다.

그 후 3년이 지났으나 스코틀랜드 왕립은행에서 비빗의 결제 플랫폼은 실제로 개발되지 않았다. 비빗은 합병될 당시에는 최첨단이었으나 3년의 침체기를 거치면서 내버려진 것이다. 결국 피터 반 데어 도즈와 아넛 슈이지프는 RBS를 떠났다. 그들은 지불 결제 산업에서 15년 이상의 경험을 가진 전문가로서 2006년 아디엔을 공동 창업했다. 아디엔은 스타트업에서 글로벌 기업으로 성장했고 평균적으로 매년 두자릿수의 성장을 이뤘다. 피터 반 데어 도즈는 비빗이 2004년 스코틀랜드 왕립은행에 합병되기 전에 CCO였다. 그리고 2006년까지 이사회(임원회)에 있었다.

아디엔은 2015년에 100% 거래량 증가와 매출성장을 기록했다. 거래량 500억 달러, 매출 3억 5,000만 달러, 기업가치 약 23억 달러를 기록했다. 유럽의 유니콘 기업 중 여섯 번째로 큰 규모가 되었다. 그 전년도인 2014년에도 폭발적인 성장을 기록했다. 아디엔은 약 250억 달러 규모의 지불 거래를 처리했고 2013년 대비 약 80% 성장했다. 또 약 40% 더 증가한 고객들을 얻고 100% 매출성장을 기록했다. 새로운 고객에는 페이스북, 스포티파이, 에어비앤비 등이 있다.

아디엔의 핵심역량은 온라인 전자 결제뿐만 아니라 POS 단말기까지 지원한다는 것에 있다. 이는 매장을 포함해 모바일과 데스크톱 등 다양한 채널에서 지불 결제를 허용하기 때문이다. 그리고 아디엔의 서비스를 통해서 비즈니스들이 서로 지불 옵션을 통합할 수 있다는 것 또한 중요 역량이라고 볼 수 있다.

주요 투자자

펠리시스 벤처스, 제너럴 애틀랜틱, 인덱스 벤처스, 아이코닉 캐피털, 테마섹 홀딩스 등.

47. 트렌디 그룹 Trendy Group

중국의 대형 패션그룹(여성복, 남성복, 아동복 등 판매)

 전자상거래 🌐 중국 광저우 🏰15 1999

기업가치(단위: 달러)
마지막 평가일(2012. 2)

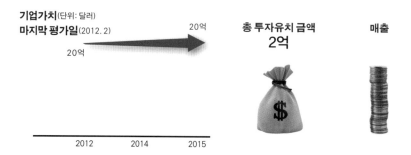

총 투자유치 금액
2억

매출

2012   2014   2015

비즈니스 모델

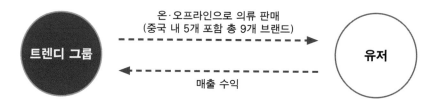

온·오프라인으로 의류 판매
(중국 내 5개 포함 총 9개 브랜드)

트렌디 그룹

유저

매출 수익

중국의 대형 패션그룹. 여성복, 남성복, 아동복 등을 판매해 수익을 얻는다.

어떤 사업을 하는가

중국 광저우에 본사를 두고 있으며 대형 패션 그룹으로서 명성을 쌓아왔다. 여성들을 위한 액세서리와 패션유통 및 소매업체 '오쉬리' '코벤트 가든' '파이 브 플러스', 남성복 '트렌디아노', 아동복 '오쉬리 키즈' 등이 속해 있다. 2012년 에는 '미스 식스티Miss Sixty' '킬라Killah' '에너지Energie' 같은 브랜드를 합병하면 서 아시아 지역의 세계적인 패션그룹으로 도약했다.

쉬위. (출처 : 뉴스사이트), 코럴 리. 두 사람은 부부이다. (출처 : vogue.it)

한편 중국에는 텐 꼬르소 꼬모10 Corso Como와 힘을 합쳐서 럭셔리 컨셉을 가진 매장을 지었다. 이는 기존의 패션그룹에서 패션 및 라이프 스타일 그룹으로 사업을 확장시켰음을 보여준다. 수익은 온라인 및 오프라인으로 의류를 판매하여 매출 이익 등을 얻는다.

창업자는 누구인가

쉬위Xu Yu는 1999년 아내 코럴 리Coral Li와 함께 트렌디 인터내셔널 그룹을 설립했다. H&M이나 자라와 같은 현재의 많은 경쟁자들이 중국에 들어오기 훨씬 전이었다.

2012년 2월 루이뷔통 모에헤네시LVMH가 약 2억 달러를 투자해 기업가치는 약 20억 달러를 기록했다. 트렌디 그룹은 1999년 설립되었기 때문에 그동안 갖춰 놓은 유통 채널과 의류 브랜드를 기반으로 중국의 대형 패션그룹이 됐을 것으로 예측된다. 특히 H&M이나 자라 등 경쟁자들보다 중국 시장을 선점한 것이 기업의 성장에 중요했을 것으로 보인다.

주요 투자자

CITIQ 프라이빗 이쿼티 펀드 매니지먼트, L 캐피털 파트 등.

48. 누타닉스 Nutanix

가상화 컴퓨팅 플랫폼 및 스토리지 관리 소프트웨어 업체

🏠 소프트웨어(기업 저장공간) 🌍 미국 캘리포니아 📅 2009

기업가치(단위: 달러)
마지막 평가일(2014. 8)   20억   20억   10억
2013   2014   2015

총 투자유치 금액
3억 1,200만

매출
1억 2,710만
3,050만
2014   2015

비즈니스 모델

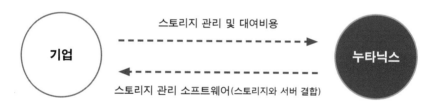

기업 ——— 스토리지 관리 및 대여비용 ——→ 누타닉스
기업 ←——— 스토리지 관리 소프트웨어(스토리지와 서버 결합) ——— 누타닉스

기업에 가상화 컴퓨팅 플랫폼을 공급하고 스토리지를 관리하는 소프트웨어를 제공한다. 스토리지 관리와 대여 비용을 수익으로 얻는다.

어떤 사업을 하는가

가상화 컴퓨팅 플랫폼을 공급하고 스토리지를 관리하는 소프트웨어를 제공하는 업체. 2009년 설립됐다. SAN Storage Area Network이나 NAS Network Area Storage를 통해 서버와 스토리지를 연결하는 기존 데이터센터 제품과 달리 누타닉스 제품은 SAN이 필요 없다는 게 특징이다. 서버 안에 스토리지가 녹아 있어 하나

의 어플라이언스 안에서 데이터를 처리하고 분석할 수 있다.

많은 기업들이 데이터 저장 공간으로 서버에서 만들어진 분리박스를 사용한다. 구글과 같은 큰 웹사이트 운영사들도 각 서버에 디스크 드라이브나 플래시 메모리 저장 장치를 두고 있다. 누타닉스는 이 접근 방식을 따라 많은 박스들boxes에 데이터를 나눠서 저장하는 소프트웨어를 개발했다. 그러나 이것을 단일 저장 장치처럼 반응하도록 한 것이 다른 기업들과 차별화된 저장 기술이다.

구글 파일시스템GFS에서 영감을 받아 2009년 개발한 기술이 누타닉스 분산 파일 시스템NDFS이다. 핵심 역량은 '저장기술'에 있다. 데이터를 나눠서 저장하는 소프트웨어를 단일 저장 장치처럼 만든 것이다. 대용량 데이터를 처리하기엔 적합하지만 작은 데이터는 빨리 처리할 수 없는 기존 시스템들(하둡 분산파일 시스템HDFS과 GFS)의 단점을 보완한 것이다. 이 기술은 데이터의 크기에 구애받지 않고 데이터 분석 및 처리 작업을 할 수 있도록 했다. 클러스터 내 모든 스토리지를 하나로 통합해 사용한다. 이런 소프트웨어와 기술들을 토대로 누타닉스는 기업의 스토리지를 관리하며 하드웨어를 제공해 수익을 얻는다. 2016년에 기업공개를 신청했다.

창업자는 누구인가

디라즈 판데이Dheeraj Pandey, 모히트 아론Mohit Aron, 아지트 싱Ajeet Singh이 공동 창업했다. 디라즈 판데이는 텍사스대에서 컴퓨터공학 석사학위를 받았고 인도 공과대학IIT으로부터 컴퓨터공학 학위를 받았다. 그는 누타닉스를 설립하기 이전에 약 12년 이상 경력을 쌓아왔다. 오라클에 있을 때는 오라클데이터베이스와 엑사데이터Exadata의 스토리지 엔진개발을 담당했다. 그리고 이후 엔지니어링팀을 만들어 애스터 데이터Aster Data(현 테라데이터Teradata)를 시작했고 엔지니어링 VP를 맡아 제품의 출시 및 개발을 감독했다.

한편 구글과 페이스북 같은 대형기업들이 비용을 감수하면서 독자적인 기술들을 개발하는 것을 보고 디라즈 판데이는 그런 혁신들이 더 많은 고객에게 이

왼쪽부터 디라즈 판데이, 모히트 아론, 아지트 싱.

익을 줄 수 있다고 생각했다. 그래서 오랜 동료 모히트 아론과 아지트 싱과 함께 최첨단 데이터 관련 기술을 기업들에 제공하고자 누타닉스를 설립했다.

주요 투자자

액셀 벤처 파트너스, 배터리 벤처스, 블룸버그 캐피털, 피델리티 인베스트먼트, 골드만 삭스, 그린스프링 어소이에이츠, 코슬라 벤처스, 라이트스피드 벤처스 파트너, 모건 스탠리, 리버우드 캐피털, SAP 벤처스, 웰링턴 매니지먼트 등.

49. 매직 립 Magic Leap

AR (증강현실) 기술 기반 플랫폼 개발 회사

🏠 하드웨어(가상 현실)   🌐 미국 필라델피아   📅 2010

기업가치(단위: 달러)
마지막 평가일(2014.10)

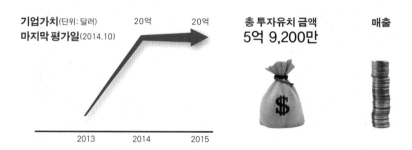

20억   20억

2013   2014   2015

총 투자유치 금액
5억 9,200만

매출

비즈니스 모델

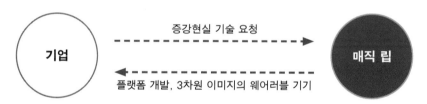

기업 → 증강현실 기술 요청 → 매직 립

기업 ← 플랫폼 개발, 3차원 이미지의 웨어러블 기기 ← 매직 립

증강현실 기술 기반의 플랫폼을 개발업체.

어떤 사업을 하는가

매직 립은 증강현실 기술기반의 플랫폼을 개발하는 회사로 2010년 설립됐다. 이 기업은 사용자들이 물리적 환경에서 3차원 디지털 이미지를 보도록 하는 웨어러블 기기 관련 업체이다. 대표적으로 사용자 안구 움직임을 추적해 이미지를 안구에 투사하는 기술이나 현실감이 탁월한 3차원 영상 기술 등을 개발하는 것으로 알려져 있다. 대표적으로 사용자 안구 움직임을 추적해 이미지를 안

로니 애보비츠 (출처: 매직 립)

구에 투사하는 기술이나 현실감이 탁월한 3차원 영상기술 등을 개발하는 것으로 알려져 있다.

『월스트리트저널』에 따르면 CEO 로니 애보비츠는 "디스플레이 기술의 새로운 유형으로써 매직 립의 기술이 PC 모니터와 스마트폰 스크린을 뛰어넘는 진화가 될 것"이라고 말했다. 그의 바람은 영화와 비디오 게임 등 소통과 엔터테인먼트를 위한 새로운 포맷을 공급하는 것이다.

창업자는 누구인가

로니 애보비츠Rony Abovitz는 예술가와 발명가인 부모에게서 태어나 아타리에서 자랐다. 8세 때 첫 컴퓨터인 맥을 받았다. 마이애미대를 다니며 만화와 음악 연주를 즐겼고 판타지, 특히 공상과학소설을 좋아했다. 그는 영화에 매우 많은 영향을 받았으며 첫 스타트업으로 외과의 로봇 팔 보조 플랫폼을 제조하는 회사 마코 서지컬Mako Surgical을 만들었다. 이후 마코 서지컬을 약 16억 달러에 팔았다.

그는 고교 동창으로 캘리포니아 공과대학 이론물리학과를 중퇴한 존 그래엄 맥나마라와 영화 「스타워즈」처럼 움직이는 홀로그램을 디스플레이하자는 생각에 매료됐다. 하지만 곧 저해상도의 홀로그램 이미지를 투사하는 데 큰 비용과 시간이 든다는 사실을 알게 됐다. 다음 날 아침에 잠에서 깨자마자 그는 사용자만 볼 수 있는 홀로그램을 S3D와 달리 눈과 뇌가 자연스럽게 인지할 수 있도록 하면 좋겠다는 아이디어가 떠올랐다. 투명렌즈에 빛을 투사해 망막에 반사하게 하는 초소형 프로젝터를 넣는 것이다. 그럼 사용자가 현실세계에서 받아들이는 빛의 패턴과 너무나 잘 어울려서 인공 객체를 실제 객체와 거의 구분하지 못한다.

매직 립의 아이디어는 부분적으로 애보비츠의 어린 시절에 영감을 받았다. 그는 마코 서지컬을 만드는 중일 때인 2010년 매직 립에 착수하기 시작했다.

주요 투자자

안데르센 호로비츠, 구글, 클레이너 퍼킨스 코필드 & 바이어스, 콜버그 크래비스 로버츠, 레전더리 엔터테이먼트, 오비어스 벤처스, 퀄컴, 벌칸 캐피털 등.

50. 쿠팡 Coupang(포워드 벤처스)

온라인 및 모바일 O2O 전자상거래 플랫폼

🏠 전자상거래 🌍 대한민국 서울 📅 2010

기업가치(단위: 달러)   20억   20억
마지막 평가일(2015.6)

총 투자유치 금액
14억

매출

3,484억 원

478억 원

2013   2014

2014   2015   2016

비즈니스 모델

온라인 및 모바일 O2O 전자상거래 플랫폼을 제공한다. 수익원으로는 크게 중개수수료 수익과 직접판매 수익이 있다. 중개수수료는 소셜 커머스의 기본적인 수익원으로 쿠팡에 입점한 사업자에게 받는 수수료를 의미한다. 최초 입점 시 수수료는 별도로 없으며 판매에 따른 판매수수료와 서버운영수수료로 구분하고 있다.

카테고리별로 약간 차이는 있으나 일반적으로 6~15%에 해당하는 수수료를 판매수수료로 책정하고 있다. 서버 운영 수수료의 경우에는 월 매출 100만 원

이상의 경우 매월 10만 원씩 부과하는 형식이다. 한편 제조업체는 별도의 중간 과정 없이 쿠팡에 직접 물건을 팔기도 한다. 그러면 쿠팡은 공장 직판 제품을 바로 판매한다. 이때 판매비용이 쿠팡의 직접판매 수익이다.

어떤 사업을 하는가

소셜커머스이자 O2O 전자상거래 플랫폼. 2015년에는 로켓배송을 해주는 '쿠팡맨'을 도입하여 소비자들의 이슈를 모으고 물류시스템에 뛰어 들었으며 손정의의 소프트뱅크로부터 투자를 받아 기업가치가 뛰기도 했다.

2015년 쿠팡의 매출비중 절반 이상이 상품 매출액 1,948억 원으로 큰 비중을 차지하고 있다. 이는 쿠팡이 직접 판매로 얻는 수익이며 제조업체에서 쿠팡에 직접 판매하여 중간 과정 없이 공장 직판 제품을 판매하는 방식이다. 최근 소셜커머스 매출이 급증하면서 쇼핑몰, 오픈마켓 등과 함께 생산업체가 직접 온라인으로 판매하기에 유리한 구조로 변해가고 있는데 쿠팡 역시 중간 마진이 없는 직접 판매를 통해 높은 매출을 기록하고 있을 뿐만 아니라 소비자들의 신뢰까지 얻고 있다.

한편 쿠팡은 일부 상품에 제한돼 있는 로켓배송 서비스를 확대시키고자 2017년까지 물류에 1조 5,000억 원을 투자하고 로켓배송 전담직원인 쿠팡맨을 포함해 관련 인력 4만 명을 고용할 계획이다.

창업자는 누구인가

김범석은 한국에서 태어나 자라다가 유년기에 현대건설 해외주재원이었던 아버지를 따라 미국으로 이민 갔다. 중학교 때까지는 체구도 작고 인종 차별도 겪는 등 초기 생활은 쉽지 않았다. 그는 이민자로서의 핸디캡을 벗어나기 위해 이를 악물고 공부했고 결과적으로 하버드대 정치학과에 입학했다.

20대 시절에는 여러 경험을 통해 경영자로서 내공을 쌓았다. 먼저 하버드대 재학 시절에 대학 잡지 『커런트』를 만들었고 유력 언론사 『뉴스위크』에 매각했

김범석 (출처: 쿠팡)

다. 투자금을 회수하는 수준에 그쳤지만 제품 개발, 마케팅, 조직 관리, 재무, 투자 등 다양한 업무를 경험하며 사업이란 무엇인지에 대해 조금이나마 깨달을 수 있었다고 한다. 두 번째의 창업 경험은 보스턴컨설팅그룹 본사에서 2년가량 일한 후 또다시 대학 잡지『빈티지미디어』를 설립했다. 이 또한 유력 언론사『애틀랜틱 미디어』에 매각했고 투자금을 회수하는 데 그쳤던 첫 번째 창업과 달리 이익도 많이 남겼다. 이때 매각 대금이 이후 쿠팡을 창업 시 종잣돈 역할을 해줬고 두 번의 경험을 통해 창업 내공과 인적 네트워크를 얻을 수 있었다.

그는 MBA 석사 과정을 밟으며 어떤 일을 할까 고민하던 중 창업이 가장 적성에 맞는다는 판단을 내렸다. 그래서 이런저런 아이템을 알아보던 도중 소셜 커머스 기업 그루폰의 존재를 알게 됐다. 그리고 그루폰의 사업 모델을 도시 인구가 많은 한국 시장에 적용하면 딱 좋겠다는 생각을 하게 되어 2010년 한국에서 쿠팡을 창업했다.

2013년과 비교해 2014년에는 상품 매출액의 비중이 급증했다. 1,948억 원으로 전체 매출의 절반 이상을 차지하고 있다. 쿠팡의 사업모델이 단순 수수료 사업에서 상품을 직접 판매하는 매출로 비중을 늘리는 방향으로 급변했다는 것을 확인할 수 있다. 김범석 대표는 쿠팡이 그루폰과 같은 소셜커머스업체가 아닌 아마존과 같은 전자상거래업체를 지향한다고 인터뷰하기도 했다.

2014년도의 영업 손실 1,215억 원에 당기 순손실이 1,200억 원이다. 하지만 소프트뱅크로부터의 1조 원 투자 유치와 보유현금이 많은 재무상태표 상황을 보면 쿠팡의 재무 성과가 우려할 수준은 아니다. 유동자산 2,564억 원(현금 1,900억 원 포함), 비유동 자산 863억 원(유형자산 590억 원 포함), 부채 3,191억 원(차입금 1,820억 원 포함) 수준이다. 쿠팡의 2015년 매출은 전년(3,485억 원) 대비 무려 430% 급증한 1조 5,000억 원에 달할 것으로 추산된다. 쿠팡은 2017년까지 전국에 약 21개 물류센터를 확보하기 위해 1조 5,000억 원을 물류에 투자하고 배송 관련 인력을 약 4만 명 고용하겠다고 밝혔다. 모바일 쇼핑의 주도권을 잡기 위해서는 물류와 배송을 잡는 것이 중요하기 때문이다. 쿠팡의 핵심 역량은 물류와 배송 인력 강화라고 할 수 있다.

주요 투자자

알토스 벤처스, 블랙록, 그린옥스 캐피털, 런치타임, 매버릭 캐피털, 로즈 파크 어드바이저, 세쿼이아 캐피털, 소프트뱅크, 웰링턴 매니지먼트 등.

51. 인스타카트 Instacart

식료품 구매대행 서비스 업체

🏠 소비자 인터넷(식료품 배달)   🌐 미국 캘리포니아   📅 2012

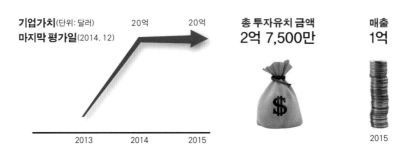

기업가치(단위: 달러)   20억   20억
마지막 평가일(2014. 12)

2013   2014   2015

총 투자유치 금액
2억 7,500만

매출
1억

2015

비즈니스 모델

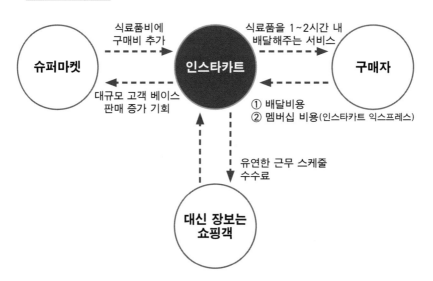

식료품을 배달해주는 서비스업체. 구매자 대신 장을 봐서 한두 시간 내 배달하고 배달비를 받는다. 멤버십 회원은 회비를 내는 대신 배달비가 무료이다. 상

(출처: 인스타카트)

점에서도 추가 요금을 받는다.

어떤 사업을 하는가

슈퍼마켓에서 파는 식료품을 1~2시간 내 배달해주는 서비스. 2012년에 설립돼 미국 전역에 진출해 서비스하고 있다. 직원이 소비자 대신 직접 장을 보고 한두 시간 내 집으로 배달해준다. 식료품 구매와 배달에만 집중한다. 다른 업체와 달리 재고나 저장 등에 비용이 들지 않는다. 슈퍼마켓들을 유기적으로 연결해 하나의 가상 상점으로 만들어 빠르게 배송한다.

그러다 보니 슈퍼마켓의 주요 역할은 인스타카트의 재고 보관 유통 센터로 변하고 있다. 또 슈퍼마켓 식료품 판매대 고객이 이제는 인스타카트의 고객이 되고 있다. 배송료로 1회당 2.99~9.99달러를 받는다. 고객이 멤버십에 가입하면 멤버십 비용을 받는 대신 배송료는 무료다.

창업자는 누구인가

아푸바 메타Apoorva Mehta, 브랜든 레오나르도Brandon Leonardo, 막스 뮬런Max Mullen이 공동 창업했다. 아푸바 메타는 퀄컴에서 디자인 엔지니어로 근무했고

왼쪽부터 브랜든 레오나르도, 막스 뮬런, 아푸바 메타. (출처 : 인스타카트)

아마존에서 일했던 경력을 바탕으로 창업했다. 인스타카트는 샌프란시스코와 마운틴 뷰지역에서 시작됐다.

주요 투자자

안데르센 호로비츠, 카난 파트너스, 컴캐스트 벤처스, 드래고니아 인베스트 먼트 그룹, 코슬라 벤처스, 클레이너 퍼킨스 코필드 & 바이어스, 세쿼이아 캐피 털, SV 엔젤, 스라이브 캐피털, 발리언트 캐피털 등.

52. 도모 Domo

비즈니스 관리 플랫폼 제공 회사

🏠 소프트웨어(비즈니스 소프트웨어) 🌐 미국 유타 📅 2010

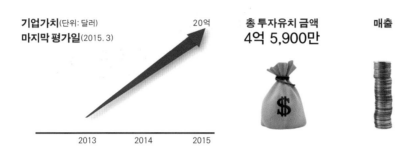

기업가치(단위: 달러) 20억
마지막 평가일(2015. 3)

2013   2014   2015

총 투자유치 금액
4억 5,900만

매출

비즈니스 모델

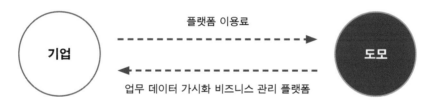

기업 → 플랫폼 이용료 → 도모
도모 → 업무 데이터 가시화 비즈니스 관리 플랫폼 → 기업

업무 데이터를 가시화하는 비즈니스 관리 플랫폼 제공업체. SaaS 기반의 플랫폼을 제공하며 CEO와 기업의 리더들이 비즈니스를 관리하는 방법을 바꾸도록 도와준다. 플랫폼 이용료를 수익으로 얻는다.

어떤 사업을 하는가

클라우드 기반으로 데이터분석 서비스를 제공한다. 2015년 세계경제포럼에서 도모는 기술선구자Technology Pioneer 업체로 선정되기도 했다.

2013년과 비교해 2014년 매출액이 100% 증가했다. 도모는 이베이, 마스

터카드, 굿월 등을 포함
해 1,000곳 이상의 고객
을 확보하고 있다. 도모 제
품의 연간 최소 구독비용
은 최소 10명의 팀을 위해
유저당 2,000달러의 비
율로 약 2만 5,000달러이
다. 각 고객으로부터 얻는
평균 매출은 5만 달러이

조슈아 제임스 (출처 : 도모)

다. 매년 매출이 2배 늘어
났고 2016년에는 1억 달러의 매출액을 넘어갈 것으로 예측된다. 2014년 12월
에 매출액 5,000만 달러 돌파했다.

창업자는 누구인가

조슈아 제임스Josh James는 1996년에는 기업용 웹 분석 소프트웨어 회사인 옴
미추어Omniture를 공동 창업해 2006년 상장했다. 기업 상장 후 3년 뒤인 2009년
에 어도비 시스템에 약 18억 달러에 팔았다. 2010년 10월에 비즈니스 인텔리
전스 시장에서 본 근본적인 문제들을 해결하겠다는 생각으로 사초Shacho를 설
립했다. 사초는 일본어로 CEO를 의미하는 말이다. 이후 2011년 사초의 이름을
일본어로 '감사합니다'를 의미하는 도모로 바꾸었다.

주요 투자자

블랙록, 캐피털 그룹, 글린 캐피털, GGV 캐피털, TPG 그로스, 세일즈포스닷
컴, T. 로우 프라이스, 피델리티 인베스트먼트, 모건 스탠리, 바이킹 벤처스, 드
래고니어 인베스트먼트 그룹, 그레이록 파트너스, 인스티튜셔널 벤처스, 메르
카토 벤처스 등.

53. 블루 에이프런 Blue Apron

조리법 및 식자재를 정기적으로 배달해주는 회사

🏠 전자상거래(음식 배달) 🌐 미국 뉴욕 🏛 2012

기업가치(단위: 달러)
마지막 평가일(2015. 6)   20억

2013   2014   2015

총 투자유치 금액
1억 9,300만

매출
3억 6,000만

2015

비즈니스 모델

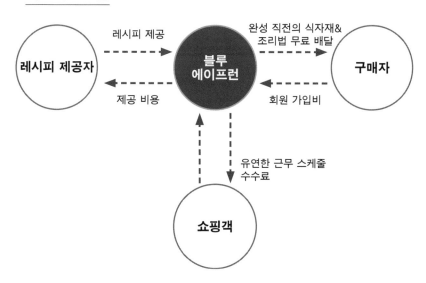

요리 레시피 배달 서비스업체. 완성된 음식이 아니라 요리 직전 상태의 음식
재료와 조리법을 배달해서 요리 과정을 고객들이 즐기며 먹을 수 있도록 한 서

비스이다. 회원제 방식을 채택하고 있다. 2인 기준 매주 3개의 조리 전 음식 상자를 받는 조건으로 이용자들은 59달러 94센트를 내야 한다.

어떤 사업을 하는가

레디투쿡ready-to-cook 배달서비스이자 회원제 서비스이다. 블루 에이프런은 뉴욕 직장인들을 대상으로 만들어졌다. 뉴욕의 직장인들은 다른 도시와 달리 대중교통을 이용해 출퇴근한다. 차로 장을 보고 집에 가는 구조가 아니다. 직장에서 일과를 마친 뒤 복잡하게 붐비는 마트에 가서 장을 보고 그 짐을 든 채 대중교통을 이용해 집으로 가서 요리해서 저녁을 먹는 것이다.

한번 생각해보자. 종일 업무에 시달려 몸은 파김치가 된데다가 장까지 보고 대중교통을 이용해 집으로 돌아가서 다시 식자재 등을 다듬어서 요리한다는 것은 상상만 해도 미션 임파서블이다. 그렇다고 매일 외식을 할 수만도 없다. 블루 에이프런은 그런 뉴욕 직장인들의 애로 사항에서 기회를 보고 사업을 시작했다. 최근 우리나라에서 먹방 쿡방이 유행하고 있는데 미국에서도 더 많은 각종 요리 프로가 유행한 지 오래다. 그러니 텔레비전만 켜면 최고급 레스토랑의 셰프들이 나와 보기만 해도 침이 꿀꺽 넘어가는 요리들을 선보인다. 그런데 그것들이 모두 그림의 떡이라니.

그런데 블루 에이프런에 정기구독 신청만 하면 그 누구나 그 어떤 요리도 그야말로 '뚝딱!' 만들 수 있다. 메뉴 고민, 장보기, 식재료 손질 과정을 모두 생략하고 바로 최고급 요리가 만들어지기 때문이다. 망칠지도 모른다는 걱정은 전혀 할 필요가 없다. 조리법에 따라 정확하게 계량된 양이 들어 있어서 레시피대로만 하면 실패할 확률도 거의 없다.

블루 에이프런은 2015년 11월 기준 매달 500만 개 이상의 요리를 배달하고 있다. 요리 당 10달러라고 하면 연간 매출은 약 7억 2,000만 달러다. 핵심 역량은 완성 직전의 요리를 배달해주는 비즈니스 자체에 있다. 회원제 방식을 채택해서 수익 모델을 갖췄고 간편함과 웰빙을 추구하는 사용자들에게 큰 만족감도 제공한다. 게다가 요리 초보자도 실패할 확률이 낮을 정도로 조리가 어렵지 않기 때문에 '편리함'까지 제공하고 있다. 앞으로 1인 가구와 일하는 여성이 늘어난다면 식품 분야 온디맨드 서비스와 관련된 비즈니스 모델은 더욱 늘어날 것으로 보인다.

창업자는 누구인가

매트 살즈버그Matt Salzberg, 일리아 파파스Ilia Papas, 매튜 워디악Mattew Wardiak이 공동 창업했다. 살즈버그는 뉴저지에서 고등학교를 나오고 하버드대를 졸업했다. 그는 사모펀드 기업 블랙스톤에서 3년간 일했고 그후 하버드대 경영대학원에 진학해서 2010년 졸업했다. 그는 어느 날 지인의 회사에 방문했다가 보스턴에서 IT 컨설턴트로 일하고 있던 하버드대 동창 파파스와 우연히 마주쳤다. 두 사람은 서로 아이디어를 나누다가 의기투합해 창업했다.

그들이 식재료 키트 사업을 하게 된 계기는 이렇다. 하루는 파파스가 살즈버그에게 아르헨티나식 스테이크 요리를 해주겠다고 했다. 그런데 장 보는 데만 몇 시간이 걸렸다. 그는 살즈버그에게 "딱 필요한 만큼만 음식재료를 배달해 주는 서비스가 있으면 얼마나 좋을까?" 하고 말했다. 이에 살즈버그는 즉시 시장조사에 들어갔다. 그는 스웨덴에서 음식재료 키트를 판매하는 업체 리나스 맛케스Linas Matkasse를 발견하고 아이디어를 얻어 비슷한 모델인 파트&파슬리Part & Parsley를 창업했다.

한편 맨 마지막에 합류한 매튜 워디악은 식재료 가격 협상과 요리 연구를 맡고 있다. 그는 이탈리아에서 요리를 공부했고 오클랜드에서 앨리스 워터스의 제자로도 일했다. 그러다가 미국의 유명 요리학교 CIA에 교환학생으로 오게 됐고 2012년 살즈버그와 파파스를 만났다. 그 당시 그는 출장요리 서비스 사업과 함께 송로버섯 도매사업을 운영하고 있었다.

살즈버그가 워디악에게 파트&파슬리에서 전속 요리사로 같이 일하자고 제안했다. 그러자 워디악은 회사 이름을 바꾸자고 했다. 그렇게 해서 파트&파슬

왼쪽부터 매튜 워디악, 매트 살즈버그, 일리아 파파스. (출처 : 블루 에이프런)

리는 프랑스 셰프들이 전통적으로 훈련을 받을 때 입는 '블루에이프런(파란색 앞치마)'으로 이름이 바뀌게 됐다.

세 사람은 서로 자기의 고유 영역을 맡아 책임지고 있다. 살즈버그는 마케팅과 고객 유지와 투자자 관리를 했고 파파스는 실적 광고와 고객 유지와 회사로 들어오는 자재 관리를 했다. 거기다 IT 서비스도 맡아서 처리했다. 한편 워디악은 장을 보고 모든 요리를 직접 했다. 그렇게 세 사람은 롱아일랜드의 작은 주방에서 직접 지인들인 고객에게 보낼 박스에 재료들을 넣고 포장했다. 블루 에이프런의 상자에는 일주일에 3번 먹을 수 있는 분량만큼 음식재료와 레시피가 담긴 노트가 함께 들어간다. 2015년 11월 기준 매달 500만 개의 키트 상자를 배달하고 있다.

주요 투자자

베세머 벤처 파트너스, 피델리티 매니지먼트, 퍼스트 라운드 캐피털, 스트라이프 그룹 등.

54. 깃허브 Github
웹 기반 개발자용 SNS

🏠 소프트웨어(비즈니스 소프트웨어)   🌐 미국 캘리포니아   15 2008

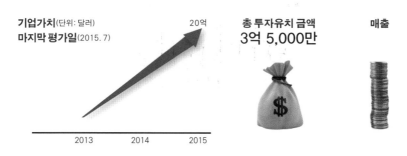

기업가치(단위: 달러)
마지막 평가일(2015. 7)   20억

2013   2014   2015

총 투자유치 금액
3억 5,000만

매출

비즈니스 모델

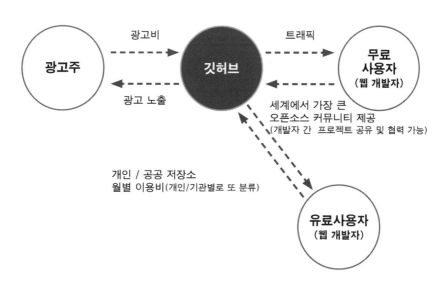

세계에서 가장 큰 소프트웨어 콜라보레이션 및 호스팅 서비스업체. 현재 세계 최고의 코드 저장소이다. 유명 오픈소스 프로젝트를 보유하고 있으며 '웹 개

발자'를 고객으로 두고 있다. 오픈소스를 위한 무료 서비스를 제공한다. 하지만 개인 혹은 공공 저장소를 사용하려는 사람들은 월별 이용비를 내야 한다. 그 외에 광고 수익도 있다.

어떤 사업을 하는가

리눅스 소스관리 시스템 깃Git을 호스팅하는 서비스업체. 현재 세계 최고의 코드 저장소이자 버전 관리 시스템으로서 무려 2,700만여 개의 프로젝트를 호스팅하는 거대한 오픈소스의 집합체이다. 대부분 유명 오픈소스 프로젝트를 보유하고 있으며 '웹 개발자'를 고객으로 두고 있다.

2008년 2월에 서비스를 시작했는데 기업 대상 유료 서비스와 오픈소스를 위한 무료 서비스를 제공한다. 보통 소스 버전 관리 시스템은 동시버전시스템과 서드버전관리시스템 등이 있다. 그런데 소스 관리 서비스를 이용하기 위해서는 네크워크 연결이 필요하다. 그런데 깃이라는 엔진은 네트워크 필요가 없다. 오프라인에서 작업한 다음에 온라인으로도 옮길 수가 있다. 깃허브는 바로 깃 엔진을 웹에서 서비스로 만든 것이다.

깃허브는 활동사항을 공개해 개발자별 코딩 상황을 한눈에 알아볼 수 있도록

왼쪽부터 피제이 하이엇, 톰 프레스턴, 크리스 완스트레스. (출처 : 깃허브)

했다. 또 자기가 운영하지 않은 프로젝트의 내용도 자기 계정으로 복사해 가져와 소스를 수정할 수 있는 커미터가 될 수 있도록 해준다. 2008년 2월 설립된 이래로 매년 300%의 매출성장을 했다. 이들의 가장 큰 장점은 세계에서 가장 큰코드 저장소라는 점이다. 이용자들이 약 170만 명에 달하고 있다. 투자자들이깃허브에 투자하는 또 다른 이유는 '소프트웨어가 실리콘밸리 회사뿐만 아니라전 세계 모든 산업에도 핵심이 될 것이라는 믿음' 때문이기도 하다.

창업자는 누구인가

크리스 완스트레스Chris Wanstrath, 톰 프레스턴Tom PrestonWerner, 피제이 하이엇PJ Hyett이 공동 창업했다. 톰은 레일즈Rails의 엔지니어였는데 깃 시스템의 열혈마니아였다. 그는 엔지니어로서 관련 커뮤니티와 모임 등에 활발하게 참여하다가 크리스를 만났다. 두 사람은 모임에서 자주 만나 이야기를 나누다가 깃 기반의 호스팅 서비스가 있으면 좋겠다는 데 의견을 모았다. 이들은 창업 준비를 서둘렀지만 크리스가 다른 창업 준비를 하느라 진도가 잘 나가지는 않았다.

그러던 중 피제이 하이엇이 합류하면서 급물살을 탔다. 세 사람은 3년간 사무실 없이 일하면서 캠프파이어라는 웹 기반 채팅 사이트를 통해 업무 커뮤니케이션을 했다. 또 깃허브가 완성되면 광고해주겠다는 조건을 걸고 엔진야드의 호스팅 서비스를 무료로 사용했다. 창업에 자금을 거의 쓰지 않은 것. 진정한 의미의 0원 창업이라 할 수 있겠다. 법인을 설립할 때도 단돈 1,000달러로 모든 것을 마쳤다.

　그 후 깃허브는 엔지니어들 사이에서 알음알음 퍼져 나갔다. 계속 베타버전을 내면서 사용자 수를 늘려나가다가 2008년 4월에 일반인에 공개됐다. 2012년 기업가치 5억 달러(5,800억 원)로 평가받았고 2015년 20억 달러(2조 3,000억 원)로 평가받았다. 전체 사용자 2,500만 명 중 협업 사용자는 1,000만 명 이상이라고 한다. 명실공히 온라인 개발 협업 플랫폼으로 자리매김했다. 그리고 한 가지 더. 깃허브의 기업문화가 상당히 독특하다. 회사 가이드 라인, 부서, 직급, 출퇴근 시간, 휴가 등이 없다.

주요 투자자

　안드레센 호로비츠, 인스티튜셔널 벤처 파트너스, 세쿼이아 캐피털, 스라이브 캐피털 등.

A 55. 아반트 Avant

저금리 개인 대출 서비스 제공업체

🏠 금융 서비스　🌐 미국 일리노이 시카고　📅 2012

기업가치(단위: 달러)
마지막 평가일(2015. 10)

20억

2013　2014　2015

총 투자유치 금액
6억 5,900만

매출

7,500만

700만

2013　2014

비즈니스 모델

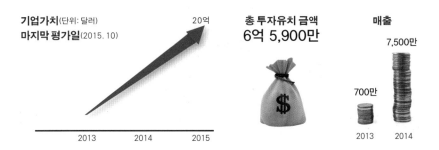

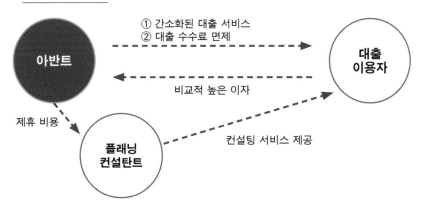

아반트

① 간소화된 대출 서비스
② 대출 수수료 면제

대출
이용자

비교적 높은 이자

제휴 비용

플래닝
컨설탄트

컨설팅 서비스 제공

　대출 이용자들에게 간소화된 대출 서비스를 제공한다. 대출해줄 때 대출 수수료는 면제해주고 일정 수준의 이자를 받는다. 주로 신용등급이 니어 프라임 near-prime 등급인 사람들에게 대출을 해주기 때문이다. 또 다른 곳에서 대출을 받을 때 적용되는 금리보다 비교적 낮은 수준으로 금리를 설정한다. 한편 플래닝 컨설턴트와 제휴를 맺어서 대출을 이용하려는 고객들에게는 컨설팅 서비스

왼쪽부터 존 선, 알 골드스타인, 폴 장. (사진 ⓒ Kendall Karmanian)

도 제공하고 있다.

어떤 사업을 하는가

개인에게 비교적 낮은 금리로 대출을 해주는 업체. 2012년에 설립됐으며 2014년 한 해에만 971%의 매출기록을 달성해서 괴물 스타트업이라고 불리기도 했다.

2015년 4월 기준 아반트 고객 수는 20만 명이다. 강점은 맞춤형 크레딧 점수 계산 시스템을 도입했다는 것이다. 1980년대부터 쓰여온 과거 대출금 상환 내역과 과거 부채 정도 등에 초점을 맞추는 피코Fico 대신에 새로운 맞춤형 크레딧 점수 계산 시스템을 개발해서 사용하고 있다. 플래닝 컨설턴트와 제휴를 맺어서 대출을 이용하려는 고객들에게는 컨설팅 서비스도 제공하고 있다.

창업자는 누구인가

존 선John Sun, 폴 장Paul Zhang, 알 골드스타인Al Goldstein이 공동 창업했다. 존 선과 폴 장은 2012년 스타트업 프로그램 Y 콤비네이터를 졸업했다. 그리고 그들은 재무 관련 의사결정을 내려 개개인의 부채 관리를 도와주는 플랫폼 뎁아이Debteye를 사업으로 생각하고 있었다. 그러나 당시 수입이 없기에 존은 기존 기관의 개인 대출을 찾았다. 그런데 대출을 신청하고 돈을 받는 과정에 오랜 시간이 걸리는 데 불만을 느끼게 됐다. 이것이 아반트를 만드는 아이디어가 되었다. 존과 폴은 에노바Enova에서 인턴으로 일할 때 알 골드스타인 밑에 있었다. 그 인연으로 2012년 알 골드스타인과 함께 대출을 훨씬 더 간결하게 만드는 제품을 만들게 되었다.

주요 투자자

어거스트 캐피털, 발야스니 애셋 매니지먼트, 드레이퍼 피셔 주베트슨, 제너럴 애틀랜틱, 콜버그 크래비스 로버츠, RRE 벤처스, 타이거 글로벌 매니지먼트, 빅토리 파크 캐피털 등.

56. 앱다이내믹스 AppDynamics
앱 성능관리APM 전문업체

🏠 소프트웨어(애플리케이션 소프트웨어) 🌐 미국 캘리포니아 📅 2008

기업가치(단위: 달러)
마지막 평가일(2015. 11)

19억

11억

2013   2014   2015

총 투자유치 금액
3억 3,500만

매출
7,900만

2014

비즈니스 모델

앱 성능 관리 전문 업체. 웹 사이트의 시스템 문제를 자동으로 발견할 수 있는 기술을 고객들에게 제공한다. 빅 데이터 기술도 지원하며 주 수익은 기업의 플랫폼 사용료이다.

어떤 사업을 하는가

웹사이트의 시스템 문제를 자동으로 발견할 수 있는 툴 제공업체. 1,500개 이상의 글로벌 기업에 차세대 APM 솔루션을 제공하고 있다. APM 솔루션은 홈페이지, 앱, 서버에 과부하가 걸렸을 때 프로그램 구조 내 특정지점의 과다 트래픽 발생 현황을 한눈에 파악할 수 있게 해주는 서비스이다. APM 솔루션이 만들어지기 전까지는 트래픽 발생 지점을 찾는 데 오랜 시간이 걸렸다. 그 시간을 대폭 단축시켜주었다. 자바, 닷넷, PHP, Node.js로 구성된 앱 서비스가 단일 화면에서 전체 성능관리를 한다. 모바일 앱 사용자의 경험 모니터링도 추가됐다. 앱에 문제가 발생하면 앱다이나믹스 엔진이 문제가 발생한 시점의 모든 데이터와 스택을 캡처한다.

그러면 관리자는 문제 발생 당시의 모든 상황을 그대로 재현해 단 세 번의 클릭만으로도 근본 원인을 찾아 해결할 수 있다. 또 서버가 수시로 확대 및 축소되는 클라우드 인프라 환경도 지원한다. 제품 출시 초기부터 아마존 클라우드 커넥터를 프리빌트 형태로 탑재해 경쟁 제품들과 차별화했다. 이 외에도 자바와 닷넷 환경을 동시에 모니터링할 수 있으며 산드라, 몽고DB, 아파치와 같은 새로운 빅 데이터 기술도 지원한다. 주 수익은 플랫폼 이용료이다.

창업자는 누구인가

조티 반살Jyoti Bansal은 인도공과대 컴퓨터공학과를 졸업했다. 22세 때 아버지에게 150달러를 빌려서 실리콘밸리로 가서 일을 시작했다. 7년 후 그는 기업들이 소프트웨어 의존도가 높아지면서 관련 앱들이 매우 복잡하게 성장하는 현상을 봤다. 그래서 그는 앱 성능을 전문적으로 관리해주는 프로그램이 필요하다고 판단했다. 그래서 2008년 소프트웨어 엔지니어로서의 일을 그만두고 자신의 사업을 시작하기 위해 벤처 투자자들

조티 반살 (출처 : 앱다이내믹스)

을 찾아다녔다. 그는 낮에는 비전을 나눌 파트너와 투자자를 찾아다녔고 밤에는 기술개발을 해 앱다이내믹스를 만들었다.

앱다이내믹스의 핵심역량은 기술을 바탕으로 탄탄한 성장을 이루고 있다는 점이다. 설립 2년 만에 시장평가기관 가트너로부터 APM 부문 '뉴 마켓 리더'로 선정되기도 했으며 이후 APM 3년 연속 리더로 선정되며 차세대 APM 시장을 리드하고 있다. 빅데이터와 클라우드 등 새로운 기술이 요구되는 환경에서 차세대 APM인 앱다이내믹스에 관심이 높아지고 있다고 한다.

주요 투자자

애디지 캐피털 매니지먼트, 알티미터 캐피털, 배터리 벤처스, 클리어브릿지 파트너스, 크로스 크릭 자문, 골드만삭스, 그레이록 파트너스, 인터스트리 벤처스, 인스티튜셔널 벤처 파트너스, 클레이너 퍼킨스 코필드 & 바이어스, 라이트 스피드 벤처 파트너스, 샌드 캐피털, 실리콘밸리 뱅크 등.

57. 프로스퍼 마켓플레이스 Prosper Marketplace
온라인 P2P 대출업체

🏠 금융 서비스(크라우드펀딩)　🌐 미국 캘리포니아　📅 2005

기업가치(단위: 달러)
마지막 평가일(2015. 4)　　19억

2013　　2014　　2015

총 투자유치 금액
3억 6,000만

매출

8,280만
8,130만

2014　　2015

비즈니스 모델

투자자 ──서비스 이용료──▶ 프로스퍼 마켓플레이스 ──대출 서비스──▶ 대출 이용자
투자자 ◀──투자 서비스──
◀── 프로스퍼 마켓플레이스 ── ① 거래 수수료 수익 (프로스터 자체 등급 따름) ② 이자 및 원금 상환

　　온라인 P2P 대출업체. 거래 기반 비즈니스 모델을 갖추고 있다. 대출 이용자들은 프로스퍼 자체 등급에 따라서 1~5%의 융자개시 수수료를 내야 한다. 그리고 투자자는 매년 1%의 서비스 비용을 낸다. 핵심 역량은 미국의 첫 P2P 대출업체로 시장을 선점한 것이다. 2015년 초까지도 상장에 도전하겠다고 밝혔던 것으로 보아 상장을 계획하기까지 일정 수준의 재무구조는 갖추고 있었던 것으로 추측할 수 있다. 하지만 최근 2016년에 상장 계획이 없다고 발표했다.

어떤 사업을 하는가

온라인상에서 돈을 빌려주는 서비스 업체이다. 2005년 세계 최초로 P2P 대출 중개 서비스를 시작했다. 고객이 서로 돈을 빌려주고 빌리는 일을 중개하는 P2P 대출 서비스의 원조이다.

돈이 필요한 사람이 "100만 원을 6.05%에 대출받고 싶습니다." 하고 자신이 왜 돈을 빌려야 하는지 이유를 적어 올리면 돈을 꿔주는 사람들이 나타나 대출 조건을 이야기한다. 대부분 비슷한 사연들이다. 가난한 대학생의 학자금, 싱글맘의 양육비, 노부모 병원비 등이다. 그럼 돈을 빌려주겠다는 사람들이 나타난다. "내가 그중 50만 원을 6.15%에 빌려주겠습니다." "내가 30만 원을 6.13%에 빌려주겠습니다." 이렇게 여러 명이 포스팅을 하면 경매에 들어가서 가장 낮은 이율부터 선택에 총 금액 100만 원을 빌리는 것이다.

그런데 그럼 아마 누구나 "어떻게 돈을 떼이지 않고 받을 수 있지?" 하는 의문이 들 것이다. 놀랍게도 프로스퍼에서 대출해준 돈 대부분이 돌려받는다고 한다. 그 이유는 돈을 소액으로 나누어서 빌려주기 때문이기도 하고 또 하나는 그룹스라는 장치 때문이기도 하다. 대출을 받으려는 사람은 하나 이상의 그룹에 속해야 한다. 그 그룹은 온라인 커뮤니티처럼 가족, 친구, 동창, 회사동료, 동호회 회원 등 어느 정도 관계를 유지하는 사람들이 모여 있다. 그리고 개인이 얼마나 성실히 돈을 갚았느냐에 따라서 개인의 신용등급이 결정되고 그룹 전체의 신용등급도 결정된다. 일종의 사회적 연대감이 작용하는 것이다. 그러다 보니 돈을 갚지 않고 도망가거나 하는 일을 방지할 수 있다.

창업자는 누구인가

크리스 라슨Chris Larsen과 존 윗첼John Witchel이 2005년에 공동 창업했다. 크리스 라슨은 엔젤 투자자로 P2P 대출을 하는 스타트업을 포함해서 실리콘 밸리 스타트업들을 공동 창업하기로 유명하다. 그는 1996년 온라인 주택 담보 대출을 하는 'E-론Loan'을 공동 창업했고 CEO를 맡았다. 그가 경영하던 시기

에 E - 론은 소비
자들의 신용등급
을 제공하는 첫 번
째 회사가 되었다.
2000년 E - 론의
시장 가치가 10억
달러로 평가되었

왼쪽부터 크리스 라슨, 존 윗첼. (출처 : 프로스퍼 마켓플레이스)

다. 회사는 반코 파퓰러Banco Pupular에게 2005년 매각됐다. 그 해에 크리스 라신은 회사를 떠났다. 현재 CEO는 아론 베르무트이다.

그는 2005년에 미국에서 첫 P2P 대출 업체인 프로스퍼 마켓플레이스를 공동 설립했다. 프로스퍼는 전적으로 크리스의 아이디어에서 나온 사업이다. 그가 원래 온라인 대출 쪽 관련자이기도 하고 또 캄보디아 출신인 아내의 영향을 받기도 했다. 캄보디아에서는 사람들에게 사회적으로 돈을 빌려주는 모델이 있다. 마치 우리나라의 계와 비슷하다. 그는 그 모델을 보고 사업 아이디어를 얻었다.

하지만 그는 2012년에 프로스퍼에서 떠났다. 그 후 가상통화업체 리플 랩스를 공동 설립했고 당사자들 간 직접 돈거래를 할 수 있도록 하는 소프트웨어 '리플Ripple'을 개발했다.

주요 투자자

액셀 파트너스, 아길러스 벤처스, BBVA 벤처스, 벤치마크 캐피털, 블랙록, 브레이어 캐피털, 컴퓨크레딧 홀딩스, 크레딧 스위스 그룹, 넥서스 인베스터, 크로스링크 캐피털, DAG 벤처스, 드레이퍼 피셔 저비슨, 프랜시스코 파트너스, 인스티튜셔널 벤처 파트너스, J.P. 모건 체이스, 메리테크 캐피털 파트너스, 노이베르거 베르만 그룹, 오미디야르 네트워크 커먼스, 패스포트 캐피털, 페노멘 벤처스, QED 벤처스, 세쿼이아 캐피털, 선트러스트 뱅크, 투모로우 벤처스, USAA, 바이올렛 캐피털 등.

58. 원97커뮤니케이션 One97 Communication

인도 온라인 결제업체

🏠 금융 서비스(전자상거래)   🌐 인도 뉴델리   📅 2001

기업가치(단위: 달러)   19억   **총 투자유치 금액**   **매출**
마지막 평가일(2015. 3)   **5억 9,300만**   **5억**

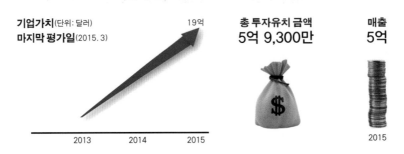

```
          2013      2014      2015                              2015
```

비즈니스 모델

거래 제휴   ① 월렛 충전 및 송금 서비스 제공
                   ② 모바일 결제 플랫폼 이용
제휴업체 → 원97커뮤니케이션 → 대출   ③ 마켓플레이스 이용

제휴 수익   월렛 충전 수수료

고객들에게 충전 및 송금 서비스를 제공하며 월렛Wallet을 충전하는 수수료 등
으로 주 수익을 낸다.

어떤 사업을 하는가

인도 최대 모바일 페이 및 이커머스 기업. 페이티엠은 원97커뮤니케이션 산
하 인도 최대 모바일 결제 플랫폼이다. 사용자가 1억 2,000만 명이다. 2020년까
지 5억 명으로 늘릴 계획이다. 최근 알리바바의 마윈이 지분을 인수해서 화제가

됐다. 또한 원97커뮤니케
이션즈는 전자상거래 쇼핑
웹사이트와 결제 앱 '페이
티엠 월렛' 등을 보유하고
있다. 지불결제 서비스를
전자상거래와 모바일 결제
두 가지 방식으로 지원한다
는 것이 핵심 역량이다.

비자이 세카르 샤르마

인도의 성장 잠재력 역시 기업 성장에 영향을 주었다. 인도에서 스마트폰 보급이 확
대되고 사양이 좋아지고 있기 때문이다. 시장조사기관에 따르면 2020년 인도 스마트
폰 시장 규모는 미국을 넘어 2위로 올라설 것으로 예측된다.

창업자는 누구인가

비자이 세카르 샤르마Vijay Shekhar Sharma는 인도 엘리가르에서 태어났다. 영어
를 몰랐기에 델리대에서 공학을 공부하는 데 어려움을 겪기도 했다. 1997년 대
학에 있는 동안 인디아사이트닷넷Indiasite.net 포털을 시작했다. 2001년에는 뉴
스, 크리켓 스코어, 벨소리, 시험결과와 농담 등의 모바일 콘텐츠를 제공하는 원
97커뮤니케이션즈를 시작했다. 페이티엠은 선불 모바일 충전 웹사이트로 만들
어졌다. 페이티엠이라는 이름은 "페이 스루 모바일Pay Through Mobile"의 머리글자
를 따서 지어졌다.

주요 투자자

인텔 캐피털, SAIF 파트너스, 사파이어 벤처, 실리콘밸리 뱅크, 제지앙 앤트 파
이낸셜 서비스 등.

59. 작닥 Zocdoc
온라인 및 모바일 앱 진료 예약서비스 업체

🏠 헬스케어 🌐 미국 뉴욕 📅 2007

기업가치(단위: 달러)   18억
마지막 평가일(2015. 8)

2013   2014   2015

총 투자유치 금액
2억 2,600만

매출
1억 4,700만

2015

비즈니스 모델

병원 ──서비스 월 이용료──▶ 작닥 ──① 온라인 의사 예약 서비스──▶ 사용자
                                    ② 리뷰서비스
병원 ◀──환자 연결── 작닥 ◀──무료 이용── 사용자

스마트폰 앱을 이용해 의사를 찾아 병원을 예약하고 사전에 환자가 정보를 입력해서 진료를 받을 수 있도록 도와주는 서비스이다. 작닥은 일반 이용자들에겐 무료로 서비스를 제공한다. 대신 의사에겐 연간 300만 원의 수수료를 받는다. 연간 수수료가 있지만 편리하게 예약 신청을 받고 약속시각 직전 취소된 예약을 대신할 새로운 예약도 받을 수 있어서 의사들에게도 인기를 끌고 있다.

어떤 사업을 하는가

온라인 및 모바일 앱으로 병원 진료를 사전 예약할 수 있는 미국 병원정보 서비스 업체다. 병원 검색은 물론 진료 예약과 리뷰까지 남길 수 있어 환자들에게 큰 인기를 끌고 있다.

작닥의 공동 창업자인 사이러스 마소우미는 2012년 청년의사와의 인터뷰에서 성공 요인을 "초기에 온라인 예약을 통해 미국 보건의료의 편의성을 높이는 데 집중했기 때문"이라고 말했다. 또한 많은 의사들의 호응을 이끌어낸 데 대해서는 "의사들은 문서업무 축소에 따른 편의성을 도모할 수 있고 사람들에게 자신의 진료방식을 알릴 수 있기 때문에 기꺼이 사용료를 내는 것이다."고 말했다. 사이러스 마소우미는 맥킨지에서 인게이지먼트 매니저로 일한 경험이 있는데 작닥 창업 후에는 주로 영업을 맡아왔다.

2015년 8월 기준 4만 9,000명 이상의 의사들이 작닥을 사용하고 있다. 이는 연간 1억 4,700만 달러의 매출을 의미한다. 작닥의 핵심역량은 미국에서 평균 18일 걸리던 기존의 진료예약시스템을 바꿨다는 것에 있다. 원하는 의사의 진료 스케줄을 보면서 예약하는 형태로 새로운 병원 서비스를 만들면서 비즈니스 모델을 만든 것이다.

창업자는 누구인가

올리버 카라즈Oliver kharraz, 사이러스 마소우미Cyrus Massoumi, 닉 간주Nick Ganju 가 공동 창업했다. 올리버 카라즈는 독일에서 300년간 대대로 의사를 한 가문에서 태어나 미국에 이민 왔다.

그는 1994년에 첫 번째 비즈니스였던 초기 인터넷 소프트웨어를 만들었다가 팔았다. 그 후 독일 뮌헨대 병원의 레지던트 의사가 되었고 신경 과학 박사학위를 취득했다. 그는 또 예수회대Jesuit College에서 철학 석사학위를 받기도 했다.

그는 작닥 창업 전 맥킨지에서 부 파트너로 7년간 근무하며 국가 차원에서 병원과 환자들 간의 새로운 의료 서비스 모델을 개발하고 시행했다. 또 그곳에

왼쪽부터 올리버 카라즈, 사이러스 마소우미, 닉 간주 (출처 : 작닥)

서 근무하며 작닥 공동 창업가가 된 사이러스 마사우미를 만났다. 두 사람은
2007년 뉴욕에서 처음으로 치과 두 곳에서 작닥 서비스를 시작했다.

주요 투자자 Investor

베조스 익스피디션, 디지털 스카이 테크놀러지, 파운더스 펀드, 골드만 삭스
그룹, 코슬라 벤처스, SV 엔젤 등.

60. 인타르시아 테라퓨틱스 Intarcia Therapeutics
난치병 치료 전문 의약품 개발 업체

🏠 헬스케어(바이오텍) 🌐 미국 매사추세츠 [15] 1995

기업가치(단위: 달러) 18억   18억
마지막 평가일(2014. 3)

2013   2014   2015

총 투자유치 금액
5억 9,800만

매출
20억

비즈니스 모델

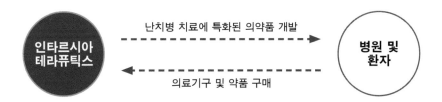

난치병 치료에 특화된 의약품 개발

인타르시아
테라퓨틱스

병원 및
환자

의료기구 및 약품 구매

난치병 치료에 특화된 의약품을 개발하는 업체. 현재 진행 중인 당뇨 치료법 개발이 완료되면 큰 수익을 낼 것으로 예상한다.

어떤 사업을 하는가

주로 난치병 치료에 특화된 의약품을 개발하는 업체이다. 인타르시아 테라퓨틱스사가 주목받는 것은 만성질환으로 알려진 당뇨병을 주사 대신 1년에 단 한 번만의 의료기구 삽입으로 간단하게 치료하는 법을 최초로 개발하고 있기 때문이다.

왼쪽부터 데이비드 프랭클린, 제임스 알러스, 토마스 알레시. (출처 : 인타르시아)

2015년 8월에 인타르시아 테라퓨틱스사는 제2형 당뇨병 환자들을 대상으로 한 치료법 'ITCA 650'의 3상 임상시험 프리덤FREEDOM 결과를 발표했다. ITCA 650은 티탄합금제로 성냥개비 크기의 체내 삼투압 펌프이다. 원래는 동물실험 연구를 할 때 사용되던 것이다. ITCA 650을 환자의 복부 피하에 삽입하면 당뇨 치료 약물이 매일 60마이크로그램씩 지속 투입이 된다. 즉 딱 한 번의 삽입으로 1년간 별다른 치료를 하지 않고 지내도 된다는 것이다. 더욱이 삽입을 위해 병원에 갈 필요도 없고 시간도 단 5분밖에 걸리지 않는다. 혹시 문제가 생기면 바로 제거할 수도 있다.

ITCA650은 인타르시아가 자체개발한 듀로스DUROS라는 전달 기기에 소형 삼투압 펌프로 구성돼 있다. 듀로스는 장시간 동안 인체 체온에서 치료 단백질과 펩티드의 안전성을 유지한다. 따라서 듀로스 기술은 단일 ITCA 650 삽입으로 1년 내내 약물을 전달할 수 있도록 한다.

그 외 비만 관리를 위한 체중조절 프로그램도 계속 운영하고 있다. 연구 개발이 완료되면 수익 창출에 영향을 줄 것으로 보인다. 현재 기업 경영은 전문 경영인 커트 그레이브Kurt Graves가 맡고 있다.

창업자는 누구인가

데이비드 프랭클린David Franklin, 제임스 알러스James Ahlers, 토마스 알레시Thomas Alessi가 공동 창업했다. 인타르시아 테라퓨틱스는 미국 캘리포니아 헤이

워드를 기반으로 한 제약회사이다. 1995년 '바이오메디신BioMedicines'라는 이름으로 설립되었고 2004년에 현재 이름으로 바뀌게 되었다.

주요 투자자

아담 스트리트 파트너스, 알타 파트너스, 줄리어스 베어 은행, 바우포스트 그룹, 베이 시티 캐피털, BIM, 바이오21 벤처 캐피털, 브렌트우드 벤처 캐피털, BSI 인더스트리스, CBG 콤파니에 방케어, 차터 벤처 캐피털, 델파이 벤처스, 파랄론 캐피털 매니지먼트, 피델리티 인베스트먼트, 포사이트 캐피털 매니지먼트, 프랭클린 리소스, 가핀, GC&H 인베스트먼트, GGV 캐피털, 글린 캐피털 매니지먼트, 그린스프링 어소시에이츠, 인터웨스트 파트너스, LGT 뱅크, 비엔나, 롬바르드 오디에 다리어 헨치 & 시에, 뉴 엔터프라이즈 어소시에이츠, 뉴 립 벤처 파트너스, 오메가 펀드 매니지먼트UK, 온타리오 교사 퇴직연금, 퍼시픽 그로스 에쿼티즈, 팩-링크 매니지먼트, 피젯, 퀼베스트 벤처스, RA 캐피털 매니지먼트, 라이파이젠 은행, 트레포일, 트리아지스 트러스트, 벤록 어소시에이츠 등.

61. 어니스트 컴퍼니 Honest.Co

친환경 유아용품 판매 업체

🏠 전자상거래(소비자 상품) 🌐 미국 캘리포니아 📅 2011

기업가치(단위: 달러)
마지막 평가일(2015. 8)

17억

10억

2013   2014   2015

총 투자유치 금액
2억 2,200만

매출
1억 5,000만

2014

비즈니스 모델

판매자 ── 제휴 수익 ──▶ 어니스트 컴퍼니 ── 친환경 유아 제품 판매 ──▶ 사용자

판매자 ◀── 파트너십을 통해 판매 제품 유치 ── 어니스트 컴퍼니 ◀── 제품 판매수익 ── 사용자

　　무독성 친환경 유아용품 판매. 유아용 바디워시와 클렌저부터 기저귀는 물론 유아 가구까지 판매하고 있다. 온오프라인 제품 판매, 회원제 서비스, 파트너 제휴 등을 통해 수익을 내고 있다.

어떤 사업을 하는가

　　무독성 제품 개발 판매. 유아용 바디워시와 클렌저부터 기저귀까지 친환경 유아용품을 개발 판매하고 있다. 처음에는 기저귀 판매가 가장 높았다. 그 외에 유기농 밀랍으로 만든 선크림, 식물성 인조가죽으로 만든 기저귀 가방, 유기농 면과 식물성 폴리머를 사용한 탐폰, 영양보충제, 바디 오일, 버그 스프레이, 개인 위생용품 등을 만든다. 부모라면 아이에게 해가 없는 제품을 사용하고 싶을 것이다. 그런 부모들의 니즈에 가장 적합한 회사가 바로 어니스트이다.

(출처 : 어니스트)

창업자인 영화배우 제시카 알바는 딸을 키울 때 한밤중에 기저귀가 바닥나는 난감한 상황에 자주 처했던 경험이 있었다. 그 경험에서 착안해 기저귀 등 필수용품을 정기적으로 배송해주는 서비스를 만들어냈다. 당시에는 그런 식의 사업 모델이 없었을 때다. 회원제 서비스는 효과적이었다. 어니스트는 기저귀 판매 성장을 발판으로 설거지용 세제, 주방 세정제, 세탁용 세제, 산모 유두용 크림, 멀티비타민, 아기용 가구까지 다양한 제품을 만들고 있다.

또한 세계 시장 개척도 눈에 띈다. 2015년 쿠팡과 단독판매 계약을 맺으며 한국시장에 진출했고 2016년에는 중국 시장 진출 예정이다. 기업공개도 곧 추진할 예정이다. 회사명을 '어니스트'로 정한 것은 어떠한 비밀도 없이 정직하게 재료를 사용하겠다는 의지 반영이다. 그러한 기업 정신은 회사 운영 방식, 제품 포장, 고객과 주주들과 어떻게 소통하는지까지 다 포함된다. 단적으로 그래서 제품도 투명 용기에 담아 한눈에 볼 수 있게 해주고 있다.

어니스트는 2011년 창업하고 1년 후인 2012년 매출액이 1,000만 달러였고 2014년에는 매출액 1억 5,000만 달러를 초과했다. 사업의 수익 80%는 매월 구독 서비스로부터 나온다. 2015년에는 2억 5,000만 달러를 넘을 것으로 예상된다. 유아용 기저귀 등의 안전한 기초 제품을 적절한 가격으로 판 것이 가장 큰 강점이다.

왼쪽부터 제시카 알바, 브라이언 리, 크리스토퍼 개비건, 숀 케인. (출처 : 어니스트)

창업자는 누구인가

제시카 알바Jessica Alba, 브라이언 리Brian Lee, 크리스토퍼 개비건Christopher Gavigan, 숀 케인Sean Kane이 공동 창업했다. 제시카 알바는 2008년 IT업체 사업가인 캐시 워렌과 약혼하고 딸을 낳았다. 그녀는 딸을 임신했을 때 친정 엄마가 추천해준 세탁 세제를 사용하고 알러지 반응을 일으켰다고 한다. 유아용 세제였는데도 그랬던 것이다. 자신에게 해로우니 아이에게도 해로울 것으로 생각했다. 그래서 그녀는 새벽까지 일일이 자료를 찾아가며 여러 세제의 성분을 연구했다.

그녀는 사실 어린 시절 알레르기와 만성 천식 때문에 고생을 많이 했다. 그래서 딸도 자신처럼 알레르기로 고생할까 봐 더 민감하게 욕실과 부엌에서 사용하는 제품들의 유해성 검토를 했던 것 같다. 그 결과 가정용품에 온갖 석유화학 성분과 포름알데히드와 내연재가 들어가 있다는 것을 발견했다. 암, 학습 행동 장애, 자폐, 만성질환 등의 질병이 늘어나는 이유가 바로 독성화학물질 사용이 늘어나서 그렇다는 사실도 알게 됐다. 그녀는 자신의 아이만은 독성 없는 제품으로 건강하게 키우고 싶었다. 그래서 3년간이나 화학물질, 제조과정, 생활용품 업계 전반을 연구했다. 그러다가 결국 창업을 결심하게 됐다.

창업하기 위해서는 파트너가 있어야 했다. 제일 먼저 남편이 소개해준 변호사 출신의 한국계 미국인 브라리언 리를 만났다. 현재 어니스트의 CEO이다. 그 다음은 크리스토퍼 개비건을 찾아갔다. 그는 세 아이의 아빠로 가족들이 건강하고 아이들이 행복하게 자라는 것에 관심이 많았다. 또한 7년간이나 비영리단체 '건강한 아이 건강한 세상Healthy Child Healthy World'의 CEO로도 활동했고 베스트셀러 『건강한 아이 건강한 세계』를 쓰기도 했다. 어니스트에 꼭 필요한 인물이었다. 그렇게 제시카 알바, 브라이언 리, 크리스토퍼 개비건, 그리고 마지막으로 숀 케인이 합류해 사업을 시작했다.

주요 투자자

얼라이언스번스타인, 드래고니어 인베스트 그룹, 피델리티 매니지먼트, 제너릴 카탈리스트 파트너스, 글레이드 부룩 캐피털, 아이코니크 캐피털, 인스티튜셔널 벤처 파트너스, 라이트스피드 벤처 파트너스, 프리츠커 그룹 벤처 캐피털, 웰링턴 매니지먼트 등.

62. 오스카 보험
Oscar Health Insurance

건강관리 서비스 제공 기업

🏠 헬스케어(보험)　🌐 미국 뉴욕　📅 2013

기업가치(단위: 달러)
마지막 평가일(2015. 9)　17억

2013　2014　2015

총 투자유치 금액
3억 5,300만

매출
5,690만

2014

비즈니스 모델

중개인 ◀ --- 파트너십을 통해 건강보험 판매 --- 오스카 보험

① 의사 및 전문가 서치 기능
② 의사와의 1:1 상담 지원
③ 혜택이 가미된 간단한 보험 플랜 추천 --- ▶ 구매자

중개인 --- 중개 수수료 --- ▶ 오스카 보험

오스카 보험 ◀ --- 보험료 --- 구매자

　고객에게 의사와의 1:1 커뮤니케이션을 지원하고 건강 보험을 구매할 때 얼마나 부담해야 하는지 알려주는 건강관리 서비스를 제공한다. 오스카는 혜택이 가미된 개인 건강보험 플랜을 의료보험 마켓플레이스를 통해서 일반 소비자들이 구매할 수 있도록 판매하고 있다. 또 중개인을 통해 건강 보험 구매가 이뤄지면 중개 수수료를 지급한다.

어떤 사업을 하는가

2013년 뉴욕 주에서 개인에게 건강보험을 팔면서 사업을 시작했다. 1인당 1년에 개인 보험료로 평균 4,800에서 5,000달러 정도를 낸다. 2014년 뉴저지 주로도 확대했다. 2015년 기준 뉴욕주와 뉴저지 주에서 4만 명이 오스카 건강보험 상품에 가입했다. 뉴욕 주 건강보험 시장에서 12~15%의 점유율을 차지한 것이다. 오스카는 앱을 통해 증상에 맞는 의사를 추천하고 예상 의료비도 알려준다. 무제한 원격진료, 무료 건강 검진, 독감 예방주사, 처방전 보기 등도 지원한다.

단순히 보험을 넘어 건강관리 전반에 관련된 서비스를 제공해준다. 2015년에는 활동량 측정기인 미스핏웨어러블과 협약을 맺어 자사 회원들에게 무료로 손목밴드형 웨어러블 기기를 지급했다. 매일 목표 걸음 수를 달성하면 하루에 1달러씩 한 달에 20달러까지 보험료를 깎아준다. 2016년에는 캘리포니아주와 텍사스 주에도 진출할 예정이다. 최근 구글 캐피털이 투자하면서 주목을 받았다.

창업자는 누구인가

하버드 비즈니스 스쿨 동급생이던 마리오 슐로서Mario Schlosser, 케빈 나제미Kevin Nazemi, 조쉬 쿠쉬너Josh Kushner가 공동 창업했다. 오스카라는 이름은 조쉬 쿠쉬너의 증조부 이름에서 따왔다고 한다. 쿠쉬너는 건강보험 고지서를 받고 난 뒤 자신이 알 수 있는 게 아무것도 없다는 것을 깨닫고 관련 사업을 시작해야겠다고 결심했다. 게다가 그는 오바마케어 이후 보험 산업이 혼란에 빠지는 상황에서 사업의 잠재력을 보았다.

오바마케어로 알려진 적정가 보장법은 주와 연방 보험 마켓플레이스 시스템을 만들었고 의료 서비스로 돈 벌 기회를 제공했다. 이제는 수많은 미국인이 적절한 가격의 건강 보험을 선택할 수 있게 됐다. 쿠쉬너는 이 기회를 잘 활용하면 수익을 창출하는 기업을 만들 수 있을 것으로 보았다. 이들은 오바마케어 적정가 보장법은 개인에게 제공되는 일반 소비재보다 다른 무언가를 팔 기회였다고

왼쪽부터 마리오 슐로서, 케빈 나제미, 조쉬 쿠쉬너. (출처: 오스카 보험)

말하기도 했다.

주요 투자자

박스 그룹, 포메이션 8 파트너스, 제너럴 카탈리스트 파트너스, 골드만 삭스, 구글 캐피털, 코슬라 벤처스, 레럴 히포 벤처스, 레드스완 벤처스, 스라이브, 웰링턴 매니지먼트 등.

拉卡拉 # 63. 라카라 Lakala.com

중국 오프라인 전자결제 서비스 제공업체

🏠 금융 서비스 🌐 중국 베이징 📅 2005

기업가치(단위: 달러)   16억
마지막 평가일(2015.6)

2013   2014   2015

총 투자유치 금액
2억 7,300만

매출
4,300만

2015

비즈니스 모델

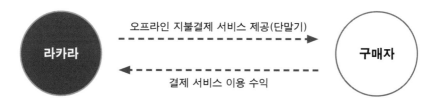

라카라 → 오프라인 지불결제 서비스 제공(단말기) → 구매자

구매자 → 결제 서비스 이용 수익 → 라카라

라카라는 전자 결제는 물론 공과금 지불, 디지털 포인트 프로그램 등을 위한 소프트웨어 솔루션에 집중하고 있다. 또한 편의점, 슈퍼마켓, 쇼핑몰 등에서 사용되는 카드 결제기기와 모바일 카드 결제 기기와 같은 단말기 특허들을 보유하고 있다. 고객들이 내는 결제 서비스 이용료가 주 수익이다.

어떤 사업을 하는가

레노버lenovo 그룹의 하이테크-금융 서비스 계열사. 중국 온라인 금융 및 커뮤니티 전자상거래 업체이다. 인민은행이 발급한 전자종류 지급허가를 받은 최초의 기업 중 하나이다.
모바일 결제업계에서
노장으로 불린다. 라
카라는 별도 가입 절
차 없이 결제할 수 있
는 것으로 유명하다.
현재 알리페이와 텐페

왼쪽부터 선타오란, 레이쥔.

이와 함께 중국 모바일 결제 시장의 3대 업체로 손꼽힌다.

   개인 계정 개설이나 신원 인증 등을 하지 않고 카드발급 은행을 통해 검증메
시지OTP가 뜨면 신원검증과 결제가 동시에 이루어진다. 단, 첫 사용자일 경우에
는 두 번에 걸친 검증메시지 인증이 필요하다. 신원 검증을 할 때 사용되는 중요
지급정보인 유효기관과 CVV가 서버에 저장되지 않아 정보유출 걱정이 없다는
점이 장점이다.

창업자는 누구인가

   선타오란SunTaoran과 레이쥔Lei Jun이 공동 창업했다. 선타오란은 20년 동안
6개의 산업에서 6개의 유명한 기업들을 단독 또는 공동 창업했다. 각 기업들은
매우 혁신적이었고 성공적으로 성장하고 있다. 그는 지린성 창춘에서 태어나
1991년 베이징대에서 경제학 학사 학위를 취득했다. 현재 라카라의 CEO이자
회장이며 동시에 블루포커스 커뮤니케이션 그룹을 포함해 많은 기업의 엔젤 투
자가 혹은 임원으로 활동하고 있다.

주요 투자자

   타이핑런쇼우太平人壽, 차이나짜이보험그룹中國再保險集團, 따띠보험大地保險, 민
항발전기금民航發展基金, 차이나 RE, 포천 벤처 매니지먼트 그룹, 호퉁 인터내셔
널, 킹소프트, 레전드 캐피털 등.

64. 몽고DB MongoDB
문서와 파일 구조화 데이터베이스 제작업체

🏠 소프트웨어(비즈니스 소프트웨어) 🌐 미국 뉴욕 🏰 15 2007

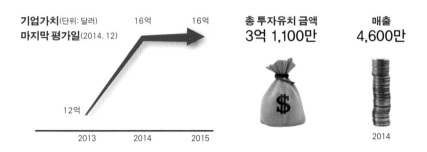

기업가치(단위: 달러)
마지막 평가일(2014. 12)

16억   16억

12억

2013   2014   2015

총 투자유치 금액
3억 1,100만

매출
4,600만

2014

비즈니스 모델

파트너십을 통한
판매, 기술 등 지원

자유-오픈 소스
소프트웨어 지원

중개인   몽고DB   기업

제휴 비용   구매 수익

　　몽고DB는 이베이, 메트라이트, 뉴욕 타임즈 같은 기업들이 문서나 파일을 구조화하는 데 사용하는 데이터베이스를 제작한다. 그리고 고객들에게 적합한 솔루션을 찾도록 도와주는 OEM, 리셀러Reseller, 시스템 인터그레이터System Integrator, 테크놀러지Technology 지원 파트너 회사들이 있다. 기업들의 소프트웨어 구매 비용을 주 수익으로 얻는다.

어떤 사업을 하는가

크로스 플랫폼 도큐먼트 지향 데이터베이스 시스템이다. 몽고DB는 NoSQL 데이터베이스로 분류된다. JSON과 같은 동적 스키마형 문서들(몽고DB는 이러한 포맷을 BSON이라 부름)을 선호하기 때문에 전통적인 테이블 기반 관계형 데이터베이스 구조를 사용하지 않는다. 그래서 특정한 종류의 앱을 더 쉽고 더 빠르게 데이터를 통합하도록 한다. 아폐로 GPL과 아파치 라이선스를 결합하여 공개된 몽고DB는 자유-오픈 소스 소프트웨어이다.

뉴욕시에 기반을 둔 회사인 10gen (현재의 몽고DB)에서 2007년 10월, 계획된 PaaS(서비스로서의 플랫폼) 제품의 구성 요소로 처음 개발하였다. 10gen이 상용 지원 및 기타 서비스를 제공한 2009년에 오픈 소스 개발 모델로 전향하였다. 그 뒤로 몽고DB는 크레이그리스트, 이베이, 포스퀘어, 소스포지, 뉴욕 타임즈와 같은 수많은 주요 웹사이트 및 서비스에 백엔드 소프트웨어로 채택되고 있다. 몽고DB는 가장 유명한 NoSQL 데이터베이스 시스템이다.

미래 산업을 책임질 빅데이터 기술과 소프트웨어를 갖추고 시장에서 성장하고 있다는 것이 강점이다. 이미 몽고디비는 빅데이터 저장 분야에서 가장 많은 사용자그룹을 확보했다. 오는 2018년까지 텔레콤, 국방, 금융, 의료 등 다양한 분야로 사업 영역을 확대할 방침이라고 한다.

창업자는 누구인가

드와이트 메리맨Dwight Merriman, 엘리엇 호로비츠Eliot Horowitz, 케빈 라이언Kevin Ryan이 공동 창업했다.

그중 드와이트 메리맨은 1995년 더블클릭DoubleClick을 공동 창업해 약 10년간 CTO로 근무했다. 매일 수천 억 개의 광고를 다루는 더블클릭의 광고 서비스 인프라 '다트DART'를 설계하기도 했다. 이후 Panther Express의 초기 설계자이자 공동 창업자였으며 회장을 맡았다. 또한 비즈니스 인사이더와 길트그룹의 투자자이자 공동설립자이기도 하다.

왼쪽부터 드와이트 메리맨, 엘리엇 호로비츠, 케빈 라이언. (출처 : 몽고DB)

주요 투자자

알티미터 캐피털 매니지먼트, 플라이브릿지 캐피털 파트너스, 인텔 캐피털, 인큐텔, 뉴 엔터프라이즈 어소시에이츠, 레드 햇 리눅스, 세일즈포스닷컴, 세쿼이아 캐피털, T. 로우프 라이스, 유니온 스퀘어 벤처스 등.

65. 그랩택시 Grabtaxi

동남아시아 차량 공유 서비스 업체

🏠 소비자 인터넷(교통) 🌐 싱가포르 📅 2011

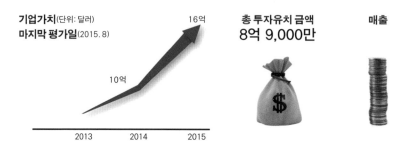

기업가치(단위: 달러)
마지막 평가일(2015. 8)

16억

10억

2013   2014   2015

총 투자유치 금액
8억 9,000만

매출

비즈니스 모델

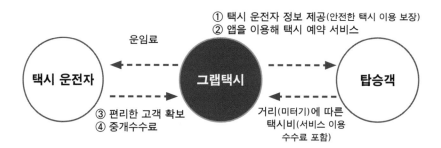

① 택시 운전자 정보 제공(안전한 택시 이용 보장)
② 앱을 이용해 택시 예약 서비스

운임료

택시 운전자   **그랩택시**   **탑승객**

③ 편리한 고객 확보
④ 중개수수료

거리(미터기)에 따른
택시비(서비스 이용
수수료 포함)

　　동남아시아 차량 공유 서비스 제공업체. 이용자가 앱에서 자신의 위치를 찍고 택시를 요청하면 가장 가까운 곳에 있는 택시를 보내주는 방식이다. 이용자와 택시 운전자 양쪽에서 수수료를 받아 수익을 낸다.

어떤 사업을 하는가

앤서니 탄과 후이 링 탄이 2011년 말레이시아에서 마이택시를 설립하면서 시작됐다. 2012년 6월 말레이시아에서 처음 서비스를 시작했고 이어 필리핀, 싱가포르, 태국, 베트남, 인도네시아 등 동남아 40개국 130여 개 도시에 진출했다. 본사는 싱가포르에 있다. 필리핀 마닐라에는 진출 2년 만에 400여 택시회사 중 300여 개와 제휴를 했다.

그랩택시는 미국의 차량 공유 서비스 제공업체인 우버와는 달리 택시업계와 상생을 택했고 현지 정부와도 갈등을 일으키지 않는 전략을 구사하며 동남아 시장에서 승승장구하고 있다. 동남아 각국 사정에 맞게 현지화에 적극 나선 결과다. 신용카드 보급률이 낮은 인도네시아에서는 현금으로 결제할 수 있게 하거나 오토바이 같은 다른 교통수단을 추가하는 등 사업을 다각화했다.

창업자는 누구인가

앤서니 탄Anthony Tan, 후이 링 탄Hooi Ling Tan이 공동 창업했다. 두 사람은 부부이다. 그들은 하버드 비즈니스 스쿨MBA을 함께 다녔고 그랩택시에 대한 아이디어를 나누었다. 앤서니의 증조부는 택시기사였고 조부는 말레이시아에서 일본 닛산자동차 판매사업을 했다. 아버지는 일본 차량 수입판매업체인 탄청모터홀딩스를 운영했다. 그는 3형제 중 막내로 태어났다.

앤서니는 후이 링과 함께 하버드 비즈니스 스쿨에 다닐 때 택시 호출앱을 구상했고 2011년 하버드 비즈니스플랜 경연에 나가 2위를 했다. 그는 벤처 캐피털로부터 투자를 받아 말레이시아로 돌아와 창업했다. 2011년 마이택시를 설립했고 2012년 6월에 첫 서비스를 시작했다. 아시아 40개국 130여 개 도시에서 서비스를 하고 있다. 경쟁업체인 우버와 대항하기 위해 리프트, 올라, 디디추싱이 연합전선을 구축해 이용자들이 해당 국가에서 각각의 앱을 이용해 차량예약 서비스를 받을 수 있게 했다.

또한 2015년 5월에 인도네시아와 7월에 태국 방콕에서 '그랩바이크'라는 오

왼쪽부터 앤서니 탄, 후이 링 탄. 두 사람은 부부이다.

토바이 공유 서비스도 시작했다. 그 외에 카풀서비스인 '그랩히치' 등도 운영 중이다.

주요 투자자

차이나 인베스트먼트 코퍼레이션, 코튜 매니지먼트, 디디추싱, GGV 캐피털, 힐하우스 캐피털, 취나알, 소프트뱅크, 타이거 글로벌 매니지먼트, 버텍스 벤처 홀딩스 등.

66. 옥스포드 나노포어 Oxford Nanopore

3세대 시퀀싱 기술 개발업체

🏠 헬스케어(바이오테크)　🌐 영국 옥스포드　📅 15　2005

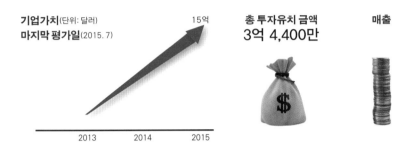

기업가치(단위: 달러)
마지막 평가일(2015. 7)　　15억

2013　　2014　　2015

총 투자유치 금액
3억 4,400만

매출

비즈니스 모델

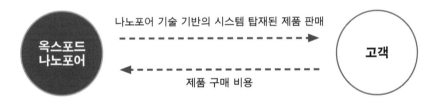

옥스포드
나노포어

나노포어 기술 기반의 시스템 탑재된 제품 판매 →

제품 구매 비용

고객

　3세대 시퀀싱* 기술 개발업체이다. 나노포어 사이언스, 분자생물학, 전기공학 등을 전공한 150여 명의 직원이 모여 유전자 판독 기계를 개발해오고 있다. 미니온MinION, 프로메시온PromethION, 그리디온GridION 등을 개발하고 있는데 그중 2014년 2월에 출시된 USB 크기의 염기서열 분석기 미니온이 대표 상품이다. 미니온은 세균과 효모와 같은 작은 유전체를 염기서열 분석할 수 있고 세균과 바이러스도 구별하고 인간 유전체의 복잡한 부분을 읽어낼 수 있다. 또 염색체

---

*　sequencing, 염기서열 분석.

쌍에 있는 각각의 유전자 버전을 구분할 수 있다.

어떤 사업을 하는가

3세대 시퀀싱 기술 개발 업체이다. 미니온이 대표 상품이다. 미니온은 계속 업그레이드 중인데 현재도 다양한 곳에서 사용되고 있다. 2015년 4월에 영국 버밍엄대 생물학자 조슈아 퀵은 미니온과 몇 가지 장비만 가지고 기니행 비행기에 올랐다. 그는 미니온을 가지고 기니에서 환자 14명에게서 채취한 에볼라 바이러스의 유전체를 읽었다. 독일 함부르크에 본부를 둔 유럽 모바일 연구소 프로젝트는 '미니온 전용 연구소'를 건립하고 환자의 DNA 염기서열을 분석하겠다고 선언했다.

2015년 5월 4일 이탈리아 생물학자들은 미니온과 몇 가지 장비만 가지고 탄자니아 남부 열대우림 지역으로 개구리 유전체 탐사여행을 가기도 했다. 미 항공우주국 나사에서도 미니온을 우주정거장에 보낼 계획이다. 휴스턴 존슨우주센터 애런 버튼 박사는 "잘만 되면 미니온을 화성에 보내 생명 분자 흔적을 찾을 수 있다."고 말하며 기대감을 표현했다.

창업자는 누구인가

2005년 옥스퍼드대에 1억 2,000만 달러짜리 화학부 건물을 짓도록 도와준 IP 그룹과 옥스퍼드대 생화학과 교수인 헤이건 베일리Hagan Bayley 박사, 고든 생헤라Gordon Sanghera 박사, 스파이크 윌콕스Spike Willcocks 박사가 나노포어의 상업기술을 상업화하기 위해 의기투합해 설립한 회사. 처음에는 이름이 옥스퍼드 나노랩스였다. 회사 설립에 앞장선 사람은 IP 그룹 설립자 데이브 노우드 회장이다.

당시 베일리 교수는 30년간의 미국 생활을 마치고 옥스퍼드대 생화학 교수로 부임했다. 그는 국립보건원에서 유전 정보 관련 연구를 하라고 400만 달러를 지원받았다. 그는 하버드대에서 나노포어 시퀀싱을 개발한 지 10년이 지났

왼쪽부터 고든 생혜라, 스파이크 윌콕스, 헤이건 베일리. (출처: 옥스포드 나노포어)

기 때문에 독점권이 풀렸을 거라고 판단했다. 나노포어 시퀀싱이란 DNA 한 가닥을 생물학적 세공 biological pore 속으로 통과시키면서 전기전도성의 차이를 측정하여 다양한 염기를 판별하는 기술을 말한다. 그래서 베일리 교수는 나노포어 기술을 가지고 유전자 판독기술 분야에 진출해야겠다고 결심한다. 2006년 베일리팀은 유전자 분자들의 긴 가닥들이 나노포어를 지나갈 때 흐르는 전류량 감소의 차이를 측정함으로써 코드의 분자들을 구별할 수 있다는 것을 증명했다. 2008년 5월 옥스퍼드 나노포어 테크놀러지로 사명을 바꿨다.

그 후 옥스퍼드 나노포어 테크놀러지는 연구를 통해 나노포어의 입구에 분해효소를 붙여서 차례로 들어오는 기다란 유전자 가닥의 끝에 붙어 있는 분자를 한 번에 하나씩 자르게 했다. 그렇게 잘린 분자들이 나노포어로 떨어지면서 순간적으로 전류를 방해하는 것을 감지해 무슨 문자인지를 판별해낸다. 다시 말해 모든 유전자 분자를 런던 거리의 버스처럼 한 줄로 나란히 세우는 것이다.

주요 투자자

일루미나, 인베스코 퍼페추얼, 인베스코 Invesco 프라이빗 캐피털, IP 그룹, 랜즈다운 캐피털, 오데이 에셋 매니지먼트, LLP, 레드마일 그룹, 톱 테크놀러지 벤처스 등.

67. 조본 JawBone

웨어러블 기기 업체

 🏠 하드웨어(소비자 가전) 🌐 미국 캘리포니아 📅 1999

기업가치(단위: 달러)
마지막 평가일(2016. 1)

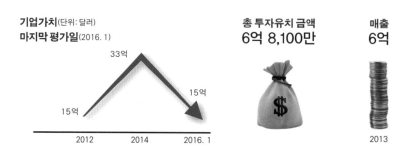

33억

15억

15억

15억

2012　　2014　　2016. 1

총 투자유치 금액
6억 8,100만

매출
6억

2013

비즈니스 모델

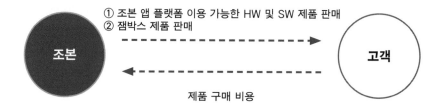

① 조본 앱 플랫폼 이용 가능한 HW 및 SW 제품 판매
② 잼박스 제품 판매

조본　　　　　　　　　　　　고객

제품 구매 비용

　휴대전화용 블루투스 헤드셋, 무선 스피커, 웨어러블 운동량 측정기 세 분야를 개척한 선구자. 소비자 행동과 최신 기술의 만남이라는 시대정신을 가장 잘 구현한 기업 중 하나다.

어떤 사업을 하는가

　휴대전화용 블루투스 헤드셋, 무선 스피커, 운동과 수면량 측정 웨어러블 기기에서 독보적인 제품을 만들었다. 2006년 블루투스 헤드셋으로 첫 성공을 거두었다. 2008년 기업명을 조본으로 바꾸었다. 2007년과 2008년에 수백만 달러의 매출을 일으켰다.

2010년 무선 스피커 잼박스를 출시해 새로운 시장을 열었다. 2011년 운동과 수면량 측정기인 업UP을 출시했다. 업이 만든 웰빙이 조본의 핵심 가치가 되었다. 조본은 업의 사용경험을 높여주기 위한 앱 개발에 엄청난 수의 소프트웨어 엔지니어와 데이터 과학자를 영입했다. 업은 24시간 함께하는 기계임을 표방했다. 조본앱을 위해 개발한 다양하고 기발한 방식으로 식생활습관 개선, 운동량 증대, 수면 질 개선을 이끌어내고 있다. 조본 앱에는 식품회사와 화장품 회사 등이 광고를 싣고 있다.

창업자는 누구인가

알렉산더 어셀리Alexander Asseily와 호세인 라만Hosain Rahman이 공동 창업했다. 알렉산더 어셀리는 어린 시절을 베이루트와 런던에서 보내고 미국으로 와 1993년 스탠퍼드대에 입학해 자연과학을 전공했다. 하지만 그의 관심사는 공학이 아닌 예술이었다. 졸업논문도 공상과학을 연상시키는 기계 장치 디자인이었다. 그 안에는 헤드셋과 연결된 손목에 차는 형태의 통신 장비 그림도 있었다고 한다.

한편 호세인은 화학물질 정제 공장 설계 엔지니어인 아버지와 파키스탄인 물리학자 어머니 사이의 둘째 아들로 태어나 캘리포니아 남부에서 어린 시절을 보냈다. 스탠퍼드대에서 컴퓨터공학을 전공했는데 당시 동기 중 한 명이 머리사 메이어이고 당시 조교가 래리 페이지와 세르게이 브린이었다고 한다. 호세인은 사교적이고 매력적인 인물로 평가받는다.

두 사람은 스탠포드대에서 럭비를 하며 알게 된 사이다. 알렉산더는 친구 호세인과 함께 자신의 아이디어로 창업할 방법을 찾고 있었다. 마침 한 교수로부터 음성인식 기술 연구 과학자들을 소개받았다. 과학자들은 미 국방성이 관심을 두는 소음 차단 기술을 두 사람이 보유한 지적재산을 가지고 개발할 수 있다

왼쪽부터 알렉산더 어셀리, 호세인 라만. (출처 : 조본)

는 걸 알려줬다. 곧 과학자 중 한 명이 합류해 함께 배경 소음 차단 기술을 활용한 헤드셋 개발을 시작했다.

회사 이름은 알리프컴AliphCom로 지었다. 구어를 통한 소통을 의미한다. 2004년 스티브 잡스를 만나 아이디어를 이야기했지만 혹평만 받기도 했다. 힘겨운 연구개발 시기를 거쳐 마침내 소음 차단이 우수한 무선 헤드셋 개발에 성공했다.

주요 투자자

안드레센 호로비츠, 도이치 텔레콤, J. P. 모건 체이스, 코슬라 벤처스, 클레이너 퍼킨스 코필드 & 바이어스, 메이필드 펀드, 리즈비 트래버스 매니지먼트, 세쿼이아 캐피털 등.

68. 인사이드 세일즈
InsideSales.com

판매 관리 소프트웨어 (예측분석 플랫폼) 제공업체

 소프트웨어 (비즈니스 소프트웨어) 미국 유타 프로보 15 2004

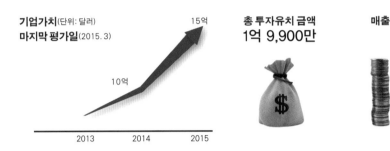

기업가치(단위: 달러)
마지막 평가일(2015. 3)

15억

10억

2013 2014 2015

총 투자유치 금액
1억 9,900만

매출

비즈니스 모델

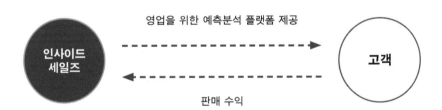

인사이드
세일즈

영업을 위한 예측분석 플랫폼 제공

고객

판매 수익

　　판매원들이 얼마나 효율적으로 판매를 관리할 수 있는지 이해하도록 도와주는 소프트웨어 즉, 예측분석 플랫폼을 제공하고 있다. 이 소프트웨어를 구매한 고객들은 영업용 예측분석 플랫폼으로 최적화된 판매 활동을 예측하고 성과를 향상시킬 수 있다. 주 수익은 플랫폼 판매로 고객들이 내는 비용에서 나온다.

왼쪽부터 데이비드 엘킹톤, 켄 크로그, 롭 크리스텐슨. (출처: 인사이드 세일즈)

어떤 사업을 하는가

판매 관리를 높여주는 소프트웨어 제공업체. 2004년에 설립되었다. 고객들에게는 좋은 기술을 갖춘 조사(추적)용 소프트웨어를 판매하고 있다. 이를 구매한 고객들은 이 예측분석 플랫폼으로 최적화된 판매 활동을 예측하고 성과를 향상시킨다.

창업자는 누구인가

데이비드 엘킹톤David Elkington, 켄 크로그Ken Krogue, 롭 크리스텐슨Rob Christensen이 공동 창업했다. 데이비드 엘킹톤은 브링햄 영대Bringham Young Univ에서 철학을 공부했다. 그는 2004년에 세일즈맨들이 얼마나 효율적으로 판매를 관리할 수 있는지에 대한 이해도를 높이기 위해 예측분석 소프트웨어를 제공하는 회사를 설립했다. 세일즈 경향을 보여주고자 빠른 속도로 처리된 거대한 양의 데이터들을 모아왔다. 2004년 회사를 시작한 뒤 매년 연속적으로 50~100%의 성장률로 이끌고 있다.

그는 인사이드세일즈를 만들기 전에 e-비즈니스 컨설팅 및 앱 개발 회사를 공동 창업하기도 했고 또 에버필Everfill이라는 의료서비스 관련 회사를 창업해 회사가 팔리기 전까지 사업개발 책임자로 일하기도 했다. 그전에는 발티모어에 있는 도이치뱅크 알렉스 브라운Deutsche Bank Alex Brown의 투자은행에서 재무분석가로 일하기도 했다.

주요 투자자

아카디아 우드 파트너스, 에픽 벤처스, 후머 윈블랜드 벤처 파트너스, 클레이너 퍼킨스 코필드 & 바이어스, 마이크로소프트, 폴라리스 파트너스, 세일즈포스닷컴, USVP, 제타 벤처 파트너스 등.

口袋购物
koudai.com

69. 코다이 쇼핑
Koudai Shopping

중국의 온라인 전자상거래 서비스 업체

🏠 전자상거래 🌏 중국 베이징 📅 2011

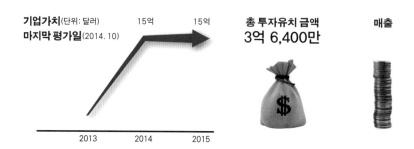

기업가치(단위: 달러)
마지막 평가일(2014. 10)

15억   15억

2013   2014   2015

총 투자유치 금액
3억 6,400만

매출

비즈니스 모델

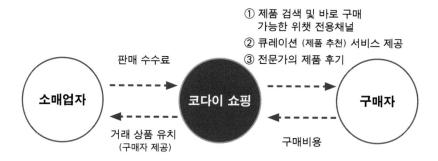

① 제품 검색 및 바로 구매
　가능한 위챗 전용채널
② 큐레이션 (제품 추천) 서비스 제공
③ 전문가의 제품 후기

소매업자 — 판매 수수료 → 코다이 쇼핑 → 구매자

거래 상품 유치
(구매자 제공)

구매비용

　온라인 전자상거래 서비스업체. 코다이는 구매자들의 제품 구매 비용과 수수료 정산 후 판매자가 낸 대금을 통해 수익을 낸다. 사용자의 스타일에 맞춰 타겟 상품을 추천해주는 개인 맞춤 서비스를 한다는 것이 강점이다. 그리고 위챗이용자들은 따로 모바일 쇼핑 웹사이트에 접속할 필요 없이 위챗앱 안에서 코다이 제품을 쇼핑할 수 있다. 따라서 위챗 이용자의 편의성이 더 높아진 점도 들 수 있다.

어떤 사업을 하는가

2011년에 온라인 전자상거래 서비스를 제공하는 기업으로 설립됐다. 코다이는 2개의 모바일 앱을 운영한다. 첫 번째는 마켓플레이스 앱 '코다이'이다. 이 앱에서 구매자들은 상품을 탐색하고 개인 추천도 받을 수도 있다. 이 앱에서 구매자들이 개인 정보를 입력하면 그에 맞춰 선별된 상품들이 개별적으로 추천된다. 그리고 이용자들은

케 왕

제품 후기와 평점을 읽어 본 후에 구매할 수 있다. 또 위챗을 통해 제품을 찾고 구매할 수 있도록 전용 채널이 마련되어 있다.

두 번째는 '웨이디안Weidia'으로 전자상거래 상인들이 텐센트의 위챗과 시나의 웨이보 등과 같은 소셜 네트워크를 통해 전자상거래 판매자가 비즈니스를 할 수 있도록 돕는다. 중국에서 위챗 같은 소셜네트워크를 통해 판매하는 방식은 온라인 상거래에서 매우 강력한 채널이다. 사람들은 웨이디안에서 다른 사람들의 제품을 판매하는 온라인 재판매자가 될 수 있다. 웨이디안 계정은 빠르게 늘어나는 중이다.

창업자는 누구인가

케 왕Ke Wang은 코다이의 창업자이자 CEO이다. 2014년에 『포브스』 선정 '백만장자 리스트'에서 최연소 중국인 부자로 등극한 바 있다. 코다이쇼핑은 고객들과 온라인숍으로 중국에서 가장 유명한 소셜네트워크 위챗에 연결시킨다.

주요 투자자

청웨이 캐피털, DST 어드바이저, 팔콘 엣지 캐피털, H 캐피털, 매트릭스 매니지먼트, 텐센트 홀딩스, 타이거 글로벌 매니지먼트, Vy 캐피털 매니지먼트, 워버그 핀커스 등.

70. 뮬소프트 MuleSoft

앱과 데이터소스, API 연결 통합 소프트웨어 판매 업체

🏠 소프트웨어(비즈니스 소프트웨어) 🌐 미국 캘리포니아 🏰 15 2016

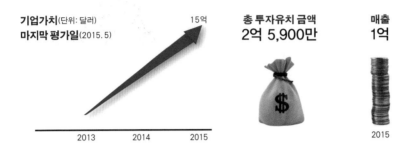

기업가치(단위: 달러)
마지막 평가일(2015. 5)   15억

2013   2014   2015

총 투자유치 금액
2억 5,900만

매출
1억

2015

비즈니스 모델

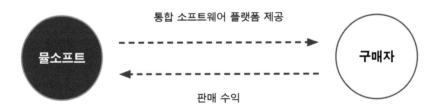

통합 소프트웨어 플랫폼 제공

뮬소프트 → 구매자

판매 수익

　　기업의 클라우드 앱을 클라우드에서 운영하지 않은 앱들과 연결시키는 소프트웨어 기반을 제공한다. 뮬소프트는 다양한 모바일 기기도 지원하며 소프트웨어 판매로 주 수익을 창출한다. 2015년에 92% 매출성장을 이뤘다. 매출액은 1억 달러를 넘는다.

어떤 사업을 하는가

앱, 데이터소스, API 등을 클라우드나 온프레미스에서 연결하기 위해 사용되

는 통합 소프트웨어를 판매한다. 기업의 클라우드 앱을 클라우드에서 운영하지 않은 앱들과 연결시키는 소프트웨어 기반을 제공한다. 비록 처음에는 연결되도록 만들어지지 않았던 앱이더라도 뮬소프트의 소프트웨어를 통해서 데이터 교환이 가능하다.

로스 메이슨 (출처: 뮬소프트)

창업자는 누구인가

로스 메이슨Ross Mason이 창업했다. 라보뱅크RaboBank의 주요 설계자였다. 2002년 첫 번째 대규모 ESB implementation 중 하나를 개발하는 데 중요한 역할을 하기도 했다. 그는 내셔널웨스트민스터은행, 크레딧 스위스, UBS와 함께 일하기도 했다. 이후 대규모 통합 프로젝트를 지원하고 서비스하는 심포니소프트 리미티트SymphonySoft Limited의 CEO를 맡았다. 그러던 중 소프트웨어 통합이 쉬워야 하며 개발자들이 반복적으로 코드를 쓰는 것보다는 오히려 소프트웨어 컴포넌트를 조립하고 재사용할 수 있어야 한다는 생각을 떠올리게 됐다. 그래서 그는 2006년에 컴퓨터 공학자로서 '뮬 ESB'라고 불리는 오픈소스 소프트웨어 프로젝트를 만들며 창업했다. 현재 뮬소프트의 제품전략, 오픈소스 리더십, 엔지니어링 얼라인먼트engineering alignment, 직접적인 고객관계 등을 책임지고 있다.

주요 투자자

애디지 캐피털 매니지먼트, 베이 파트너스, 브룩사이드 캐피털, 시스코 인베스트먼트, 후머 윈블래드 벤처 파트너스, 라이트스피트 벤처 파트너스, 메리츠 캐피털 파트너스, 모건테일러 벤처스, 뉴 엔터프라이즈 어소시에이츠, 세일즈포스 벤처, 샌드 캐피털 벤처, 사파이어 벤처스, 서비스나우 등.

71. 버즈피드 BuzzFeed

뉴스 및 엔터테인먼트 소셜미디어 운영 업체

🏠 미디어(미디어&엔터테인먼트) 🌐 미국 뉴욕코 📅15 2006

기업가치(단위: 달러)
마지막 평가일(2015. 8)   18억

2013   2014   2015

총 투자유치 금액
2억 9,700만

매출
4,600만

2014 상반기

비즈니스 모델

뉴스와 가십 등을 모아둔 미국의 종합 엔터테인먼트 웹사이트. 핵심 개념은 '리스티클Listicle'이다. 리스티클이란 목록List과 기사Article의 합성어다. '30세가 되기 전 꼭 해야 할 10가지' 등 가짓수로 소개하는 기사를 말한다. 리스티클의 특징은 팩트나 심층적인 분석보다는 가벼운 읽을거리나 화제성을 강조한다는 것이다. 뛰어난 데이터 분석 기술을 통해 이용자들의 욕구에 맞는 콘텐츠를 유통시킨다. 즉 철저하게 '개인화 마케팅'을 진행한다고 볼 수 있다.

어떤 사업을 하는가

2006년에 바이럴 랩으로 출발했다. 바이럴 콘텐츠를 추적하고 사람들이 공유하길 원할 만한 콘텐츠를 만드는 집중하는 소셜미디어 운영 업체이다. 2012년 정치웹진『폴리티코』출신 벤 스미스를 영입했다. 2012년부터 2014년 사이에 순 방문자가 여섯 배 이상 상승했다. 이는 데이터 과학자 다오 구엔Dao Nguyen 합류로 가능했다. 콘텐츠 형식이 리스티클과 퀴즈 등으로 이루어져 재미있고 감정 표시 등으로 독자 참여를 높여 SNS를 통해 널리 퍼질 수 있었다.

미국에서는 버즈피드가 인터넷에 떠도는 뉴스나 사진을 재가공해 SNS에 유통하면서 기존 미디어를 위협할 정도로 급성장하고 있다.『뉴욕타임스』는 지난 2014년 내부 보고서를 통해 가장 강력한 경쟁 매체로 버즈피드를 지목하기도 했다. 한국에서는 피키캐스트가 유사 서비스를 하고 있다.

창업자는 누구인가

조나 페레티Jonah Peretti와 존 존슨John Johnson이 공동 창업했다. 조나 페레티는 MIT 미디어 랩을 졸업했으며 뉴욕대와 파슨스쿨에서 디자인을 가르치고 있다. 그는 2000년에 나이키에서 '개인적으로 원하는 문구를 새긴 옷을 파는 이벤트'를 할 때 '노동착취공장Sweat Shop'라는 문구를 넣어달라고 요청했다. 당연히 그 요구는 나이키로부터 무시당했다. 조나는 그 사실을 친구들 열 명에게 이야기했다. 그러자 그 친구들은 또 친구들에게 그 이야기를 했고 그렇게 널리 퍼져 나가 2주 만에 지역신문에 났다. 타임과 가디언에도 기사가 났고 급기야 조나는 TV쇼에까지 출연하게 됐다. 그 일은 그에게 바이럴 마케팅의 힘이 얼마나 센지를 깨닫게 해주었다. 그 후 그는 바이럴 콘텐츠 개발에 몰두하게 되었다.

2005년 허핑턴포스트를 공동 창업한 이후 2006년에 뉴욕 차이나타운에서 다섯 명의 직원과 함께 바이럴 랩 '버즈피드'를 시작했다. 그는 버즈피드에서 바이럴 프로젝트를 실험했고 어떻게 웹을 통해서 정보와 아이디어들이 퍼져 나가는지 공부했다.

왼쪽부터 조나 페레티, 존 존슨.

주요 투자자

안드레센 호로비츠, 베타웍스 스튜디오, 파운더 콜렉티브, 허스트 미디어, 레러 히포 벤처스, NBCU유니버셜, 뉴 엔터프라이즈 어소시에이츠, RRE 벤처스, 소프트뱅크 캐피털, SV 엔젤 등.

72. 블라블라카 BlaBlaCar

프랑스의 카풀 중개 서비스업체

🏠 소비자 인터넷(교통) 🌐 프랑스 파리 📅15 2006

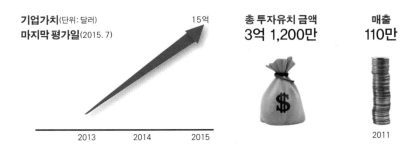

기업가치(단위: 달러)
마지막 평가일(2015.7)   15억

2013   2014   2015

총 투자유치 금액
3억 1,200만

매출
110만

2011

비즈니스 모델

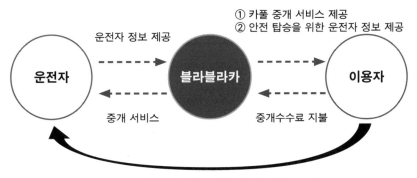

① 카풀 중개 서비스 제공
② 안전 탑승을 위한 운전자 정보 제공

운전자 정보 제공

운전자   **블라블라카**   **이용자**

중개 서비스   중개수수료 지불

운전자가 임의로 정한 교통비 지불

　카풀 서비스. 운전자가 자신의 목적지, 차량, 동행자 정보 등을 올리면 일정이 맞는 사람이 동승한다. 동승자는 핸드폰과 페이스북을 통해 운전자 신원을 확인할 수 있게 해주고 그동안의 평점도 확인할 수 있다. 교통비는 운전자가 임의대로 정한다. 동승자는 교통비의 10~15%를 중개수수료를 낸다. "안심하고 저렴하게 여행하세요!"라는 슬로건처럼 저렴한 비용으로 자가용을 이용해 편하

(출처 : 블라블라카)

게 여행할 수 있다. 또 여행을 현지인과 함께하기 때문에 색다른 경험과 추억을 남길 수 있다.

어떤 사업을 하는가

혼자 자동차 여행하는 사람과 차편을 구하는 사람을 연결하는 온라인 히치하이킹. 유럽은 미국보다 교통비가 비싸 사용자가 많다. 목적지가 같은 사람들끼리 비용을 아끼고자 함께 차량을 이용하는 서비스로 운전자가 자신의 목적지, 차량, 동행자 정보 등을 올리면 일정이 맞는 사람이 비용을 내고 동승한다. 운전자와 동승자가 서로 평가하게 함으로써 이용자 간의 신뢰도를 높였다.

심지어 동승 여행 동안의 대화 가능 여부 정도까지 스스로 정하도록 해 서로에게 맞는 여행 동승자를 찾을 수 있다. 여성 전용 옵션을 통해 여성끼리 연결해줌으로써 여성들이 안전하게 서비스를 이용할 수 있는 장치도 마련해 놓고 있다. 결국 블라블라카는 운전자나 동승자 모두에게 저렴한 경비로 여행할 수 있도록 해주고 지루하고 긴 여행을 흥미로운 시간으로 만들어준다.

'공유 경제'를 기반으로 카풀 중개 서비스를 제공한다는 것이 강점이다. 프랑스에서는 도시 간에 운행되는 버스가 드물다. 도시 간 여행에서 이용 가능한 대

왼쪽부터 프레데릭 마젤라, 프란시스 나페즈, 니콜라스 브러선. (출처 : 블라블라카)

중교통 수단은 기차나 비행기가 전부다. 기차 또는 비행기는 사전 예약을 하지 않으면 좌석이 없는 경우가 많다. 또 이용료가 상대적으로 비싸다. 특히 기차나 비행기로 바로 연결되지 않는 도시도 많다. 하지만 블라블라카는 원하는 날짜에 원하는 여행지로 이동하는 운전자 또는 동승자를 찾아 예약할 수 있도록 카풀링 서비스를 한다.

창업자는 누구인가

프레데릭 마젤라Frédéric Mazzella, 프란시스 나페즈Francis Nappez, 니콜라스 브러선Nicolas Brusson이 공동 창업했다. 프레데릭 마젤라는 1999년에 미국 스탠퍼드대 물리학과에 입학했다. 2003년 크리스마스를 보내기 위해 프랑스 시골 고향집으로 가야 했는데 자동차가 없었다. 그런데 도로에는 혼자 차를 타고 가는 사람들로 꽉 차 있었다. 그는 나 홀로 운전하는 차가 낭비라고 생각했다. 자동차 빈자리를 누군가에게 나눠준다면 기름값도 아끼고 도로 교통도 원활해질 것으로 생각했다. 그래서 알아봤는데 비슷한 서비스를 하는 곳이 없었다.

그래서 그는 여행의 효율성을 높이고 연료도 줄이고 비용도 저렴한 수송 네트워크 모델을 생각했다. 2006년에 프랑스에서 도시 간 카풀(차 함께 타기)을 중개하는 것으로 시작했다. 프랑스어로 카풀을 뜻하는 꼬보아뛰하쥬Covoiturage로 시작했다. 2008년에 "부킹이 페이스북과 만났다Booking meets Facebook"라고 묘사된 "2.0 웹 커뮤니티 꼬보아뛰아쥬web community Covoiturage.fr"를 시작했다. 꼬보아뛰하쥬는 원래 C2C(free)와 B2B 사업을 둘 다 진행했다. 그리고 직원들에게 카풀을 권장하던 회사에 소프트웨어 플랫폼을 판매했고 200개 정도를 판매했다.

그러나 B2B 모델은 이익이 되지 않았고 낮은 가격에 너무 많은 주문제작을 요구했다. 그래서 창업자는 전적으로 C2C 모델에 집중했고 그것이 현재의 모델이 되었다. 2013년에 꼬보아뛰하쥬라는 이름이 외국인에게 어려워서 2013년에 블라블라카로 명칭을 바꿨다. 블라블라카는 회원가입해야 서비스를 이용할 수 있다. 회원은 3단계로 나뉜다. 1단계인 블라는 조용히 여행하기를 원하는 회원. 2단계인 블라블라는 수다를 떨면서 여행하기를 원하는 회원. 3단계 블라블라블라는 조용히 여행하기를 원하지 않는 회원.

주요 투자자

액셀 파트너스, 까비에데스 & 파트너스, 인덱스 벤처스, 인사이트 벤처 파트너스, 인베스트먼트 서치 프렌스 SAS, 이사이 SAS, 리드 엣지 캐피털, 콰드리플레이 벤처 SAS, 보스토크 뉴 벤처스 등.

73. 뮤 시그마 Mu Sigma

빅데이터 전문 분석 회사

🏠 소프트웨어(비즈니스 소프트웨어) 🌐 미국 일리노이 📅 15 2004

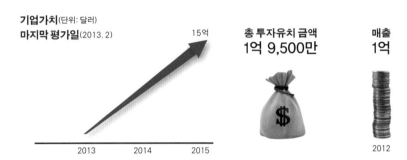

기업가치(단위: 달러)
마지막 평가일(2013. 2)

15억

2013   2014   2015

총 투자유치 금액
1억 9,500만

매출
1억

2012

비즈니스 모델

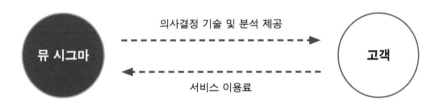

의사결정 기술 및 분석 제공

뮤 시그마   **고객**

서비스 이용료

빅데이터를 이용해 마케팅, 리스크 등 비즈니스 상에서 중요한 문제들을 해결하도록 지원한다. 기업의 제품 및 서비스에 대해 종합적인 의사 결정을 도와주는 환경을 제공하며 서비스 이용료 등을 수익을 낸다.

어떤 사업을 하는가

세계 1위 빅데이터 전문 업체. '데이터 계의 마스터Master of data universe'라고 불린다. '뮤 시그마'라는 기업명은 '평균'과 '표준편차'를 의미하는 통계기호에서 따왔다. 뮤 시그마는 회의실 이름도 '통계분포'에서 따와 지었다고 한다.

2004년에 설립된 뮤 시그마는 온라인 및 오프라인 쇼핑몰을 방문하는 고객의 표정, 눈빛, 몸짓까지도 놓치지 않고 분석한다. 이 같은 기술력 덕분에 마이크로소프트를 첫 고객으로 확보했다. 지난 2005년 빅데이터를 분석한 자료를 제공해 마이크로소프트가 MSN 메신저와 검색엔진 빙Bing을 개발하는 데 도움을 줬다.

디라즈 라자람 (출처 : 뮤 시그마)

창업자는 누구인가

디라즈 라자람Dhiraj Rajaram은 인도 체나이에서 자랐다. 컨설팅 기업 부즈 앨런과 프라이스 워터하우스에서 컨설턴트로 일하다가 그만두고 저축했던 돈 20만 달러를 가지고 뮤 시그마를 차려 빅데이터 업계를 뒤흔들어 놓았다. 『포천』 선정 500대 기업 중 약 4분의 1이 뮤 시그마로부터 데이터 분석 서비스를 받는다. 최근 마스터카드와 피델리티의 투자에 힘입어 기업가치 10억 달러를 돌파했다. 시카고, 방갈로르, 오스틴 등에서 3,500명의 애널리스트들이 활약한다. 그들은 '뮤 시그마 대학'이라 불리는 사내 수학연수원에서 트레이닝을 받는다.

주요 투자자

제너럴 애틀랜틱, 마스터카드 어드바이저, 세쿼이아 캐피털 등.

Jasper 74. 자스퍼 테크놀러지스

Jasper Technologies

사물인터넷 인프라용 SaaS 제공 업체

🏠 소프트웨어(네트워킹) 🌐 미국 캘리포니아 🏰15 2004

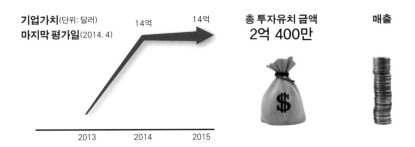

기업가치(단위: 달러)
마지막 평가일(2014. 4)

14억   14억

2013   2014   2015

총 투자유치 금액
2억 400만

매출

비즈니스 모델

오퍼레이터

플랫폼 기술 지원 →

← 제휴 비용

자스퍼
테크놀러지스

클라우드 기반의
사물인터넷 인프라를
위한 플랫폼 제공 →

← 판매 비용

고객

　사물인터넷 인프라를 위해 SaaSSoftware-as-a-Service를 제공한다. 클라우드 기반의 사물인터넷 인프라를 위한 플랫폼을 판매하고 고객에게 판매 수익을 얻는다. 그리고 해당 플랫폼을 기술적으로 지원해주는 오퍼레이터와 제휴를 맺고 있다.

왼쪽부터 자한기르 모하메드, 아밋 굽타, 다니엘 콜린스. (출처 : 자스퍼 테크놀러지)

어떤 사업을 하는가

전 세계에서 사물인터넷개발의 관리 및 출시 등을 위한 클라우드 기반 플랫폼의 선구자 역할을 하고 있다. 또한 자스퍼 테크놀러지는 연결 및 모니터링, 진단 등 사물인터넷 비즈니스를 운영하는 데 필요한 모든 것을 전달하기 위해 모바일 네트워크 및 기업가들과 통합되어 있다. 그래서 전 세계의 서비스 제공사들을 통해 사물인터넷 기기를 연결해주며 SaaS 플랫폼에서 이 기기들의 연결상태를 관리한다.

3,500개 이상의 기업들, 수백만 개의 디바이스, 120개의 모바일 운영 네트워크들 전체를 연결해 사물인터넷을 작동시킨다. 자스퍼는 2012년과 2013년에 100% 매출성장을 이루어냈다. 자스퍼의 핵심역량은 세계적으로 사물인터넷 인프라를 위해 SaaS를 제공하는 사업을 주도적으로 펼친다는 것이다. 특히나 사물인터넷과 클라우드 사업은 미래 성장 산업으로 더욱 주목받고 있다. 따라서 자스퍼가 더 성장할 가능성이 높아 보인다. 최근 시스코가 인수하기로 했는데 2016년 3분기에 협상을 끝마칠 예정이다.

창업자는 누구인가

자한기르 모한메드Jahangir Mohammed, 아밋 굽타Amit Gupta, 다니엘 콜린스Daniel Collins가 공동 창업했다. 자한기르 모하메드는 캐나다 컨커디어대 공학석사학위MSEE를 받았다. 그는 AT&T 산하 벨 연구소에서 일했고 키네토 와이어리스

Kineto Wireless를 창업해서 CEO로도 일했다. 키네토에서는 세계 무선 통신 시스템GSM과 와이파이를 연결하는 기술을 개척했다. 그 기술은 세계이동통신사업자연합회GSMA의 표준이 되었다. 그는 2004년 자스퍼를 설립했고 회사의 CEO를 맡고 있다.

주요 투자자

얼라이언스번스틴, 벤치마크 캐피털, 브릿지스케일 파트너스, DAG 벤처스, 세쿼이아 캐피털, 테마섹 홀딩스 등.

Klarna 75. 클라르나 Klarna

후불 결제 솔루션 제공

🏠 금융 서비스(모바일 결제) 🌐 스웨덴 스톡홀름 📅 2005

기업가치(단위: 달러)
마지막 평가일(2014. 3)

14억   14억

2013   2014   2015

총 투자유치 금액
2억 9.900만

매출(유로)
2억 3,300만

2014

비즈니스 모델

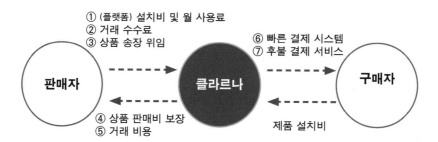

① (플랫폼) 설치비 및 월 사용료
② 거래 수수료
③ 상품 송장 위임

⑥ 빠른 결제 시스템
⑦ 후불 결제 서비스

판매자   **클라르나**   **구매자**

④ 상품 판매비 보장
⑤ 거래 비용

제품 설치비

소비자의 신용 관련 데이터를 바탕으로 후불 결제 플랫폼을 제공하는 회사이다. 클라르나는 구매자에게 제품을 설치한 뒤 비용을 받으며, 만약 그들이 후불 결제의 지불 기간을 어길 경우 이자를 부과한다. 또한 판매자에게 클라르나 제품(플랫폼) 설치비 및 월 사용료를 청구하며 거래에 따른 수수료를 받고 있다.

어떤 사업을 하는가

전자상거래 지불 결제 솔루션 제공업체. 소비자의 신용 관련 데이터를 바탕으로 후불 결제 서비스를 제공하는 것이 핵심이다. 이 서비스를 이용하면 구매자는 주문한 제품을 먼저 받고 나서 나중에 금액을 지불할 수 있다. 동시에 제품을 판매한 소매업체들은 돈을 나중에 받으리라는 확신이 있어야 한다. 클라르나가 사기 및 신용 위험 등을 보장한다.

클라르나는 1,400명 이상의 직원들이 일하고 있으며 6만 5,000명의 판매자와 함께 일한다. 또한 스포티파이, 디즈니, 삼성, 위시Wish, 아소스ASOS 등을 고객으로 두고 있으며 4,500만 명 정도의 고객들에게 서비스를 제공한다. 2014년에는 약 2억 3,300만 유로로 2013년 대비 거의 40% 정도의 매출성장을 기록했다.

창업자는 누구인가

세바스티안 시에미아트코스키Sebastian Siemiatkowsk, 니클라스 아달베르트Niklas Adalberth, 빅터 야콥슨Victor Jacobsson이 공동 창업했다. 그들은 2005년 스웨덴의 스톡홀름경제대학교에 다니고 있었다. 세 사람 중 세바스티안과 니클라스는 7학년 때(우리나라로 중학교 2학년 때)인 2002년에 버거킹에서 일하다 만났다. 둘은 함께 비행기를 타지 않고 전 세계를 여행하기로 했다. 오스트레일리아까지는 그렇게 갔지만 태평양을 가로질러 가는 보트를 놓치고 말았다. 방법은 두 가지였다. 한 가지는 비행기를 타고 계속 여행을 하든가, 아니면 나중에 다시 여행하기로 하고 그만두든가. 그들은 나중에 다시 여행하기로 하고 고향인 스웨덴으로 돌아갔다.

세바스티안은 석사과정에 들어가기 전에 1년이 남아 있어서 일자리를 구했다. 하지만 당시는 닷컴 버블이 꺼진 직후라 일자리를 구하기 어려웠다. 세바스티안은 결국 채무징수대행업 회사의 텔레마케터 일을 했다. 클라르나의 아이디어는 그때 나왔다. 당시 온라인 전자상거래 업체들로부터 항상 같은 종류의 불평을 듣게 되었다. "우리는 청구서 베이스로 판매하는 것은 관두고 싶어요. 돈을

왼쪽부터 니클라스 아달베르트, 세바스티안 시에미아코스키, 빅터 야콥슨.

받지 못하는 경우가 너무 많거든요. 손실액이 너무 많아요. 당신들(채무징수대행업체)이 리스크만 대신 져준다면, 온라인 지불 거래건들을 당신네 회사에 맡겨버리고 싶네요." 그는 그 아이디어를 자기 회사에 돌아와 제시했다. 하지만 경영진은 관심 밖이었다.

그는 일을 그만두고 석사과정에 들어갔다. 그는 니클라스에게 얘기했고 또다른 친구인 빅터와도 상의했다. 그 결과 그 아이디어의 잠재력이 상당하다는 데 뜻을 같이하고 6개월간 시범적으로 창업해보기로 한다. 그들은 돈도 없었고 IT 기술도 없었다. 그러다 보니 초기에는 많은 어려움에 봉착하곤 했지만 곧 좋은 성과들을 냈고 그렇게 만들어진 클라르나는 빠르게 유럽 전역으로 퍼져 나갔고 오늘날 6개 대륙의 온라인 상점과 고객들에게 지불 결제 솔루션을 제공하고 있다.

주요 투자자

아토미코, DST 글로벌, 제너럴 애틀랜틱, 하베스트 그로스, 인스티튜셔널 벤처 파트너스, 파트너스 그룹, 세쿼이아 캐피털 등.

deem 76. 딤 Deem(Rearden Commerce)

대기업 출장 경비관리 소프트웨어 제공업체

🏠 소프트웨어(전자상거래) 🌐 미국 캘리포니아 📅 1999

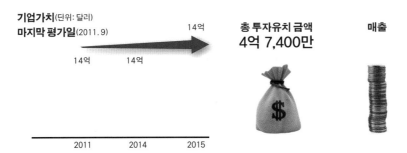

기업가치(단위: 달러)
마지막 평가일(2011. 9)

14억

14억   14억

2011   2014   2015

총 투자유치 금액
4억 7,400만

매출

비즈니스 모델

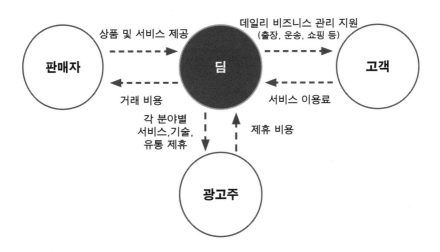

기업에 출장 경비 관리 소프트웨어를 제공한다. 데일리 비즈니스를 관리 및 지원해주는 대가로 고객들로부터 수수료를 받는다. 또 분야별 전략적 파트너들과의 제휴를 통해 수익을 낸다.

어떤 사업을 하는가

코카콜라나 골드만삭스, 지멘스 등 기업에 출장 경비 관리 소프트웨어를 제공하는 업체이다. 이 회사는 딤이라는 플랫폼을 제공한다. 딤 플랫폼은 고객 충성도를 이끌어내기 위해서 제품, 서비스, 정보의 교환을 최적화시키고자 빅데이터, 애널리틱스 기술 등을 이용한다. 딤의 스마트한 상업 솔루션은 여행(출장), 조달, 비용 관리 등을 포함해 데일리 비즈니스 기능을 최적화시킨다. 해운업 등 시장의 리더들을 포함한 약 40개 이상의 전략적 파트너들이 세계적으로 퍼져 있다.

딤은 서비스로서의 커머스Commerce-as-a-Service 기업이다. 딤은 고객과 판매자, 파트너를 폭넓게 연결한다. 딤은 3만 4,000개 이상의 기업, 수백만 명의 고객들, 그리고 시장을 선도하는 채널 판매자들을 수백만 개의 각 지역 상인들과 1,100만 이상의 독특한 제품과 서비스들의 네트워크와 연결했다. 최고의 강점은 빅데이터와 분석 기술을 기반으로 만들어진 플랫폼이다.

창업자는 누구인가

패트릭 그래디Patrick Grady는 지난 15년 동안 SOA, 웹서비스, SaaS와 클라우드, 모바일 상거래, 위치기반 서비스 등의 사업에서 경력을 쌓았으며 인정받는 사업가로 자리 잡았다. 그뿐만 아니라 딤은 핵심 기술 분야에서 약 41개 정도의 특허권을 보유하고 있다.

그는 딤을 창업하기 전에 그는 10년 정도를 다양한 벤처 캐피털에서 보냈고 소프트웨어, 무선, 고성능 컴퓨팅과 네트워킹 분야의 스타트업에서 투자 주도 분야의 중역을 맡기도 했다. 또 웹서비스 미들웨어에 초점을 맞

패트릭 그래디

취 오픈소스 기술을 이끌어나가는 기업 WSO2를 포함해 수많은 클라우드와 모바일 회사들의 고문 역할도 했다.

주요 투자자

피델리티 엔베스트먼트, 호니 캐피털, 포인트가드 벤처스, 오크 인베스트먼트 파트너스 등.

77. 제트닷컴 Jet.com

세계 최저가 온라인 쇼핑몰

🏠 전자상거래   🌐 미국 뉴저지   📅 2014

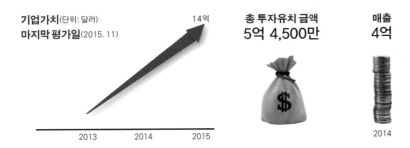

기업가치(단위: 달러)
마지막 평가일(2015. 11)

14억

2013   2014   2015

총 투자유치 금액
5억 4,500만

매출
4억

2014

비즈니스 모델

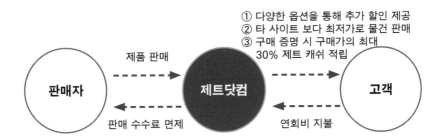

판매자 — 제품 판매 → 제트닷컴 → 고객

판매 수수료 면제 ←   ← 연회비 지불

① 다양한 옵션을 통해 추가 할인 제공
② 타 사이트 보다 최저가로 물건 판매
③ 구매 증명 시 구매가의 최대
30% 제트 캐쉬 적립

    세계 최저가를 제공하는 온라인 쇼핑몰이다. 온라인 코스트코를 꿈꾼다. 이 쇼핑몰은 판매자에게 판매 수수료를 낮게 받기 때문에 훨씬 더 낮은 가격으로 고객들에게 물건을 판매할 수 있다. 대신 고객에게도 연회비를 받음으로써 기업의 수익을 창출하고 있다.

(출처 : 제트닷컴)

어떤 사업을 하는가

제트닷컴에는 '품목들이 있는 유통 센터를 기반으로 카트 안에 있는 물품들의 가격이 조정되는 알고리즘'이 있어서 제품 가격이 다른 사이트들보다 더 저렴하게 정해진다. 그리고 구매 후 고객이 구매를 증명하면 구매가의 최대 30%를 제트캐시JetCash로 적립해 주기에 다음 쇼핑에 사용할 수도 있다. 그 밖의 여러 옵션까지 포함해 제트닷컴은 판매자와 고객 둘 다 서로 윈윈할 수 있는 시스템을 갖추었고, 아마존 등 타 사이트보다 훨씬 낮은 가격에 물건을 판매해 시장에서 경쟁력을 획득할 수 있었다.

한편 제트닷컴에서 판매를 원하는 상인들은 '제트 파트너 프로그램'에 자신들의 계좌를 등록하고 필요한 응용 프로그램 인터페이스API 컴포넌트들을 시스템에 통합시켜야 한다. API를 통해 직접 통합할 수 없을 때는 마젠토Magento, 커뮤니티 에디션라는 무료 모듈을 사용해도 된다. 또 공식 통합파트너 채널어드바이저ChannelAdvisor와 커머스허브CommerceHub가 입점한 상인들을 도와준다.

소비자들의 평균 주문 금액은 약 80달러 이상이다. 매일 1만 3,000명의 새로운 고객들이 방문한다. 제트닷컴의 핵심역량은 '스마트 카트' 서비스에 있다. 고

왼쪽부터 마크 로어, 마이크 한라한, 네이트 파우스트. (출처 : 제트닷컴)

객이 한꺼번에 많은 제품을 구입하도록 유도해 포장 단위를 크게 하고 배송비용을 절감하는 방식이다. 대량으로 제품을 구입할 경우 할인율을 크게 해준다. 또 제트닷컴은 전사상거래에 오프라인 창고형 매장인 코스트코의 모델을 접목했다.

창업자는 누구인가

마크 로어Marc Lore, 마이크 한라한Mike Hanrahan, 네이트 파우스트Nate Faust가 공동 창업했다. 마크 로어는 미국 펜실베이니아주 소재 버크넬대학에서 경영학과 경제학을 공부한 후 주로 금융기관에서 근무했다. 대학 때 그의 별명은 '인간 계산기'였다. 그만큼 숫자에 능통했고 계산도 빨랐다. 이후 게임업체 위즈키즈Wizkids라는 최고운영책임자CEO를 거쳐 인터넷 마케팅 업체 더핏The Pit을 창업했다. 더 핏은 2001년 상장업체인 톱스 컴퍼니Topps Company에 매각됐다.그후 그는 2005년에는 비닛 바라라Vinit Bharara와 공동으로 쿼드시를 설립했다. 쿼드시에는 유아용품 쇼핑몰 다이어퍼스닷컴Diapers.com, 식료품 쇼핑몰 소프닷컴soap.com, 애견용품 쇼핑몰 웨그닷컴wag.com 등이 계열사로 있었다. 그중 다이어퍼스닷컴은 유아용품과 생활용품을 판매하면서 빠른 배송과 반품 정책으로 고객의 마음을 얻는 데 성공했다. 그때 마크는 고객들에게 상품을 배송할 때 색색의 예쁜 상자에 손 글씨 메모까지 써서 보내 충성고객을 많이 만들었다. 마크는 2010년 5억 5,000만 달러(약 6,200억 원)에 쿼드시를 아마존에 매각하면서 미국 IT 및 유통업계의 기린아로 떠올랐다.

제트닷컴은 2014년 11월에 실시한 시리즈A 펀딩을 통해 뉴 엔터프라이즈 어소시에이츠, NEA 액셀 파트너스, 베인 캐피털 벤처스 등 쟁쟁한 벤처 캐피털로부터 8,000만 달러를 투자받으며 언론의 집중적인 조명을 받았다. 그는 비밀스럽고 경쟁적인 문화를 가진 아마존과 월마트 등의 경쟁자들과는 다른 문화를 가진 기업을 만들고 싶었다. 그래서 제트닷컴 사이트를 시작할 때 회사의 준비 단계에 대해 퍼뜨릴 수단으로 제트 인사이더Jet Insider라고 알려진 계획을 함께 시행했다.

일단 유저들이 사이트에 가입하면 6개월 동안 서비스를 공짜로 받으며 가족과 친구들에게 보낼 가입 링크를 받는다. 링크를 언급하는 사람referrer은 생애 멤버십 또는 5년 멤버십과 같은 상을 받았고 그중 최고는 스톡옵션을 받기도 했다.

주요 투자자

액셀 파트너스, 베인 캐피털 벤처스, 시티 벤처스, 코튜 매니지먼트, 피델리티 인베스트먼트, 포레러너 벤처스, 제너럴 카탈리스트 파트너스, 골드만 삭스 그룹, 구글 벤처스, 멘토테크 벤처스, 뉴 엔터프라이즈 어소시에이츠, 노르웨스트 벤처 파트너스, 실리콘 밸리 벵크, 테마섹 홀딩스, 스라이브 캐피털 등.

78. 섬택 Thumbtack
전문가 단기 고용 중개 온디맨드 서비스업체

🏠 소비자 인터넷(개인 프로젝트 커뮤니티) 🌐 미국 캘리포니아 2009

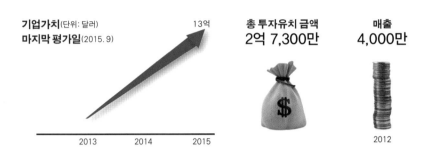

기업가치(단위: 달러)
마지막 평가일(2015. 9)
13억

2013   2014   2015

총 투자유치 금액
2억 7,300만

매출
4,000만

2012

비즈니스 모델

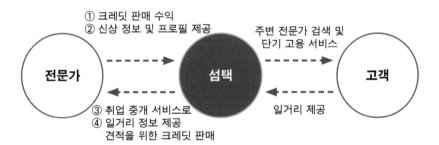

① 크레딧 판매 수익
② 신상 정보 및 프로필 제공

주변 전문가 검색 및
단기 고용 서비스

전문가   **섬택**   **고객**

③ 취업 중개 서비스로
④ 일거리 정보 제공
견적을 위한 크레딧 판매

일거리 제공

타일 판매업자, 운동기구 수리업자, 바텐더 등 각종 전문가를 고객과 연결해 주는 장터. 전문가는 '견적서당 지불 시스템'을 따라 자신의 비즈니스에 맞는 고객에게 견적서Quote를 보내기 위해 크레딧을 사야 한다. 크레딧 외에 다른 수수료는 따로 부과하지 않는다. 전문가가 일하고 나서 받을 금액의 5~10% 수준으로 결정된다. 따라서 크레딧 판매 수익과 수수료 등이 섬택의 수익이 된다.

어떤 사업을 하는가

주변의 전문가를 단기로 고용할 수 있도록 중개하는 온디맨드 서비스* 업체이다. 섬택은 고객들이 지역에 있는 전문가들을 찾고 고용할 수 있도록 도와주는 온디맨드 서비스 업체로 일거리를 제공하는 '고객'과 '전문가'를 연결해주는 역할을 한다.

인력을 필요로 하는 고용자들이 어떤 사람이 필요한지 그 니즈를 일일이 말해주는 것은 시간이 오래 걸리므로 섬택은 이를 대체할 소프트웨어를 만들었다. 그래서 고객(고용을 원하는 사람)이 프로젝트를 항목별로 적으면 정리해서 자격이 되는 전문가 네트워크에 보낸다. 그러면 해당 분야의 전문가 중 일이 가능하거나 관심 있는 이들은 고객에게 바로 소개될 수 있고 확실한 고용 결정을 위해 고객은 전문가의 증명서와 사진 등을 볼 수 있다.

섬택은 50여 개 주에서 홈서비스, 수업, 이벤트 등 약 1,100개 유형의 서비스를 제공하며 활동하는 전문가의 수는 20만 명에 달한다. 이 전문가들이 만드는 연간 매출액은 약 10억 달러 이상이며 매년 500만 개 이상의 프로젝트가 섬택을 통해 이뤄지고 있다. 가장 큰 시장은 댈러스, LA, 뉴욕, 애틀랜타, 시카고이다.

창업자는 누구인가

마르코 재퍼코스나Marco Zappacosta, 조나단 스완슨Jonathan Swanson, 샌더 대니얼스Sander Daniels, 제레미 터널Jeremy Tunnell이 공동 창업했다. 마르코 재퍼코스나는 대학생 때 섬택을 함께 만들게 될 친구들과 학생 옹호단체를 시작했다. 비영리 그룹이긴 했으나 일종의 스타트업이었다. 그들은 무에서 유를 창조하는 것이 즐거웠다. 그래서 그들은 또 무에서 유를 창조하는 일을 다시 해보자고 결심하게 되었고 졸업 후에 그 꿈을 이루길 기약했다.

마르코와 친구들은 '그들이 생각하기에 기술로 해결할 수 있는 가장 큰 문제

---

* 고객이 원하는 물품이나 서비스를 원하는 시간에 즉각 제공하는 주문형 서비스

왼쪽부터 마르코 재퍼코스나, 조나단 스완슨, 샌더 대니얼스, 제레미 터널. (출처 : 섬택)

는 무엇일까?'를 생각해보았고 '지역 서비스 시장'이라는 거대한 시장이 있다는 것을 깨닫게 되었다. 수백만 명의 고객들이 있었고 1,000만 명의 전문가들이 있었던 지역 서비스 시장은 꽤 오래됐다. 하지만 혁신이 없었기에 함께 찾아 일할 방법이 없었다. 그래서 마르코와 친구들은 기술이 그 사람들을 도울 수 있을 것으로 생각했고 그것이 창업하게 된 동기가 되었다. 마르코의 형 집에서 창업했고 첫 고객은 부모님이었다. 『포브스』는 섬택에 대해 운동기구 수리업자, 바텐더, 요리사 같은 서비스 공급자를 고객과 연결해 주는 디지털 시대의 '전화번호부'라고 설명한다. 또 구글과 옐프에 광고했을 때보다 비용대비 효과가 크다는 말도 덧붙였다.

주요 투자자

발리기포드, 드래퍼 어소시에이츠, 구글 캐피털, 재블린 벤처 캐피털J, MHS 캐피털 파트너스, 세쿼이아 캐피털, 타이거 글로벌 매니지먼트 등.

79. 팬듀얼 FanDuel

온라인상 가상 스포츠 운영 서비스업체

🏠 소비자 인터넷(판타지 스포츠)   🌐 미국 뉴욕   📅 2009

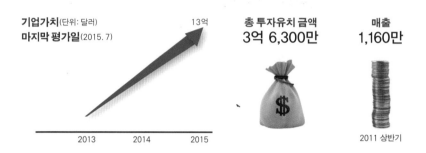

기업가치(단위: 달러)
마지막 평가일(2015. 7)

13억

2013　　2014　　2015

총 투자유치 금액
3억 6,300만

매출
1,160만

2011 상반기

비즈니스 모델

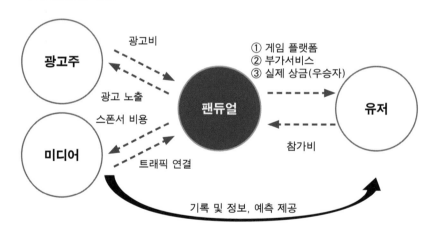

광고비

① 게임 플랫폼
② 부가서비스
③ 실제 상금(우승자)

광고주

광고 노출

스폰서 비용

팬듀얼

유저

참가비

미디어

트래픽 연결

기록 및 정보, 예측 제공

　플레이어들이 최소 1달러를 걸고 하루 또는 일주일 동안 스포츠팀의 매니저로 활동할 수 있는 판타지 스포츠 게임을 온라인으로 제공한다. 게임 유저들은 가상의 팀을 위해 진짜 선수들을 선발하고 어느 선수의 가상 팀이 상대 팀을 이길 것인지 총계를 내기 위해 그 선수들의 실제 성과를 평가한다. 게임 유저들에

왼쪽부터 레슬리 에클스, 롭 존스, 나이젤 에클스, 톰 그리피스, 크리스 스태포드. 레슬리 에클스와 나이젤 에클스는 부부이다.

게 참가비를 받는 대신 게임 플랫폼, 여러 부가서비스, 우승 상금까지 제공한다. 그리고 광고업체로부터 광고 수익을 받으며 미디어에 트래픽을 연결해주는 대가로 스폰서로서 수익을 얻는다. 미디어는 팬듀얼의 게임 유저들에게 다양한 스포츠 기록과 예측 정보 등을 제공한다.

어떤 사업을 하는가

2009년 뉴욕에서 설립된 온라인 데일리 판타지 스포츠Daily Fantasy Sports 제공 업체. 팬듀얼이 데일리 판타지 스포츠 분야에 뛰어들면서 해당 분야는 기하급수적으로 성장해왔다. 특히 2006년에는 연방법인 불법 인터넷 도박법UIGEA이 '우연보다는 스킬을 기반으로 게임이 진행되기에 미국 대다수에서 판타지 스포츠 같은 게임에 돈을 거는 것은 불법이 아니다'라고 규정하기도 했다.

주마다 법이 달라서 판타지 스포츠가 제한되는 곳도 있다. 하지만 2014년에 팬듀얼은 판타지 스포츠 참가자들이 가장 많은 NFL 및 NBA 시즌이나 한 해의 4분기쯤엔 활동 유저들이 약 1,100만 달러를 낸다고 밝히기도 했다. 주 경쟁사는 2011년 설립된 드래프트킹스DraftKings인데 2015년 7월에 약 1억 2,600만 달러를 투자받기도 했다.

창업자는 누구인가

나이젤 에클스Nigel Eccles, 톰 그리피스Tom Griffiths, 레슬리 에클스Lesley Eccles, 롭 존스Rob Jones, 크리스 스태포드Chris Stafford 가 공동 창업했다. 나이젤 에클스는 온라인 게임과 미디어 분야의 베테랑이다. 그는 맥킨지에서 일했던 경력과 2개의 스타트업 성공 경험이 있다. 그와 4명의 공동 창업자들이 텍사스 브레인스톰Texas brainstorm 뒷마당에서 팬듀얼을 시작했다. 이제 수십억 달러의 산업을 이끄는 원동력이 됐다. 팬듀얼은 2009년 SXSW 인터랙티브 페스티벌에서 시작했고 그 때 그들은 판타지 스포츠 게임을 변화시키는 데 집중하겠다고 결심했다.

주요 투자자

콜버그 크래비스 로버츠, 구글 캐피털, 타임 워너 인베스트먼트, 샴록 캐피털 어드바이저, NBC 스포츠 벤처스, 불펜 캐피털, 펜테크 벤처스, 컴캐스트 벤처스 등.

80. 메달리아 Medallia

SaaS, 고객경험관리 소프트웨어, 기업피드백관리 소프트웨어 제공업체

 소프트웨어(비즈니스 소프트웨어) 🌐 미국 캘리포니아 📅 2001

기업가치(단위: 달러)
마지막 평가일(2015. 7) 13억

2013 2014 2015

총 투자유치 금액
2억 5,000만

매출
3,000만 이상

2011

비즈니스 모델

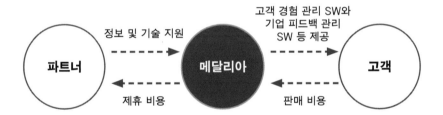

소매점이나 호텔 등 오프라인 상점과 사이트를 모니터링할 수 있다. 또 시장 조사, 앱 기술, 경영 컨설팅, 시스템 통합 등에 파트너를 두고 있으며 소프트웨어 판매 비용 등으로 수익을 내고 있다.

어떤 사업을 하는가

대기업에게 고객들의 피드백을 알려주는 시스템을 운영한다. SaaS, 고객 경험 관리 소프트웨어, 기업 피드백 관리 소프트웨어 등을 소매, 재무서비스, 하이

보르게 할드, 에이미 프레스맨. 두 사람은 부부이다. (출처 : 메달리아)

테크, B2B 기업에 제공하는 업체이다. 사내 다양한 IT 시스템 및 소셜 미디어를 통해 얻은 데이터를 수집하고 분석한 후 해당 직원들에게 컴퓨터 및 모바일 기기로 고객들의 피드백 결과를 시각적으로 즉시 전달하여 고객 만족도를 알 수 있도록 해준다.

창업자는 누구인가

보르게 할드Borge Hald와 에이미 프레스맨Amy Pressman이 공동 창업했다. 두 사람은 부부이다. 보르게 할드는 노르웨이에서 태어나 미시건 대학교에서 경영학 학사를 취득하고 스탠포드 대학교에서 MBA를 공부했다. 그 후 모건 스탠리에서 근무했고 P&G에서 재무 분석가로 일했다. 이후 보스턴컨설팅그룹에서 전략 및 운영 개선 프로젝트를 이끌었다. 보스턴컨설팅그룹 근무 당시 지금의 아내가 된 에이미 프레스맨과 비즈니스 여행을 하다가 자신들이 작은 기업과 호텔로부터 제공된 서비스를 선호한다는 것을 깨달았다. 그들의 아이디어는 소규모 비즈니스 소유자들의 열정을 더 큰 규모의 비즈니스로 키워주는 것이었다.

그래서 2001년 에이미 프레스맨과 함께 팔로 알토Palo Alto에서 메달리아를 설립했다.

주요 투자자
세쿼이아 캐피털 등.

81. 위피아오 WePiao

영화 O2O 전자상거래 플랫폼 기반 영화 티켓 판매업체

 소비자 인터넷(모바일 티켓팅 플랫폼) 🌐 중국 베이징 📅 2014

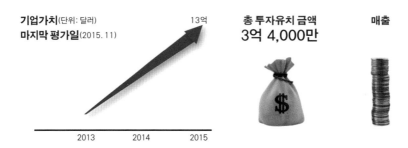

기업가치(단위: 달러)
마지막 평가일(2015. 11)   13억

2013   2014   2015

총 투자유치 금액
3억 4,000만

매출

비즈니스 모델

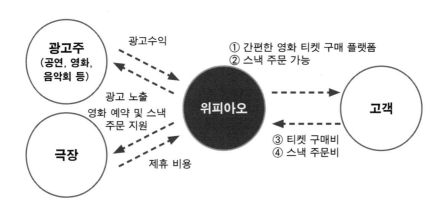

광고주
(공연, 영화,
음악회 등)

광고수익

① 간편한 영화 티켓 구매 플랫폼
② 스낵 주문 가능

위피아오

고객

광고 노출
영화 예약 및 스낵
주문 지원

③ 티켓 구매비
④ 스낵 주문비

극장

제휴 비용

영화 O2O 전자상거래 플랫폼으로 영화 티켓 구매 서비스를 제공한다. 플랫폼에 광고를 노출하길 원하는 광고주들로부터 광고 수익을 내고 마케팅을 해주며, 고객들의 티켓 구매 및 스낵 주문 비용에서도 수익을 낸다.

어떤 사업을 하는가

베이징 웨잉 테크놀러지Beijing Weiying Technology가 개발했다. 영화 O2O 전자상거래 플랫폼으로 영화 티켓 구매 서비스를 제공하기 시작했다. 위피아오는 텐센트 메시지 앱 '위챗'과 '큐큐QQ'의 사용자들이 영화, 스포츠, 기타 이벤트 티켓을 구매하도록 하는 서비스를 제공한다. 이때 지불은 텐센트의 모바일 결제 시스템을 통해 이뤄진다. 사용자들은 그들의 은행 정보를 휴대폰에 저장할 수 있고 간단히 '티켓구매buy tickets'를 눌러 그들이 원할 때 구매할 수 있다.

위피아오의 사용자들은 또한 앱을 통해 팝콘과 스낵을 살 수 있고 좌석도 선택할 수 있다. 이 앱은 약 500개의 중국 내 도시에서 4,500여 개 극장을 대상으로 사용 가능하다. 4,500개 이상의 영화관과 제휴가 되어 있으며 영화를 보러 가는 사람들의 90%가 사용한다. 그리고 1,200개 이상의 극장, 경기장, 전시회 등을 함께 다루고 있다. 중국에서 가장 넓은 영화 티켓 구매 서비스 시장을 보유했다는 것이 강점이다. 또 텐센트의 위챗과 큐큐의 이용자들이 편리하게 구매할 수 있도록 서비스를 지원한 것도 긍정적인 영향을 주었다.

창업자는 누구인가

린 닝Lin Ning은 2014년에 베이징 웨잉 테크놀러지를 설립하기 전 3개의 회사를 창업했다. 그는 인터넷과 미디어 분야의 기업가이다. 2014년에 위피아오를 창업했다.

주요 투자자

중국 안시 필름 & 텔레비전 펀드, 중신그룹CITICS 번영기금, GGV 캐피털, 서던 캐피털, 노아 프라이빗 웰스 매니지먼트, 뉴 호프 그룹, 텐센트 홀딩스, 완다그룹, INLY 등.

린닝

82. 라자다 그룹 Lazada Group

동남아시아 최대 전자상거래 플랫폼 운영 회사

🏠 전자상거래 🌐 싱가포르 📅 2011

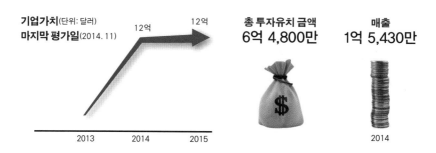

기업가치(단위: 달러)
마지막 평가일(2014. 11)

12억   12억

2013   2014   2015

총 투자유치 금액
6억 4,800만

매출
1억 5,430만

2014

비즈니스 모델

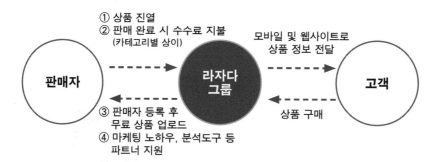

① 상품 진열
② 판매 완료 시 수수료 지불
　(카테고리별 상이)

판매자

③ 판매자 등록 후
　무료 상품 업로드
④ 마케팅 노하우, 분석도구 등
　파트너 지원

라자다
그룹

모바일 및 웹사이트로
상품 정보 전달

고객

상품 구매

　라자다를 통해 상품을 판매하려는 판매자에게는 무료로 상품을 업로드하도
록 허용한다. 대신 제품 판매가 완료되면 카테고리별로 다른 수수료를 받고 있
다. 그리고 마케팅 노하우, 분석도구 등을 지원해주며 상품 업로드에 제한을 두
지 않는 방식으로 서비스를 제공한다.

왼쪽부터 맥시밀리언 비트너, 아이모네 리파 디 메아나, 마이클 미터레너, 스테판 브룬.

로켓인터넷을 창업한 삼 형제. 왼쪽부터 마크 잠버, 올리버 잠버, 알렉산드라 잠버.

어떤 사업을 하는가

동남아시아 최대 전자상거래 플랫폼을 운영업체. 동남아의 아마존으로 불린다. 라자다는 쇼핑을 하려는 구매자에게 쇼핑 서비스와 여러 결제 방식을 지원하고 고객 관리 서비스 및 무료 반품, 도매 상품 접근 기회를 제공한다.

라자다는 2015년 9월 기준으로 약 2만 7,000명의 판매자가 있으며 약 80%의 소비자 지출이 마켓플레이스에서 발생하고 있다. 월 순 방문자 수는 5,500만 명이며, 모바일 앱 다운로드 수는 1,100만 명, 페이스북 팬 수는 1,200만 명으로 추정된다. 현재 동남아시아 쇼핑몰 시장을 주도하고 있다는 것이 핵심이다. 특히 젊은이들에게 인기가 많다.

창업자는 누구인가

맥시밀리언 비트너Maximilian Bittner, 아이모네 리파 디 메아나Aimone Ripa di Meana, 마이클 미터레너Michael Mitterlehner, 스테판 브룬Stefan Bruun과 로켓 인터넷을 창업

한 3형제 올리버 잠버Oliver Samwer, 마크 잠버Marc Samwer, 알렉산드라 잠버Alexander Samwer가 공동 창업했다. 맥시밀리언 비트너와 '로켓 인터넷'의 공동 창업자들이 스타트업 아이디어를 냈다. 로켓 인터넷은 신흥시장에서 이미 설립된 인터넷 비즈니스를 복제하는 것으로 알려진 독일 베를린의 테크 인큐베이터이다.

맥시밀리언 비트너는 이전에 컨설팅 기업인 맥킨지에서 근무했으며 동남아시아 지역에서 전자상거래가 곧 붐을 일으킬 것이라고 확신했다. 그래서 그는 2011년 싱가포르에서 라자다를 창업했고 인도네시아, 말레이시아, 필리핀, 태국, 필리핀, 베트남 등으로 뻗어 나가 현재 동남아시아 최대의 전자상거래 플랫폼을 만들어냈다.

주요 투자자

액세스 인더스트리, 홀츠브링크 벤처스, 테마섹 홀딩스, J. P. 모건, 벌린베스트, 서미트 파트너스, 테스코, 인베스트먼트 AB 키네빅, 로킷 인터넷, 텐겔만 벤처스 등.

83. 앱넥서스 AppNexus

클라우드 기반 온라인 광고 플랫폼 업체

🏠 소프트웨어 (광고)　🌐 미국 뉴욕　📅 2007

기업가치(단위: 달러)
마지막 평가일(2014. 8)

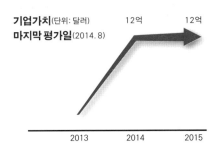

총 투자유치 금액
2억 5,100만

매출
2억 5,000만

2014

비즈니스 모델

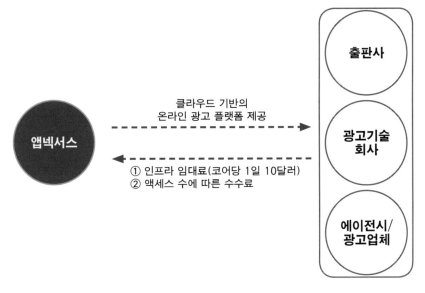

스토리지, 백업, 데이터 박스 등을 임대해준다. 주 수익으로 인프라 임대비용 (코어당 1일 10달러)을 받고 있으며 액세스 수에 따른 수수료도 따로 받고 있다.

왼쪽부터 브라이언 오켈리, 마이크 노렛, 마이클 루벤스타인.

어떤 사업을 하는가

클라우드 기반의 앱 넥서스를 판매하는 온라인 광고 플랫폼 업체이다. 출판사, 광고기술회사, 기관, 광고업체 등을 대상으로 제품을 판매하고 있다. 2014년에 연간 순매출로 2억 5,000만 달러를 기록했고 시드니와 싱가포르 등 8개 지점을 더 추가해서 전 세계에 21개 지점을 보유하게 됐다. 또 당해 250명의 새로운 직원들을 고용해서 총 750명 이상의 직원과 일하게 됐다.

창업자는 누구인가

브라이언 오켈리Brian O'Kelley, 마이크 노렛Mike Nolet, 마이클 루벤스타인 Michael Rubenstein이 공동 창업했다. 브라이언 오켈리는 프린스턴대를 졸업했다. 2007년에 마이크 노렛과 함께 앱넥서스를 창업했고 현재 CEO로 전략 계획을 이끌고 있다. 그는 라이트 미디어Right Media에서 CTO로 일했고 온라인 광고 분야에서 10년 이상의 리더십 경력을 쌓았다. 라디트 미디어는 2007년에 야후에 매각됐다. 그는 마켓플레이스에서 인터넷 광고를 위해 쓰이는 앱넥서스 기술의 특허를 획득했다.

또한 2010년 구글에 합병된 인바이트 미디어Invite Media, 미디어매스MediaMath, 디스틸러리Dstilery, 솔브 미디어Solve Media와 같은 스타트업들의 초기 투자자이기도 하다. 미국 프린스턴대에서 컴퓨터공학 BSE를 보유하고 있다.

주요 투자자

퍼스트 라운드 캐피털, 코슬라 벤처스, 코디악 벤처 파트너스, 마이크로소프트, TCMI, 테크놀러지 벤처 파트너스, 트라이베카 벤처 파트너스, 벤록, WPP 등.

84. 인피니댓 Infinidat

기업용 첨단 스토리지 솔루션 제공 업체

🏠 하드웨어(기업용 저장 하드웨어) 🌐 미국 메사추세츠 📅15 2010

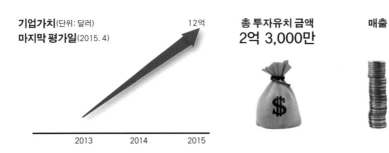

기업가치(단위: 달러) **마지막 평가일**(2015. 4) 12억

2013 2014 2015

총 투자유치 금액
2억 3,000만

매출

비즈니스 모델

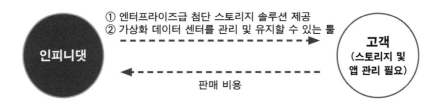

① 엔터프라이즈급 첨단 스토리지 솔루션 제공
② 가상화 데이터 센터를 관리 및 유지할 수 있는 툴

인피니댓

판매 비용

고객
(스토리지 및
앱 관리 필요)

  비용 대비 효율적인 성과를 보여주는 기업용(엔터프라이즈급) 첨단 스토리지 솔루션을 기업에게 판매한다. 또 가상화 데이터 센터를 효율적으로 관리하고 유지할 수 있는 툴을 판매하기 때문에 스토리지 및 애플리케이션 관계자들이 이를 구매할 수 있다. 주로 판매 수익을 얻는다.

어떤 사업을 하는가

기업용(엔터프라이즈용) 첨단 스토리지 솔루션 제공업체. 기업용 첨단 스토리지 솔루션을 기업 고객들에게 판매하며 수익을 낸다. '인피니댓 스토리지 아키텍처Infinidat Storage Architecture'라는 특허 기술을 기반으로 효율성이 높은 멀티-페타바이트 용량을 구현한다. 또 인피니박스InfiniBox라는 제품은 하드디스크와 플래시 기술을 결합시켜 표준 42U랙에서 최대 2페타바이트의 용량을 제공하는 것으로 알려졌다.

가상화 데이터 센터를 효율적으로 관리하고 유지할 수 있는 툴을 판매하기 때문에 스토리지 및 앱 관계자들이 주요 고객이다. 인피니댓은 복잡성과 비용 등을 줄인 기업용 스토리지 시장을 혁신하며 판도를 바꿀 것이라는 평을 들으며 성장하고 있다. 스토리지 시장 전반에 걸쳐 판매가 보편적으로 줄어들었음에도 성장 그래프를 그려가고 있다. 『포천』500대 기업들을 고객으로 만들어왔고 이제는 『포천』1,000대 기업들을 타깃으로 해서 IBM, EMC, HP, 넷앱과 겨루고 있다.

창업자이자 CEO인 야나이는 "인피니데이터는 비교 대상이 없는 성능과 용량, 신뢰도를 구현한, 훨씬 간결하고 비용 효과적인 스토리지 솔루션으로 엔터프라이즈 스토리지 시장을 개혁하기 일보 직전인 상태이다"고 자부하고 있다.

창업자는 누구인가

모쉬 야나이Moshe Yanai는 1949년 이스라엘 히브리에서 태어나 1975년에 이스라엘 공과대학에서 전기공학과를 졸업했다. 그는 이스라엘 탱크 지휘관으로 근무했는데 군 정보화 사업 때 IT에 눈을 뜨게 된다. 1970년대부터 소형 컴퓨터 디스크를 기반으로 IBM과 호환이 가능한 메인프레임(중앙컴퓨터) 스토리지를 만들면서 커리어를 쌓아왔다. 그는 고급 스토리지 시스템을 개발하고자 했는데 1980년대 후반 EMC에 합류했고 시메트릭스Symmetrix(오늘날의 'DMX 시리즈')를 개발한 팀을 이끌었다. 당시 EMC의 시메트릭스 그룹 부사장을 역임했다.

모쉬 야나이

그는 산업을 선도하던 EMC의 기업용 스토리지 시스템을 위해서 모든 하드
웨어와 소프트웨어 제품의 개발과 디자인을 맡았다. 그렇게 성공적인 스토리지
기술들을 개발하는 데 중요한 역할을 해왔다. 그의 리더십을 바탕으로 EMC의
시메트릭스 그룹은 1987년 한 명의 직원에서 3,500명 이상의 직원이 근무할
만큼 성장하기도 했다.

EMC와 IBM에서 스토리지 전문가로 경력을 쌓았다. 그리고 2011년 스토리
지 구매자들이 비용, 용량, 기능성, 신뢰도, 성능 사이에서 선택해야 할 때 직면
하는 문제를 해결해주는 기업 인피니댓을 창업했다. 그는 스토리지 하드웨어와
소프트웨어 관련 기술 40여 개가 넘는 특허권을 보유하고 있다.

주요 투자자

TPG 그로스, MII Ltd 등.

85. 와비파커 Warby Parker

온라인 안경판매 기업

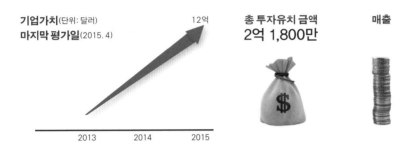

🏠 전자상거래(인터넷 소매)　🌐 미국 뉴욕　📅 15　2009

기업가치(단위: 달러)
마지막 평가일(2015. 4)

12억

2013　　2014　　2015

총 투자유치 금액
2억 1,800만

$

매출

비즈니스 모델

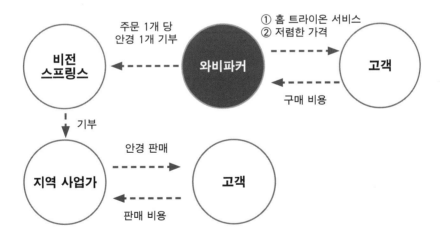

안경테와 렌즈를 합쳐서 우리나라 돈으로 약 10만 원 정도에 판매한다. 안경은 세계적인 브랜드와 재료가 같지만 가격이 더 저렴하다. 와비파커의 디자이너가 자체 디자인하고 공장에서 생산한 제품을 중간 과정 없이 소비자들에게

직접 판매하기 때문이다.

어떤 사업을 하는가

와비파커는 소비자들이 안경을 직접 써본 뒤에 구매를 결정하는 점을 고려해서 홈 트라이 온Home try-on 서비스를 제공한다. 홈페이지에 방문한 고객이 마음에 드는 안경 5개를 고르면 무료로 집에 배송해준다. 고객들은 그 안경들을 직접 써보면서 원하는 것을 고르게 되고 나중에 안경 처방전과 눈동자 간 밀리미터 거리PD를 첨부해서 원하는 제품을 주문한다. 이후 주문한 새 안경을 고객이 받으면서 구매가 완료된다.

한편 샘플로 받았던 안경들은 박스에 넣어서 다시 반송한다. 이때 배송비는 모두 와비파커가 지불한다. 그리고 고객은 홈 트라이 온 서비스를 이용할 때 카드 정보를 기업에 제공해야 하는데 이는 행여 반품하지 않거나 반품된 상품이 손상된 경우 비용을 청구하기 위해서다. 더불어 어울리는 안경테를 고르기 어려운 고객들에게는 개인 스타일리스트가 고객이 올려준 사진을 보고 안경테를 골라주는 서비스까지 제공하고 있다.

또 와비파커는 고객들이 안경 하나를 구매하면 다른 안경 하나를 비전스프링스VisionSprings를 통해 필요한 사람들에게 기부하고 있다. 비전스프링스는 저개발 국가의 지역 사업가에게 안경테를 무료로 주는 대신 시력을 측정하는 기술도 알려주고 무료로 받은 안경을 다른 사람들에게 더 저렴한 가격으로 판매하는 것을 허용한다. 이런 방식으로 35개의 저개발국가에서 설립 이후 5년 동안 대략 1만 8,000명의 안경 전문가를 양성했다. 미국 경영 월간지 『패스트 컴퍼니』는 와비파커를 '2015년 가장 혁신적인 기업'으로 선정하기도 했다.

2015년에 100만 개 이상의 안경을 판매하면서 매출 1억 달러(약 1,100억 원)을 달성했다. 시작은 온라인이었지만 2013년 뉴욕을 시작으로 10곳에 오프라인 매장을 열어가며 사업 영역을 넓히고 있다. 기존의 안경 판매 시스템 판도를 뒤집은 것에 있다. 안경의 재료와 품질은 유사하지만, 유통비와 디자인 비용 등

홈 트라이온 서비스. (출처: 와비파커)

을 절감하면서 전보다 더 낮은 가격으로 안경을 판매한다. 와비파커란 이름은 잭 캐루악의 출판되지 않은 책의 와비 페퍼와 잭 파커라는 캐릭터의 이름을 따 왔다.

창업자는 누구인가

데이브 길보아Dave Gilboa, 앤드류 헌트Andrew Hunt, 닐 블루멘톨Neil Blumenthal, 제 프리 레이더Jeffrey Raider가 공동 창업했다. 그들은 2009년 와튼 스쿨에 재학 중 이었다. 그중 데이브 길보아는 여행 중에 700달러짜리 안경을 잃어버린 뒤 돈 이 없어서 안경을 사지 못한 채 한 학기를 보내야 했다. 학생들에게 안경값이 너 무 비쌌던 것이다. 주변에서도 비싼 안경 값에 불만을 표하는 경우를 몇 번이고 봤다.

"안경을 만들기 위해 첨단 기술이 필요한 것도 아닌데 왜 비싼가?" "낮은 원 가에 대량생산도 가능한 안경이 이렇게 비싸야 하나?"

그들은 의문을 품게 됐다. 직접 디자인하고 직접 생산해 직접 소비자에게 판 매한다면 훨씬 싸지지 않을까? 거품 없는 안경을 만들어보자. 이런 고민을 시작

맨위 왼쪽부터 시계 방향으로 앤드류 헌트, 제프리 레이더, 데이브 길보아, 닐 블루멘톨. (출처 : 와비파커)

으로 친구들 4명이 함께 창업했다.

주요 투자자

아메리칸 익스프레스, 박스그룹, 브랜드 파운드리 벤처스, 퍼스트 라운드 캐피털, 제너럴 카탈리스트 파트너스, 레러 히포 벤처스, 멘로 벤처스, 마이크로소프트, 레드 스완 벤처스, 스파크 캐피털, SV 엔젤, 스라이브 캐피털, 타이거 글로벌 매니지먼트, T. 로우 프라이스, 뉴 호라이즌 펀드, 웰링턴 매니지먼트 등.

86. 드래프트킹스 Draftkings

데일리 판타지 스포츠 운영업체

🏠 소비자 인터넷(판타지 스포츠)   🌐 미국 매사추세츠   15 2011

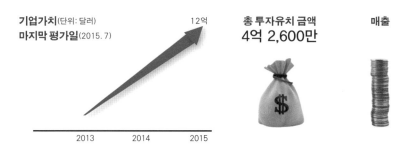

기업가치(단위: 달러)   12억
마지막 평가일(2015. 7)

        2013   2014   2015

총 투자유치 금액
4억 2,600만

매출

비즈니스 모델

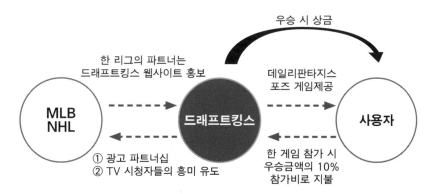

데일리 판타지 스포츠를 제공업체. 사용자가 실제 선수를 선택해 이들 선수 경기 실적에 따라 점수를 획득한다. 소비자가 내기에 걸 판돈 금액을 정하면 팀을 구성할 선수를 영입하는 데 쓰이는 가상 통화를 받는다. 소비자는 가상 구단주가 돼 사용자끼리 팀 성적을 겨룬다. 시즌 기간이 끝나면 가장 높은 실적을 거둔 사용자에게 실제 경기에서처럼 상금을 제공하기도 한다. 미국에선 프로야구

MLB, 농구NBA, 풋볼NFL, 하키NHL나 심지어 자동차 경주, 골프 등 다양한 스포츠에서 적용된다. 또 드래프트킹스는 시즌 기간이 아닌 매일 열리는 경기인 '데일리 판타지 스포츠'를 제공한다. 고객은 게임 입장 때마다 '입장료' 형태의 금액을 내며 드래프트킹스는 10달러를 낸다. 5,000달러 이상 판돈을 걸면 무료로 입장할 수 있다.

어떤 사업을 하는가

데일리 판타지 스포츠는 미식축구 야구 농구 아이스하키 등 실제 선수들의 경기 기록과 통계를 기반으로 온라인에서 가상의 팀을 꾸려 다른 사람과 맞붙는 게임이다. 드래프트킹스는 게임 플레이어들에게 스포츠에 대한 몰입도를 높여줄 뿐 아니라 자신의 지식을 활용하여 예측하고 현실에서 지켜보는 데서 즐거움을 누리게 해준다.

더불어 관련된 스포츠업계는 팬들의 몰입도가 상승하는 효과를 누릴 수 있다. 몇 년 전까지만 해도 판타지 스포츠는 도박과 거리가 멀었다. 리그에 등록하기 위해선 돈을 내야 하고, 리그 우승자에게 상금이 돌아갔지만 거액은 아니었다. 또 판타지 스포츠리그는 실제 종목 시즌(미식축구는 16주)에 맞춰 비교적 장기간 진행했기 때문에 사행성이 떨어졌다. 하지만 드래프트킹스와 팬듀얼 등 데일리 판타지 스포츠 업체가 리그 기간을 하루나 1주일 단위로 단축하면서 도박성이 강해졌다. 소수끼리 맞붙던 게임은 미국 전역에 걸쳐 수천 명이 참가하는 방식으로 바뀌었다. 이용자는 5~100달러를 내고 등록해 우승하면 최대 100만 달러까지 상금을 받을 수 있다. 최근 실리콘밸리의 스타트업들에 대한 기술주 부진과 경기침체로 투자자 지갑이 닫히면서 감원, 부채 확대, 비용 절감 등 자구책 마련에 들어가고 있다. 드래프트킹스도 2015년 12월 이자율 5%로 채권을 발행했다. 그러나 판타지 스포츠는 디지털 미디어 분야에서 급격한 성장을 이루고 있는 만큼 대형 미디어 기업들이 관심을 쏟고 있는 분야다. 드래프트킹스와 팬듀얼은 이용자가 현금을 걸고 게임에 참여한다는 점에서 투자 매력을 높

왼쪽부터 폴 리버만, 제이슨 로빈슨, 맷 칼리쉬. (출처: 드래프트킹스)

이고 있다. 광고 수입에 의존하는 웹 사이트에는 없는 수입원을 확보할 수 있기 때문이다.

창업자는 누구인가

폴 리버만Paul Liberman, 제이슨 로빈슨Jason Robins, 맷 칼리쉬Matt Kalish가 공동 창업했다. 제이슨 로빈슨은 어렸을 때부터 통계공부와 마이애미 헤럴드 스포츠 섹션Miami Herald Sports Section의 박스스코어를 외우기를 좋아했고 모든 종류의 게임을 사랑했다. 그는 듀크대에서 경제학과 컴퓨터 공학을 전공했다. 대학원 진학을 원했던 아버지의 바람과 달리 기술창업을 하기로 한다. 자신이 좋아하는 기술, 혁신, 그리고 비즈니스가 모두 합쳐진 것이 바로 기술창업이라고 생각했기 때문이다.

그러나 2003년 졸업할 당시 닷컴버블 붕괴로 창업 대신 캐피털 원Capital One에서 마케팅이사와 애널리스트로 일했다. 그곳에서 훗날 드래프트킹스의 공동 창업자가 된 맷 칼리쉬를 만나게 된다. 그들 둘 다 캐피털 원에서 직장을 옮기면서 세 번째 파트너인 폴 리버만을 만나게 된다. 그들은 전통적으로 긴 시즌 동안 진행되는 리그 대신에 데일리 판타지 스포츠 리그라는 아이디어를 생각해내게 된다. 그들은 저녁 시간과 주말을 할애해 네트워킹을 시작했고, 수익모델을 고안해내며 투자자들을 찾아다녔다. 2012년에 모두 직장을 그만두고 1,400달러의 종자돈을 가지고 드래프트킹스를 창업했다.

주요 투자자

폭스 네트웍스 그룹, 메이저 리그 베이스볼, 내셔널 하키 리그, 메이저 리그 사커, 메디슨 스퀘어 가든 컴퍼니, 레전드, 아틀라스 벤처스, 다저 오너십 그룹, DST 글로벌, GGV 캐피털, 크래프트 그룹, 레인 그룹, 웰링턴 매니지먼트 등.

87. 옥타 Okta

클라우드 기반 기업관리 시스템 제공업체

🏠 소프트웨어(컴퓨터 보안)　🌐 미국 캘리포니아　📅15 2009

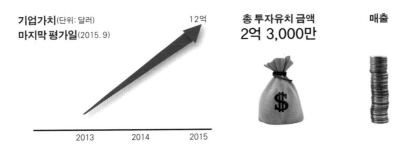

기업가치(단위: 달러)
마지막 평가일(2015. 9)　　12억

2013　2014　2015

총 투자유치 금액
2억 3,000만

매출

비즈니스 모델

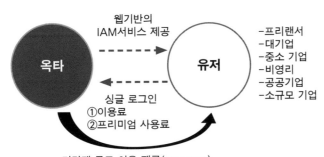

웹기반의
IAM서비스 제공

옥타 ⇄ 유저

싱글 로그인
①이용료
②프리미엄 사용료

기간제 무료 이용 제공(one app)

－프리랜서
－대기업
－중소 기업
－비영리
－공공기업
－소규모 기업

　　옥타는 온디맨드 방식의 IAMIdentity Access Management 서비스를 제공하고 있다. IAM이란 기업의 조직구조에 맞게 사용자를 관리함으로써 기업 내 모든 시스템의 사용자 접근을 통합된 방식으로 관리하는 시스템이다. 옥타는 기업에 클라우드 기반의 IAM 서비스를 제공하고 사용료를 주 수익원으로 하고 있다.

(출처: 옥타)

어떤 사업을 하는가

옥타는 기업 차원의 ID 관리 서비스다. 사용자가 한 곳에서 모든 앱에 로그인할 수 있도록 해주는 클라우드 기반 ID 관리 플랫폼을 제공한다. 옥타는 '서비스형 식별 접근 관리identity and access management as a service' 분야의 선두주자로 클라우드, 모바일, 상호연결 기업환경에 따르는 문제점의 해결을 위해 처음부터 클라우드 구조로 설계되었다. 업체들이 클라우드, 모바일 등 다양한 플랫폼에서 사용자 계정을 관리할 수 있게 해주는 툴을 제공한다.

창업자는 누구인가

토드 맥키넌Todd McKinnon과 프레드릭 케레스트Frederic Kerrest가 공동 창업했다. 토드 맥키넌은 옥타를 창업하기 전 세일즈포스닷컴의 공학기술 책임자로 6년간 일했다. 그는 팀을 15명에서 250명 이상으로 성장시켰고 업계를 대표하는 성과와 신뢰로 200만 건의 일일 거래량을 1억 5,000만 건 이상으로 늘렸다. 또한 그는 피플소프트PeopleSoft에서 다양한 엔지니어링과 리더십을 발휘하면서 10년간의 다양한 경험을 쌓았다.

왼쪽부터 토드 맥키넌, 프레데릭 케레스트. (출처 : 옥타)

주요 투자자

안데르센 호로비츠, 플러드게이트, 그레이록 파트너스, 코슬라 벤처스, 세쿼이아 캐피털, SV 엔젤 등.

88. 오토 원 그룹 Auto 1 Group

AUTO 1 GROUP

온라인 중고차 거래 업체

🏠 소비자 인터넷(인터넷 상거래) 🌐 독일 베를린 📅 2012

기업가치(단위: 달러)
마지막 평가일(2015. 4)

12억

2013 2014 2015

총 투자유치 금액
1억 9,000만

매출
5억 5,000만

2015

비즈니스 모델

개인 중고차
판매자

매도

오토 원 그룹

중고차 거래 플랫폼
직접 중고차 매입

값을 올려 판매

중고차
대리점

구매 대금

오토 원 그룹은 중고차를 팔 의향이 있는 개인 판매자에게 직접 차량을 매입하는 것이 특징이다. 직접 중고차를 매입해 적정한 가격을 매겨 중고차 대리점에 판매해 수익을 내는 구조이다.

어떤 사업을 하는가

판매자와 구매자를 연결해주는 온라인 중고차 거래 업체다. 그들은 판매자와 구매자를 연결해주는 시스템(기술)을 이용해 중고차를 위한 증권 거래소와 같은 플랫폼을 구축하고 있다. 오토 원은 지속적으로 고객들에게 검증된 1,000여

왼쪽부터 크리스티안 베르테르만, 하칸 콕, 크리스토퍼 무흐르.

개의 중고차 모델을 큐레이션해준다. 출품 물량을 확보하기 위해 자체적인 재원을 이용, 차량 이용자에게서 중고차를 직접 사들이는 전략을 택하고 있다.

오토원은 이를 통해 유럽에서 평균 90일 정도 소요되던 절차를 10일 정도로 단축하는 등 빠르고 간편한 중고차 매입서비스를 제공한다. 중고차를 팔 의향이 있는 개인으로부터 자동차를 사 간편하면서도 공정한 절차를 통해 중고차의 금액을 책정하며 이를 딜러나 자사의 플랫폼을 사용하는 제조사에게 더 높은 가격으로 판매한다.

창업자는 누구인가

크리스티안 베르테르만Christian Bertermann, 하칸 콕Hakan Koç, 크리스토퍼 무흐르 Christopher Muhr가 공동 창업했다. 2012년 여름, 크리스티안 베르테르만은 할머니의 오래된 두 자동차를 처리하지 못해 어려움을 겪고 있었다. 베를린의 인터넷 전문가였던 베르테르만은 당시 그루폰을 그만둔 상태였다. 마침 동료 기업가였던 하칸 콕은 창업을 하고 싶어 했다. 베르테르만이 자동차의 가치를 평가해주고 팔아줄 딜러를 찾는 데 어려움을 겪는다는 점에 착안해 온라인 사업을 시작했다.

주요 투자자

DST 글로벌, DN 캐피털, 피톤 캐피털 등.

89. 큐어백 CureVac

독일의 바이오 제약사

🏠 헬스케어(바이오텍) 🌐 독일 투빙겐 📅 2000

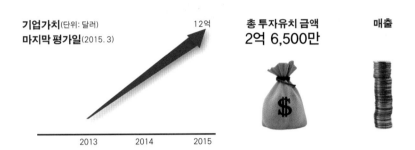

기업가치(단위: 달러)
마지막 평가일(2015.3)   12억

2013   2014   2015

총 투자유치 금액
2억 6,500만

매출

비즈니스 모델

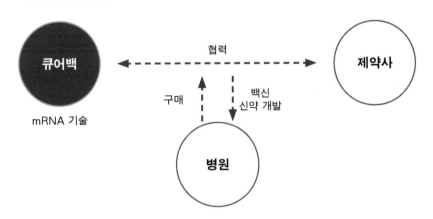

큐어백

mRNA 기술

협력

제약사

구매   백신
신약 개발

병원

    독일의 바이오 제약사. 큐어백 GmbH는 종양 및 감염성 질환의 치료와 예방 백신을 위해 메신저 RNA (mRNA) 분자의 설계·개발·제조를 실시하고 있는 바이오 제약회사이다. 또한 전립선암, 광견병, 인플루엔자 등의 치료제를 연구 개발하고 있다.

왼쪽부터 잉마르 호러, 플로리안 본 데르 뮬베, 스티브 파스콜로.

큐어백의 'mRNA 기술'은 인체가 광범위한 질병과 싸우기 위한 단백질을 생산하는 과정을 이해하고 백신과 약품을 저비용에 빨리 생산하는 데 도움을 준다.

어떤 사업을 하는가

큐어백은 2000년 이후 'RNActive'라는 상표명으로 mRNA(전령 RNA) 기반의 암 면역 요법과 예방 백신을 개발하고 있다. mRNA 기반 기술은 특정 면역 반응을 유도해 종양과 싸울 수 있도록 환자의 면역 체계를 최적화한다. 『사이언스』에서 '2013년 획기적 치료법'으로 선정되는 등 새롭고 혁신적인 암 치료 접근법으로 평가받았다. 실제로 최근 큐어백은 전립선암과 비소 세포 폐암 백신 임상 연구를 성공적으로 완료한 바 있다.

2014년에는 베링거잉겔하임과 폐암 면역 요법 연구를 하고 있다. 2015년 2월 빌 앤 멀린다 게이츠 재단은 5,200만 달러를 투자했다. 큐어백과 빌 앤 멀린다 재단은 전염병 확산을 막는 백신을 공동 개발하기로 합의했다. 투자금을 가지고 제약사들과의 협력 협약을 해 다양한 질병을 치료할 수 있는 백신과 약물을 개발하고 상용화하며 새로운 치료법을 개발한다. 기술개발뿐 아니라 약값을 낮춰 빈곤국 국민도 구매할 수 있게끔 생산된다.

창업자는 누구인가

잉마르 호러Ingmar Hoerr, 플로리안 본 데르 뮬베Florian von der Mülbe, 스티브 파스콜로Steve Pascolo가 공동 창업했다. 잉마르 호어는 1990년대 후반 박사학위 연구 중 당시 기존의 과학적 사실과는 반하는 뜻밖의 발견을 하게 된다. 이 발견은 질병을 치료하고 예방하는 RNA의 가능성에 대한 새로운 근본적인 이해로 이어졌다. 그는 다른 세 명의 창업자와 함께 회사를 설립했다.

주요 투자자

다이비니 홉 바이오 테크 홀딩, 빌 앤 멀린다 재단 등.

90. 스프링클러 Sprinklr
소셜 미디어 광고 플랫폼 업체

🏠 소프트웨어(소셜미디어 관리 소프트웨어) 🌐 미국 뉴욕 📅 2009

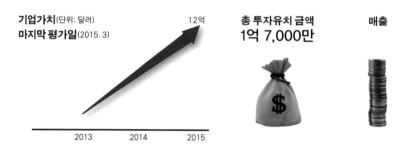

기업가치(단위: 달러)
마지막 평가일(2015. 3)

12억

2013   2014   2015

총 투자유치 금액
1억 7,000만

매출

비즈니스 모델

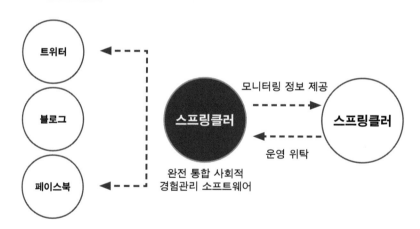

트위터

블로그

페이스북

스프링클러

모니터링 정보 제공

스프링클러

운영 위탁

완전 통합 사회적
경험관리 소프트웨어

　기업들이 페이스북, 트위터 등 SNS를 활용해 자사의 브랜드를 광고할 때 한 번에 관리할 수 있도록 하는 솔루션을 제공한다.

어떤 사업을 하는가

소셜 소프트웨어 플랫폼으로서 소셜미디어 마케팅, 광고, 콘텐츠 매니지먼트, 콜라보레이션, 큰 기업을 대상으로 소셜미디어 모니터링 등을 하는 업체다. 스프링클러의 완전 통합형 사회적 경험 관리 소프트웨어social experience management software는 '시장 내 최강 기술'로 불리며 전 세계 77개국에 걸쳐 40억 개 이상의 소셜 미디어 채널을 관리하고 있다. 인터컨티넨탈 호텔 그룹IHG, 인텔, 마이크로소프트, 삼성, 버진 아메리카 항공 등을 포함하여 1,000개 이상의 『포천』 선정 최고의 기업 브랜드와 딜로이트 디지털, 액센추어, 아바스Havas, 레이저피시Razorfish 등의 파트너사들의 고객 참여에 혁신을 불러오고 있다. 스프링클러는 2014년에 TBG 디지털TBG Digital을 인수하여 유료 서비스 사업을 강화한 데 이어 이번에 유니레버, A+E 네트웍스, 루라라 등의 고객사와 협력해온 부샤카를 인수함으로써 사업이 크게 성장할 것으로 예상된다.

창업자는 누구인가

라기 토마스Ragy Thomas는 인도 폰디체리대에서 컴퓨터공학을 전공했다. 그후 뉴욕대 레오나드 스턴 비즈니스 스쿨에서 금융정보시스템 전공으로 MBA 과정을 이수했다. 그는 두 가지 비즈니스 분야의 진화발전에서 중요한 역할을 해온 기술 비전가이자 사업가 겸 투자자이다. 그 두 가지 영역이란 바로 소셜미디어와 이메일 분야다. 그는 전 세계적으로 1,000개 이상의 기업 브랜드들을 고객사로 두고 일하고 있는 완전한 기업용 소셜 테크놀러지 업체인 스프링클러를 창업했다. 자신의 대형 기업 운영조직들로 하여금 매 접점에서 소비자 경험을 관리하도록 하는 데에 힘을 실어주고 있다.

그는 스피링클러를 창업하기 전인 2005년에 엡실론이 인수한 이메일 마케팅 선두업체였던 빅풋 인터랙티브의 CTO를 지냈다. 2006년부터 2008년까지는 엡실론 인터랙티브 서비스의 회장을 지냈다.

그는 IT 회사의 마케팅 부서에서 일할 때 페이스북이나 트위터 같은 소셜 네트워크는 회사와 고객들이 소통할 수 있는 새로운 채널이었다고 한다. 하지만 그러한 SNS들은 회사보다 고객들에게 더욱 초점이 맞춰져 있었고 곧 수많은 고객 접점 채널이 등장했다. 다양한 지역의 다양한 제품 라인을 갖춘 큰 브랜드들은 소비자들의 반응을 찾고 이를 지속해서 모니터하기가 어려워졌다. 그래서 그는 2009년에 창업을 결심한다. 또

라기 토마스

2009년에 공동 창업한 디지털 마케팅 서비스 회사인 켄시오와 모바일 패션 앱 회사인 클로스의 이사회 멤버로도 활동 중이다.

주요 투자자

배터리 벤처스, 아이코니크 전략 파트너스, 인텔 캐피털 등.

91. 오토매틱 Automattic

웹사이트 제작 · 관리툴 워드프레스 운영 업체

🏠 소프트웨어(웹 퍼블리싱) 🌐 미국 캘리포니아 📅 2005

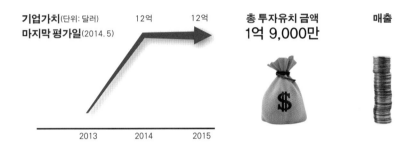

기업가치(단위: 달러)
마지막 평가일(2014.5)
12억   12억

2013   2014   2015

총 투자유치 금액
1억 9,000만

매출

비즈니스 모델

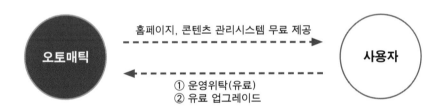

오토매틱

홈페이지, 콘텐츠 관리시스템 무료 제공 ▶

◀ ① 운영위탁(유료)
② 유료 업그레이드

사용자

　워드프레스닷컴Wordpress.com이라는 오픈소스 기반의 블로깅 소프트웨어 제공업체. 워드프레스는 웹페이지를 만들고 관리할 수 있는 오픈 소스 기반의 콘텐츠 관리 시스템이다. 기업은 오토매틱에 홈페이지 운영 위탁료를 내고 운영을 맡기기도 한다. 또한 수많은 사용자가 웹사이트를 만드는 데 필요한 기능들을 무료 또는 유료로 올려놓으며 자유롭게 사용할 수 있는 선순환 구조의 생태계를 구축하고 있는 것이 특징이다. 사용자가 추가 용량 또는 기능을 위해 유료 서비스를 추가로 제공하는 사업모델을 가지고 있어 잠재력이 크다.

어떤 사업을 하는가

오토매틱은 세계에서 가장 잘 알려진 오픈 소스 플랫폼인 워드프레스닷컴을 운영하고 있다. 워드프레스는 홈페이지를 만들기 위한 전반적인 툴을 제공하는 콘텐츠관리시스템CMS 중 하나다. 이는 누구든 홈페이지, 블로그, 쇼핑몰 서비스, 사회관계망서비스SNS 등을 완성할 수 있다. 특히 소스코드가 공개된 오픈소스CMS는 누구나 무료로 웹에서 콘텐츠를 만들 수 있게 도와준다. 워드프레스는 오픈소스 소프트웨어로서 누구나 쉽게 설치할 수 있으며 무료로 이용할 수 있다.

현재 웹사이트의 25%가 워드프레스의 플랫폼을 이용하고 있으며 CNN과 뉴욕타임스, 로이터 등 유수 언론사 홈페이지가 워드프레스 기반으로 운영된다. 오토매틱은 워드프레스 기반 기업 홈페이지 콘텐츠 운영을 맡기도 한다. 또한 400여 명의 직원이 전 세계 170개국에 흩어져 근무하고 있으면서도 뛰어난 성과를 내고 있다. 직원들은 샌프란시스코에 있는 사무실을 공동 작업장 정도로만 활용하고 각자 다른 장소에서 일한다.

창업자는 누구인가

맷 멀런웨그Matt Mullenweg는 1984년 미국 텍사스 주 휴스턴에서 태어나 공연 및 시각 예술고등학교에서 재즈와 색소폰을 배웠다. 그 후 휴스턴대에서 정치학을 공부하다 그만두고 2004년부터 2005년까지 씨넷 네트웍스CNET Networks에서 일했다. 그는 자신의 블로그에 이미지를 올리고 글을 남기면서 인터넷을 배웠다. 하루는 여행을 다녀온 뒤 블로그에 이미지를 올리다가 용량이 큰 파일이 잘 올라가지 않는 걸 보고 블로그를 좀 더 쉽게 사용할 수 있는 프로그램을 개발하면 좋겠다고 생각했다.

그때부터 그는 기존의 일방적인 의사전달이 아닌, 서로의 생각이 오갈 수 있는 블로그를 만드는 데 공을 들이기 시작했다. 그리고 자신이 사용하던 'B2'라는 블로그콘텐츠 관리 프로그램을 업그레이드해야겠다고 마음먹었다. 'B2'는

맷 멀런웨그 (출처: 위키피디아)

휴대전화 속 이미지와 글을 블로그에 연동할 수 있는 프로그램이었다. 맷 멀런웨그는 사람들이 글을 쉽게 올리고 다른 사람과 의견을 원활히 교환할 수 있는 환경인 '워드프레스'라는 블로깅 시스템소프트웨어를 개발한다. 2003년 맷 멀런웨그가 개발한 워드프레스가 2004년 CBS 계열사 씨넷CNET에 사용되면서 그 회사에 입사했고 RSSRich Site Summary 서비스들과 각종 미디어 블로그 서비스를 개발했다. 하지만 온라인 커뮤니케이션 생태계에 대한 미련이 남아 결국 2005년 워드프레스를 본격적으로 키우기 위해 '오토매틱'이라는 회사를 창업했다.

주요 투자자

블랙스미스 캐피털, CNET, 인듀런스 벤처스, 아이코니크 전략 파트너스, 인사이트 벤처 파트너스, 로워케이스 캐피털, 폴라리스 파트너스, 레이더 파트너스, 뉴욕타임스, 타이거 글로벌 매니지먼트, 트루 벤처스 등.

92. 액티피오 Actifio
카피 데이터 가상화 솔루션 전문기업

🏠 소프트웨어(빅데이터)　🌐 미국 매사추세츠　🗓15 2009

기업가치(단위: 달러)　　11억　　　11억
마지막 평가일(2014. 3)

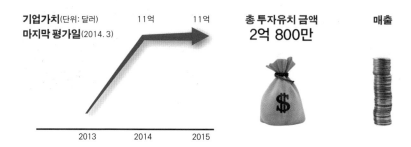

총 투자유치 금액
2억 800만

매출

2013　　　2014　　　2015

비즈니스 모델

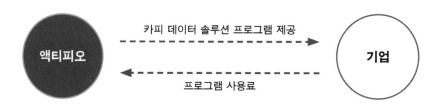

카피 데이터 솔루션 프로그램 제공

액티피오　　　　　　　　　　　　　기업

프로그램 사용료

　1엑사바이트Exabyte, EB 이상의 고용량 데이터를 관리하는 카피데이터 스토리지 전문업체. 기업의 데이터 관리 정책은 원본 데이터 외에 별도로 최소 3차례 이상 백업 데이터를 만들어 보관해야 한다. 그리고 각종 업무에서 데이터를 복제해 끌어가 분석해 업무에 이용하거나 다양한 연구를 수행하기도 한다. 이처럼 하나의 데이터가 수많은 시스템에 중복 저장돼 이용되고 있으며, 이러한 데이터들의 이력 관리와 변경 관리가 제대로 이뤄지지 않아 실시간 비즈니스를 어렵게 하는 요인이 된다. 액티피오는 백업이나 복제 데이터를 한 벌만 만들어 이를 가상화해 백업과 다양한 업무에 사용할 수 있도록 하는 혁신적인 기술을 가지고 기업에게 솔루션을 제공하는 방식으로 비즈니스가 이루어진다.

어떤 사업을 하는가

액티피오는 혁신적인 복제본 데이터 스토리지 전문기업이다. 액티피오의 카피 데이터 스토리지 플랫폼은 기업체들이 최대 90% 절감된 총소유비용으로 무엇이든 즉각적으로 복구할 수 있도록 한다. 액티피오는 데이터 관리 애플리케이션의 불필요한 부분을 제거해 데이터관리를 가상화함으로써 저장, 네트워크, 서버 인프라데이터 관리를 분리하는 앱 중심의 SLA 솔루션을 전달한다.

또 액티피오는 모든 규모의 IT 조직과 서비스 제공업체가 벤더 종속 상태와 데이터 증가에 따른 관리상의 어려움에서 벗어날 수 있도록 지원하고 있다. 본사는 미국 매사추세츠 주 월섬에 있으며 전 세계 각국에 지사를 두고 있다. 또한 매년 182%의 성장세를 보이고 있다. 전 세계 31개국의 고객에게 서비스를 제공하고 있으며 1엑사바이트 규모의 데이터 관리가 가능하다. 또한 현재 36개의 특허기술을 보유하고 있다.

2009년 설립된 후 2010년 한 해 동안 두 번에 걸쳐 총 2,400만 달러의 투자를 받는 등 기술력을 인정받고 있다. 특히 이 회사는 HP, IBM에서 스토리지 사업을 총괄한 인사들이 모여 있어 관심이 집중된다. 액티피오 투자업체인 안데르센 호로비츠의 공동 창업자 겸 파트너인 마크 안데르센은 "어떤 작업을 진행하든 생성된 데이터는 막대한 가치를 가진다. 모든 업계의 회사가 데이터 보호, 활용도 증가, 통찰력 강화, 서비스 향상, 판매 증가 및 수익률 증가를 위해 노력하고 있다. 서버 가상화가 현재 데이터 센터의 컴퓨팅 방식을 변화시킨 것처럼 액티피오의 카피데이터 가상화는 언제 어디서든 필요한 데이터를 사용할 수 있도록 한다. 미래의 데이터 센터에서 이는 엄청난 역할을 할 것이다"라고 말했다.

왼쪽부터 애시 애슈토시, 데이비드 장.

창업자는 누구인가

애시 애슈토시Ash Ashutosh와 데이비드 장David Chang이 공동 창업했다. 애시 애슈토시는 스토리지 산업에 25년 이상의 경험을 바탕으로 수많은 스토리지 산업의 기준을 만드는 데 중심적인 역할을 해왔다. 그는 액티피오 창업 이전에 HP 스토리지 기술 총괄 사장을 지냈고 스토리지 자원관리SRM 솔루션 전문기업 앱IQ를 설립하기도 했다. 앱IQ는 HP에 인수됐다.

주요 투자자

DST 글로벌, DN 캐피털, 피톤 캐피털, 안데르센 호로비츠 등.

93. 프로테우스 디지털 헬스
Proteus Digital Health

스마트 약 제조 제약업체

🏠 헬스케어(모니터링 장비) 🌐 미국 캘리포니아 📅 2001

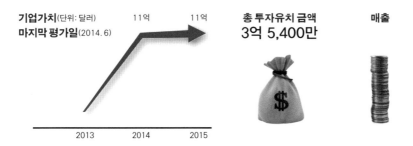

기업가치(단위: 달러) 11억 11억
마지막 평가일(2014. 6)

2013 2014 2015

총 투자유치 금액
3억 5,400만

매출

비즈니스 모델

제약회사 ← 제휴 ← 프로테우스 디지털 헬스
프로테우스 디지털 헬스 → 스마트 약 판매 → 병원과 환자
병원과 환자 → 스마트 약 구매 → 프로테우스 디지털 헬스

　미국 식약청FDA이 사상 처음으로 스마트알약smart pill 사용을 승인했다. 미 캘리포니아의 제약업체 프로테우스 디지털 헬스Proteus Digital Health는 미 FDA로부터 오츠카제약이 만든 정신분열증 치료제 속에 내장된 칩의 안정성을 인정받았다. 스마트알약에는 소형 센서가 내장돼 있으며 환자의 어깨나 팔에 붙인 패치 형태의 수신기에 다양한 정보를 보낸다. 이 약은 환자 스스로 자신을 돌보는 데 도움을 주거나 의료진의 환자 모니터링에 각종 정보를 제공한다.

　디지털 헬스는 헬스케어 기능에 모바일과 웨어러블 등의 기능을 부가한 산업군을 말한다. 프로테우스 디지털 헬스는 초소형 칩과 센서로 만든 스마트 알약을 개발해 2013년 6월 미국 식품의약청 FDA로부터 판매승인을 받았다. 이 알약은 소화기관 속에서 파괴되지 않으며 정상적인 소화과정을 통해 작동하도록 설계됐다. 모바일 기기와 통신이 가능해 알약을 먹은 사람의 신원을 수시로 인증할 수 있다. 이들은 2015년 9월 센서가 내장된 정신분열증 치료제 '아빌리파이(아리피프라졸)'을 정제 타입으로 복용할 수 있도록 만들어진 의약품-의료기기 결합제품의 허가신청서를 제출한 상태다.

어떤 사업을 하는가

세계보건기구 WHO는 2012년 "전 세계 환자의 절반이 처방 약을 제대로 복용하지 않고 있으며 50% 이상의 약이 잘못 처방되거나 잘못 판매되고 있다"고 발표했다. 미국 프로테우스 디지털 헬스사는 이 문제점을 해결하고자 센서가 장착된 스마트 알약 '헬리우스Helius'를 개발했다. 2012년 미국식약청 FDA는 사상 처음으로 스마트 알약 사용을 승인했다. 이 알약을 환자가 복용하면 몸에 부착한 패치와 연동하여 환자의 상태를 스마트폰과 컴퓨터 등으로 전송해준다. 수집된 정보는 환자 개인뿐만 아니라 병원에도 전송되어 정확한 진단과 의료서비스를 받을 수 있도록 도와준다.

센서는 2012년 7월 미국식품의약국 FDA의 승인을 받았으며 패치 역시 2010년에 안전성 승인을 받았다. 현재 프로테우스는 기술 라이선스 사업을 추진하고 있으며 영국의 로이드제약Lloydspharmacy, 일본의 오츠카 제약Otsuka Pharmaceutical 등과의 제휴를 통해 시장 확대에도 적극 나서고 있다. 2014년 1월 말 열린 다보스 포럼에서 인류의 미래 의료체계를 바꿀 수 있는 첨단 모델로 소개되기도 했다.

2001년 창업한 이래 2013년까지 1억 7,000만 달러를 상회하는 투자를 받았는데, 그 가운데 6,250만 달러는 오라클 등으로부터 받은 투자이다.

왼쪽부터 앤드루 톰슨, 조지 새비지, 마크 즈데블릭. (출처 : 프로테우스 디지털 헬스)

창업자는 누구인가

앤드루 톰슨Andrew Thompson, 조지 새비지George Savage, 마크 즈데블릭Mark Zdeblick이 공동 창업했다. 앤드루 톰슨은 케임브리지와 스탠포드대 출신으로 부즈 앨런 해밀턴에서 컨설턴트로 일했고 벤처 캐피털리스트로서 제네시스Genesys, 싸이토세라페우틱스Cytotherapeutics, 노스타뉴로사이언스Northstar Neuroscience 등과 같은 메디컬 스타트업들을 나스닥에 상장시킨 경험이 있다. 또 나스닥에 상장된 펨알엑스FemRx와 카도리듬CardoRhythm과 같은 메디컬 스타트업에서 경력을 쌓은 메디컬 비즈니스의 베테랑이다.

주요 투자자

아담 스트리스 파트너스, 어피니티 캐피털 매니지먼트, 애셋 매니지먼트, 플래처 스파트, 이토츄, 에섹스 우드랜즈 헬스 벤처스, 카이저 퍼머넌트 벤처 디벨로프먼트, 메드트로닉, 노바티스, 오라클, 오츠카 제약, 패스세터 캐피털 그룹, 시노 포트폴리오, 스프링 릿지 벤처스, 세인트 주드 메디컬, 칼라일 그룹 등.

94. 아이언소스 IronSource

소프트웨어 유통 플랫폼

🏠 소프트웨어(소프트웨어 배급) 🌐 이스라엘 텔아비브 📅 2009

기업가치(단위: 달러)   11억   11억
마지막 평가일(2014. 8)

2013   2014   2015

총 투자유치 금액
1억 300만

매출
2억 6,000만

2013

비즈니스 모델

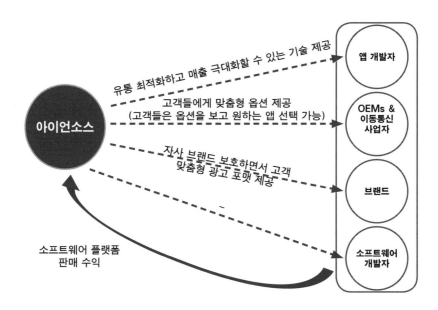

- 앱 개발자 — 유통 최적화하고 매출 극대화할 수 있는 기술 제공
- OEMs & 이동통신 사업자 — 고객들에게 맞춤형 옵션 제공 (고객들은 옵션을 보고 원하는 앱 선택 가능)
- 브랜드 — 자산 브랜드 보호하면서 고객 맞춤형 광고 포맷 제공
- 소프트웨어 개발자 — 소프트웨어 플랫폼 판매 수익

아이언소스

고객들이 찾는 소프트웨어를 고객의 플랫폼과 기기에 배달해주는 유통 플랫폼이다. 회사는 개발자뿐 아니라 이동통신사와 디바이스 제조사들과 긴밀하게 협력하고 있다. 아이언소스가 가지고 있는 플랫폼 인스톨코어InstallCore, 디스플레이코어DisplayCore, 모바일코어MobileCore를 통해 고객들이 소프트웨어를 더 쉽게 찾고 설치할 수 있도록 돕고 있다. 소프트웨어 판매 수익을 주 수입원으로 한다.

어떤 사업을 하는가

아이언소스는 '고객들이 소프트웨어를 찾으면 플랫폼과 기기에 소프트웨어를 배달해주는 유통 플랫폼'이다. 그래서 개발자, 이동통신 사업자, 디바이스 제조업체들이 더 효율적으로 그들의 고객들과 소통할 수 있도록 돕는다. 아이언소스의 주요활동은 크게 3가지가 있다. 먼저 인스톨코어는 오픈 소스 설치 프로그램으로 콘텐츠 유통 플랫폼 역할을 한다. 이것은 윈도우와 맥 등을 위한 소프트웨어 키트SDK, Software Distribution Kit*를 포함한다. 이 플랫폼을 이용하면 사용자의 다운로드 시간이 단축된다.

디스플레이코어는 활발하게 소프트웨어를 찾거나 다운로드하려는 사람들을 위한 제품이며, 소프트웨어와 게임, 앱 등을 유통하기 위한 효과적인 채널이다. 모바일코어는 모바일 애플리케이션들을 위한 유통 도구와 독립적인 광고 포맷을 제공한다. 아이언소스는 이런 플랫폼들을 수백만 명의 고객들에게 유통한다. 아이언소스의 플랫폼을 사용하는 고객들이 각각 새로운 이용자를 확보하고 수익을 만들 수 있도록 한다. 아이언소스는 소프트웨어 디스트리뷰션 플랫폼을 보유하고 있다.

---

* 소프트웨어 디스트리뷰션software distribution : 소프트웨어 유통/배급. 최종 사용자에게 소프트웨어를 전달하는 과정을 의미한다. 무료 소프트웨어를 바로 사용할 수 있게 해주는 형태라고 생각하면 된다.

왼쪽부터 토머 바지브, 타미르 카미, 아르논 하리시, 오메르 카플란, 이타이 밀라드, 에얄 밀라드,

창업자는 누구인가

토머 바지브Tomer Bar Zeev, 타미르 카미Tamir Carmi, 아르논 하리시Arnon Harish, 오메르 카플란Omer Kaplan, 이타이 밀라드Itay Milrad, 에얄 밀라드Eyal Milrad, 로이 밀라드Roi Milrad가 공동 창업했다. 토머 바지브는 미국의 오픈소스 기반 인터넷 브라우저인 파이어폭스Firefox에 탑재되어 있는 3D 탭 매니지먼트인 폭스탭FoxTab의 공동 창업자이기도 하다. 그는 패이오니어Payoneer와 애틀라스Atlas CT에서 일하기도 했다.

주요 투자자

액세스 인더스트리 홀딩스, 카멜 벤처스, 디스럽티드 등.

95. 넥스트도어 Nextdoor

인근 지역 기반 프라이빗 온라인 커뮤니티

🏠 소비자 인터넷(소셜 미디어) 🌐 미국 캘리포니아 📅 2010

기업가치(단위: 달러)
마지막 평가일(2015. 3)

12억

2013　　2014　　2015

총 투자유치 금액
2억 1,500만

매출

비즈니스 모델

지역 상점 → 광고비 → 넥스트도어 → 동네 기반의 폐쇄형 SNS → 승인받은 동네 주민

넥스트도어 → 광고 플랫폼 제공 → 지역 상점

승인받은 동네 주민 → 무료이용 → 넥스트도어

　　동네를 기반으로 한 폐쇄형 SNS. 넥스트도어의 홈페이지를 방문해 자신이 실제 거주하고 있는 곳의 주소를 입력해야 한다. 그런 다음 넥스트도어에서 보낸 우편에 적혀 있는 코드명을 다시 홈페이지에 입력해야 비로소 승인이 완료된다. 신용카드로 본인 확인을 하는 방법도 있다. 사용자는 넥스트도어를 통해 동네 커뮤니티를 이용할 수 있는데 모두 실명제로 진행된다. 현재 뚜렷한 수익을 발생시키고 있진 않지만 훗날 강력한 지역광고 플랫폼이 될 것으로 예상된다. 지역 상점과 연계해 광고를 비롯한 다양한 사업이 가능하기 때문이다.

맨 위 시계방향으로 니라브 톨리아, 데이비드 비젠, 사라 리어리, 프라카시 자나키라만. (출처 : 넥스트도어)

어떤 사업을 하는가

같은 지역, 동네, 아파트에 사는 사람들만 가입할 수 있는 프라이빗 온라인 커뮤니티이다. 2010년에 시작된 넥스트도어는 같은 지역, 동네, 아파트에 사는 사람들만 가입할 수 있다. 주소 인증을 마친 후 그 사람이 현재 거주하고 있는 지역에만 가입을 허락한다. 초대 엽서를 받고 엽서에 적힌 코드를 넣어야만 가입 허가를 받는 방식이다.

최근 넥스트도어는 LA시와 파트너십을 체결하고 학교 안전 강화, 쓰레기 무단투척 근절, 불법 의료용 마리화나 판매업소 단속에 큰 역할을 하고 있다. 넥스트도어는 실명과 인증을 받아야 해당 지역 커뮤니티에 가입할 수 있도록 하는 폐쇄적인 구조이지만 이웃 간 소통을 강화하고 치안을 확보하는 데 도움이 된다는 평가를 받고 있다.

창업자는 누구인가

니라브 톨리아Nirav Tolia, 데이비드 비젠David Wiesen, 사라 리어리Sarah Leary, 프라카시 자나키라만Prakash Janakiraman이 공동 창업했다. 니라브 톨리아는 스탠퍼드대를 졸업하고 야후에서 일했다. 팬베이스Fanbase를 창업했고, 쇼핑닷컴에서의 COO, 에피니언Epinions의 공동 창업자이자 CEO였다. 또 벤치마크 캐피털에서 주최한 예비창업자EIR에 참여했다. 또한 스몰월드SmallWorld, 심플리 하이어드 Simply Hired, 질로Zillow 등에서 컨설턴트로 일했다. 그는 그렇게 약 13년간 컨슈머 인터넷 회사들에서 근무해왔다. 특히 온라인 커뮤니티, 사용자가 생산하는 콘텐츠, 전자상거래와 소셜네트워킹 분야에서 풍부한 경험을 쌓았다.

주요 투자자

앨런, 벤치마크 캐피털, 베조스 익스피디션, 코튜 매니지먼트, 컴캐스트 벤처스, DAG 벤처스, 구글 벤처스, 그레이록 파트너스, 인사이트 벤처 파트너스, 클레이너 퍼킨스 코필드 & 바이어스, 메리테크 캐피털 파트너스, 피나클 벤처스, 레드포인트 벤처스, 샤스타 벤처스, 타이거 글로벌 매니지먼트 등.

96. 업테이크 Uptake

빅데이터 애널리틱스 분석 기업

🏠 소프트웨어(빅데이터) 🌐 미국 일리노이 🏰 15 2014

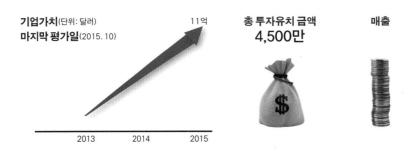

기업가치(단위: 달러)
마지막 평가일(2015. 10)   11억

2013   2014   2015

총 투자유치 금액
4,500만

매출

비즈니스 모델

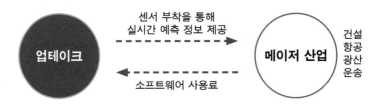

업테이크

센서 부착을 통해
실시간 예측 정보 제공
→ → → → → → →

← — — — — — —
소프트웨어 사용료

메이저 산업

건설
항공
광산
운송

건설, 항공, 광산업, 철도 등 주요 산업의 장비에 업테이크의 센서를 붙인다. 그럼 실시간으로 위험 정보나 결함이 있는지 등의 데이터가 회사 분석 플랫폼에 전송된다. 그렇게 시스템을 제공함으로써 수익을 내는 구조다.

어떤 사업을 하는가

사물인터넷을 이용해 주요 산업에 관련된 빅데이터를 분석하고 예측하는 플랫폼을 제공한다. 이 회사는 거대 건설장비 회사인 카터필라Caterpillar를 포함해 항공, 운송, 건설 등 다양한 기간산업을 대상으로 하고 있다. 장비마다 센서를 부

왼쪽부터 브래드 키웰. (출처 : 브래드 키웰 홈페이지) 에릭 레프코프스키. (출처 : 위키피디아)

착하고 그에서 모이는 데이터들을 실시간으로 분석해 다시 어떻게 장비들을 운영해야 하는지 피드백하는 방식이다. 업테이크는 『포브스』가 선정한 '올해 가장 주목받은 스타트업 2015'에서 1위를 차지했다.

창업자는 누구인가

브래드 키웰Brad Keywell과 에릭 레프코프스키Eric Lefkofsky가 공동 창업했다. 브래드 키웰은 디트로이트 북부 교외 지역에서 태어났다. 어머니는 교사 출신의 전업주부였고 아버지는 법인 고문 변호사였다. 그는 6세 때 키크리에이션이라는 회사를 차려서 직접 디자인한 카드를 친구들과 이웃에게 1달러에 팔았다. 미시간대에 진학했고 졸업 후 로스쿨에 갔다. 로스쿨에서 에릭 레프코스키를 만났다. 두 사람은 24세 때 창업을 했다. 첫 회사는 아동용 운동복업체였다. 하지만 바로 망했고 1998년에 다시 티셔츠와 머그잔을 온라인에 납품하는 스타밸리를 창업했다. 스타밸리는 2년 후 할로 인더스트리에 2,400만 달러에 매각했다. 그들은 할로 인더스트리에서 일하려고 했지만 1년도 안돼 그만 망했다.

다시 두 사람은 창업의 길을 갔다. 에코와 미디어뱅크를 창업했다. 그러던 중 2007년에 27세의 웹디자이너 앤드루 메이슨이 그루폰 아이디어를 두 사람에게 내놓았다. 세 사람은 좋은 아이디어라고 생각해 함께 창업했다. 그루폰은 소셜커머스의 원조로 큰 성공을 거두기도 했다. 그는 그루폰 상장 전에 지분을 팔아 1,500만 달러 이상의 현금을 확보했다. 2010년 시카고에서 에릭과 업테이크를 창업하고 업무에 전념하고 있다. 그는 디팩 초프라의 제자로 매일 명상을 하고 시카고 근처 로욜라대 교수에게 격주에 한 번씩 철학 강의를 듣기도 한다.

주요 투자자

그레이트포인트 벤처스, 뉴 엔터프라이즈 어소시에이츠, 카터필라 등.

97. 숍클루즈닷컴 Shopclues.com

인도의 중산층 대상 온라인 쇼핑몰

🏠 전자상거래(인터넷 소매) 🌐 인도 구가온 🏰 15 2011

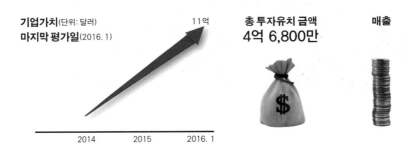

기업가치(단위: 달러)
마지막 평가일(2016. 1)

11억

2014   2015   2016. 1

총 투자유치 금액
4억 6,800만

매출

비즈니스 모델

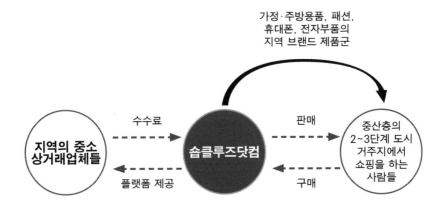

가정·주방용품, 패션,
휴대폰, 전자부품의
지역 브랜드 제품군

지역의 중소
상거래업체들

수수료

플랫폼 제공

숍클루즈닷컴

판매

구매

중산층의
2~3단계 도시
거주지에서
쇼핑을 하는
사람들

　　인도 중산층을 대상으로 하는 쇼핑몰. 다양한 카테고리의 상품들을 판매하고 있다. 주목할 점은 지역의 소규모 기업이나 해당 지역의 상품을 판매한다는 것이다. 숍클루즈는 지역 상인들이 자사의 제품을 판매할 수 있는 플랫폼을 마련해 준다는 데 의의가 있다.

왼쪽부터 라디카 아가왈, 산제이 세티, 산딥 아가왈, 디베시 라이. (출처 : 숍클루즈)

어떤 사업을 하는가

인도의 온라인 쇼핑몰로서 인도 B2C 사이트 가운데 매출액 기준으로 3위인 업체다. 인도의 거주자는 1~4단계로 나뉜다. 숍클루즈는 주로 3 · 4단계 도시 에 거주하고 있는 소비자들을 대상으로 하며 제품 유형과 수량과 관계없이 다 양한 제품을 판매하고 있다. 빠른 배송을 위해 34개 배송업체와 제휴를 맺고 있 어 1 · 2단계 대도시 거주자는 24~48시간 내, 3 · 4단계 거주자는 최대 7일 내 제품을 받아볼 수 있다. 숍클루즈 전체 구매자의 67%가 18~34세인 젊은 층이 다. 1일 주문건수는 10만 건 이상이며 하루 평균 200만 명이 방문하고 있다.

창업자는 누구인가

라디카 아가왈Radhika Aggarwal, 산제이 세티Sanjay Sethi, 산딥 아가왈Sandeep Aggarwal이 공동 창업했다. 아가왈 부부의 아들과 세티의 딸이 같은 학교에 다니 고 있었다. 그들은 학부모로서의 인연을 맺은 뒤 인도에서의 새로운 시장을 개 척하기 위해 창업을 결심한다. 세티는 13년 동안 스타트업에서 일했고 후에는 이베이에서 일하면서 전자상거래 분야가 얼마나 글로벌하게 (특히 중국에서) 진화해왔는지를 보다 가까이서 지켜볼 수 있었다.

2003년에 이베이가 중국 최대 전자상거래 회사 이치넷닷컴EachNet.com을 인수했다. 세티는 중국 최대의 온라인 마켓플레이스인 타오바오Taobao.com의 성장을 볼 수 있었다. 그는 곧 자국에서의 기회를 발견하게 된다. 모든 전자상거래 회사가 재고모델Inventory model을 가지고 있었다. 그는 인도에서 규모 있는 사업을 하기 위해서는 시장의 비즈니스를 마켓플레이스 모델로 바꿔야 한다고 생각했다. 그것이 바로 2011년 회사의 시작부터 따르고 있는 숍클루즈의 모델이 되었다.

주요 투자자

애틀랜틱 벤처스, 비노스 파트너스, GIC 프라이빗, 헬리온 벤처 파트너스, 넥서스 파트너스, 타이거 글로벌 매니지먼트 등.

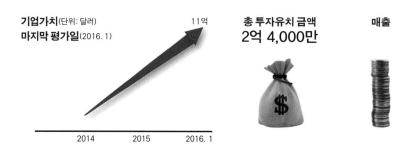

anaplan 98. 아나플랜 Anaplan

미국의 클라우드 기반 BI 솔루션업체

🏠 소프트웨어(비즈니스 소프트웨어) 🌐 미국 캘리포니아 🏰 2006

기업가치(단위: 달러)   11억   **총 투자유치 금액**   **매출**
마지막 평가일(2016. 1)   **2억 4,000만**

　　　　　　　　　　　　　2014　　　2015　　　2016. 1

비즈니스 모델

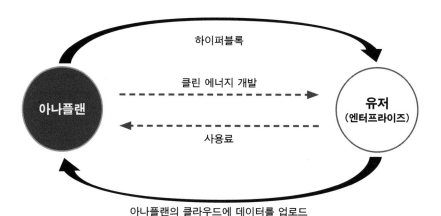

하이퍼블록

클린 에너지 개발

아나플랜　　　　　　　　　　　　　　　　유저
　　　　　　　　　　　　　　　　　　　（엔터프라이즈）

사용료

아나플랜의 클라우드에 데이터를 업로드

　　기업의 예산 및 예측, 재무, 영업 및 운영 계획, 전략적 워크포스 계획 등의 전반적인 업무영역에서 활용할 수 있는 비즈니스 모델링 및 계획 플랫폼 서비스를 제공하고 있다. 아나플랜의 플랫폼을 구입함으로써 고객들은 계획을 쉽고 빠르게 수립하고 환경에 더 빠르게 대응할 수 있다.

왼쪽부터 가이 하들톤, 마이클 굴드.

어떤 사업을 하는가

아나플랜은 클라우드와 인메모리 기반의 모델링 및 플래닝 솔루션이다. 아나플랜은 엑셀에 익숙한 실무자들이 조작하기 편리한 인터페이스와 통합된 뷰와 클라우드 컴퓨팅의 이점을 충분히 살린 강력한 협업환경을 제공함으로써 세계 시장을 빠르게 잠식해 나가고 있다. 아나플랜은 기업들이 실시간으로 계획하고 협업하며 행동을 취할 수 있는 클라우드 기반 플랫폼을 구축하고 있다.

기업들은 플랫폼을 활용하여 주요 비즈니스에 앞서 신속하게 잠재적인 영향을 분석하고 진로를 수정하며 회사의 인력, 계획, 마켓 기회에 대한 비용 등을 지속적으로 정리할 수 있다. 아나플랜은 미국 샌프란시스코에 본사를 두고 전 세계 13개의 글로벌 사무소를 가지고 있으며 22개국에 자사의 솔루션을 판매하고 있다.

창업자는 누구인가

가이 하들톤Guy Haddleton과 마이클 굴드Michael Gould가 공동 창업했다. 마이클 굴드는 옥스퍼드대에서 수학과 컴퓨터공학을 공부했다. 그는 25년 이상의 경력을 가진 디자인과 건축분야에서 세계에서 가장 유명한 EPM 전문가다. 2006년 마이클은 레버리지된 기술 혁신에 대한 새로운 솔루션을 처음부터 디자인해 만들어내기 시작했다. 이 비전은 업무 이용자들을 위한 아나플랜의 클라우드 플랫폼이 되었으며, 이 플랫폼은 업무 이용자들이 어떠한 IT 지원 없이도 자신만의 앱을 디자인하고 설계하고 유지하며 관리할 수 있도록 한다.

마이클은 아나플랜을 창업하기 전에는 분석모델 툴을 디자인하는 리드 설계자였다. 이 툴은 코그노스Cognos에 인수되기까지 1990년대의 대표적인 다차원의 모델링 도구로 자리 잡았다.

주요 투자자

발리기포드, 브룩사이드 캐피털, 코튜 매니지먼트, 파운더스 서클 캐피털, 그래니티 벤처스, 하모니 파트너스, 메리테크 캐피털 파트너스, DFJ 그로스, 프렘지 인베스트, 세일즈포스닷컴, 샌드 캐피털 매니지먼트, 샤스타 벤처스, 워크데이 등.

99. 구스토 Gusto(ZenPayroll)

기업용 급여관리 전문업체

🏠 소프트웨어(인력자원 소프트웨) 🌐 미국 캘리포니아 🏰 2011

기업가치(단위: 달러)
마지막 평가일(2015. 12)   11억

2013   2014   2015

총 투자유치 금액
1억 3,600만

매출

비즈니스 모델

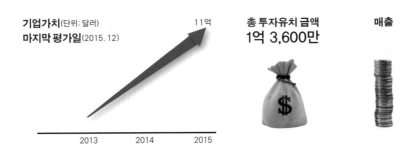

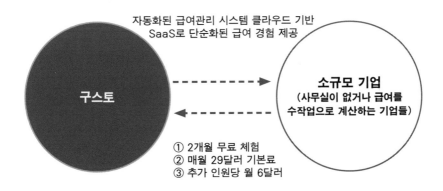

자동화된 급여관리 시스템 클라우드 기반
SaaS로 단순화된 급여 경험 제공

구스토

소규모 기업
(사무실이 없거나 급여를
수작업으로 계산하는 기업들)

① 2개월 무료 체험
② 매월 29달러 기본료
③ 추가 인원당 월 6달러

소규모 기업이나 소상공인을 위한 급여관리 시스템 제공업체. 구스토의 웹페이지를 통해 직원의 수, 급여, 복지와 관련된 내용을 입력하면 매달 체계적인 급여체계를 만들어나갈 수 있도록 도와준다. 사용자는 두 달간 무료로 급여관리 시스템을 사용할 수 있다. 그다음부터는 매달 29달러를 내면 된다. 직원이 늘어날 때마다 한 사람당 6달러씩의 추가비용을 낸다. 다른 급여관리 시스템보다 훨

왼쪽부터 에드워드 김, 죠수아 리브스, 토머 런던. (출처 : 구스토)

썬 저렴한 비용으로 급여를 관리할 수 있다.

어떤 사업을 하는가

구스토는 급여관리 전문업체로 직원 100명 미만의 소규모 기업의 급여 관리 업무를 지원하는 소프트웨어 기업이다. 관리자가 PC와 스마트폰으로 편리하게 업무를 처리할 수 있고 직원들 역시 언제 어디서나 정보를 확인할 수 있도록 한 것이 특징이다. 구스토의 경우 은행과 국세청IRS을 연결해 직원 개인정보, 연봉 추가, 근무수당 등을 입력하면 자동으로 세금을 제한 급여가 직원 통장에 입금된다. IRS 신고와 각종 연금 관련 업무도 간단하게 해결할 수 있다. 고용주는 또 특정 직원을 선택해 보너스를 지급할 수 있으며 직원의 수락을 받아 일정 금액을 자선단체에 기부하는 것도 가능하다.

구스토는 2015년에 덴버에 새 사무실을 열고 50개 주에 자사의 서비스를 제공하기로 했다. 또 젠페이롤ZenPayroll이라는 사명을 구스토로 바꾸고 고객에게 하나의 통합된 제품을 선보이기 위해 의료 보험 서비스나 준법관리 체계를 기존의 급여관리 서비스에 추가하기로 했다.

창업자는 누구인가

에드워드 김Edward Kim, 죠수아 리브스Joshua Reeves, 토머 런던Tomer London이 공동 창업했다. 그들은 전 세계의 모든 비즈니스가 사람을 먼저 생각할 수 있도록 하기 위해 젠페이롤이라는 급여관리 플랫폼 업체를 만들었다.

주요 투자자

AF스퀘어, 알티미터 캐피털, 데이터 콜랙티브, 이머전시 캐피털 파트너스, 제너럴 카탈리스트 파트너스, 글린 캐피털 매니지먼트, 구글 캐피털, 구글 벤처스, 클레이너 퍼킨스 코필드 & 바이어스, 오비어스 벤처스, 리빗 캐피털, 세일즈포스 벤처스, 셔팔로 벤처스, 시그내추어 캐피털, 스타트 펀드, Y 콤비네이터 등.

100. 지우시안 Jiuxian

중국의 온라인 주류 도매 플랫폼

🏠 전자상거래(알코올 소매 플랫폼) 🌐 중국 베이징 15 2010

기업가치(단위: 달러) 11억
마지막 평가일(2015. 7)

2013   2014   2015

총 투자유치 금액
2억 5,000만

매출

비즈니스 모델

구매

지우시안   고객

① 온라인 알코올 소매(지우시안닷컴)
② 통합형 브랜딩 서비스
③ 실시간 서비스(Jiukuaidao.com-O2O)
④ 온라인 채널들과 온라인 특별할인을 위한 브랜드 최적화 작업

고객들은 지우시안의 온라인 홈페이지를 통해 다양한 카테고리의 주류를 구매할 수 있다.

하오홍펑 (출처: 지우시안)

어떤 사업을 하는가

지우시안은 중국 최초 술 전문 쇼핑몰로 30~50% 할인판매를 선언한 바 있다. 지우시안은 와인과 중국의 백주를 전문적으로 다룬다. 중국에서 55개 도시 10만 명의 고객들이 지우시안닷컴Jiuxian.com을 통해 구매하고 있다. 수년 내로 1,000만 명의 고객들과 30만 개의 아울렛을 유치하는 것을 목표로 하고 있다. 실제 상점과 거대한 O2O 플랫폼을 가지고 있다. 세계에서 두 번째로 큰 와인 마켓이기도 하다.

2015년 7월 8,000만 달러의 투자를 유치하는 데 성공했다. 이번 투자에서 투자자는 중국의 국유은행들state-owned banks인 것으로만 밝혀졌다. 이들 외에도 2011년부터 세쿼이아 캐피털, 리치 랜드 캐피털, 오리엔탈 포천 캐피털 등 벤처 캐피털로부터 꾸준히 투자를 받아 총 2억 5,000만 달러를 투자받았다. 지우시안은 2015년 3월 공개된 "중국 톱 15 스타트업China's top 15 well-funded startups"에

11위에 들 만큼 투자를 많이 받은 중국 스타트업 중 하나이기도 하다.

창업자는 누구인가

산시의 진상이자 석탄재벌 하오훙펑Hao Hongfeng이 2010년 9월 저렴한 주류제품 공급을 표방하여 1억 위안을 출자하여 중국 최초의 술 전문 쇼핑몰 지우시안을 설립했다.

주요 투자자

베이징 펑투 인베스트먼트, 베이징 리치 랜드 캐피털, CDB 캐피털, 메리서니 웰스, 세쿼이아 캐피털, 선전 오리엔탈 포천 캐피털 등.

爱屋吉屋 101. 아이우지우
Aiwujiwu

중국의 온라인 부동산거래 플랫폼 운영업체

🏠 소비자 인터넷(온라인 부동산거래 플랫폼) 🌏 중국 상하이 15 2014

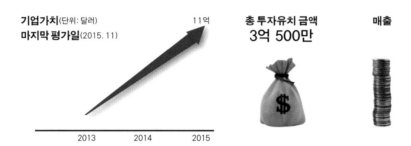

기업가치(단위: 달러)
마지막 평가일(2015. 11)

11억

2013   2014   2015

총 투자유치 금액
3억 500만

매출

비즈니스 모델

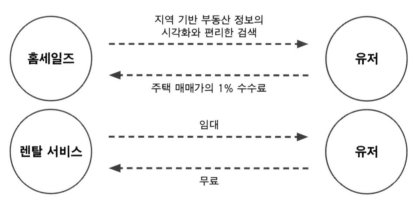

홈세일즈 → 유저
지역 기반 부동산 정보의 시각화와 편리한 검색

유저 → 홈세일즈
주택 매매가의 1% 수수료

렌탈 서비스 → 유저
임대

유저 → 렌탈 서비스
무료

중국 본토 주택 수요자들로 하여금 베이징, 상하이, 선전, 광저우
지역 등 1선 도시의 부동산들을 리스트화하여 구매·임대하게 하는 서비스

기존 주택에 대한 렌탈 서비스 및 거래 서비스를 제공하는 온라인 부동산업체. 아이우지우의 렌탈 서비스는 무료로 이용할 수 있으며 홈세일즈Home sales의 경우 매매 대상인 주택에 대한 위치를 기반으로 한 시각화된 정보를 제공함으로

써 판매를 촉진하고 있다. 사용자들은 모바일 및 홈페이지를 통해 이 서비스를 이용할 수 있다. 주택 매매가의 1%를 수수료로 책정하고 있다.

어떤 사업을 하는가

아이우지우는 '어떤 사람을 좋아하기에 그의 집 지붕에 앉은 까마귀까지도 관심을 갖다'라는 뜻으로 렌탈서비스와 중고주택을 리스팅해 거래하는 O2O 플랫폼이다. 이 사이트는 지역을 기반으로 손쉽게 시각화함으로써 검색을 가능하게 하며 리스팅된 집들은 비디오를 통해 자세히 들여다볼 수 있다. 아이우지우는 가상 에이전트로서 역할을 하며 고객들의 스마트폰을 통해 예약 및 방문을 할 수 있도록 한다. 임차인이 거주 임대료를 검색할 수 있도록 하고, 온라인으로 예약할 수 있도록 하는 서비스를 제공하며 건물이나 집의 할인 정보를 제공하고 있다.

2015년 증권일보를 따르면 아이우지우는 2014년 7월 856채의 기존 주택 거래를 성사시켰으며 전월 대비 74% 증가하여 베이징 중개업체 1위를 차지했다. 중국의 온라인 부동산 시장의 경쟁은 매우 치열하다. 작년 3월 58.com이 부동산 사이트인 안쥐커Anjuke를 2억 6,700만 달러에 인수했다. 시장의 혁신적인 스타트업들은 여전히 투자를 받음으로써 자금을 모으고 있다. 아이우지우는 다른 경쟁사들에 비해 깨끗한 디자인을 갖추고 있으며 상대적으로 유니크한 특징들(비디오를 통한 집 투어 서비스)을 통해 경쟁사들과 차별화하고 있다.

2015년 11월 싱가포르의 국영 투자회사인 테마섹 홀딩스와 힐하우스 캐피털로부터 1억 5,000만 달러를 투자받는 데 성공했다고 아시안 벤처 캐피털 저널AVCJ이 보도했다. 중국 정부가 2016년 초부터 부동산 규제를 완화하고 부양책을 쓰는 등 부동산 산업에 유리한 정책들이 속출하면서 베이징 등 1선 도시의 기존 주택 시장이 날로 뜨거워지고 있다. 기존 주택 시장의 회복으로 빠른 상승세를 보였던 O2O 중개 기업들의 실적 또한 급증하고 있다.

용진리, 웨이 덩. (출처 : 아이우지우)

창업자는 누구인가

용진리Yong Jin Li와 웨이 덩Wei Deng이 공동 창업했다. 2012년 유쿠Youku와 합병한 중국의 온라인 비디오 플랫폼인 토도우Tudou.com의 전직 임원들이다.

주요 투자자

반얀 캐피털, GGV 캐피털, 힐하우스 캐피털 매니지먼트, 모닝사이드 그룹, 선웨이 캐피털 파트너스, 테마섹 홀딩스 등.

102. 앱다이렉트
AppDirect

소프트웨어 판매/유통 플랫폼 업체

🏠 소프트웨어(클라우드 서비스) 🌐 미국 캘리포니아 📅 2009

기업가치(단위: 달러)
마지막 평가일(2015. 10)

10억

2013　　2014　　2015

총 투자유치 금액
2억 4,500만

매출
1,800만

2014

비즈니스 모델

클라우드 공장 장터 모델

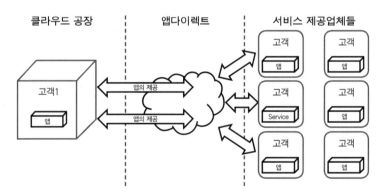

소프트웨어 유통을 하는 업체. 고객, 개발자, 소비자를 모두 자사의 유통 플랫폼에 묶어 고객사가 원하는 소프트웨어를 판매할 수 있는 웹페이지, 모바일 애플리케이션, 앱디렉트를 통한 결제와 판매 등이 가능하도록 한다.

어떤 사업을 하는가

2009년 설립된 소프트웨어 유통 플랫폼 업체. 클라우드에 기반을 둬 고객사별로 소프트웨어 판매용 웹페이지나 모바일 애플리케이션 등을 구축해줄 뿐 아니라 결제, 재판매 등을 자사 플랫폼 위에서 제공해 관리하기 편하게 했다. 보안 소프트웨어나 클라우드 서비스 등이 주된 거래 소프트웨어다. 예컨대 영세 사업자가 스테이플스Staples의 웹사이트에서 시만텍의 보안 소프트웨어를 구매해 앱다이렉트가 만든 자사 온라인 상품판매 페이지에 적용할 수 있다는 것이다. 소프트웨어 개발사가 별도의 투자 부담 없이 쉽게 판매 플랫폼을 관리할 수 있는 셈이다. 컴캐스트, ADP, AT&T 등이 주요 고객사다. 앱다이렉트는 업체들이 신속하게 시장에 진출하고 디지털 세상에서 번창하도록 돕는 촉매제 역할을 한다. 기업들은 앱다이렉트의 플랫폼으로 소프트웨어를 찾고 구매하고 이용할 수 있어 개발자, 사업자, 소비자들을 위한 새로운 생태계를 조성한다.

2015년 2월 피터 틸의 미스릴 캐피털 매니지먼트와 페이스북 등으로부터 5,000만 달러(554억 원)를 투자받았다. 기업가치는 2014년보다 두 배 뛰어오른 6억 달러(6,655억여 원)에 달한다. 회사는 지난 4년간 매해 매출액이 2배씩 늘어나는 실적을 기록했다고 밝혔으며 2014년에는 1,800만 달러의 매출액을 올린 것으로 추산된다.

앱다이렉트에 투자한 미트릴 캐피털 매니지먼트의 공동 창업주 겸 파트너인 아제이 로얀Ajay Royan은 "앱다이렉트의 고품질의 성장과 확대된 제품 능력은 클라우드 서비스 상거래라는 새로운 분야에서 리더십 지위를 확고히 했다"며 "우리는 앱다이렉트와 파트너십을 심화한 것을 자랑스럽게 생각한다"고 말했다. 그는 "이 회사가 모든 규모의 기업들을 위해 소프트웨어 개발, 과금billing, 클라우드 관리 등과 연결된 거시적 전환을 이끌어나갈 것이라고 믿는다"며 "앱다이렉트는 단순히 기술만 만들지 않고, 기술 직관과 사용간편성까지 만들어낸다"고 강조했다.

왼쪽부터 니콜라스 드마레이, 다니엘 삭스. (출처: 앱다이렉트)

창업자는 누구인가

니콜라스 드마레이Nicolas Desmarais, 다니엘 삭스Daniel Saks가 공동 창업했다. 다니엘 삭스는 하버드를 졸업 후 마땅한 직장을 찾지 못해 전전하고 있었다. 직장도 구하지 못하고 경기불황으로 가업이었던 가구업도 문을 닫자 마음을 정리하기 위해 오랜 친구인 니콜라스 드마레이와 여행을 떠난다. 당시 니콜라스는 샌프란시스코에 위치한 베인앤컴퍼니에서 컨설팅을 하고 있었다. 다니엘은 창업하고 싶다고 생각하기 시작했지만 정확히 어떤 일을 하고 싶은지 찾지 못하고 있었다.

니콜라스는 당시 자신들의 기반구조를 향상시켜 줄 방법과 클라우드 제공방식을 찾고 있던 규모가 큰 기술 회사들을 고객으로 두고 있었다. 그 때문에 그는 산업이 클라우드 소프트웨어로 옮겨가거나 인터넷을 통해 제공될 것임을 알고 있었다. 그들은 클라우드 컴퓨팅이 비즈니스의 운영체계를 완전히 바꿀 것이라는 믿음으로 클라우드 소프트웨어 회사를 창업하게 된다.

주요 투자자

미스릴 캐피털 매니지먼트, J. P. 모건 애셋 매니지먼트, 파운드리 그룹, 아이노비아 캐피털, 스타베스트 파트너스, 스팅레이 디지털 등.

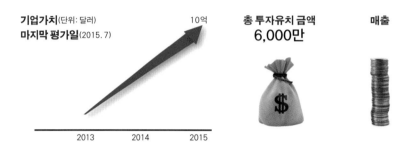

103. 차이나 래피드 파이낸스
China Rapid Finance

중국의 P2P 대출 플랫폼

🏠 서비스(금융 대출 플랫폼) 🌐 중국 상하이 📅 2001

기업가치(단위: 달러)
마지막 평가일(2015. 7)

10억

2013   2014   2015

총 투자유치 금액
6,000만

매출

비즈니스 모델

80달러부터 대출 가능하며 신용도가
쌓이면서 더 큰 단위의 대출이 가능하다
(5,000~1만 달러 사이)

투자 결정 → 차이나 래피드 파이낸스 → 대출

대출자 → 대출 신청 → 차이나 래피드 파이낸스

투자자   차이나 래피드 파이낸스   대출자

① 적정 금리를 정해 정보제공
② 대출자로부터 원금과 이자 받아 돌려줌

중국의 P2P 대출 중개 서비스를 제공업체. 대부분의 중국 소비자들 중 80%가 신용기록을 보유하고 있지 않거나 이에 접근할 수 없다. 5억 명에 달하는 중국 소비자가 P2P 금융활동을 하는 데 반해 현재 금융 시스템에 포함되지 않는다. 이에 회사는 텐센트와 손을 잡고 다양한 방법으로 고객들의 신용도를 측정하고 있다. SNS 사용 빈도, 응답속도, 온라인 구매기록 등 다양한 방법을 통해

젠 왕 (출처: www.todayonline.com)

자사 고객들의 신용도를 평가하고 있다. 대출을 원하는 고객들에게 높은 이자를 받고 돈을 빌려줄 수 있는 대출자를 연결해주는 중개 역할을 하고 있다.

어떤 사업을 하는가

2001년에 중국 내 P2P 대출 마켓으로 설립됐다. 대출을 원하는 사람과 이들에게 높은 이자를 받고 돈을 빌려줄 대출자를 연결해준다. 중국에선 돈을 은행 계좌에 넣고 적은 예금 수수료를 받거나 위험한 주식에 투자하는 대신 P2P 서비스를 대안으로 선택해 투자하는 경우가 많다. 현재 차이나래피드파이낸스는 미국 내 IPO를 준비 중인 것으로 알려졌다. 현재까지 차이나래피드파이낸스 내에서 250만 건의 대출이 발생했다.

중국 내 이들의 경쟁자로는 알리바바의 앤트파이낸셜Ant Financial과 제이디닷컴의 조인트벤처인 제스트파이낸스ZestFinance 등이 있다. 연평균 이자율 21% 정도로 기존 신용카드 이자율보다 약 3%포인트 높다. 하지만 소득이나 상환 능력이 대출신용도 평가에 포함되지 않아 이용률은 높은 편이다. 최소 약 80달러 소액에서부터 P2P 대출 서비스를 자주 사용할 경우 최대 1만 달러 정도까지 빌

린다. 중국 P2P 대출 시장에는 1,500여개 업체가 운영 중이다.

최근 차이나래피드파이낸스는 자사 고객 5,000만 명을 상대로 SNS와 컴퓨터 게임 데이터를 활용해 신용도를 평가하기로 하는 등 금융 시스템에 포함되지 않은 고객들의 신용도를 평가하는 방법을 고안해내고 있다.

창업자는 누구인가

젠 왕Zane Wang은 통계학 박사학위를 취득했으며 그전에는 상하이의 신용평가 기관을 설립하는데 참여했다. 차이나래피드파이낸스는 첫 번째 P2P 대출 서비스를 2010년에 시행했다.

주요 투자자

브로드라인 캐피털, DLB 캐피털, QED 인베스터, EDS 월드 등.

23andMe

104. 23앤드미 23andME

유전자 검사 회사

🏠 헬스케어(유전학)　🌏 미국 캘리포니아　🏰 15　2006

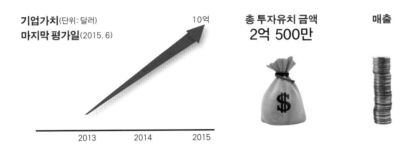

기업가치(단위: 달러)
마지막 평가일(2015. 6)　10억

2013　2014　2015

총 투자유치 금액
2억 500만

매출

비즈니스 모델

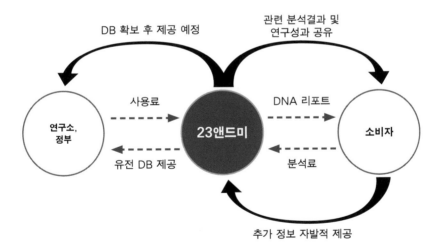

DB 확보 후 제공 예정

관련 분석결과 및
연구성과 공유

연구소,
정부　　사용료　→　**23앤드미**　DNA 리포트　→　소비자

유전 DB 제공　←　　　←　분석료

추가 정보 자발적 제공

　　개인용 유전자검사기 제조사. 고객의 타액을 통해 분석한 유전정보를 바탕으로 다양한 질병정보, 약물반응, 유전적 특징에 대한 분석결과를 제공한다. 고객의 타액을 통해 분석한 유전정보를 바탕으로 120여 개의 주요 질병에 대한 발

병확률, 50개 질병유전자의 보인자 현황, 20여 개 특정 약물에 대한 반응, 그리고 60여 개의 유전적 특징들에 대한 분석 등을 제공한다. 의사 없이 스스로에 대한 유전 정보를 검사할 수 있는 키트를 내놓으면서 단숨에 뜨거운 감자로 떠올랐다.

어떤 사업을 하는가

개인의 유전 정보를 분석, 보유, 활용하는 '개인 유전 정보' 시대를 열어나가는 선두주자. 기업이 의료기관을 통하지 않고 소비자에게 직접 유전자 분석 서비스를 제공토록 한 DTC Direct To Consumer 형태이다. 디지털 헬스케어 분야에서 가장 파격적인 행보를 보여주고 있다. 참고로 23은 인간 유전자의 염색체 수를 말한다.

누구나 2013년 11월을 기준으로 23앤드미의 웹사이트에서 분석 키트만 주문한 뒤 침을 뱉어 우편으로 보내 자신의 유전정보 분석을 받을 수 있다. 단돈 99달러에 50개 질병에 대한 위험도 분석, 20여 개 약물에 대한 민감도, 60여 개의 유전적 특징, 조상에 네안데르탈인 유전 여부와 비율, 호모사피엔스 비율 등 250여 종류가 넘는 분석을 제공한다.

23앤드미는 초기 구글 벤처스의 막대한 투자를 받아 화제를 모았음은 물론이고 할리우드 스타를 포함해 유명인들을 모아놓고 '침 뱉기 파티' 같은 재미있는 이벤트를 벌여 시선을 끌었다. 특히 앤 워짓스키는 '미국에서 가장 대담한 CEO'라는 꼬리표가 붙을 정도로 공격적 마케팅과 경영을 했다. 창업 초기에 1,000달러 가까이하던 테스트 가격을 99달러까지 파격적으로 낮췄고 2013년 여름에는 TV 광고까지 했다. 고객이 2013년 말 기준 50만 명에 달할 정도로 큰 화제를 몰고 다녔다.

하지만 2013년 11월 말 한 차례 위기가 있었다. FDA가 23앤드미의 질병 위험도 분석 및 약물 민감도 분석의 정확도 및 오남용 가능성에 대해서 의문을 제기하며 추가적인 의학적 검증을 받을 때까지 판매 중지를 명령한 것이다. 그 후

왼쪽부터 앤 워짓스키, 린다 에비. 2013년 침 뱉기 파티 때.

질병 및 약물 분석은 중지했지만 FDA의 규제 범위에서 벗어나는 비 의료적 분석은 계속 제공하였다. 이에 따라 초기보다 느리기는 했지만 사용자를 계속 확보해나갔다. 또한 화이자, 제넨텍, 존슨앤존슨 등의 대형 제약사와 NIH 등의 연구소와 공동 연구를 통해서 추가적인 매출처를 확보했다. 주로 23앤드미가 그동안 축적해왔던 방대한 개인 사용자들의 유전 정보 데이터를 바탕으로 한 데이터 비즈니스라고 할 수 있다.

23앤드미는 소비자들에게 분석 샘플인 타액뿐만이 아니라 질병 여부와 유전형질 등의 분석에 대한 자발적 정보를 받았다. 또 연구 목적으로 유전 정보를 익명으로 사용하는 것에 대한 동의까지 받았다. 2015년 1월을 기준으로 총 80만 명의 고객이 분석했으며 그중 60만 명이 자신의 정보를 자발적으로 제공하고 연구용 사용에 동의했다고 한다. 그러한 빅데이터를 기반으로 2015년 1월의 보고에 따르면 23앤드미는 무려 12곳의 대형 제약사 및 연구소와 공동 연구를 진행 중이라고 한다.

한편 23앤드미는 FDA의 규제를 정면 돌파하고자 계속 노력했다. 2014년 6월에 FDA로부터 블룸 증후군Bloom Syndrome이라는 '하나의' 유전 질병에 대한 위험도 예측 검사에 대한 승인을 요청했다. 부모에게서 자녀에게 전달되는 유전 질병이다. 2015년 2월 19일 FDA는 마침내 23앤드미의 블룸 증후군 테스트를 허가하였다. FDA가 의사를 거치지 않고 소비자에게 직접 판매하는 유전자 테스트에 대해 허가 최초의 사례이다.

창업자는 누구인가

앤 워짓스키Anne Wojcicki와 린다 에비Linda Avey가 공동 창업했다. 워짓스키는 예일대에서 생물의학을 전공한 후 캘리포니아 샌디에이고대와 미국 국립 보건원에서 분자생물학을 연구했다. 2006년에 생물학자 린다 에비와 함께 창업했다. 그녀는 유튜브 CEO인 수잔 워짓스키Susan Wojcicki의 여동생이자 구글을 창업한 세르게이 브린의 전처로도 유명하다. 린다 에비는 현재 다른 회사를 운영하고 있다.

주요 투자자

제네테크, 구글 벤처스, 존슨앤존슨 이노베이션, JJDC, MPM 캐피털, 뉴 엔터프라이즈 어소시에이츠, 로슈 벤처 펀드, 유리 밀너 등.

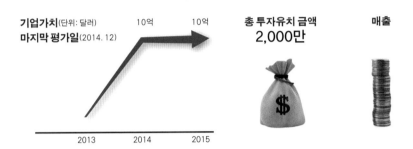

home 24

105. 홈24 Home24

유럽 최대 온라인 가구몰

🏠 전자상거래(인터넷 소매) 🌏 독일 베를린 [15] 2009

기업가치(단위: 달러)   10억   10억
마지막 평가일(2014. 12)

2013   2014   2015

총 투자유치 금액
2,000만

매출

비즈니스 모델

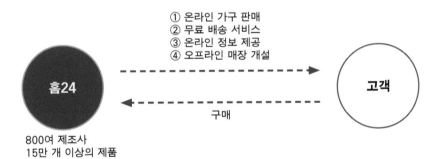

① 온라인 가구 판매
② 무료 배송 서비스
③ 온라인 정보 제공
④ 오프라인 매장 개설

홈24

고객

구매

800여 제조사
15만 개 이상의 제품

　가정용품과 원예용품 등을 포함한 18만여 종의 상품을 온라인으로 판매하고 있다. 홈24는 독일을 기점으로 프랑스, 네덜란드, 오스트리아, 스위스, 벨기에, 이탈리아 등 유럽 7개국에서 판매되고 있다. 유럽 외 지역으로는 브라질이 유일하다. 모든 종류의 상품을 크기나 무게와 상관없이 무료로 배송하고 있다.

어떤 사업을 하는가

15만 개 이상의 제품과 800여 개의 제조사를 보유한 유럽 최대의 온라인 가구 판매장. 제품 종류는 다양한 브랜드들부터 스무드Smood, 펀랩Furnlab, 잭앤앨리스Jack&Alice 같은 프라이빗 라벨private label 상품 등 유니크한 가구 소품, 램프, 리빙 악세서리 등을 보유하고 있다.

이 회사는 베를린에 본사를 두고 유럽 내 독일, 프랑스, 오스트리아, 네덜란드, 스위스, 벨기에 이탈리아 등 7개 지점을 운영하고 있다. 현재 세계적으로 1,000명을 고용하며 브라질에도 사업을 확장했다. 홈24는 제품의 크기와 무게에 상관없이 유럽 전역의 소비자들에게 무료로 배송last mile delivery service한다*. 2015년 11월 독일의 온오프라인 디자인 가구 판매업체 '홈패션Fashion for Home'을 인수하며 온라인뿐 아니라 오프라인에서도 제품을 선보일 수 있게 됐다. 홈24의 CEO인 도메니코 치폴라Domenico Cipolla는 '홈패션'의 제품은 홈24의 온라인 쇼핑몰을 통해 판매될 예정이며 선별된 제품들 또한 '홈패션'의 기존 사이트나 오프라인 매장을 통해 고객들에게 선보일 예정이라고 밝혔다.

홈24는 세계 최대의 가구 판매점인 이케아의 영역을 잠식하며 높은 성장률을 보이고 있다. 또 2015년 6월 발리기포드가 주도한 투자라운드에서 약 1억 3,000만 달러를 유치하는 데 성공했다. 발리기포드의 피터 싱글허스트Peter Singlehurst는 "홈24가 가구를 구매하는 방식을 바꾸고 있다"며 "온라인 가구업계의 선두주자로서의 미래를 매우 기대하고 있다"고 기대감을 드러내기도 했다

창업자는 누구인가

독일의 카피캣 전문업체인 로켓인터넷이 설립했다. 2014년 10월 독일 프랑크푸르트 주식시장에서 기업공개를 통해 14억 유로의 자금을 조달했고 현재 기업가치는 80억 유로 이상으로 평가된다. 전 세계 100여 개국에 70여 개 자회사

---

* Last mile delivery : 공급망 관리와 수송계획에 주로 사용되는 용어. 최종 물류허브에서 최종목적지까지 제품을 배송하는 행위를 말한다.

로켓인터넷을 창업한 삼 형제. 왼쪽부터 마크 잠버, 올리버 잠버, 알렉산드라 잠버.

를 거느리고 있으며 직원 수는 2만여 명에 달한다. 국내에도 2010년 11월에 윤신근과 황희승을 공동대표로 해서 로켓인터넷코리아를 설립해 다양한 사업을 벌이고 있다.

주요 투자자

인베스트먼트 AB 키네빅, J. P. 모건 체이스, REWE, 로켓인터넷, 짐머만 인베스트먼트 등.

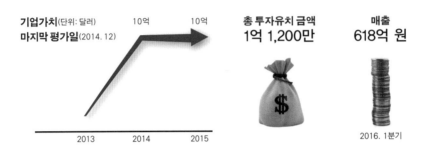

yello mobile # 106. 옐로모바일
Yello Mobile

모바일 앱 종합 서비스 업체

🏠 소비자 인터넷(컨설팅)　🌐 한국 서울　📅15 2012

기업가치(단위: 달러)
마지막 평가일(2014. 12)

10억　　10억

2013　　2014　　2015

총 투자유치 금액
1억 1,200만

매출
618억 원

2016. 1분기

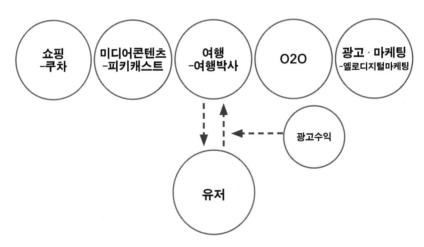

| 쇼핑 -쿠차 | 미디어콘텐츠 -피키캐스트 | 여행 -여행박사 | O2O | 광고 · 마케팅 -옐로디지털마케팅 |

광고수익

유저

비즈니스 모델

　쇼핑, 미디어·콘텐츠, 여행, O2O서비스, 광고/마케팅 등 5개 사업 부문별로 성장하고 있는 모바일 앱을 인수하고 관리해 전체적인 시너지 효과를 내는 것이 목표다. 현재 옐로 모바일의 계열사는 69개로 웬만한 대기업의 계열사 수보다 많다.

어떤 사업을 하는가

사용자의 24시간을 함께하는 '모바일 포털'을 목표로 추구한다. 쇼핑, 미디어, 광고마케팅, 여행, O2O비즈니스 전반에 걸친 모바일 종합 서비스를 구축하고 있다. 옐로모바일의 사업분야는 쇼핑, 미디어콘텐츠, 광고/마케팅, O2O 그리고 여행의 다섯 분야로 나눠져 있으며 스타트업 모임이라고 한다. 옐로모바일의 전략은 분야별로 모바일 앱(응용 프로그램) 1위를 모아 시너지를 내는 것이다.

쇼핑 부문에서는 쇼핑중개 서비스인 '쿠차'를 운영하면서 큰 성장을 이루고 있으며(MAU 300만 이상), 여행 부문에서는 '여행박사'를 비롯한 여러 서비스를 통해 숙박 및 항공권 등 여행 전반에 관한 서비스를 제공하고 있기도 하다. 미디어 부문에서는 '피키캐스트' 서비스를 비롯하여 소셜데이팅 '1km' 등을 운영하고 있다. 가장 큰 수익을 창출하고 있는 분야 중 하나인 모바일광고 또한 자회사 '옐로디지털마케팅'을 통해 성장을 구가하는 중이다.

옐로모바일은 3년도 채 되지 않아 70여 개의 벤처기업을 인수하며 인터넷 산업계의 한 축을 담당하고 있다. 2014년에 인도네시아 최대 가격 비교 사이트인 프라이스 에어리어를 인수했고 2015년 3월에는 인도네시아의 디지털 미디어 광고 기업인 애드플러스를 인수했다. 5월에는 싱가포르 콘텐츠 마케팅 그룹인 거쉬클라우드를 인수했다. 동남아시아 4개 국가의 기업을 인수해 아시아 시장으로 사업 영역을 확대해 나가고 있다.

2015년 2월에는 페이스북, 유튜브 등에서 최고재무책임자CFO를 역임한 '기디언 유Gideon Yu'를 등기 사외이사로 영입하며 글로벌 회사로써 한발 더 나아갔다. 2015년 11월 실리콘밸리의 포메이션8으로부터 1조 원 가치에 1억 달러의 투자를 유치하며 창립 2년 만에 1조 원의 가치를 인정받은 국내 최초 벤처(전 세계에서도 여섯 번째로 빠른 사례)가 되었다.

창업자는 누구인가

1971년에 태어나 서강대 경영학과를 졸업했고 카이스트에서 석사학위를 받았다. 대학원 졸업 후 첫 직장생활을 삼성데이터시스템즈에서 했다. 1998년 컨설팅업체 마이원카드를 창업했고 2011년 다음에 매각했다. 그후 다음에서 로컬비즈니스 본부장으로 일했다.

이상혁 (출처: 옐로모바일)

그는 다음의 로컬비즈니스 본부장으로 일하면서 모바일의 성장에 따라 O2O 사업이 어마어마하게 성장할 것이라는 확신을 갖게 됐다. 그는 한국의 옐프와 같은 회사를 만들겠다는 꿈을 갖고 2013년에 다시 아이마케팅코리아를 창업했다. 현재 옐로 모바일의 전신이다. 처음에는 네이버의 지역 쿠폰 영업으로 시작했다. 당시 '12시'라는 네이버의 신규 서비스를 위해 다양한 지역 상점 및 업소를 방문하여 사진과 쿠폰 혜택을 받아왔다. 또 다음의 로컬 검색 광고를 전화로 판매하는 사업도 했다. 강남역 맛집, 가평 펜션 등의 지역 키워드를 판매했다.

그렇게 지역 광고 영업 대행업을 하다가 메뉴판닷컴의 영업총괄 이사를 하고 국민쿠폰이라는 회사를 운영하던 최태영과 투비의 대표 김남진 등이 합류하면서 차차 현재의 옐로 모바일이 만들어졌다.

주요 투자자

DSC 인베스트먼트, LB 인베스트먼트, 포메이션8 등.

107. 클라우드플레어
CloudFlare
무료 웹사이트 최적화 보안 서비스 제공업체

🏠 소프트웨어(웹 퍼블리싱) 🌐 미국 캘리포니아 📅 2009

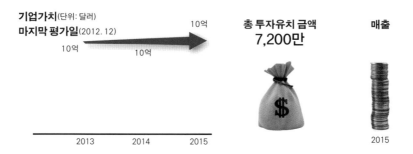

기업가치(단위: 달러)
마지막 평가일(2012. 12)

10억

10억   10억

2013   2014   2015

총 투자유치 금액
7,200만

$

매출

2015

비즈니스 모델

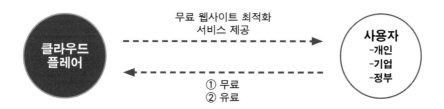

클라우드
플레어

무료 웹사이트 최적화
서비스 제공
──────────────▶

◀──────────────
① 무료
② 유료

사용자
-개인
-기업
-정부

　　CDN* 서비스와 분산 네임서버를 이용하여 사이트 성능, 속도, 보안을 향상시키는 서비스를 클라우드로 제공하는 기업이다. 클라우드플레어의 네트워크를 통해 트래픽을 보낼 수 있도록 고객의 DNS 설정을 바꾸기만 하면, 따로 설치해야 할 하드웨어나 소프트웨어 없이도 다양한 서비스를 무료/유료로 제공받을 수 있다.

---

*　　CDN(Contents Delivery Network) : 게임 클라이언트나 콘텐츠를 효율적으로 전달하기 위해 분산된 서버에 데이터를 저장해 사용자에게 전달하는 시스템.

어떤 사업을 하는가

온라인 위협요소로부터 웹사이트를 보호하는 웹 성능 및 보안업체. 다양한 루트를 통해 위협정보를 모으고 패키지화시켜서 고객들에게 제공한다. 정보를 수집하고 종합해 분석하는 과정을 통해 믿을 만한 내용만을 뽑아 공유함으로써 신뢰도를 높여가고 있다. 이런 정보를 보안 솔루션 패키지로 팔기도 하고 정보만 따로 공유하기도 하는데 이런 '판매 수단'은 갈수록 다양해질 것으로 보인다.

CDN은 많다. 그러나 클라우드플레어는 웹사이트로 보내지는 나쁜 트래픽을 제거하고, DDoS 공격을 줄이고, 로드 시간을 평균 절반으로 줄이는 많은 서비스를 무료로 제공한다. 서비스 이용에 필요한 준비도 간단하다. 클라우드플레어의 네트워크를 통해 트래픽을 보낼 수 있도록 고객의 DNS** 설정을 바꾸기만 하면 된다. 하드웨어는 물론 소프트웨어도 필요 없다.

클라우드플레어의 경쟁우위 중 하나는 창업자들이 서비스 네트워크 분야에서 자리를 잡은 이후에 CDN에 도전했다는 점이다. 그리고 자신들이 원하는 바를 최적화할 수 있는 하드웨어와 맞춤형 소프트웨어를 가지고 화려하게 새 출발을 했다. 창업자들이 스팸을 제거하고 웹 성능을 개선하는 분야에서 보여준 열정은 이메일 주소를 스팸으로 배양하는 IP 주소를 추적하는 기술을 개발했던 하니팟 프로젝트에 참여한 과정에서도 입증되고 있다.

2015년 9월 구글 캐피털, 마이크로소프트, 퀄컴, 그리고 바이두가 전략적 투자를 진행했다. 설립한 지 5년이 된 보안 스타트업인 클라우드플레어는 4개의 인터넷 거인들이 최근 1억 1,000만 달러의 투자유치에 참여했다고 밝혔다. 이러한 전략적 투자(SI)는 모바일 부문과 사업을 가다듬으면서 세계적으로 규모를 확장하려는 클라우드플레어의 비전에 대한 증거라고 볼 수 있다.

**   DNS(Domain Name Service) : 인터넷상에서 도메인네임을 관리하는 시스템.

왼쪽부터 리 할로웨이, 미셸 자트린, 매튜 프린스. (출처: 클라우드플레어)

창업자는 누구인가

하니팟 프로젝트의 출신 매튜 프린스Matthew Prince, 리 할로웨이Lee Holloway와
미셸 자트린Michelle Zatlyn이 하버드 경영 대학원의 프로젝트로 만들면서 시작됐
다. 그 후 그들은 졸업하고 직접 차를 몰아 샌프란시스코로 옮기고 회사 설립에
필요한 주요 투자자들을 찾기 시작했다. 2010년 뉴 엔터프라이즈 어소시에이
츠, 펠리온 벤처 파트너스, 벤록으로부터 2,210만 달러를 투자받아 시작했다.
2014년 2월 16일에 클라우드플레어는 프랑스 웹 사이트를 대상으로 한 디도
스 공격을 방어하였다. 디도스 공격의 크기는 약 400Gbps로 이전의 다른 디도
스 공격보다 훨씬 컸다고 발표했다.

주요 투자자

구글 캐피털, 마이크로소프트, 퀄컴, 바이두, 그린스프링 어소시에이츠, 뉴 엔
터프라이즈 어소시에이츠, 펠리온 벤처 파트너스, 유니온 스퀘어 벤처스, 벤록
등.

108. 에버노트 Evernote

메모관리 앱 전문 글로벌 회사

🏠 소프트웨어(생산성 소프트웨어) 🌐 미국 캘리포니아 📅 2007

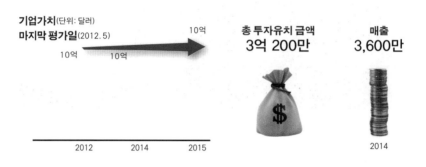

기업가치(단위: 달러)
마지막 평가일(2012.5)

10억

10억 10억

2012 2014 2015

총 투자유치 금액
3억 200만

$

매출
3,600만

2014

비즈니스 모델

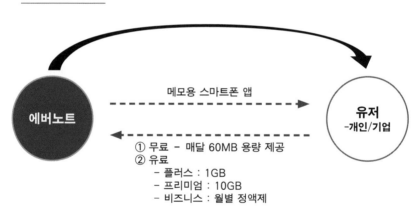

에버노트

메모용 스마트폰 앱

유저
-개인/기업

① 무료 - 매달 60MB 용량 제공
② 유료
   - 플러스 : 1GB
   - 프리미엄 : 10GB
   - 비즈니스 : 월별 정액제

모바일 앱을 통해 간편하면서도 쉽게 메모를 할 수 있는 기능을 제공한다. 녹음이나 사진 저장, 위치와 같은 정보도 함께 추가하고 분류할 수 있으며 60MB의 용량으로 무료 이용이 가능하다. 더 큰 용량을 원한다면 유료서비스로 일정 금액을 지불하고 사용하면 된다.

어떤 사업을 하는가

컴퓨터와 스마트폰을 통한 개인 문서 관리 시스템. 노트 쓰는 것처럼 정보를 축적하고 저장할 수 있는 소프트웨어이자 웹 서비스이다. 이미지 인식 기술 연구가 스테판 파치코프Stephan Pachikov와 소프트웨어 개발자 필 리빈Phil Libin이 함께 창업해 2008년 6월에 베타버전을 공개했다.

2014년 5월 기준 총 사용자 수가 1억 명을 넘어섰다. PC, 태블릿, 스마트폰용 소프트웨어와 서비스를 지원하고 있으며 안드로이드, 안드로이드 웨어, 블랙베리, iOS, Mac OS X, 크롬 OS, 마이크로소프트 윈도우즈, 윈도우즈 모바일, 윈도우즈 폰과 같은 다양한 OS를 지원한다. 기기 호환성이 좋아서 거의 모든 문서를 통합해 사용할 수 있다. 누구나 웹사이트를 통해 계정을 만들면 무료로 이용할 수 있다. 그 외 일정 금액을 지불하는 유료 서비스도 있다. 웹페이지 혹은 플랫폼별로 마련된 전용 클라이언트 응용 프로그램이나 스마트폰 앱을 통해 저장하고자 하는 텍스트, 이미지, PDF, 손 글씨로 작성한 잉크 노트 등 디지털 데이터를 서버에 저장할 수 있고 저장된 데이터의 열람과 편집이 가능하다. 브라우저 확장 기능을 사용하면 원하는 웹상의 기사나 블로그 글을 쉽게 스크랩할 수도 있다.

개인별로 설정한 주제 중심으로 '노트북'을 분류하여 저장함으로써 자동으로 인덱스할 수 있다. 또 이를 기준으로 저장된 노트를 검색할 수 있다. 노트에 임의의 태그를 붙여 노트 검색이나 정리도 할 수 있다. 노트에 주석을 달고 파일을 첨부할 수 있으며 첨부된 파일 내의 텍스트를 검색할 수도 있다. 저장된 노트를 다른 사람과 공유하여 공동으로 이용할 수도 있는데 해당 '노트북'만의 URL을 만들고 이를 공개하여 자료를 공유하는 것도 가능하다.

에버노트는 스마트폰을 사면 가장 먼저 설치해야 하는 필수 앱으로 꼽혔지만 유료화 서비스에 실패한 데다 광고 등 수익 모델을 제대로 구축하지 못해 현재 적자 행진을 하고 있다. 수익이 나지 않다 보니 사용자들을 위한 서비스 개선에도 돈을 투자하지 못해서 사용자가 떠나고 있다. 에버노트는 2014년 말부터 2015년까지 전체 인력의 18%를 줄이고, 대만 · 러시아 · 싱가포르에 있는 해외

왼쪽부터 필 리빈, 스테판 파치코프. (출처: 에버노트)

지사를 폐쇄했다. 최근에는 에버노트의 이커머스 플랫폼 '마켓'이 문을 닫았다.

2014년 매출은 약 3,600만 달러에 불과해 기업가치나 사용자 수에 비해 현저히 낮다는 평가다. 드롭박스, 트위터, 우버, 스냅챗, 인스타그램등 실리콘밸리 대표 기업에 투자해 성공을 거두고 있는 벤처투자사 벤치마크의 파트너인 빌 걸리는 위기에 빠진 대표적인 유니콘 기업으로 에버노트를 뽑기도 했다.

창업자는 누구인가

필 리빈Phil Libin과 스테판 파치코프Stepan Pachikov가 공동 창업했다. 필이 세 번째 창업한 회사가 에버노트다. 그는 어렸을 때부터 '인류를 똑똑하게 만들고 싶다'는 막연한 꿈을 실현하기 위해 창업을 꿈꿨다고 한다. 첫 창업은 보스턴대 재학 시절 친구들과 함께 만든 소프트웨어 회사다. 첫 회사를 3년 만에 매각했고 두 번째로 설립한 보안소프트웨어 회사도 6년 만에 매각했다.어릴 적 꿈을 이루기 위해 2007년 '창업의 산실' 실리콘밸리로 옮겨 세 번째 회사인 에버노트를 세웠다. 두 번의 창업 경험에도 불구하고 시작부터 험난했다. 1년 만에 투자 원금은 바닥을 드러냈다. 사업을 이어가기 위해선 투자를 유치해야 하는데 상황이 녹록지 않았다. 친척과 친구 등 수십 명의 지인에게 급전을 빌려 근근이 회사를 꾸려나갔지만 좀체 돌파구를 찾지 못했다.

그는 회사에 홀로 남아 30여 명의 직원에게 보낼 작별 이메일을 쓰고 있었다. 마지막 문장을 쓰던 그때 이메일이 왔다는 알림이 떴다. '에버노트'를 잘 쓰고 있다는 그 이메일의 끝엔 '혹시 투자가 필요하면 얘기하라'는 글이 붙어 있었다. 해가 뜨기 무섭게 바로 전화를 했고 5억 원가량의 투자를 유치했다. 그 돈으로 6개월간 운영비를 마련해 서비스를 보강했고, 이후 입소문이 나면서 에버노트는 세상에 알려지게 되었다.

주요 투자자

앨런, 차이나 브로드밴드 캐피털 파트너스, 두코모 캐피털, 하버 퍼시픽 캐피털, m8 캐피털, 메리테크 캐피털 파트너스, 모건테일러 벤처스, 세쿼이아 캐피털, T. 로우 프라이스, 발리언트 캐피털 파트너스 등.

109. 이벤트브라이트

Eventbrite

이벤트 중개 플랫폼 업체

🏠 소비자 인터넷(티켓 장터) 🌐 미국 캘리포니아 📅 2006

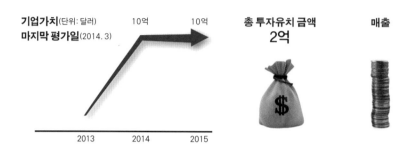

기업가치(단위: 달러) 10억 10억
마지막 평가일(2014. 3)

2013   2014   2015

총 투자유치 금액
2억

매출

비즈니스 모델

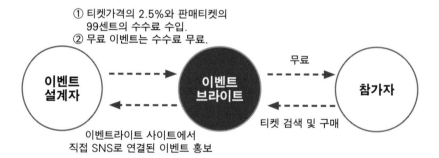

① 티켓가격의 2.5%와 판매티켓의
   99센트의 수수료 수입.
② 무료 이벤트는 수수료 무료.

이벤트
설계자

이벤트
브라이트

무료

참가자

티켓 검색 및 구매

이벤트라이트 사이트에서
직접 SNS로 연결된 이벤트 홍보

　　이벤트 중개 플랫폼. 이벤트 기획자뿐 아니라 개인이 이벤트브라이트를 통해 이벤트를 기획하고 모집할 수 있다. 사용자는 다양한 이벤트의 성격에 따라 무료 또는 유료로 참가할 수 있다. 이벤트브라이트는 기획자로부터 티켓 가격의 2.5%를 청구하며 티켓 한 장당 99센트의 수수료를 받는다. 무료 이벤트는 제외.

왼쪽부터 르노 비세이지, 줄리아 하르츠, 케빈 하르츠. 줄리아 하르츠와 케빈 하르츠는 부부이다.

어떤 사업을 하는가

세계 최대의 셀프서비스 티켓팅 플랫폼. 누구나 무료로 이벤트를 진행할 수 있을 뿐만 아니라 판매도 가능하다. 소비자는 이곳에서 펀드레이징, 콘서트, 운동, 파티, 야유회, 축제, 교육 등 다양한 분야의 이벤트를 만나볼 수 있다. 또한 한국에서 개최되는 모임도 쉽게 찾아볼 수 있다. 이벤트브라이트는 2015년 10월부터 큰 규모의 행사나 장기간 진행되는 행사에서의 입장절차를 간소화하고 가짜 입장권을 구분하기 위해 RFIDRadio-Frequency Identification 시스템을 도입하고 있다. 출범 후 10년이 지난 현재 전 세계 190개국에서 운영되고 있다. 2014년에만 이벤트브라이트를 통해 티켓 8,000만 장이 팔렸고 총 1억 7,000만 건의 이벤트가 올라왔다.

창업자는 누구인가

르노 비세이지Renaud Visage, 줄리아 하르츠Julia Hartz, 케빈 하르츠Kevin Hartz가 공동 창업했다. 케빈 하르츠Kevin Hartz와 줄리아 하르츠Julia Hartz는 부부다. 그들은 서로가 만난 것이 인생 최대의 행운이라고 말한다. 두 사람은 2006년에 데이트를 시작했다. 케빈은 전자결제 전문업체인 페이팔에서 근무한 경력으로 전자외

화송금 회사인 줌Xoom을 운영하고 있었고 줄리아는 음악방송 전문채널 MTV에서 근무하고 있었다. 둘은 각자의 경력을 살려 이벤트를 온라인에서 사고팔 수 있는 사이트를 구상했고 이벤트브라이트는 그렇게 탄생했다. 2006년은 이들이 결혼식을 올린 해이기도 하다.

주요 투자자

DAG 벤처스, 세쿼이아 캐피털, T. 로우 프라이스, 테나야 캐피털, 타이거 글로벌 매니지먼트 등.

110. 탱고 Tango

무료 모바일 메시지 앱 회사

🏠 소비자 인터넷(커뮤니케이션 소프트웨어) 🌐 미국 캘리포니아 📅 2009

기업가치(단위: 달러)
마지막 평가일(2014.3)

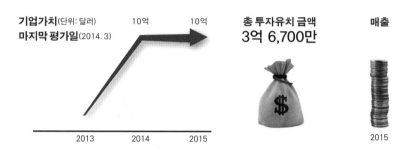

10억   10억

2013   2014   2015

총 투자유치 금액
3억 6,700만

매출

2015

비즈니스 모델

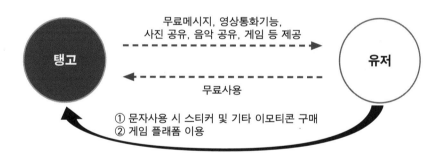

무료메시지, 영상통화기능,
사진 공유, 음악 공유, 게임 등 제공

탱고   유저

무료사용

① 문자사용 시 스티커 및 기타 이모티콘 구매
② 게임 플래폼 이용

　무료 메시지 및 영상통화 앱 제공업체. 사용자들은 앱스토어나 구글 플레이
스토어를 통해 무료로 다운로드 받을 수 있다. 이들은 스티커 등 메시지 및 영상
통화에 적용될 수 있는 이모티콘 등을 판매하고 있으며, 최근에는 게임 산업에
도 뛰어들었다.

왼쪽부터 우리 라즈, 에릭 세톤. (출처 : 탱고)

어떤 사업을 하는가

안드로이드와 iOS 기기상에서 와이파이를 통해 무료 화상 및 음성 통화를 할 수 있는 모바일 앱을 제공한다. 다양한 모바일 메신저 앱이 게임플랫폼을 준비하고 있는 가운데, 가장 먼저 게이밍 플랫폼으로 사업영역을 확장했다. 창립 5년 차인 탱고의 누적 벤처 캐피털 자금 유치 규모는 3억 6,700만 달러다. 탱고는 이미 2억 명의 사용자들이 있고 안드로이드에서 12번째로 많이 다운로드된 앱이라는 점을 강조하고 있다.

창업자는 누구인가

우리 라즈Uri Raz와 에릭 세톤Eric Setton이 공동 창업했다. 창업자 우리 라즈는 이스라엘에서 태어나 다양한 스타트업을 설립했던 경험이 있다. 비디오 스트리밍 서비스를 제공하는 다이노를 설립하였다. 또 앱 스트림Appstream을 설립하여

2006년에 시만텍Symantec에 매각했던 경험도 있다. 2002년에는 이스라엘에서 설립한 GSITGolden Screens Interactive Technologics를 이스라엘 최초의 온라인 검색엔진 회사인 텔레텔Teletel에 매각하기도 했다. 2009년도 스마트폰의 열풍을 예견하여 무료문자와 무료전화 그리고 비디오 전화를 무료로 사용하는 서비스인 탱고Tango를 출시하면서 현재 212개국에 2억 명의 사용자를 확보하고 있다.

주요 투자자

액세스 인더스트리, 알리바바 그룹, 드레이퍼 피셔 저비슨, 퀄컴 벤처스, 트랜스링크 캐피털 등.

111. 모구지에 Mogujie

중국의 여성패션 온라인 쇼핑몰

🏠 전자상거래(인터넷 소매) 🌏 중국 항저우 📅 2011

기업가치(단위: 달러)
마지막 평가일(2015. 11)

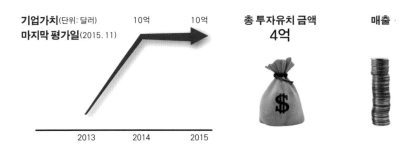

10억   10억

2013   2014   2015

총 투자유치 금액
4억

매출

비즈니스 모델

옷판매(품질이 보증되는 제품)
패션 조언과 정보도 함께 제공
(큐레이션 강조)

판매자

모구지에
오픈마켓 플랫폼
"요우디앤"

고객

구매

오픈마켓 상품 판매자 수 제한(3,000명)
① 품질·트렌드
② 사용자가 필요한 정보제공

　　자사 오픈마켓 플랫폼인 '요우디앤'을 통해 소비자에게 품질이 보증된 제품만을 엄선해 제공하는 온라인 쇼핑몰이다. 이들은 무분별한 판매자 수를 통제함으로써 저가가 아닌 품질과 트렌드를 함께 제공하고 있다.

어떤 사업을 하는가

중국 최대 패션 전자상거래업체. 미국에서 유행하는 사진 기반 SNS '핀터레스트'를 모방해 탄생했다. 모구지에는 관심사에 따라 관련 사진을 모아보고 추천하는 핀터레스트처럼 여성 상품을 카테고리별로 분류하고 고품질 사진으로 제품 정보를 제공한다. 사용자는 상품 사진에 '좋아요'를 눌러 개인 페이지에서 모아볼 수 있으며 모구지에가 직접 특정 상품을 추천하기도 한다.

당초 서비스는 사용자가 마음에 드는 사진을 클릭하면 해당 제품을 살 수 있는 타오바오로 연결하는 방식이었다. 하지만 2013년 10월에는 '요우디앤'이라는 오픈 마켓 플랫폼을 선보이며 알리바바에 도전장을 냈다. 2015년 3월을 기준으로 약 8,500만 명의 사용자가 해당 사이트에 등록되어있으며 매달 3,500만 명이 이용하는 것으로 나타났다. 또한 월평균 거래량은 4,800만 달러인 것으로 밝혀졌다.

2016년 1월 11일 경쟁업체 메이리슈오美麗說와 25억 달러(약 3조 257억 원) 규모의 합병을 발표했다. 중국 거대 인터넷 기업 텐센트가 투자한 메이리슈오는 젊은 여성층을 상대로 옷과 가방을 판매한다. 글로벌 경기가 둔화하면서 중국 경제도 침체의 늪에 빠져 업체 간 경쟁이 거세졌다. 그러다 보니 모구지에와 메이리슈오는 경쟁력 확보를 위해 합병을 결정한 것이다. 2015년 11월 평안 벤처스가 주도한 투자라운드에서 2억 달러를 투자받았다.

창업자는 누구인가

치첸Qi Chen과 유에 쉬치앙Yue Xuqiang이 공동 창업했다. 치첸은 비디오 게임의 열렬한 팬으로 대학에서 컴퓨터 공학을 전공했다. 2004년 알리바바에 입사해 쇼핑 사이트와 타오바오의 인터페이스를 디자인하는 등 경험을 쌓은 후 2010년 모구지에를 창업해 중국 내 유력한 온라인 쇼핑몰로 키웠다. 그는 자신의 아내의 패션 블로그에서 인터넷 트래픽이 급증하는 것을 보고 패션을 테마

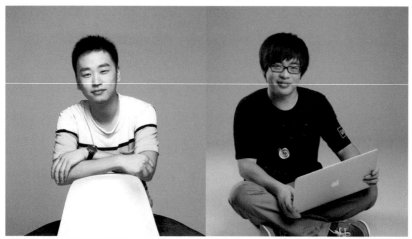
왼쪽부터 치첸, 유에 쉬치앙. (출처 : 모구지에)

로 한 전자상거래 사업을 생각하게 됐다고 한다.

알리바바의 2억 달러(약 2,061억 원) 인수 제안을 거절한 것을 비롯해 끊임없이 유력 기업의 인수 대상으로 거론되며 화제를 모으고 있다. 2015년 11월 2억 달러 규모 투자 유치에 성공하는 등 2011년 이후 매년 외부 자금을 끌어들이며 빠르게 성장하고 있다.

주요 투자자

반얀 캐피털, 베르텔스만 아시아 인베스트먼트, 호푸 인베스트먼트 매니지먼트, IDG 캐피털 파트너스, 치밍 벤처 파트너스, 트러스트 브리지 파트너스 등.

112. 카밤 Kabam

미드코어 게임 개발사

🏠 엔터테인먼트&게임(게이밍)　🌐 미국 캘리포니아　🏛 15　📅 2006

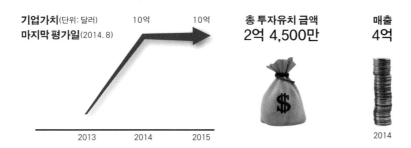

| 기업가치(단위: 달러)
마지막 평가일(2014. 8) | 총 투자유치 금액
2억 4,500만 | 매출
4억 |

2013　2014　2015　　　　　　　　　　　　2014

비즈니스 모델

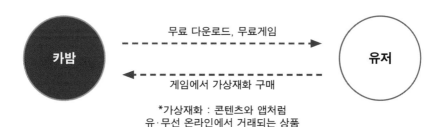

카밤 ----무료 다운로드, 무료게임----▶ 유저
　　◀----게임에서 가상재화 구매----

*가상재화 : 콘텐츠와 앱처럼
유·무선 온라인에서 거래되는 상품

　「킹덤 오브 카멜롯」「호빗: 중간계의 왕국들」「드래곤즈 오브 아틀란티스: 용의 계승자」 등의 대표 모바일 게임을 제공하는 게임업체다. 앱 스토어나 구글 플레이스토어 등에서 무료로 다운받아 즐길 수 있다. 게임에 필요한 아이템을 판매해 매출을 낸다.

어떤 사업을 하는가

　미국 샌프란시스코에서 2006년 시작한 모바일 및 웹 전문 게임업체.「대부」

왼쪽부터 홀리 리우, 케빈 추, 마이크 리, 웨인 찬. (출처 : 카밤)

「호빗」 등 유명 영화 IP를 기반으로 게임을 출시해 이름을 알렸다. 2009년 출시한 웹 게임 「킹덤 오브 카멜롯」이 대표작이다. 전 세계 부분유료화 게임 시장에서 가장 빠르게 성장한 기업으로 알려졌다. 경쟁업체인 징가가 라이트한 소셜 게임으로 성장했던 것과는 달리 미드코어 혹은 하드코어 류의 헤비한 모바일 게임을 출시하면서 두각을 보였다. 2015년 알리바바에게 1,200억 원 정도를 투자받아서 850여 명 정도 규모의 큰 모바일 게임회사가 되었다.

창업자는 누구인가

케빈 추Kevin Chou, 마이크 리Mike Li, 홀리 리우Holly Liu, 웨인 찬Wayne Chan이 공동 창업했다. 케빈 추는 UC버클리대 경영학을 전공했다. 그후 도이체 방크에서 기술 투자 업무를 했고 카난 파트너스에서 기업 투자 업무를 담당했다. 그는 카밤을 만들어 게임 이용자들이 게임에 접근하고 돈을 내는 방식에 혁신을 이루었고 비디오 게임 산업의 붕괴를 가져왔다.

주요 투자자

알리바바 그룹 홀딩, 벳페어 그룹, 카난 파트너스, 구글 벤처스, 인텔 캐피털, 메트로 골드윈 메이어, 퍼포먼스 이쿼티 매니지먼트, 피나클 벤처스, 레드포인트 벤처스, SK 텔레콤 벤처스, 워너브러더스 엔터테인먼트 등.

113. 룩아웃 Lookout

클라우드 기반 모바일 보안 솔루션 제공업체

🏠 소프트웨어(모바일 보안)　🌐 미국 캘리포니아　🏰 2007

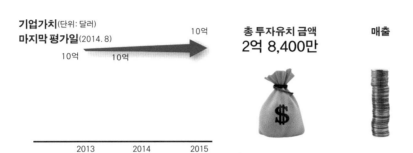

기업가치(단위: 달러)
마지막 평가일(2014. 8)

10억

10억　　10억

2013　　2014　　2015

총 투자유치 금액
2억 8,400만

매출

비즈니스 모델

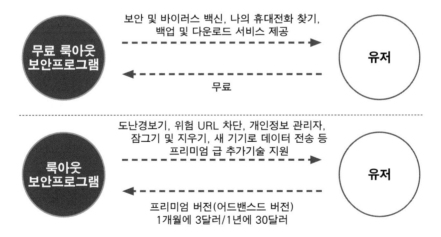

무료 룩아웃
보안프로그램

보안 및 바이러스 백신, 나의 휴대전화 찾기,
백업 및 다운로드 서비스 제공

무료

유저

룩아웃
보안프로그램

도난경보기, 위험 URL 차단, 개인정보 관리자,
잠그기 및 지우기, 새 기기로 데이터 전송 등
프리미엄 급 추가기술 지원

프리미엄 버전(어드밴스드 버전)
1개월에 3달러/1년에 30달러

유저

　모바일 기기 보안 서비스 제공업체다. 악성코드, 맬웨어malware 등을 탐지하며 보안 및 백신, 휴대전화 찾기 서비스 등을 무료로 이용할 수 있다. 이와 더불어 부가적인 서비스를 추가하고 싶다면 매달 3달러를 추가한 프리미엄 버전을 사용할 수도 있다.

어떤 사업을 하는가

모바일 기기에 사용되는 보안 플랫폼을 구축하고 있다. 모바일 앱을 통해 스마트폰의 보안 상태를 점검하는 서비스를 제공하고 있다. PC에선 백신 프로그램을 내려받으면 악성코드를 잡아주듯이 이 앱을 스마트폰에 내려받으면 보안 상태를 실시간으로 점검해준다. 모바일 앱과 함께 국제적인 위협감지 시스템을 결합해 사용자들이 그들이 분실하거나 도난당한 기기에 접속하고 사업체들이 모바일 사용량을 추적할 수 있게 해주는 사업을 진행하고 있다.

2014년 기준 룩아웃 앱의 실 사용자 수는 전 세계적으로 50만 명, 다운로드 건수는 매달 100만 건이 넘어선다. 룩아웃은 50만 명의 사용자 중 1명이라도 그의 스마트폰이 신종 악성코드에 감염됐다는 것을 감지하면 곧바로 나머지 49만 9,999명의 스마트폰에 해당 악성코드에 대한 백신을 업데이트해준다. 앱 광고를 통해서 소비자의 개인정보를 마구잡이로 수집하거나 노출시키는 애드웨어도 잡아낸다.

그 결과 구글은 플레이스토어에서 이런 행위를 하는 3,000여 개의 앱을 내렸다. 삼성전자의 모바일 보안 플랫폼 '녹스'에도 룩아웃의 악성코드 탐지 기술이 들어간다. 삼성전자는 MWC 2014에서 녹스 2.0을 발표하고 갤럭시 S5에 해당 플랫폼을 탑재한 바 있다. 현재 짐 돌체가 회사를 이끌고 있다.

2014년 8월에 투자사 T. 로우 프라이스가 주도한 투자라운드에서 1억 5,000만 달러를 유치하며 모바일 보안시장의 선두주자로 자리매김 했다. 2015년 12월에 리서치 앤 마켓이 발표한 '모바일 앱 보안 시장-2020 글로벌 시장 예측'을 따르면 모바일 앱 보안 시장은 2020년까지 매년 25.7%의 비율로 성장하며 25억 달러 규모로 커질 것이라고 분석하고 있다. 더욱이 클라우드 기반의 솔루션들이 출현하면서 시장의 규모는 계속해서 커질 것이라고 분석했다.

왼쪽부터 존 헤링, 짐 돌체, 제임스 버제스, 케빈 마하피. (출처 : 룩아웃)

창업자는 누구인가

존 헤링John Hering, 짐 돌체Jim Dolce, 제임스 버제스James Burgess, 케빈 마하피 Kevin Mahaffey이 공동 창업했다. 존, 케빈, 제임스는 2005년 초에 노키아 휴대폰 의 취약점을 발견했다. 블루투스를 통해 승인받지 않은 접근을 허용했기 때문 이다. 이들은 1.2마일 정도 떨어진 거리에서 노키아 휴대폰의 블루투스 기능 을 이용해 이를 스캔할 수 있는 소총 모양의 해킹 프로그램인 '블루스나이퍼 BlueSniper'를 발명했다. 그들은 2005년 아카데미 시상식에 참석한 영화배우들 의 휴대폰 블루투스의 취약점을 이용해 복제를 시도해 100여 개의 휴대폰이 블 루투스 보안에 취약하다는 사실을 알게 된다.

존이 모바일 보안에 대한 충격을 미리 예감하고 실제 실행에 옮긴 유명한 사건이다. 세 명은 2007년 룩아웃을 창업했고 안드로이드 기반의 스마트폰을 중심으로 악성 애플리케이션에 대한 공격을 막아주는 서비스를 제공하면서 자동 데이터백업과 전화 찾기 기능과 같은 실용적인 기능으로 사용자들을 끌어모았다.

주요 투자자

액셀 파트너스, AME 클라우드 벤처스, 안데르센 호로비츠, 베조스 익스피디션, 도이치 텔레콤, 골드만 삭스, 그레이록 파트너스, 인덱스 벤처스, 코슬라 벤처스, 미스릴 캐피털, 모건 스탠리, 퀄컴 벤처스, T. 로우 프라이스, 트릴로지 파트너십, 웰링턴 매니지먼트 등.

JUSTFAB # 114. 저스트팹 JustFab

선호도 기반 온라인 패션 소매업체

🏠 전자상거래(인터넷 소매) 🌐 미국 캘리포니아 15 2010

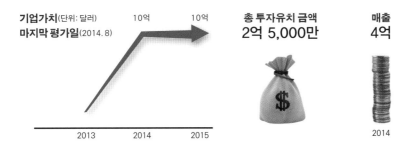

기업가치(단위: 달러) 10억 10억
마지막 평가일(2014. 8)

2013 2014 2015

총 투자유치 금액
2억 5,000만

매출
4억

2014

비즈니스 모델

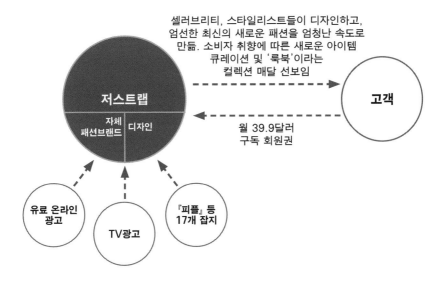

셀러브리티, 스타일리스트들이 디자인하고,
엄선한 최신의 새로운 패션을 엄청난 속도로
만듦. 소비자 취향에 따른 새로운 아이템
큐레이션 및 '룩북'이라는
컬렉션 매달 선보임

저스트랩

자체
패션브랜드 디자인

고객

월 39.9달러
구독 회원권

유료 온라인
광고

TV광고

『피플』등
17개 잡지

여성을 위한 상품을 판매하는 온라인 쇼핑몰이다. 회사는 매월 39달러 95센트에 회원들에게 구독 회원권Subscription을 제공한다. 가방이나 구두뿐 아니라 의류까지 카테고리를 확장했다.

어떤 사업을 하는가

여성 소비자들의 패션 선호를 기반으로 개인화된 쇼핑 경험을 제공하는 온라인 패션 소매업이다. 저스트팹은 현재 핸드백, 장신구, 청바지 등을 취급하며 전 세계에 3,300만 명의 회원을 거느리고 있다. 중간유통이 아닌 자체 패션 브랜드와 디자인을 공급하고 있으며 이용자의 취향을 파악해 상품을 제시하는 등 IT 기술을 적극 활용하고 있다.

아담 골든버그에 따르면 저스트팹은 자사 웹사이트에서의 고객 활동에서 얻은 데이터를 활용해 사이트 방문빈도, 위시리스트에 들어 있는 상품 개수, 가계 소득 및 기타 특성에 기반해 해당 고객이 다음달 안에 물건을 살 확률을 점수로 계산한다. 이를 통해 얼마나 많은 상품을 사이즈별로 어느 정도 갖춰둬야 하는지 알 수 있고 심지어 인기 상품 재고를 유지하는 데에도 도움이 된다.

창업자는 누구인가

아담 골든버그Adam Goldenberg와 돈 레슬러Don Resler가 공동 창업했다. 아담 골든버그는 16세 때 게임 사이트의 광고 네트워크인 게이머스 얼라이언스Gamer's Alliance Inc.를 창업했다. 1997년도에 설립된 이 회사는 1999년 마이스페이스MySpace의 자회사인 인터믹스 미디어Intermix Media에 매각됐다. 그는 인터믹스 미디어Intermix Media의 전략기획부 부사장으로 취임했고 스무 살이라는 나이에 COO로 승진했다.

그는 상장된 기업들 중 최연소 COO이기도 했다. 2005년 인터믹스 미디어는 뉴스그룹News Corp.에 6억 5,000만 달러에 인수됐다. 그는 시장에 더 맞는 새로운 회사에 대한 비전을 그려가던 중 돈 레슬러와 함께 팀을 결성했고 신생 인터넷 스타트업들을 발굴하고 양성하는 인텔리전트 뷰티 회사Intelligent Beauty Inc.를 창업했다.

왼쪽부터 아담 골든버그, 돈 레슬러. (출처 : 저스트팹)

주요 투자자

인텔리전트 뷰티, 매트릭스 파트너스, 패스포트 스페셜 오퍼튜니티펀드, 로 벤처스, 샤이닝 캐피털 매니지먼트, 테크놀러지 크로스오버 벤처스 등.

115. 퀼트릭스 Qualtrics

고객 및 시장 리서치 플랫폼 업체

🏠 소프트웨어(애플리케이션 소프트웨어) 🌐 미국 유타   2002

기업가치(단위: 달러) 10억 10억
마지막 평가일(2014. 9)

2013 2014 2015

총 투자유치 금액
2억 2,200만

매출
4,810만

2013

비즈니스 모델

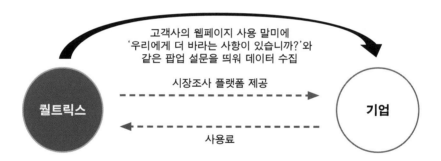

고객사의 웹페이지 사용 말미에
'우리에게 더 바라는 사항이 있습니까?'와
같은 팝업 설문을 띄워 데이터 수집

시장조사 플랫폼 제공 →

퀼트릭스 **기업**

← 사용료

　리서치 소프트웨어 전문업체. 이들은 고객사의 웹페이지 사용 말미에 고객사의 고객들에게 팝업 설문을 띄워 데이터를 수집해 고객사에게 제공한다.

어떤 사업을 하는가

　기업들이 고객 통찰을 추적하고 제품 피드백을 얻고 시장 조사를 수행하는데 도움을 주는 조사 및 연구 플랫폼을 공급한다. 유타주의 스타트업 베드인 프

왼쪽부터 스튜어트 오르길, 라이언 스미스, 스콧 스미스, 자레드 스미스. (출처 : 퀄트릭스)

초창기 모습.

로보에 위치한 이 회사에 따르면, 톱 비즈니스 스쿨 100곳 중 99곳이 이 플랫폼을 이미 사용 중에 있다.

퀄트릭스는 웹 브라우징 세션의 말미에 '우리에게 더 바라는 사항이 있습니까?'와 같은 팝업 설문을 띄워 데이터를 수집하는 솔루션이다. 퀄트릭스가 제공하는 플랫폼은 현장을 돌아다니지 않고도 제품 및 마케팅 연구, 광고 테스트, 성과 평가 등의 작업을 진행하는 데 도움을 준다. 초기 퀄트릭스는 심리학 교수들이나 다른 분야의 연구원들을 위한 온라인 조사 및 연구 플랫폼을 개발하는 데 특화된 회사였다.

퀄트릭스는 이러한 틈새시장 공략을 시작으로 대기업들을 위한 소비자조사 분야 및 직원들의 근무몰입도 조사 분야로 사업을 확장한다. 마스터카드, 켈로그, 사우스웨스트항공, 랜즈엔드Lands' End 그리고 웨더 채널 등을 고객으로 보유하고 있다.

창업자는 누구인가

라이언 스미스Ryan Smith, 스콧 스미스Scott Smith, 스튜어트 오르길Stuart Orgill, 자레드 스미스Jared Smith가 공동 창업했다. 라이언과 자레드는 스콧의 아들들이다. 퀄트릭스는 가족이 운영하는 회사에서 600명의 직원을 보유한 기업으로 성장했다.

주요 투자자

액셀 파트너스, 세쿼이아 캐피털, 인사이트 벤처 파트너스 등.

116. 레이저 Razer

게이밍 기어(주변기기) 전문업체

하드웨어(전자 장비 및 도구) · 미국 캘리포니아 · 15 1998

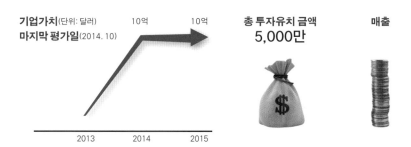

기업가치(단위: 달러)
마지막 평가일(2014. 10)   10억   10억

2013   2014   2015

총 투자유치 금액
5,000만

매출

비즈니스 모델

팀 레이저를 통해
프로 게이머 지원

게임
커뮤니티

레이저
(게이밍 주변기기)

납품

구매

소비자

　'게이머를 위한, 게이머에 의한' 컴퓨터 주변기기를 생산업체. 마우스, 키보드, 이어폰 등 게이머들이 게임을 하기에 최적화된 사양을 지닌 제품을 제공한다. 국내에는 레이저코리아라는 지사를 설립하고 공식 온라인 스토어뿐 아니라 국내 공식수입유통사인 ㈜웨이코스를 통해서도 자사의 제품을 판매하고 있다. 이들은 다양한 게임업체 및 게임리그의 스폰서 및 프로게이머를 자사의 모델로 발탁하는 방법 등으로 제품을 알리고 있다.

어떤 사업을 하는가

미국 캘리포니아주 칼스배드에 본사를 둔 '레이저'는 '게이머를 위한, 게이머에 의한For Gamers, By Gamers'라는 모토 아래 게이머와 함께 최고 성능의 게임용 주변기기를 개발, 생산, 판매하는 회사다. 국내에서는 임요환이 홍보모델로 발탁되었으며 국내 E스포츠에 엄청난 투자를 하는 등 한국에 많은 관심을 보이고 있다. 국내외 유수의 게임업체와 제휴협약을 맺고 자사의 제품을 후원하고 있다.

최근 레이저는 자사의 웨어러블 기기인 스마트밴드 나누Nabu를 출시했다. 시계, 알림, 운동량 측정, 수면 트래킹은 기본이며 스마트밴드 최초로 소셜 기능까지 탑재했다. 나누 내의 가속도계와 알고리즘이 기록하는 실시간 진행상황을 디스플레이와 연계된 앱에서 볼 수 있다. 나누가 특별한 이유는 디스플레이를 손목 안쪽에 장착해 착용자만 디스플레이에 뜨는 내용을 확인할 수 있다는 점이다. 이에 맞게 디스플레이 또한 배터리 소모를 감소시키도록 손목을 돌릴 때만 구동되는 등 사용자의 편의성을 높인 제품으로 주목받고 있다.

2014년 10월 인텔 캐피털로부터 5,000만 달러를 투자받았다고 발표했다. 인텔 캐피털은 레이저 외에도 다양한 게임업체에 대한 후원을 아끼지 않고 있다. 회사는 다양한 분야에 걸친 하이엔드급 게이밍 기기를 선보일 뿐 아니라 웨어러블 기기인 나누 스마트 밴드를 출시하는 등 게이머를 위한 특화된 제품들만을 선보인다는 점에서 투자자들의 이목을 끌고 있다.

창업자는 누구인가

민 리앙 탄Min Liang Tan과 로버트 크라코프Robert Krakoff가 공동 창업했다. 민 리앙 탄은 1990년대 후반에 비디오 게임에 푹 빠져 있었다. 그는 게임을 더 잘하고 싶었지만, 컴퓨터 마우스는 그의 손을 따라가지 못하고 있었다. 그래서 그는 정확도와 스피드에 최적화된 게임 전용 마우스를 만들었다. 이러한 노력은 결국 하드코어 게임을 즐기는 게이머라면 무조건 가지고 싶어 하는 장비들을 만드는 회사 레이저의 창업으로 이어졌다.

왼쪽부터 민 리앙 탄, 로버트 크라코프. (출처 : 레이저)

주요 투자자

IDG-액셀, 인텔 캐피털 등.

117. 샤잠 Shazam

음악 검색 앱 서비스 업체

🏠 소비자 인터넷(음악)　🌐 영국 런던　📅 2002

기업가치(단위: 달러)　10억　　　10억
마지막 평가일(2015. 1)

2013　　　2014　　　2015

총 투자유치 금액
1억 7,000만

매출
5,530만

2014

비즈니스 모델

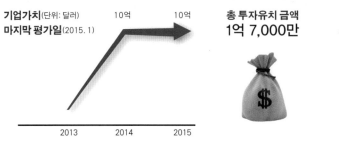

태깅이라는 기술로 음악을 인식

샤잠 앱

유저

① 서비스 무료
② 음악 구매

수수료

애플, 구글,
스포티파이
같은 메이저
음원 업체

앱 상에서 음악 구매를 연동시킴

TV 광고
'공명' 플랫폼

TV 방송사나 광고주들이
스마트폰 등을 통해 소비자
선호도를 파악할 수 있게 함

　음악 검색 앱. 음악을 듣고 어떤 곡인지 알려준다. 아마 누구나 거리나 카페에서 혹은 차 안에서 흘러나오는 음악을 듣고 멜로디는 익숙한데 제목이 생각나지 않을 때를 경험해본 적이 있을 것이다. 혹은 처음 들어보는 음악인데 뭔지 알고 싶을 때가 있었을 것이다. 그때 샤잠 앱을 이용하면 터치 한번으로 가수, 노래제 목, 가사 등을 알 수 있다. 음악의 음향 지문Acoustic fingerprint을 분석해 3,500만 곡 의 기존 음원과 신속하게 비교 응답하는 것이 핵심 기술이다. 또 그 노래를 검색 해 애플 아이튠스 등에서 음원을 내려받거나 스포티파이 같은 스트리밍 서비스 를 통해 음악을 들을 수 있다.

어떤 사업을 하는가

2002년 영국 런던에서 설립됐다. 2013년 7,000만 명이던 월 사용자 수가 2014년도에는 1억 명으로 늘어날 정도로 인기를 끌었다. 2015년 1월 기준 총 5억 건의 다운로드를 기록했다. 이 앱은 보고 있는 동영상이나 TV의 음악 제목 이 궁금할 때 간단히 로고를 터치하기만 하면 제목을 비롯해 실시간 가사 서비 스까지 제공해준다. 관심사가 비슷한 사용자들의 추천곡도 들을 수 있다.

샤잠 앱 사용자들에게는 자기가 들은 음악이 무엇인지 궁금할 때 그 궁금증 을 해결해주는 편리한 도구이다. 하지만 음악산업 관계자들에게는 궁금증 해결 정도가 아니라 사업적으로 아주 유용한 도움을 준다. 바로 시장을 예측하고 읽 는 지표가 되기 때문이다. 음악산업 종사자들이 가장 궁금해하는 것은 "사람들 은 어떤 음악을 듣고 싶어 할까?"이다. 그 질문에 대한 답은 "샤잠에게 물어봐." 이다. 매일 2,000만 건이나 되는 음악 검색이 이루어지다 보니 어떤 신곡이 어 디에서 사람들의 귀를 잡아끄는지 제일 먼저 알게 되는 건 당연하다.

또 샤잠 앱은 몇 달 후 어떤 곡이 히트할지도 정확하게 알아맞히기도 한다. 꼭 유명한 뮤지션만 예측하는 것이 아니다. 2013년 대히트를 친 신인 로드Lorde의 첫 싱글 「로열즈Royals」는 먼저 뉴질랜드에서 인기를 끌고 그다음 미국 음악 시장 의 중심인 내쉬빌로 들어가 미국 내 3,000개 도시에서 언제 차트 1위를 차지할 지를 정확히 맞추었다. 워너 뮤직 그룹 레코드 업계에서도 대중음악 흥행 여부 를 판단하기 위한 지표로 샤잠의 데이터를 사용하고 있다.

영국 기업정보 사이트인 컴퍼니 하우스Companies House에 따르면 2014년도 샤

왼쪽부터 필립 잉겔브레히트, 애브리 왕, 크리스 바턴, 디라즈 무커르지. (출처 : 샤잠)

잠의 수익은 113% 증가해 5,530만 달러를 기록했으나 영업손실 2,210만 달러에 순손실 2,280만 달러를 기록했다. 매출은 증가했으나 총비용이 126% 증가했고 순손실은 158%나 증가했다. 그럼에도 샤잠은 강한 성장세를 보이고 있다. 앱 이용자는 8,600만 명에서 약 1억 2,000만 명으로 증가했고 일일 검색 수는 1,700만 건에서 2,000만 건으로 집계됐다.

이러한 결과들은 투자자들을 딜레마에 빠지게 한다. 그러나 미래에 수익이 보장된다면 더 큰 사업으로 성장하기 위해선 충분히 지금의 손실을 감수할 만하다. 샤잠은 바로 그러한 미래를 그리며 사업에 임하고 있다. 스마트폰의 보급은 아시아와 아프리카를 중심으로 한 개발도상국 시장으로까지 뻗치고 있다. 이는 곧 샤잠에게 충분한 성장의 기회로 자리매김할 것이다.

창업자는 누구인가

샤잠은 1999년도 SMSShort Message Service로 시작했다. 대학에 다니는 당시 세 명의 창업자 필립 잉겔브레히트Philip Inghelbrecht, 애브리 왕Avery Wang, 디라즈 무커르지Dhiraj Mukherjee와 아이디어를 고안한 크리스 바턴Chris Barton은 이 서비스에 매우 관심이 높았다. 2000년대 초 닷컴 붐이 지나갔을 때라 투자자들은 디지털 서비스를 모델로 하는 스타트업엔 거의 관심이 없었다. 그들은 상대적으로 모바일 서비스에 관심이 높았던 유럽에서 사업을 시작하게 된다.

2000년에 스탠퍼드대 박사 출신인 애브리 왕과 친구들이 스마트폰을 이용해 카페나 라디오에서 흘러나오는 음악 검색 소프트웨어 개발을 시작했을 때는 음악과 배경소음을 구분하는 게 불가능했다. 하지만 마침내 2002년에 음악과 배경소음을 구분한 앱 샤잠이 개발됐다. 초기에 그들은 사용자들이 2580이라는 번호로 메시지를 보내오면 노래 제목을 보내주는 SMS 서비스로 시작했다. 2006년 애플의 제의를 받고 샤잠의 앱을 탑재한 아이폰을 출시하게 된다. 이후 샤잠은 애플의 앱스토어에서 가장 많이 다운로드된 앱으로 성장하게 된다.

주요 투자자

액세스 인더스트리, 아메리카 모빌, DN 캐피털 리미티드, 인스티튜셔널 벤처 파트너스, 클레이너 퍼킨스 코필드 & 바이어스, 링스 뉴 미디어 벤처스, 소프트 뱅크, IDG 벤처 차이나, 소니 뮤직 커뮤니케이션, 유니버설 뮤직 그룹 등.

118. 베이베이 BeiBei

유아동용품 전자상거래 플랫폼 업체

🏠 전자상거래 🌏 중국 항저우 🏰 2014

기업가치(단위: 달러)
마지막 평가일(2015. 1)

10억   10억

2013   2014   2015

총 투자유치 금액
1억 2,400만

매출

비즈니스 모델

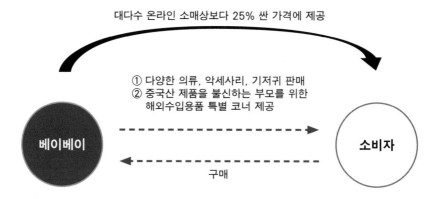

대다수 온라인 소매상보다 25% 싼 가격에 제공

① 다양한 의류, 악세사리, 기저귀 판매
② 중국산 제품을 불신하는 부모를 위한
    해외수입용품 특별 코너 제공

베이베이 ⇢ 소비자

구매

중국 유아 아동용품 판매 온라인 쇼핑몰. 해외 수입용품 또한 함께 취급하고 있다. 그들은 제품의 품질을 보증하기 위해 200여 명의 직원이 고객의 상품에 대한 피드백을 관리하고 있다.

어떤 사업을 하는가

중국 중산층 부모 대상 유아 아동용품 전문 거래 전자상거래업체. 다양한 종류의 의류, 액세서리, 장난감, 기저귀 등을 판매하고 있다. 2014년에 중국 항저우에서 설립됐는데 최근 중국의 한 자녀 정책 폐지에 힘입어 급속도로 성장하고 있다. 그럼 베이베이는 어떻게 시장의 후발주자로 창업한 지 6개월 만에 중국 유아용품 최대 쇼핑몰이 될 수 있었을까?

첫째, 특정 소비자를 겨냥한 판매모델이다. 기존 육아쇼핑몰인 홍하이즈 등은 유아용품 판매에만 치중했지만 베이베이는 아기를 키우는 엄마가 필요로 하는 모든 것을 파는 것을 목표로 했다. 사이트 카테고리를 제품으로 하는 것이 아니라 소비자로 했다. 그래서 유아용품만 있는 것이 아니라 젊은 엄마들이 먹고 싶어하는 한국 과자도 추가했다. 장량룬이 한 다음의 말에서 특정 소비자를 겨냥한 판매 모델을 지향한다는 것을 명확하게 알 수 있다.

"나는 메이리쉬美麗說나 모구제蘑菇街 같은 특정 계층에게 특화된 온라인 쇼핑몰 사람들과는 이야기가 잘 통한다. 그들은 주로 소비자가 어떤 특징을 가졌는지, 어떤 이미지를 어디에서 보는지, 어떤 방식으로 전달하는지, 무엇이 구매욕을 자극하는지, 구매 전환율이 어떻게 다른지 등에 주목한다. 우리 역시 이와 같은 관점을 가지고 있다. 단순히 어떤 물건을 어떤 방식으로 파느냐가 아니라 고객의 습관에 주목하는 것이다."

둘째, 기저귀나 분유 등의 스테디셀러이면서 정찰제인 제품을 주력으로 하지 않았다. 그래야 기회를 거머쥘 수 있다고 판단했다. 당시 중국 육아쇼핑몰은 이미 기저귀나 분유 등 가격이 명확한 제품의 최저가 경쟁이 심해 레드오션이었다. 그래서 베이베이는 어린이옷, 신발, 장난감 등을 주력 상품으로 했다. 소비자들이 선택하고 공유할 수 있지만, 가격 비교가 어려워서 충성도 높은 고객층을 확보할 수 있는 품목이라 생각했기 때문이다. 또 2, 3급 브랜드와 직접 거래를 하면서 가성비가 뛰어난 제품을 위주로 해 매출을 올릴 수 있었다.

셋째, 정품만을 취급하고 품질관리 시스템을 엄격하게 관리했다. 2008년 중

왼쪽부터 장량룬, 커쭌야오. (출처 :베이베이)

국에서 멜라민 분유 파동이 나면서 수천 명의 유아가 숨지거나 병원 신세를 져야 하는 사건이 발생한다. 이후 중국 부모들은 상품 안전과 품질에 관심이 매우 높아졌다. 베이베이는 '100% 정품 보장'을 강조하며 외국산을 포함해 유명 브랜드 5,000개의 상품을 부모들에게 제공했다. 또 자국 내 상품의 질을 믿지 못하는 중국 부모들을 위한 해외 수입물품을 전용으로 판매하는 카테고리도 따로 마련되어 있다.

넷째, 모바일에 최적화된 사이트다. 엄마들은 바쁘고 자질구레한 일이 많은데 PC를 켜서 주문할 시간이 없다. 그래서 25~35세 젊은 도시 엄마들의 자투리 시간을 사로잡았다. 회원은 1,000만 명으로 추산되며 2015년 기준 매달 매출 2억 위안을 기록하고 있다. 하루에 판매되는 물건만 10만 건에 달하며 주문 건의 70%는 모바일로 이루어진다.

창업자는 누구인가

장량룬Lianglun Zhang, 위자제Yu Jiajie, 커쭌야오Ke Zunyaob가 공동 창업했다. 장량룬은 알리바바에서 제품 관리자MD로 일하다 인터넷 점포 타오바오 왕푸旺铺의 상품 라인을 담당하는 책임자로 승진했다. 그곳에서 왕푸의 기술 책임자인 위자제를 만난다. 장량룬은 왕푸 무료화를 제안해 관철시켰고 무료화 이후 매출 상승으로 인해 회사에서 능력을 인정받고 있었다. 하지만 그는 자신의 꿈이었던 창업을 위해 돌연 사표를 냈고 위자제에게 동업을 제안했다. 당시 또 한 명의 동업자인 커쥰야오는 화중과학기술대학華中科技大學에서 석사과정을 밟고 있었다. 그는 장량룬이 자신의 웨이보에 올린 '스타트업 기업의 COO를 구합니다'라는 글을 보고 망설이지 않고 '나는 어떤가?'라고 댓글을 달았다. 몇 분 후 커쥰야오는 장량룬의 전화를 받았다. "진심이냐?"라는 물음에 "그렇다"고 대답했다. 그렇게 해서 세 명의 드림팀이 탄생했다.

세 사람의 첫 작품인 온라인 쇼핑몰 미저왕米折网은 훗날 베이베이의 탄탄한 초석이 된다. 당시 CTO인 위자제의 아내가 임신 중인 것을 계기로 세 사람은 아동용품 시장을 떠올리게 된다. 미저왕의 데이터를 통해 유아용품이 여성복을 제외하면 두 번째로 많은 매출을 기록한 사실을 알 수 있었다. 유아용품은 충분히 거대한 시장이 있고 제품 단가가 높은 데다 제품 종류도 다양하다.

오프라인으로는 러유樂友나 리자베이비丽家宝贝,Lijiababy 같은 독립적인 브랜드 공급자가 있었다. 하지만 온라인에는 아직 업계를 선도하는 독립 플랫폼이 전무한 상황이었다. 2014년 4월에 베이베이는 PC와 모바일 버전을 동시에 오픈했고 마치 폭발하듯 놀라운 속도로 발전하기 시작했다. 중국 최대의 유아용품 전문 판매 플랫폼으로 떠오르기까지 6개월도 채 걸리지 않았다. 2015년 베이베이의 월 매출액은 2억 위안을 넘었다.

투자자들은 중국이라는 커다란 시장에서 아직 업계를 리드할 만한 굴지의 기업이 없는데 베이베이가 유아용품 업계에서 그런 역할을 할 것이라는 기대하고 주목한다. 투데이 캐피털의 쉬신徐新은 CEO, CTO, COO 모두 젊다는 사실이 미래의 비즈니스 세계를 이끌어나가는 데 큰 원동력이 될 것이라고 말하기도 했다. 그들은 모두 전형적인 바우허우(85後, 1985년 이후 출생자)로 1986년생이다.

주요 투자자

퓨저(parent company), 반얀 캐피털, 캐피털 투데이, IDG 캐피털 파트너스, 뉴 호라이즌 캐피털 등.

119. 심플리비티 SimpliVity

기업용 IT 기반 기술 플랫폼업체

🏠 소프트웨어(IT 기반기술) 🌐 미국 매사추세츠 📅 2009

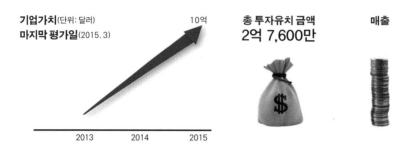

기업가치(단위: 달러)
마지막 평가일(2015. 3)   10억

2013   2014   2015

총 투자유치 금액
2억 7,600만

매출

비즈니스 모델

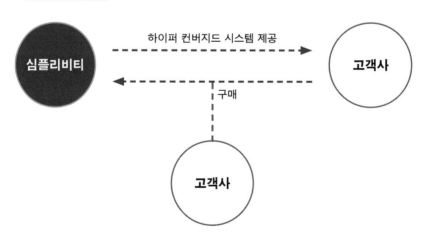

심플리비티 ── 하이퍼 컨버지드 시스템 제공 ──▶ 고객사

◀── 구매 ──

고객사

　복잡하고 번거로운 현재의 레거시 IT 시스템(컴퓨터 분야에서 과거로부터 물려 내려온 기술, 방법, 컴퓨터 시스템 및 응용 프로그램)을 지양하고 새로운 초융합 IT 플랫폼을 기업에게 제공하고 있다. 기업이 요구하는 클라우드 경제로 뛰어난 성능과 오늘날 IT 리더들이 필요로 하는 활용성을 전달한다. 심플리비티의 사업모

델은 100% 간접적이며 솔루션과 전문서비스는 세계적으로 퍼져 있는 재판매업체와 유통업체 네트워크를 통해 구매할 수 있다.

어떤 사업을 하는가

기업에 컴퓨터 사용, 저장 서비스, 네트워크 기능을 제공하는 IT 기반 플랫폼이다. IDC와 가트너 등 조사기관은 EMC/VM웨어, HP, 델 등 유수 회사들이 관심을 기울이고 있는 새로운 하이퍼 컨버지드 인프라 시장(가트너의 용어에 따르면, 통합시스템 시장)에서 가장 앞선 회사로 누타닉스와 함께 심플리비티를 꼽고 있다. 심플리비티는 가상화 및 클라우드 환경에 스토리지를 포함해 하이퍼바이저 아래의 모든 IT 요소를 통합할 수 있다고 주장한다.

심플리비티는 혁신적인 데이터 가상화 플랫폼을 제공한다. 하드웨어로부터 데이터를 추상화함으로써 데이터 모빌리티를 향상시키고 운영 효율성을 증가시키며 데이터관리와 관련된 비용을 감소시킨다. 직원 500명의 회사는 계속 성장 중이며 MLB 네트워크와 웨이포인트Waypoint 등 대형 고객들에게 옴니스택OmniStack과 옴니큐브OmniCube 제품을 공급하고 있다. 또 시스코 등 유수 벤더와 제휴하고 있다. 최근에는 인프라 관리자동화를 위해 시스코 UCS 디렉터를 지원한다고 발표하기도 했다.

2009년도에 설립됐지만 2012년까지만 해도 그 모습을 드러내지 않고 스텔스 모드로 기업을 운영하다가 2012년 1월 펀딩을 시작으로 갑작스레 주목을 받기 시작했다. 2012년 1월에 1,800만 달러를 투자받았고 그 해 9월 2,500만 달러를 유치하는 데 성공했다. 2012년 한 해 동안만 약 4,300만 달러가 이 기업으로 유입됐다. 2013년과 2015년에 각각 5,800만 달러, 1억 7,500만 달러를 추가로 유치하며 하이퍼 컨버지드 인프라 시장에서 가장 앞선 회사로 주목받고 있다.

창업자는 누구인가

도론 캠벨Doron Kempel은 이스라엘 텔아브비대에서 법과 철학을 전공했고 하버드 비즈니스 스쿨에서 MBA 과정을 밟았다. EMC의 부사장을 역임했고 딜리전트 테크놀러지Diligent Technologies를 창업했다. 그는 기업용 데이터 중복 제거Enterprise Data Deduplication 분야의 선구자였다. 딜리전트 테크놀러지는 2008년 IBM에 인수됐다. 그 후 그는 2009년에 심플리비티를 창업했다.

도론 캠벨

주요 투자자

액셀 파트너스, 찰스 리버 벤처스, DFJ 그로스, 클레이너 퍼킨스 코필드 & 바이어스, 메리테크 캐피털 파트너스, 스위스컴 벤처스, 웨이포인트 캐피털 등.

120. 파페치 Farfetch

고가의 명품, 부티크 의류를 판매하는 인터넷 쇼핑몰

🏠 전자상거래 🌐 영국 런던 📅 2008

기업가치(단위: 달러)
마지막 평가일(2015. 3)

10억

2013   2014   2015

총 투자유치 금액
1억 9,500만

매출

비즈니스 모델

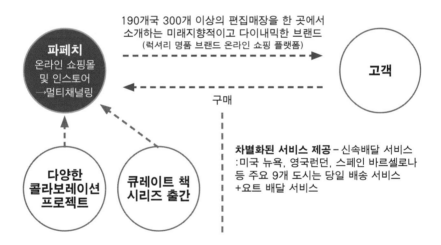

명품뿐 아니라 전 세계의 다양한 편집매장을 모아 제공하는 온라인 쇼핑몰이다. 그들은 디자이너, 모델 등 셀러브리티들과의 다양한 콜라보레이션을 통한 자체 컬렉션을 선보이기도 하고 큐레이트 책을 출간하는 등 다른 온라인 쇼

핑몰과는 차별화된 방식으로 독자적인 브랜드를 만들어가고 있다. 주요 도시의 당일 배송은 물론 요트에서 휴가를 즐기는 고객들을 위한 요트 배달 서비스 등 차별화된 서비스를 제공하기도 한다.

어떤 사업을 하는가

고가 명품 부티크 의류 판매 인터넷 전자상거래업체. 개인이 운영하는 패션 가게들이 고급의류를 판매하도록 돕고 있다. 약 300개 부티크의 1,000개 브랜드가 판매되고 있다. 부티크란 디자이너가 자신의 이름을 걸고 내놓는 소규모 의류 브랜드를 말한다. 파페치는 파트너 부티크를 신중하게 선정하는 것으로 유명하다. 대표적인 파트너 부티크로는 런던의 브라운스Browns, 파리의 르클레어L'Eclaireur, LA의 로렌조Lorenzo와 뉴욕의 파이브스토리Fivestory, 그리고 룩셈부르크의 스메츠Smets가 있다.

또한 부티크들도 파페치를 통해 전 세계 고객들에게 자신의 상품을 판매할 수 있다. 런던, 파리, 뉴욕 등에 있는 부티크가 주류를 이루고 있으나 사우디아라비아나 일본 브랜드도 파페치를 통해 판매가 이뤄지고 있다. 2015년 기준 파페치에서 거래되는 금액은 일 100만 달러(약 11억 원)로 고객당 평균 구매액은 600달러~700달러 수준이다. 고객 숫자는 45만 명 수준이다.

2015년 3월에 벤처 캐피털인 DST글로벌로부터 8억 6,000만 달러 투자를 유치해 기업가치가 10억 달러에 달했다. DST 글로벌은 페이스북, 트위터, 샤오미, 알리바바 등에 투자한 유리 밀너Yuri Milner가 설립한 회사다. 유리 밀러는 "파페치는 견고한 팀과 인상적인 성장률, 그리고 빠른 속도로 성장하고 있는 럭셔리 패션 전자상거래 시장을 이용할 만한 높은 잠재력을 지닌 업체"라고 말했다.

창업자는 누구인가

호세 네베스Jose Neves는 포르투갈의 사업가로 20년 가까이 IT 업계에서 근무한 베테랑이다. 2000년대 중순 직접 론칭한 신발 브랜드를 알리기 위해 파리 패션위크에 참석했을 때였다. 유럽에 있는 오프라인 독립 편집매장들이 매출성장에 위기를 겪고 있는 반면에 온라인 쇼핑몰은 급속히 성장하고 있다는 사실을 알게됐다. 이에 독특한 아이디어가 떠올랐다. 독립 편집매장과 연계한온라인 쇼핑몰을 열어 편집매장도 온라인 쇼핑몰과 경쟁할 기회를 주는 것이었다. 예를 들어 리스본과 뭄바이 등에 편집매장을 소유하고 있다면 오프라인으로 고객을 유치할 수 있을 뿐 아니라 온

호세 네베스

라인 쇼핑몰을 통해 전 세계 온라인 고객도 유치할 수 있도록 하는 방식이다. 온라인 쇼핑몰 이름도 우리가 지역 곳곳에서 '구한Fetch' 제품을 온라인상으로 전 세계 '널리Far' 보급한다는 의미에서 '파페치Farfetch'로 지었다고 한다.

주요 투자자
컨데나스트 인터내셔널, 비트루비안 파트너스, DST 글로벌, 애드벤트 벤처 파트너스, 인덱스 벤처스, 노벨 TMT, 이.벤처스 등.

121. 플루럴 사이트

Pluralsight

IT 전문가들을 위한 동영상 교육 사이트

🏠 교육(교육훈련 서비스) 🌐 미국 유타 📅 2004

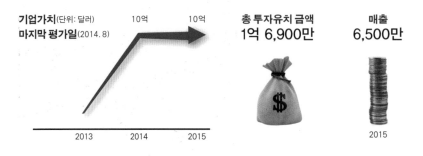

기업가치(단위: 달러) 10억 10억
마지막 평가일(2014. 8)

2013 2014 2015

총 투자유치 금액
1억 6,900만

매출
6,500만

2015

비즈니스 모델

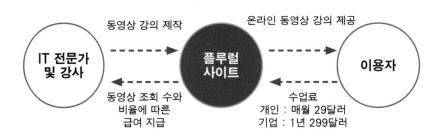

동영상 강의 제작

IT 전문가
및 강사

플루럴
사이트

동영상 조회 수와
비율에 따른
급여 지급

온라인 동영상 강의 제공

이용자

수업료
개인 : 매월 29달러
기업 : 1년 299달러

　온라인 IT 직원교육 솔루션 업체. 월정액 29달러를 내면 전 강의를 무제한 자유롭게 수강할 수 있다. 강사들은 전문 스튜디오가 아닌 자택에서 자유롭게 동영상 강의를 찍어 올리며 조회 수나 비율에 따라 급여를 받는다.

왼쪽부터 애런 스코나드, 키이스 스파크조이, 프리츠 어니언.

어떤 사업을 하는가

2004년부터 IT 개발자 동영상 강의를 서비스하고 있다. 플루럴사이트는 2015년 웹브라우저에서 바로 코딩을 작성해 결과를 보면서 배우는 서비스를 제공하는 코드스쿨Code School을 인수하며 개발과 컴퓨팅 전 분야로 강의범위를 넓혀 나가고 있다.

오늘날 플루럴사이트는 800명 이상의 전문가와 함께 4,500여 개의 강좌를 제공하고 있으며 약 160개국에서 서비스를 이용할 수 있다. 개발자, 시스템관리자, DBA 등이 공부할 수 있는 다양한 기술수업을 제공하며 매우 세분화된 강의도 제공한다. 예를 들어 '시스템 엔지니어를 위한 AWS 기본 사용법' '오피스 365 접근권한 관리법' '우분투 시작하기' '리눅스 모니터링하기' 같은 수업이 있다. 강의시간은 1시간부터 10시간까지 다양하며 초급, 중급, 고급으로 나누어 제공하고 있다.

창업자는 누구인가

2004년 애런 스코나드Aaron Skonnard, 프리츠 어니언Fritz Onion, 키이스 스파크조이Keith Sparkjoy는 전문 소프트웨어 개발자들이 교육을 더욱 잘 받을 수 있도록 하는 방법을 고안해내느라 여념이 없었다. 플루럴사이트는 학교의 선생님들에게 교육 이벤트 등을 제공하는 등 학교에 IT와 소프트웨어 수업을 제공하는 회사로 시작했다. 다양한 콘텐츠와 교육 방법에 대한 많은 아이디어가 쏟아져 나왔다.

그들은 유럽에서 수업을 가르치고 돌아오는 비행기에서 온라인 강의에 대한 아이디어를 떠올리게 되었다고 한다. 즉 온라인으로 강의를 제공하는 교육사이트를 창업하는 것이었다. 2007년 플루럴사이트는 온라인 동영상 교육사이트로 사업을 전환하며 2011년 매해 미국에서 가장 빠른 성장률을 보이는 500대 기업을 선정하는 INC 5000 리스트에 이름을 올리게 된다.

주요 투자자

펠리시스 벤처스, 인사이트 벤처 파트너스, 아이코니크 캐피털, 소렌슨 캐피털 파트너스 등.

122. 펀딩 서클 Funding Circle

영국의 P2P 온라인 대출 플랫폼 업체

🏠 파이낸셜 서비스(온라인 마켓플레이스) 🌐 영국 런던 🏰 2009

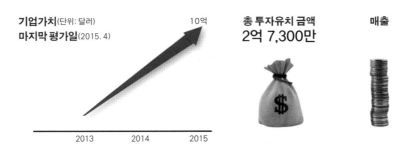

기업가치(단위: 달러)
마지막 평가일(2015. 4)   10억

2013   2014   2015

총 투자유치 금액
2억 7,300만

매출

비즈니스 모델

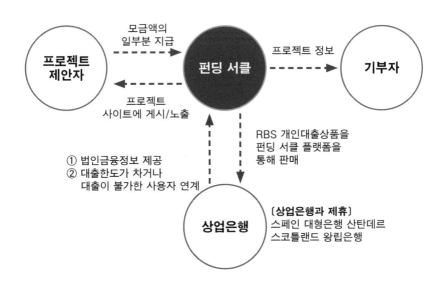

프로젝트 제안자

모금액의
일부분 지급

프로젝트
사이트에 게시/노출

펀딩 서클

프로젝트 정보

기부자

① 법인금융정보 제공
② 대출한도가 차거나
  대출이 불가한 사용자 연계

RBS 개인대출상품을
펀딩 서클 플랫폼을
통해 판매

상업은행

〔상업은행과 제휴〕
스페인 대형은행 산탄데르
스코틀랜드 왕립은행

P2P 온라인 대출 플랫폼. 차용자와 대출자를 연결해주며 중개 수수료를 받는다. 회사는 대형 상업은행들과의 제휴를 통해 대출한도가 차거나 대출이 불가

왼쪽부터 앤드류 뮤린거, 사미르 데사이, 샘 호지스,

제임스 미킹스, 알렉스 토넬리. (출처 : 펀딩 스쿨)

능한 사용자를 자사로 연계해 고객을 확보하기도 하고 상업은행의 개인대출 상품을 펀딩 서클의 플랫폼을 통해 판매하기도 한다.

어떤 사업을 하는가

소규모 기업을 대상으로 개인 간 대출을 연결해주는 플랫폼업체. 은행에서 대출을 받기 어려웠던 소규모 기업이 사업에 필요한 자금을 제공해준다는 것이 장점이다. 독일과 네덜란드 스페인 미국 영국 등의 소규모 기업에 15억 달러를 대출해줬다. 모바일 앱을 통해 24시간 아무 때나 7분 만에 대출신청서를 작성할 수 있다. 수수료로 돈 빌리는 사람에게는 2~5%를 받고 빌려주는 사람에게는 1%를 받아 수익을 낸다.

펀딩 서클은 자신의 돈으로 대출해주는 게 아니어서 자산이 많이 필요가 없고 또 지점을 운영할 필요나 자본확충 의무를 지킬 필요도 없다. 현재 다양한 기업에 대출해주고 있으면서도 대출 상환율이 77%로 높은 편이다. 1년에 100만 달러(한화 약 10억 원) 이상의 매출을 내야 한다는 나름의 제한선이 있기 때문이다. 대출 이자는 기존 은행과 비슷한 연간 6~20% 수준이다. 2010년 이후 매년 수익률이 7%를 넘고 있다.

2015년 DST 글로벌 등으로부터 1억 5천만 달러의 투자를 유치했다. 이 투자로 산정된 기업가치는 10억 달러다. 이 투자금액은 핀테크 투자가 활발한 영국 내에서도 최고수준이다. 현재까지 펀딩 서클의 누적 투자금액은 2억 7,300만 달러에 이른다. 전통적인 금융 강국인 영국이 핀테크의 메카로 자리 잡으면서 정부의 적극적인 지원정책과 함께 대출 시장에 대한 관심도 높아져가고 있다. 전 세계 핀테크 산업 성장률은 27%이다. 영국 핀테크 산업의 거래규모는 2008~2013년 동안 매년 74%씩 성장해왔고 핀테크 투자규모는 같은 시기 총 7억 8,100만 달러에 이른다.

창업자는 누구인가

사미르 데사이Samir Desai, 샘 호지스Sam Hodges, 제임스 미킹스James Meekings, 앤드류 뮤린거Andrew Mullinger, 알렉스 토넬리Alex Tonelli가 공동 창업했다. 사미르 데사이와 제임스 미킹스는 프라이빗 에쿼티 인베스터PEF 경영 컨설턴트였고 앤드류 뮤리거는 시티그룹과 노무라의 리스크 매니저였다.

창업 당시 영국에서는 소규모 기업에 대한 자금조달이 줄어드는 상황임과 동시에 은행들은 경제 위기로 유출되는 자금을 놓치지 않기 위해 고군분투하고 있었다. 이러한 시대적 상황은 오히려 그들이 사업에 박차를 가하게 되는 계기가 되었다.

주요 투자자

액셀 파트너스, 발리기포드, 블랙록, 인덱스 벤처스, 리빗 캐피털, 샌드 캐피털 매니지먼트, 테마섹 홀딩스, 유니온 스퀘어 벤처스 등.

123. 퀴커 Quikr

인도의 온라인 벼룩시장 플랫폼 업체

🏠 전자상거래(온라인 안내광고)   🌐 인도 뭄바이   📅 2008

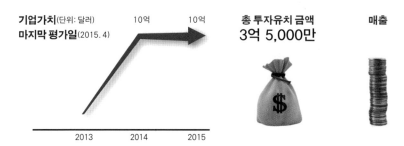

기업가치(단위: 달러)
마지막 평가일(2015. 4)

10억   10억

2013   2014   2015

총 투자유치 금액
3억 5,000만

매출

비즈니스 모델

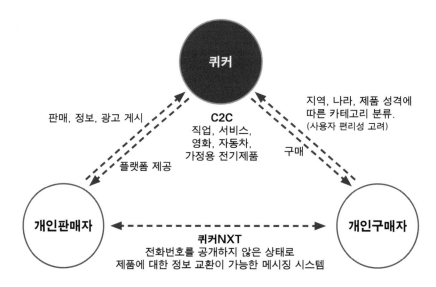

인도의 온라인 벼룩시장이라고 할 수 있을 만큼 다양한 카테고리(직업, 영화, 자동차, 주택, 서비스, 중고)를 통해 고객들 간의 거래를 이어주는 플랫폼이다. 개인 판

매자는 퀴커에 자신이 판매하거나 구하고자 하는 제품이나 서비스의 정보를 게시하면 개인 구매자는 이를 보고 판매자에게 직접 연락을 주고받을 수 있다. 퀴커는 퀴커NXT라는 메세징 서비스를 통해 개인 판매자와 구매자 간의 전화번호를 공개하지 않고도 제품에 대한 정보와 가격 등을 주고받을 수 있도록 한다.

어떤 사업을 하는가

개인 소비자와 소규모 사업자를 포함해 매달 3,000만 명이 이용하는 온라인 벼룩시장 커뮤니티 사이트. 인도 내 1,000개 도시에서 서비스되고 있다. 퀴커는 미국의 온라인 벼룩시장 사이트 크레이그리스트Craigslist의 인도 버전이라고 볼 수 있다. 퀴커의 주요 카테고리는 자동차, 부동산, 직업, 가정용 전기제품에 이르기까지 다양하다. 영화광인 인도 사람들에게 영화의 제작사나 감독, 배우들의 리스트를 제공하는 카테고리도 신설했다.

창업자인 프라나이 추렛Pranay Chulet은 테크런치와의 인터뷰에서 퀴커 사업의 80%가 모바일 앱을 통해 이루어진다고 밝혔다. 퀴커가 다른 안내광고 사이트와 차별화되는 점은 퀴커NXT라고 불리는 메세징 기능이다. 2014년 1월에 발표된 퀴커NXT는 잠재적인 구매자와 판매자가 서로의 휴대폰 번호를 밝히지 않고 제품에 대한 정보나 사진을 주고받는 기능을 말한다. 현재 대부분의 퀴커 사용자는 이 기능을 이용하고 있다.

2015년 4월 타이거 글로벌 매니지먼트와 이베이 등으로부터 1억 5,000만 달러를 유치하는 데 성공하며 기업가치를 10억 달러로 평가받았다. 인도의 전자상거래 시장은 스마트폰을 비롯한 모바일기기 이용자가 약 9억만 명에 달해 잠재력이 상당하다는 평가를 받는다. 인도에서는 매월 스마트폰 이용자가 500만 명씩 늘고 있다. 미국 사모펀드 워버그 핀커스는 인도에서 퀴커의 잠재력을 높이 평가한다고 밝히기도 했다.

왼쪽부터 프라나이 추렛, 지바이 토마스. (출처 : 퀴커)

창업자는 누구인가

프라나이 추쳇Pranay Chulet과 지바이 토마스Jiby Thomas가 공동 창업했다. 프라나이는 미국의 미디어 회사에서 경영컨설턴트로 일했다. 당시 게임 스튜디오를 제안한 특이한 고객을 만나게 된다. 영화 스튜디오가 게임 사업을 한다는 것은 마치 회사의 DNA를 갈아치우는 것과 마찬가지일 만큼 어려운 일이었다. 하지만 그는 영화 산업에 깊은 관심을 가지고 있었기에 그 기회를 놓치지 않는다.

그는 게임으로도 전환할 수 있는 새로운 형태의 영화 제작을 구상하게 되면서 시나리오와 영화의 제작 전반을 맡게 된다. 문제는 배우였다. 30여 개의 캐릭터에 맞는 배우가 부족했던 것이다. 그는 크레이그리스트에 영화에 출연할 배우를 구한다는 광고를 올렸다. 그렇게 해서 200여 명의 지원자를 모집할 수 있게 되었다. 그는 크레이그리스트의 플랫폼에 매력을 느끼고 키지지 인디아Kijiji India라는 이름으로 창업을 하게 된다. 후에 퀴커라는 이름으로 사명을 변경했다.

주요 투자자

이베이, 인베스트먼트 AB 키네빅, 매트릭스 파트너스 인디아, 노키아, 그로스 파트너스, 노웨스트 벤처 파트너스, 오미디야르 네트워크, 스테디뷰 캐피털, 타이거 글로벌 매니지먼트, 와버그 핀커스 등.

124. 마크로직 MarkLogic

NoSQL 데이터베이스를 만드는 소프트웨어 업체

🏠 소프트웨어(비즈니스 소프트웨어)   🌐 미국 캘리포니아   🏰 15 2003

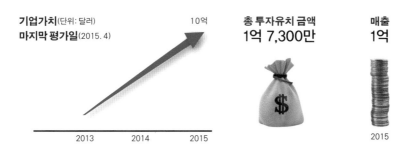

기업가치(단위: 달러)
마지막 평가일(2015. 4)   10억

2013   2014   2015

총 투자유치 금액
1억 7,300만

매출
1억

2015

비즈니스 모델

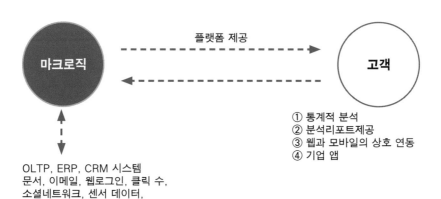

플랫폼 제공

마크로직   고객

① 통계적 분석
② 분석리포트제공
③ 웹과 모바일의 상호 연동
④ 기업 앱

OLTP, ERP, CRM 시스템
문서, 이메일, 웹로그인, 클릭 수,
소셜네트워크, 센서 데이터,
지리 위치정보

　　NoSQL DB 기술을 바탕으로 한 초고속의 실시간 빅데이터 검색 엔진. NoSQL은 오늘날 소셜 네트워크와 많은 양의 비정형 데이터를 처리하는 데 더 적합한 데이터베이스 관리 시스템이다. 보통 검색엔진은 웹사이트의 검색 창, 금융기관 사이트의 검색 창, 기업의 그룹웨어나 지식관리시스템의 검색 창, 기

관 내의 문서를 찾는 솔루션 등에 사용되는 검색 기술이다.

데이터 용량이 많이 쌓이면 검색속도가 느려지고 검색이 잘 안 되며 실시간으로 추가되는 자료도 반영하지 못한다. 이러한 검색 성능을 획기적으로 끌어올린 것이 마크로직이다. 주로 포털 검색, 쇼핑몰 검색, 그룹웨어나 지식 검색, 미디어 검색, 방대한 문서자료의 검색에 쓰이는 엔진이다. 즉 메일, 웹 문서, 오피스 문서, PDF, 논문, 계약서, 저널 등의 문서 데이터와 미디어의 메타데이터, 기존 DB로 쌓여 있는 데이터, 외부 소셜 데이터 등을 통합하여 검색하고 분석하며 실시간으로 모니터링한다.

어떤 사업을 하는가

"노트북에 있는 유일한 프로그램이 엑셀이라고 상상해보자. 친구 사이의 네트워크를 추적하고 싶은 상황이라면 어떻게 해야 할까? 계약서를 작성해야 하는 상황이라면 어떨까? 이런 시나리오는 엑셀의 행과 열에 적합하지 않은 데이터다."

마크로직의 제품 담당 부사장인 조파스콰의 말이다. 그는 또 이어서 다음과 같이 말한다.

"오늘날의 데이터는 그 어느 때보다도 많은 양이 더욱 빠르게 생성되고 있으며 더욱 다양하다. 다시 말해 이것은 새로운 데이터 세계다. 하지만 전통적인 관계형 데이터베이스 관리 시스템은 이런 상황에 맞춰 개발되지 않았다. 관계형 기술에는 모든 데이터 세트를 조합하기 전에 모든 행을 어떻게 정렬할지 결정해야 하기 때문이다. 관계형 데이터베이스 관리 시스템의 새로운 대안으로 등장한 시스템이 바로 NoSQL 서비스군이다."

마크로직은 NoSQL DB 기술, 맵리듀스 검색엔진, 자체 개발플랫폼 기술이 통합적으로 내장된 차세대 빅데이터 엔진이다. 기업에 적합하도록 일관성을 좀더 감안한 옵션을 자체 서비스로 제공하고 있다. 또한 ACID* 준수, 수평적인 대

---

* ACID: Atomicity, Consistencty, Isolation, Durability의 약어. 트랜잭션 처리 시스템(Transaction Processing system) 내에 갖추고 있어야 할 4가지 속성으로서 4가지 속성을 ACID 등록 정보라고 한다.

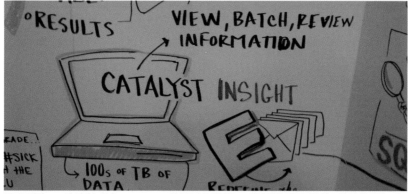

마크로직의 COO인 키이스 칼슨Keith Carlson이 2012년 워싱톤D.C에서 열린 마크로직 월드 2012 콘퍼런스에서 고객사가 마크로직의 빅데이터 자료를 어떻게 활용하고 있는지를 나타낸 것이다. (출처: 마크로직)

규모 확장성, 실시간 인덱싱, HA 지원, 재해복구, 정부 수준의 보안기능을 제공하는 차세대 검색 및 분석 엔진으로 소위 콘텐츠 기반의 빅데이터 엔진이다.

흔히 포털이나 웹사이트 내 검색, 조직 내 문서 검색(그룹웨어, KMS 등) 엔진으로 사용되는 검색엔진의 차세대 버전인 정형/세미정형/비정형 데이터를 통합 분석하는 빅데이터 엔진이라고 할 수 있다. 마크로직의 대표적인 경쟁사로는 몽고DB, 크런치베이스, DataStax 등이 있다.

2015년 4월 웰링턴 매니지먼트와 LLP가 주도한 투자라운드에서 1억 200만 달러를 투자받으며 기업가치를 10억 달러로 평가받았다. 이들의 연 매출은

2015년 기준 1억 달러를 넘어섰다. 기업들이 모든 데이터 자산을 관리, 통합해 궁극적으로 수익화해야 하는 과제를 안고 있는 시점에 NoSQL 데이터베이스 플랫폼에 대한 시장의 관심은 더욱 커지고 있다.

크리스토퍼 린드블라드

창업자는 누구인가

크리스토퍼 린드블라드Christopher Lindblad, 프랭크 R. 커필드Frank R. Caufield, 폴 페데르센Paul Pedersen이 공동 창업했다. 크리스토퍼는 MIT에서 박사 후 연구로서 고속 네트워크high-speed networks와 실시간 영상real-time video 처리에 대한 연구를 했고 재직기간 동안, 인터넷과 멀티미디어 기술에 관한 저서를 15권 이상 집필했다. 그는 소프트웨어 개발 분야에서 20년 이상의 경력을 가진 베테랑이다. 그는 종합검색 서비스를 제공하는 인터넷 사이트인 인포시크Infoseek의 기업용 검색 프로그램인 울트라시크 서버Ultraseek Server의 설계 및 디자인 개발을 담당하던 중 마크로직을 창업하게 된다.

주요 투자자

애로우포인트 파트너스, 노스게이트, 세쿼이아 캐피털, 테나야 캐피털테나야 캐피털, 웰링턴 매니지먼트 등.

125. 라마방 Lamabang

중국 육아 정보 커뮤니티이자 전자상거래업체

🏠 소비자 인터넷(인터넷 소매) 🌐 중국 베이징 🏰15 2013

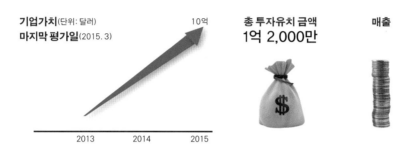

기업가치(단위: 달러)
마지막 평가일(2015. 3)
10억

2013 2014 2015

총 투자유치 금액
1억 2,000만

매출

비즈니스 모델

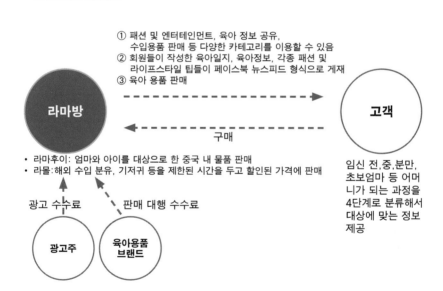

① 패션 및 엔터테인먼트, 육아 정보 공유,
　수입용품 판매 등 다양한 카테고리를 이용할 수 있음
② 회원들이 작성한 육아일지, 육아정보, 각종 패션 및
　라이프스타일 팁들이 페이스북 뉴스피드 형식으로 게재
③ 육아 용품 판매

라마방

고객

구매

• 라마후이: 엄마와 아이를 대상으로 한 중국 내 물품 판매
• 라몰:해외 수입 분유, 기저귀 등을 제한된 시간을 두고 할인된 가격에 판매

임신 전,중,분만,
초보엄마 등 어머
니가 되는 과정을
4단계로 분류해서
대상에 맞는 정보
제공

광고 수수료　판매 대행 수수료

광고주　**육아용품 브랜드**

　중국의 유아 아동 상품을 판매하는 온라인 쇼핑몰이다. 이들은 여성을 임신 전, 중, 분만, 후로 나눠 고객들에게 맞춤화된 정보를 제공한다. 그뿐만이 아니라

회원들은 라마방의 커뮤니티 서비스를 통해 서로의 육아 정보 등을 교환할 수 있다.

진잔

어떤 사업을 하는가

영어로 '핫 맘 헬프Hot Mom Help'라는 의미의 '라마방'은 임산부 혹은 초보 엄마를 위한 페이스북과 핀터레스트를 표방한 중국의 소셜 네트워크이자 전자상거래 업체다. 라마방 회원들은 아기를 키우는 데 필요한 정보 외에도 패션, 헬스케어, 라이프스타일 팁 등 임신과 관련 없는 주제도 공유할 수 있다. 2014년 말 기준 라마방은 2,000만 명 이상의 사용자를 보유하고 있으며 매일 260만 명의 회원들이 웹사이트를 방문하고 있다. 그 해 9월에는 월 매출이 50만 달러를 초과했다.

라마방은 2015년 3월 온라인 쇼핑 사이트인 VIP 숍이 주도한 투자라운드에서 1억 달러를 유치하는 데 성공했다. 2018년 중국의 육아 시장 규모는 100조 원에 달할 것으로 전망되고 있다. 또 해마다 1,600만 명의 아이들이 태어나고 있다. 2020년에는 두 배로 확대될 것으로 내다봤다.

창업자는 누구인가

진잔Jin Zan은 육아 전용 페이스북 및 핀터레스트를 지향하는 플랫폼을 만들고자 2013년에 라마방을 창업했다.

주요 투자자

K2 벤처스, 그린우드 인베스트먼트, 매트릭스 매니지먼트, 모닝사이드 그룹, 비숍 홀딩스 등.

126. 조마토 Zomato
온라인 음식 배달 및 레스토랑 추천 서비스 제공업체

🏠 소비자 인터넷(모바일 식당 검색) 🌐 인도 뉴델리 🏰 2008

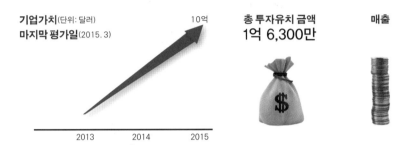

기업가치(단위: 달러)
마지막 평가일(2015. 3)   10억

2013   2014   2015

총 투자유치 금액
1억 6,300만

매출

비즈니스 모델

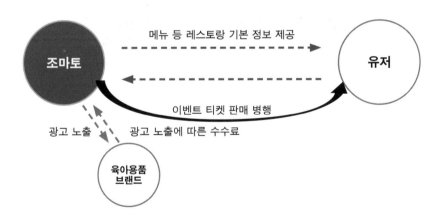

조마토 ──→ 메뉴 등 레스토랑 기본 정보 제공 ──→ 유저

이벤트 티켓 판매 병행

광고 노출   광고 노출에 따른 수수료

육아용품
브랜드

　　인도의 레스토랑 정보 제공업체. 조마토는 식당이나 사용자에게서 정보를 받는 것이 아니라 직원이 직접 발로 뛰며 데이터 수집하는 것이 특징이다. 그들은 직접 돈을 내고 메뉴 선정부터 음식의 맛 평가와 계산까지 하며 레스토랑의 분위기를 솔직하게 전달해준다. 또한 회사는 다양한 업체들과 제휴를 맺고 이벤

왼쪽부터 판카즈 차다, 디핀더 고얄.

트 티켓을 판매하는 등의 프로모션을 진행한다.

어떤 사업을 하는가

레스토랑 정보 서비스를 제공한다. 한국의 '배달의 민족', 미국의 '옐프' '오픈 테이블OpenTable'과 비슷하지만 사람이 직접 정보를 모은다는 점에서 차이가 있다. 사용자는 개별 식당 메뉴와 가격, 운영시간, 사용자 리뷰 등의 정보를 얻을 수 있다. 2015년 7월 기준 조마토는 총 36개 도시에서 18만 500여 개의 식당 정보를 제공하고 있다. 또 인도를 포함해 11개 국가에서 운영되고 있다. 2년 내로 사업을 22개국으로 확장할 계획이다.

창업자는 누구인가

디핀더 고얄Deepinder Goyal과 판카즈 찬다Pankaj Chaddah가 공동 창업했다. 디핀더는 컨설팅회사 베인앤컴퍼니에서 경영 컨설턴트로 일했다. 그는 자신의 동료들이 음식 메뉴 선정에 고심하는 것을 보고 온라인 레스토랑 정보 제공 서비스를 고안한다. 회사를 그만두고 자신의 아파트에서 '푸디이베이Foodiebay'라는 회사를 창업하며 제품개발과 전략을 구상해간다. 그들은 성장을 위해 사업 분야를 음식에만 한정하지 않았다. 그들은 2년 뒤 사명을 조마토로 변경하며 밤 문화, 펍, 그리고 다양한 이벤트 등 음식과 연관될 수 있는 넓은 분야로 사업을 확장했다. 기존의 푸디이베이를 뛰어넘는 진화된 모델을 만들고자 했다.

주요 투자자

Vy 캐피털, 인포 엣지 (인디아), 세쿼이아 캐피털 등.

127. 쿠파 소프트웨어 Coupa Software

coupa

기업용 전자조달 소프트웨어 솔루션 업체

🏠 소프트웨어(클라우드 컴퓨팅)   🌐 미국 캘리포니아   📅 2006

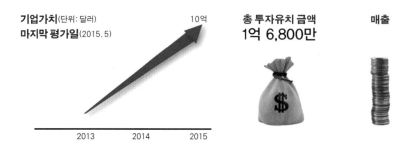

기업가치(단위: 달러)
마지막 평가일(2015. 5)   10억

2013   2014   2015

총 투자유치 금액
1억 6,800만

매출

비즈니스 모델

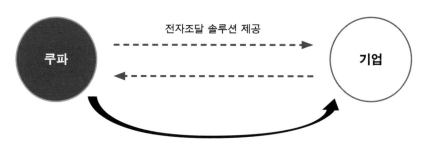

전자조달 솔루션 제공

쿠파 → 기업

기업이 IT와 관련된 것부터 원재료를 구입하는 데 이르기까지 지출되는
비용을 절감할 수 있도록 지원, 청구서, 비용관리, 재고 등을 통합적으로 관리

고객사의 구매 담당자들에게 클라우드를 활용한 전자조달E-procurement* 솔루션 제공업체. 기존 회사가 사용하고 있던 SAP이나 오라클과 같은 전사적 자원관리시스템에 통합해 사용할 수 있는 것이 특징이다.

---

* **전자조달**Electronic procurement: 인터넷을 기반으로 조달업무를 전자화한 온라인 상의 기업구매활동. 상품표현형식을 표준화한 전자카탈로그를 매개로 하여 공급자들은 유·무형의 상품정보를 제공하고, 구매자는 그 상품의 기능, 성능, 가격 등을 고려하여 물품을 선택하고 구매절차를 이행한다.

왼쪽부터 롭 번스테인, 데이브 스테판, 노아 아이즈너. (출처 : 쿠파)

어떤 사업을 하는가

기업 구매 담당자들에게 데이터베이스 분석, 리포팅, 예산 관리, 계약 및 공급업체 정보 등을 클라우드를 활용해 다룰 수 있는 여러 툴을 공급하는 회사다. 고객사는 쿠파를 통해 현금흐름 및 지출현황을 관리하고 조달이나 송장 작성 등을 손쉽게 해결할 수 있다. 오라클, SAP 등 고객사가 사용 중인 전사적 자원관리 ERP에 통합해 사용하면 된다.

현재 쿠파 소프트웨어의 고객사는 500여 곳이다. 대형 제약회사인 사노피Sanofi, 판도라Pandora, 세일즈포스, 아메리칸익스프레스가 대표적이다. 쿠파 시스템에서 하루에 오가는 거래만 100만 건 이상이다. 2015년 5월 T. 로우 프라이스, 아이코니크 캐피털, 프렘지 인베스트가 주도한 투자 라운드에서 8,000만 달러를 유치하는 데 성공했다. 톰 왓슨 월 T. 로우 프라이스의 분석가는 "쿠파는 클라우드 솔루션 업계에서 선제적으로 입지를 구축했다"며 전자조달 분야의 선두주자로서의 입지를 굳건히 하고 있다고 밝혔다.

창업자는 누구인가

롭 번스테인Rob Bernshteyn, 데이브 스테판Dave Stephens, 노아 아이즈너Noah Eisner가 공동 창업했다. 롭은 사람들이 이미 집에서 간편하게 온라인으로 쇼핑을 즐기고 있는데 왜 기업용 소프트웨어는 비싸고 설치도 어려워서 사용하는 걸 꺼리도록 하는지에 대해 의문을 갖기 시작했다. 그는 일반 사람들이 자신이 원하는 대로 소프트웨어를 다루는 것처럼 기업용 소프트웨어 환경도 그래야 한다고 생각하고 창업을 결심했다.

주요 투자자

크로스링크 캐피털, 모흐 대비도우 벤처스, 엘도라도 벤처스, 블루 런 벤처스, 메리테크 캐피털 파트너스, 아이콘 벤처스, 노스게이트 벤처스, T. 로우 프라이스, 아이코니크 캐피털, 프렘지 인베스트 등.

128. 트윌리오 Twilio

클라우드 커뮤니케이션 업체

🏠 소프트웨어(클라우드 커뮤니케이션 소프트웨어) 🌐 미국 캘리포니아 📅 2007

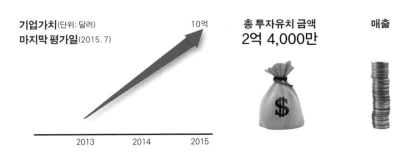

기업가치(단위: 달러)
마지막 평가일(2015. 7)

10억

2013　　2014　　2015

총 투자유치 금액
2억 4,000만

매출

비즈니스 모델

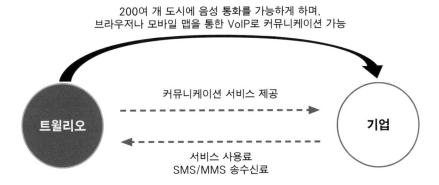

200여 개 도시에 음성 통화를 가능하게 하며,
브라우저나 모바일 맵을 통한 VoIP로 커뮤니케이션 가능

커뮤니케이션 서비스 제공

트윌리오

기업

서비스 사용료
SMS/MMS 송수신료

　음성, SMS, ARS 등 커뮤니케이션 서비스를 클라우드로 제공하는 업체. 고객 전화, 상담원 연결, 문자 안내 서비스, ARS 서비스 등을 고객사에 제공한다. 직접 통신 설비를 갖출 필요 없이 트윌리오의 서비스를 이용하면서 막대한 설치 비용을 절감할 수 있다.

어떤 사업을 하는가

인터넷 음성 전화 및 텍스트 서비스를 API application programming interface로 제공하는 클라우드 커뮤니케이션 전문 업체다. 음성, SMS, ARS, 숏코드short code 등 커뮤니케이션 서비스를 클라우드 방식으로 제공해 인기를 끌고 있다. 콜 센터 구축에 필요한 서비스를 클라우드 방식으로 제공하는 서비스라고 하면 이해하기가 쉬울 것 같다. 기업이 새로운 서비스를 하려면 무료 고객전화, 담당 부서 전환, 상담원 연결, 문자 안내 서비스, ARS 등 서비스를 제공하는데 이 같은 서비스를 클라우드 방식으로 제공하는 것이다. 기업들은 직접 통신 설비를 갖추는 부담감 없이 트윌리오의 서비스를 이용할 수 있다.

트윌리오 서비스에 가입한 후 자사의 고객 응대 로직을 만들고 회사 인터넷 페이지나 호스트 컴퓨터에 연결해 고객 응대 시스템을 구축할 수 있다. 기업이 마케팅 목적으로 대량의 아웃바운드 통신을 할 경우에도 활용할 수 있다. 트윌리오 고객 가운데는 유명 업체들이 많다. 우버는 트윌리오의 서비스를 이용해 고객들에게 운전자가 언제쯤 도착할 것인지를 모바일로 통지해주는 서비스를 제공하고 있으며 코카콜라는 운송대리점을 대상으로 서비스를 제공하고 있다.

2015년 7월 피델리티와 T. 로우 프라이스가 주도한 투자 라운드에서 1억 3,000만 달러를 유치하는 데 성공했다. 이번 투자에는 아마존닷컴과 세일즈포스닷컴 등 전략적 투자자도 함께 참여한 것으로 알려졌다. 세일즈포스닷컴의 존 소모르자이John Somorjai는 "트윌리오의 혁신적인 클라우드 커뮤니케이션 플랫폼은 기업과 고객의 의사소통체계를 바꿔놓고 있다"며 "이번 투자에 참여한 것을 매우 뜻깊게 생각한다"고 밝혔다. 『월스트리트저널』은 트윌리오가 골드만삭스와 J. P. 모건을 주간사로 기업공개 신청서를 내며 2016년 상장을 준비 중이라고 밝혔다.

창업자는 누구인가

제프 로손Jeff Lawson, 에반 쿡Evan Cooke, 존 월타이스John Wolthuis가 공동 창업했다.

왼쪽부터 제프 로손, 에반 쿡, 존 월타이스.

제프 로손은 미시간대에서 컴퓨터공학 학부를 마친 후 자신의 첫 번째 회사인 버서티닷컴Versity.com을 창업했다. 버서티닷컴은 대학수업에 사용되는 강의자료 같은 학문적인 콘텐츠를 제공하는 회사다. 그는 몇 년 뒤 회사를 경쟁사에 팔았다. 그리고 2004년에 아마존의 AWSAmazon Web Service에 취직해 AWS 제품에 대한 핵심적인 부분을 담당하면서 대규모 사업을 어떻게 이끌어가는지를 배우게 된다.

그는 과감히 회사를 그만두고 새로운 회사를 창업하기로 한다. 회사를 창업하고 AWS에서 일한 경험을 토대로 두 가지 사실을 알았다. 첫 번째는 소프트웨어가 고객에게 차별화된 경험을 하게 해줄 수 있다는 것이고 두 번째는 제대로 통합된 커뮤니케이션 체계가 더 나은 고객경험을 위해서는 꼭 필요하다는 것이다. 문제는 당시의 커뮤니케이션 시스템은 시간이나 비용 측면에서 너무 비효율적이었다.

그래서 그와 그의 팀은 커뮤니케이션 체계를 소프트웨어 시스템으로 바꾸기 위한 도전을 시작한다. 트윌리오는 그렇게 하드웨어 기반의 커뮤니케이션 체계를 소프트웨어로 바꾸기 위해 설립됐다.

주요 투자자

피델리티, T. 로우 프라이스, 알티미터 캐피털 매니지먼트, 애로우포인트 파트너스, 아마존닷컴, 세일즈포스 벤처스, 베세머 벤처 파트너스, 레드포인트 벤처스, 유니온 스퀘어 벤처스 등.

129. 지스케일러 Zscaler

클라우드 기반 보안 기업

🏠 소프트웨어(컴퓨터 보안)   🌐 미국 캘리포니아   📅 2008

기업가치(단위: 달러)
마지막 평가일(2015. 9)

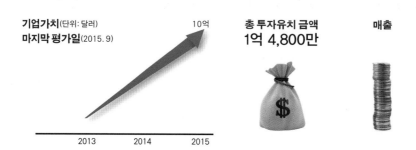

10억

2013   2014   2015

총 투자유치 금액
1억 4,800만

매출

비즈니스 모델

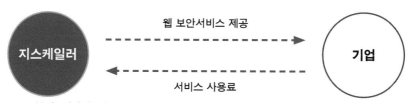

지스케일러 ─── 웹 보안서비스 제공 ──→ 기업

←── 서비스 사용료 ───

URL 분석, 필터링, 안티바이러스,
스파이웨어, SSL스캔,
지능형지속공격APT 방어 제공

  글로벌 클라우드 기반 보안업체. 지스케일러는 자사의 웹을 기반으로 고객사에 웹 트래픽을 보내 기업에게 전반적인 웹보안서비스를 제공하는 보안업체다. 모든 기능이 글로벌 사용자들에게 동시에 적용되며 소셜 미디어도 함께 제어할 수 있는 트래픽을 갖춤으로써 기업들의 보안정책에 더욱 유용한 서비스로 자리 잡고 있다. 기존 보안장비와 함께 추가적으로 운영할 수 있는 서비스인 것이 특징이다.

어떤 사업을 하는가

제이 초드리

기업의 웹 트래픽을 모두 지스케일러의 데이터센터로 보내는 방식으로 운영되어 여러 지점에 보안 제품을 설치할 필요가 없다. 지스케일러 데이터센터에서 기업의 보안 정책에 따라 트래픽을 차단하거나 허용한다. URL 분석과 필터링, 안티바이러스, 스파이웨어 등 기본적인 보안기능에서 행위분석을 포함한 지능형 지속공격APT 방어, SSL 스캔 등을 제공한다.

모든 기능은 통합 사용자환경UI에서 설정한 정책으로 세계 사용자에게 동시에 적용된다. DLPData Loss Prevention 기능, 대역폭과 소셜미디어 제어 등 모바일과 웹2.0 시대에 최적화된 트래픽 제어 기능도 갖췄다. 기존 보안장비를 그대로 두고 추가적으로 운영할 수 있는 지속 가능한 보안 서비스다. 보안관리자가 없는 중소기업에 유용하다. 2015년 『포브스』 선정 '2015 최고의 사이버보안 스타트업Hottest Cybersecurity Startups of 2015'에 선정되기도 했다.

2015년 4월 8,500만 달러를 투자받은 데 이어 2015년 해 9월 구글 캐피털로부터 2,500만 달러를 투자받으면서 총 1억 1,000만 달러의 투자를 유치하는 데 성공했다. 이번 투자로 회사의 투자금액은 두 달 새 4배가 됐다. CB 인사이트와 베인 캐피털이 분석한 바를 따르면 세계적으로 사이버보안 산업에 대한 투자는 2015년 9월 기준으로 23억 달러를 넘어섰으며 클라우드 컴퓨팅, 모바일, 사물인터넷 등 인터넷을 기반으로 한 시장이 급속도로 성장함에 따라 보안시장이 더욱 주목받을 것으로 나타났다.

창업자는 누구인가

제이 초드리Jay Chaudhry는 신시내티대에서 컴퓨터 공학, 산업공학, 경영학을 전공했고 무선보안시장의 선두주자로서 에어디펜스AirDefense라는 회사를 창업하며 창업가로서의 경력을 쌓기 시작했다. 그 후에 산업 최초로 이메일 보안 게이트웨이 기기를 생산해내는 회사인 사이퍼트러스트CipherTrust를 창업했고 1996년 최초로 전자조달 솔루션 ASP*를 제공하는 코어하버CoreHarbor를 창업했다. 그는 최초로 인터넷 보안 서비스를 제공한 시큐어ITSecureIT의 창업가이기도 하다. 그가 창업한 기업들의 비즈니스 모델은 고객들이 컴퓨터와 관련된 보안 문제에 대응할 수 있도록 하는 것이다. 영업, 마케팅, 엔지니어링 등 다양한 분야의 오랜 경험을 기반으로 IBM, NCR, 유니시스Unisys와 같은 회사에서 중책을 맡기도 했다. US 사우스이스트에서 '올해의 기업가'로 선정되기도 했으며 『인포메이션 위크 매거진』이 선정한 '이노베이터 앤 인플루엔서Innovator&Influencer', 애틀랜타 비즈니스 크로니클이 선정한 '후즈 후Who's Who'에 이름을 올리기도 했다.

주요 투자자

EMC, 라이트스피드 벤처 파트너스, TPG, 구글 캐피털 등.

---

* Application Service Provider: 소프트웨어를 패키지 형태로 판매하지 않고 일정한 요금을 받고 인터넷을 통해 임대해주는 서비스. 애플리케이션 서비스 제공업체, 즉 웹애플리케이션 호스팅 서비스를 하는 사업을 말한다

130. 투지아 Tujia

중국판 에어비엔비 업체

🏠 소비자 인터넷(인터넷 상거래) 🌐 중국 베이징 15 2011

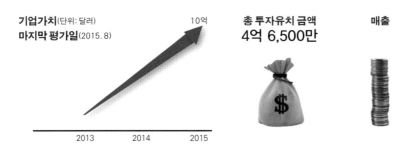

기업가치(단위: 달러)
마지막 평가일(2015. 8)

10억

2013 2014 2015

총 투자유치 금액
4억 6,500만

매출

비즈니스 모델

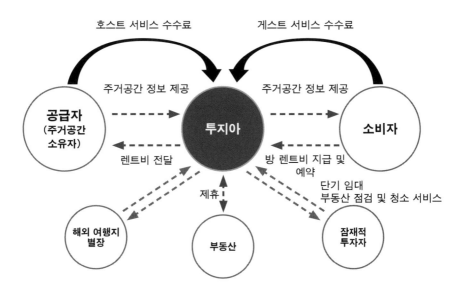

호스트 서비스 수수료　　게스트 서비스 수수료

공급자
(주거공간
소유자)

주거공간 정보 제공　투지아　주거공간 정보 제공

소비자

렌트비 전달　　방 렌트비 지급 및 예약

제휴

단기 임대
부동산 점검 및 청소 서비스

해외 여행지
별장

부동산

잠재적
투자자

중국판 에어비앤비라고 불리는 중국의 주택 대여 플랫폼이다. 기존 방식으로 주택을 임대하고 대여할 뿐 아니라 부동산 업체와 함께 잠재적인 투자자들을 위한 빈 매물을 단기로 임대하는 서비스도 진행하고 있다. 또한 중국인 해외 여행객을 위해 발리, 푸켓, 도쿄 등 해외 여행지에 있는 별장도 소개하며 주택 대여 및 임대 서비스가 성사되면 이에 대한 수수료를 받는다.

어떤 사업을 하는가

숙박시설 정보를 공유 플랫폼이라는 점에서 에어비앤비와 유사하다. 하지만 에어비앤비와는 달리 호텔 같은 정식 숙박시설도 제공한다. 사진 검증, 숙박시설 확인, 청소와 위생 등을 강조해 신뢰를 구축하고 있으며 부동산 서비스도 제공하고 있다. 현재 중국은 공급과잉과 부동산 시장 침체 등으로 주택공실률이 높다. 도심에서는 주택 다섯 채 중 한 채가 빈집일 정도다. 집주인들은 빈집을 그냥 놀리지 않고 투지아를 통해 단기체류자들에게 빌려주고 있다.

투지아는 부동산 개발기업들과 협력을 통해 미분양 주택을 숙박시설로 활용하고 단기 임대 고객에게 다가가기 위해 아파트를 어떻게 디자인해야 하는지 개발업체에게 조언하기도 한다. 또 숙박시설을 투자대상으로 구매할 가능성이 있는 잠재 고객들에게 정보도 제공하고 있다. 투지아에는 중국 255개 지역에 31만 개 이상의 숙박시설이 등록돼 있다.

또 미국 숙박공유업체 홈어웨이닷컴 등과 제휴해 발리, 푸켓, 도쿄 등 해외 133개 지역에서 휴가용 주택도 임대하고 있다. '중국 관광객이 가는 곳이라면 어디든 간다'는 전략이다.

창업자는 누구인가

루오 준Luo Jun, 멜리사 양Melissa Yang이 공동 창업했다. 루오 준은 2007년 중국의 온라인 부동산중개업체인 시나레주Sina Leju를 창업했으며 2009년 CRICChina Real Estate Information Corporation을 설립하고 후에 성공적으로 나스닥에 상장시켰다. 그는 부동산업계에 발을 딛기 전 시스코Cisco, 오라블Orable, 어바이어Avaya 같은 글로벌회사에서 일했다. 그는 2014년 『포천 차이나』가 선정한 '톱 10 비즈

왼쪽부터 멜리사 양, 루오 준.

니스 개척자'에 이름을 올리기도 했다.

주요 투자자

올스타즈 인베스트먼트, 아스콧, CDH 인베스트먼트, 차이나 브로드밴드 캐피털 파트너스, 차이나 르네상스 파트너스, 씨트립닷컴, GGV 캐피털, 홈어웨이, 이그니션 파트너스, 라이트스피드 벤처 파트너스, 치밍 벤처 파트너스 등.

131. 에이푸스 그룹
APUS Group

안드로이드 모바일 앱 제공 업체

🏠 소비자 인터넷(모바일 소프트웨어) 🌐 중국 베이징 🏰 15 2014

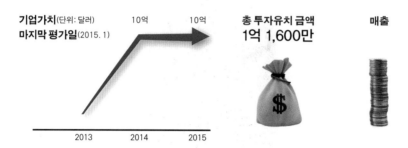

기업가치(단위: 달러)
마지막 평가일(2015. 1)

10억   10억

2013   2014   2015

총 투자유치 금액
1억 1,600만

$

매출

비즈니스 모델

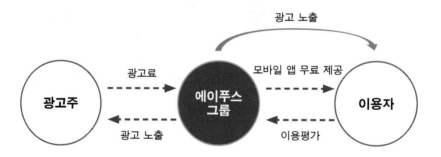

광고 노출

광고주 → 광고료 → 에이푸스 그룹 → 모바일 앱 무료 제공 → 이용자

광고 노출 ← 에이푸스 그룹 ← 이용평가 ← 이용자

모바일 앱을 개발하여 무료로 제공한다. 무료 앱에 간간이 노출되는 광고가 수익원이 된다. 이용자들은 앱을 무료로 이용하고 마켓 스토어에 사용후기를 남긴다.

리 타오

어떤 사업을 하는가

안드로이드 기반 스마트폰 OS를 커스터마이징한 다양한 모바일 앱을 제공한다. 에이푸스 그룹은 에이푸스 유저 시스템APUS User System이라는 런처 앱과 함께 에이푸스 부스터APUS Booster, 메시지 센터Message Center, 로커Locker, 플래시라이트Flashlight, 브라우저 터보Browser Turbo 등 각종 사용자 편의 안드로이드 모바일 앱들을 무료로 제공한다. 에이푸스 런처 출시 이후 5개월 만에 '안드로이드 월드 톱 앱 10'에 선정되었다.

현재까지는 무료서비스와 유료서비스를 나누지 않아 주 수익원은 광고로 보인다. 에이푸스는 대부분의 중국 모바일 앱 회사들이 중국 국내시장에 집중했던 것과 다르게 창업 때부터 글로벌 시장을 타깃으로 삼았다. 20개의 언어로 이용할 수 있어서 전체 이용자의 90% 이상이 해외 이용자라는 특징이 있다. 중국 모바일 인터넷 상품들과 서비스들을 세계 시장으로 내보내는 플랫폼 비즈니스를 전망하고 있다.

창업자는 누구인가

리 타오Li Tao는 중국 보안업체 치후 360 테크놀러지Qihoo 360 Technology에서 스마트폰 상품을 담당했다. 당시 그는 안드로이드 OS의 홈 화면을 이용자가 손쉽게 커스터마이징할 수 있는 런처에 대한 수요를 파악하게 됐다. 그는 세계에서 가장 직관적인 사용자경험을 제공하겠다는 생각으로 다니던 회사를 그만두고 에이푸스 그룹을 창업했다.

주요 투자자

천웨리 캐피털, SIG, 치밍 벤처 파트너스, 레드포인트 벤처스, 노던 라이트 벤처 캐피털 등.

132. 복스 미디어

Vox Media

디지털 언론매체

🏠 미디어 🌐 미국 워싱턴DC 15 2003

기업가치(단위: 달러)
마지막 평가일(2015. 8)   10억

2013   2014   2015

총 투자유치 금액
1억 2,600만

매출

비즈니스 모델

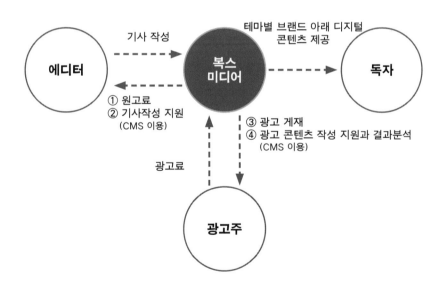

무료 인터넷 기사, 동영상, 사진 등의 콘텐츠 제공업체. 기사 및 콘텐츠는 에디터들이 작성하고 에디터들은 원고료를 받는다. 복스 미디어의 주 수익원은 광

고료이다. 사이트와 콘텐츠 사이에 광고를 게재하는 것을 대가로 광고료를 받는다. 콘텐츠 관리 시스템을 통해서 에디터와 광고주의 콘텐츠 제작을 돕기도 한다.

어떤 사업을 하는가

복스 미디어라는 이름 아래 주제별 하위 브랜드를 두고 콘텐츠를 관리하는 디지털 언론매체이다. 기술 분야 매체 더 버지The Verge, 스포츠 블로그 네트워크 에스비네이션SBnation, 음식 관련 미디어 이터Eater, 부동산 지역정보 매체 커베드 Curbed, 쇼핑 매체 래키드Racked, 스토리텔링 매체 복스Vox 등이 있다. 또한 복스 미디어는 저널리즘뿐만 아니라 '코러스'라는 콘텐츠 관리시스템 기술이 비즈니스 모델이 되는 것으로도 유명하다. 코러스는 콘텐츠 생산, 큐레이팅, 배치, 유통, 분석 등의 과정을 자동화하여 쉽고 편리하게 구성할 수 있는 툴이다. 에디터들은 편리하게 콘텐츠를 만들어낼 수 있고 광고주에게는 광고콘텐츠 관리와 제작에 도움을 준다.

『워싱턴포스트』의 정치부 출신 스타 기자 에즈라 클레인은 『뉴욕타임스』와의 인터뷰에서 신생 온라인 미디어 기업인 복스 미디어로 옮겨간 이유가 바로 이 '코러스' 때문이라고 밝히기도 했다. 코러스를 만들어낸 기반은 창업 당시부터 이어져 온 것이다. 창업팀은 저널리스트이자 동시에 시스템 개발자 역할을 했다. 스포츠 팬들이 서로 소통할 수 있는 플랫폼과 콘텐츠 조직화 툴을 직접 개발해 이용했다. 이런 두 가지 면모가 현재 복스 미디어의 운영방침으로 이어져 디지털 시대에 알맞은 매체로 성장할 수 있었다.

창업자는 누구인가

짐 뱅크오프Jim Bankoff, 타일러 블레진스키Tyler Bleszinski, 제롬 암스트롱Jerome Armstrong, 마코스 물릿사스Markos Moulitsas가 공동 창업했다. 마코스 물릿사스는 정치 논쟁사이트 『데일리코스Daily Kos』 창업자이고 제롬 암스트롱는 정치전략

왼쪽부터 짐 뱅크오프, 타일러 블레진스키, 제롬 암스트롱, 마코스 물릿사스.

가이다. 타일러 블레진스키는 프리랜서 작가로 자신의 스포츠 블로그인 에스비네이션에 프로야구팀 오클랜드 애슬레틱스에 관해 보도하고 있었는데 인기가 높았다. 한편 짐 뱅코프는 1990년대 후반 넷스케이프 회장이었고 AOL 프로그래밍 담당 부사장도 맡았다. 훗날 『허핑턴포스트가』가 된 켄레러Ken Lerer의 컨설턴트로 일했다. 그들 네 명은 2003년 공동 창업했고 2011년 복스 미디어로 이름을 변경하고 본격적으로 온라인 미디어로 비즈니스를 시작했다.

주요 투자자

액셀 파트너스, 앨런, 컴캐스트 벤처스, 제너럴 애틀랜틱, 코슬라 벤처스 등.

kik· 133. 킥 인터랙티브

Kik Interactive

캐나다 모바일 메신저 운영 업체

🏠 소비자 인터넷(소셜 미디어) 🌐 캐나다 워털루 📅 2009

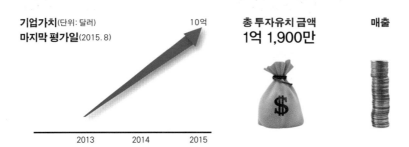

기업가치(단위: 달러) 10억
마지막 평가일(2015. 8)

2013 2014 2015

총 투자유치 금액
1억 1,900만

매출

비즈니스 모델

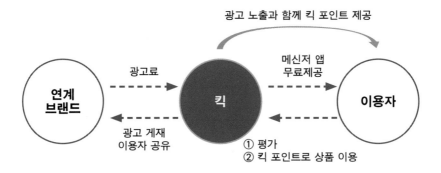

광고 노출과 함께 킥 포인트 제공

연계 브랜드 — 광고료 → **킥** — 메신저 앱 무료제공 → **이용자**

광고 게재 이용자 공유

① 평가
② 킥 포인트로 상품 이용

　무료 메신저 앱 제공. 이용자들은 무료 메신저를 사용하면서 킥 인터랙티브
가 제휴를 맺은 브랜드들의 광고를 보고 킥 내에서 화폐처럼 사용하는 킥 포인
트를 얻는다. 제휴를 맺은 브랜드들에게 받는 광고료가 킥 인터랙티브의 주 수
익원이다.

왼쪽부터 테드 리빙스턴, 크리스토퍼 베스트.

어떤 사업을 하는가

킥은 사용자의 핸드폰 번호 없이 이름만으로도 채팅할 수 있는 소셜 네트워킹 메신저 앱이다. 미국 내에서는 애플의 아이메시지iMessage 사용 비율이 높아 무료 메시지 앱의 필요성이 크지 않았다. 하지만 핸드폰 번호 없이도 이용할 수 있어서 10대들을 주요 고객으로 확보할 수 있었다. 미국 청소년의 40%가 사용한다. 킥의 이용자들은 킥과 연계한 업체들의 광고를 보거나 그 브랜드들의 서비스를 일부 이용하는 대가로 킥 포인트를 얻는다.

킥 포인트는 킥 내에서 화폐처럼 사용할 수 있고 여러 메신저 아이템을 구매할 수 있다. 킥 포인트로 연계되는 브랜드들은 킥 이용자들의 이용 정보를 얻을 수 있다. 2015년에 미국 시장 진출에 실패했던 중국 최대 메신저 앱 위챗을 가지고 있는 텐센트가 킥포인트라는 킥 인터랙티브의 수익모델에 대해 긍정적으로 평가하고 투자했다.

창업자는 누구인가

테드 리빙스턴Ted Livingston과 크리스토퍼 베스트Christopher Best가 공동 창업했다. 테드 리빙스턴은 캐나다 워터루대에서 엔지니어링을 공부하는 학생이었다.

그는 블랙베리 제조회사인 리서치 인 모션에서 Co-op* 프로그램* 기간을 마친 후 학교 친구 크리스토퍼 베스트Christopher Best와 함께 킥 인터랙티브를 설립했다. 초창기 블랙베리 내 앱으로 운영하다가 별개의 메신저 앱으로 분리하여 확장하게 된다.

주요 투자자

파운데이션 캐피털, 밀레니엄 테크놀러지 밸류 파트너스, RRE 벤처스, 스파크 캐피털, SV 엔젤, 텐센트 홀딩스, 유니온 스퀘어 벤처스, 발리언트 캐피털 매니지먼트 등.

---

* Co-op 프로그램이란 캠퍼스에 기업과 동일한 환경을 마련해놓고 실무교육을 집중적으로 실시하는 교육 방식. 학습과 현장실습을 번갈아 수행하는 형태의 프로그램을 말한다.

134. 어댑티브 바이오테크놀러지스
Adaptive Biotechnologies

유전면역학 관련 연구개발을 하는 생명공학 업체

 헬스케어(면역 시스템) 🌐 미국 시애틀 📅 2009

기업가치(단위: 달러)
마지막 평가일(2015. 5)   10억

총 투자유치 금액
4억 2,500만

매출

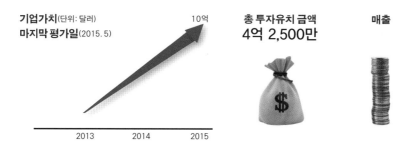

2013   2014   2015

비즈니스 모델

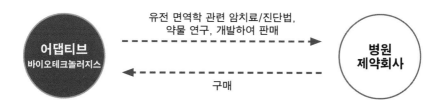

면역세포의 DNA 염기서열에 대해 연구하면서 질병 진단법과 치료법 등의 기술을 연구한다. 개발한 기술은 병원과 제약회사에 판매된다. 병원이나 제약회사에서는 어댑티브 바이오테크놀러지스의 개발 기술을 이용한다. 유전 면역학 분야에서 면역 세포의 DNA 시퀀싱 연구로 독보적 위치에 있다.

어떤 사업을 하는가

어댑티브 바이오테크놀러지스는 면역세포의 DNA 염기서열에 대해 연구하는 대표적인 생명공학 업체다. 유전자 정보를 그대로 시퀀싱하는 일반적인 다

왼쪽부터 차드 로빈스, 하란 로빈스, 크리스토퍼 카슨. (출처 : 어댑티브)

른 세포들과 달리 면역시스템의 세포들이 감지되는 위험 환경에 반응하여 지속
적으로 DNA의 염기서열을 변형하여 구성한다는 개념에서 출발한다. 면역 세
포에서 주로 발견되는 특정 수용체의 변화를 추적하기 위해 혈액과 조직 샘플
의 집중적인 DNA 시퀀싱을 연구하고 있다. 이러한 연구를 통한 결과들이 암에
대한 진단을 더 민감하게 만들고, 치료 과정 중 면역세포의 반응 정도를 모니터
하는 데 사용될 것으로 평가받고 있다.

창업자는 누구인가

차드 로빈스Chad Robins, 하란 로빈스Harlan Robins, 크리스토퍼 카슨Christopher
Carson이 공동 창업했다. 차드와 하란은 형제이다. 차드 로빈스는 시카고 헤지펀
드의 COO로 일했다. 그러다가 형제인 생물학자 하란 로빈스와 뜻을 모아 시애
틀에 있는 프레드 허친슨Fred Hutchinson 암 연구센터에서 어댑티브 바이오테크놀
러지스를 독립 회사로 분사시켰다.

주요 투자자

알렉산드리아 리얼 에스테이트 에쿼티즈, BD 바이오사이언시스, 카스딘 캐피털, 셀젠, 일루미나, 랩콥 오브 아메리카 홀딩스, 매트릭스 캐피털 매니지먼트, 혹 스프링스 캐피털, 세나터 인베스트먼트 그룹, 타이거 매니지먼트, 바이킹 글로벌 인베스터 등.

135. 앱투스 Apttus

기업 대상 세일즈 관리 애플리케이션 SW 제공 업체

🏠 소프트웨어(비즈니스 앱) 🌐 미국 캘리포니아 📅 2006

기업가치(단위: 달러) 10억
마지막 평가일(2015. 9)

2013   2014   2015

총 투자유치 금액
1억 8,600만

매출

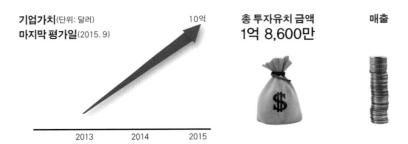

비즈니스 모델

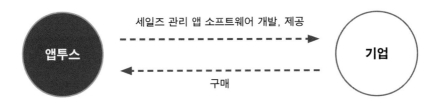

세일즈 관리 앱 소프트웨어 개발, 제공

앱투스 → 기업

구매

세일즈 관리 자동화 소프트웨어를 기업에게 제공한다.

어떤 사업을 하는가

기업용 소프트웨어업체. 앱투스 소프트웨어는 일명 CPQConfigure, Price, Quote 와 관련된 틈새시장을 노리고 있다. 세일즈 담당자가 제품이나 서비스를 만들면 적정 가격을 알려주고 고객별로 견적을 만들도록 하는 자동화 서비스다. 통상 복잡한 고가 제품을 파는 기업이 이 서비스를 주로 활용한다. 현재 GE, 휴렛패커드(HP), 세일즈포스, 페이팔 등을 포함해 하이테크, 생산, 금융 서비스, 헬스케어 산업 등에 속하는 350여 개 고객사를 두고 있다.

창업자는 누구인가

커크 크래프Kirk Krappe는 런던대 기계 공학과를 졸업하고 MBA 과정을 거쳤다. 그는 닷컴 붐이 일었을 때 실리콘밸리로 가게 되었다. 컨설팅회사인 베인앤 컴퍼니에서 컨설턴트로 일했다. 이후 오라클 등 SaaS 관련 업계에서 근무하다 넥스탠스Nextance의 CEO로서도 일하게 되었다. 관련 업계에서 근무하며 고객 맞춤형 프로그램 니즈를 파악하고 앱투스를 설립하게 되었다.

커크 크래프 (출처 : 앱투스)

주요 투자자

아이코니크 캐피털, K1 캐피털, 쿠웨이트 인베스트먼트 아우토리티, 세일즈포스 벤처스 등.

136. 캐비지 Kabbage

중소기업 대상 온라인 대출 서비스 업체

🏠 파이낸셜 서비스(자동화 대출 플랫폼) 🌐 미국 조지아 📅 2008

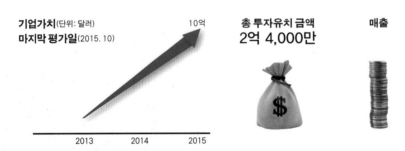

기업가치(단위: 달러)
마지막 평가일(2015. 10)

10억

2013 2014 2015

총 투자유치 금액
2억 4,000만

매출

비즈니스 모델

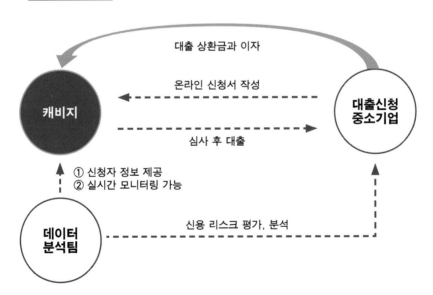

중소기업 대상 온라인 대출 서비스업체. 대출 신청서를 내면 자체 데이터분석팀이 대출 신청자와 관련된 빅 데이터를 분석해 심사한 이후에 대출금을 지

급한다. 그 후에도 대출 중인 고객의 정보를 확인할 수 있다. 캐비지의 수익원은 상환 이자이다.

어떤 사업을 하는가

중소기업 고객이 캐비지 웹사이트에서 대출 신청을 한다. 온라인상에서 짧은 시간 내에 대출심사가 완료되면 대출금이 다음날 입금된다. 대출 심사에서는 사람이 관여하지 않고 고객 기업이 사용하는 회계 소프트웨어, 페이팔과 이베이 등의 온라인 결제 서비스 이용 현황, SNS 등 온라인을 통해 모은 빅 데이터를 이용해 대출 신청자 기업의 신용도를 산출한다.

캐비지에서 신용평가를 받은 신청자가 자신의 SNS와 캐비지 홈페이지를 링크해 놓으면 신용점수를 추가로 주기도 한다. 캐비지 측은 페이스북과 트위터 계정을 캐비지 사이트와 연결해 놓은 신청자의 상환 연체율이 다른 신청자의 평균 연체율보다 20%나 낮다고 밝히기도 했다. 전통적인 대출업에서는 이용하지 않고 버려지던 정보들을 이용하는 새로운 비즈니스를 제공하며 세계 각국의 은행과의 제휴로 글로벌 확장 가능성이 높게 평가되었다.

창업자는 누구인가

로버트 프로흐바인Robert Frohwein, 캐서린 페트라리아Kathryn Petralia, 마크 골린Marc Gorlin이 공동 창업했다. 로버트는 투자회사 라바 그룹Lava Group을 창업하기도 했다. 그는 소규모 비즈니스가 경제발전의 핵심이 될 것이라는 믿음이 있었다. 하지만 전통적인 대출업에서는 대기업에 비해 소기업의 대출심사는 굉장히 오래 걸렸다. 그 기간을 줄이면 소기업의 비즈니스 운영에 도움이 될 것으로 생각해 방법을 모색했다. 그러던 중 이베이가 마켓플레이스에 참여하는 기업들의 신용 정보를 체크하는 옵션을 넣은 것을 보고 그런 데이터를 대출심사에 이용할 수 있겠다는 아이디어로 창업했다.

왼쪽부터 마크 골린, 캐서린 페트라리아, 로버트 프로흐바인. (출처 : 캐비지)

주요 투자자

블루런 벤처스, H. 바턴 애셋 매니지먼트, 인텔리전트 시스템, 루미나 캐피털, 멜론 그룹, 모어 데이비도우 벤처스, 소프트뱅크 캐피털, SV 엔젤, TCW/크라 톤, 톰베스트 벤처스, 트리플포인트 캐피털, UPS SEP, 빅토리 파크 캐피털, 웨스 턴 테크놀러지 인베스트먼트 LLC 등.

datto # 137. 다토 Datto

데이터 백업용 클라우드와 복원용 프로그램 제공 업체

🏠 소프트웨어(하이브리드 클라우드 컴퓨팅)　🌐 미국 코네티컷　📅 2007

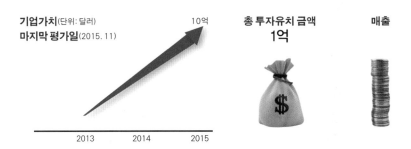

기업가치(단위: 달러) 　　　　　　　　　　10억
마지막 평가일(2015. 11)

2013　　　2014　　　2015

총 투자유치 금액
1억

매출

비즈니스 모델

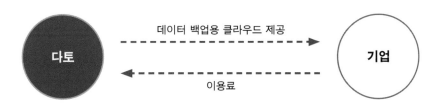

다토 ── 데이터 백업용 클라우드 제공 ──▶ 기업

◀── 이용료 ──

　기업 고객에게 이용료를 받고 데이터를 백업하기 위한 저장장소인 클라우드를 판매한다.

어떤 사업을 하는가

　소규모 기업고객에게 데이터 백업용 클라우드와 복원용 프로그램을 제공한다. 다토는 중소규모의 기업고객에게 데이터를 저장하는 클라우드와 문제가 생겼을 시 빠르게 복원할 수 있는 솔루션을 제공한다. 데이터에 문제가 생겨도 비즈니스를 중단시키지 않고 빠른 시간 안에 복원할 수 있도록 돕는다. 다토의

오스틴 맥코드

CTO인 로버트 J. 기번스는 하이브리드 클라우드 백업에 대해 다음과 같이 설명했다.

"하이브리드 클라우드 백업이란 로컬 백업과 외부 복제 백업을 동시에 운영하는 프로세스를 의미한다. 데이터 보안과 안정성 모든 측면을 만족시키는 방식이다. 하이브리드 구조에서 사용자는 기존 방화벽, 보안 프로토콜, 그리고 백업 기기의 자체 암호화 기술을 이용해 내부 데이터를 보호한다. 동시에 지정된 데이터센터에 암호화 데이터를 전송함으로써 데이터 복사의 보안 역시 보장할 수 있다."

투자자 TCV는 다토가 하이브리드 클라우드 백업 시장의 선두주자라고 이야기하며 다토의 높은 시장점유율과 전 세계의 소규모 기업을 대상으로 하는 확장성 때문에 7,500만 달러를 투자했다고 밝혔다.

창업자는 누구인가

오스틴 맥코드Austin MacChord의 목표는 데이터 백업 및 복구 프로그램을 소비자에게 더 저렴한 가격으로 제공하는 것이었다. 그는 그 목표를 위해 몇 년 동안 소규모 조직에 적합한 소프트웨어를 개발하고 연구하는 데 힘썼고 대학을 졸업하자마자 다토를 창업했다. 처음에는 친구들 몇 명을 고용해 제품을 판매하는 것부터 시작하여 점차 규모를 키워나갔다.

오스틴에게 다토 창업은 어린 시절 꿈을 실현하는 것이었다. 그는 어렸을 때부터 발명가가 되고 싶었는데 앙트레프레너가 되는 것이 가장 그 꿈에 가장 가깝다고 판단했다. 하지만 그 역시 다토를 시작할 때는 과연 성공할 수 있을지 알 수 없어 두려워했다고 한다. 그는 앙트레프레너가 되는 데 필요한 것은 열정과 창조라고 말한다. 오스틴은 2015년 미국 경제잡지 『포브스』가 각 분야에서 30세 이하의 주요 인물 30명에 선정됐다.

주요 투자자

제네럴 카탈리스트 파트너스, 테크놀러지 크로스오버 벤처스 등.

138. 유다시티 Udacity

온라인 강좌 제공 업체

🏠 교육(온라인 교육)　🌐 미국 캘리포니아　📅 2011

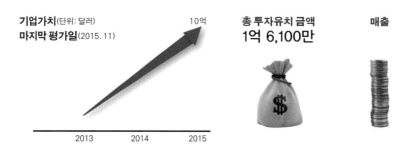

기업가치(단위: 달러)
마지막 평가일(2015. 11)　　　　　10억

2013　　　2014　　　2015

총 투자유치 금액
1억 6,100만

매출

비즈니스 모델

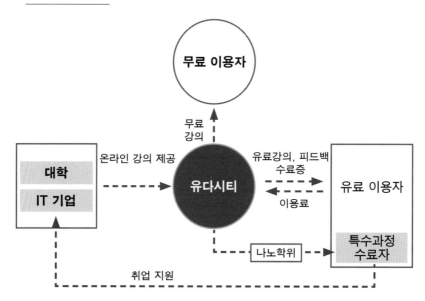

무료 이용자

무료
강의

대학
IT 기업

온라인 강의 제공

유다시티

유료강의, 피드백
수료증

유료 이용자

이용료

나노학위

특수과정
수료자

취업 지원

　　대학교와 IT 기업들에서 제공한 온라인 강의들을 인터넷 사이트를 통해서 이용자들에게 제공한다. 무료이용자는 무료강의를 이용할 수 있고, 유료이용자는 이용료를 내고 유료강의를 듣고 시험이나 과제에 참여한 후 피드백을 받을 수 있다.

어떤 사업을 하는가

세계 최초의 온라인 공개 수업MOOC 사이트. 스탠퍼드대 서베스천 스런 교수가 2011년 1월 창업했다. 컴퓨터, 과학, 물리학 분야 과정이 많다. 대학이나 IT 기업에서 만든 여러 온라인 강의가 유다시티에 업로드된다. 이 중 일부는 무료 강의로 제공되고 일부는 저렴한 이용료로 유료강의로 제공된다. 유료강의를 듣는 유료 이용자들에게는 시험과 과제참여 기회와 피드백이 제공되며 수료증도 제공된다.

IT 기업 실무 수업 중 일부는 나노 학위도 준다. 나노 학위 수료자들에게는 관련 기업에 취업 지원할 수 있다. 다른 온라인 공개수업 업체들과는 다르게 학위를 부여해서 이용자들은 취업에 이용할 수 있고 IT 기업들은 원하는 교육과정을 이수한 지원자들을 얻을 수 있다.

창업자는 누구인가

서베스천 스런Sebastian Thrun, 데이비드 스타벤스David Stavens, 마이크 소콜스키Mike Sokolsky가 공동 창업했다. 서베스천 스런은 1967년 독일에서 태어났다. 1995년에 독일의 본 대학에서 컴퓨터공학과 통계학으로 박사 학위를 취득했다. 그 뒤 미국 펜실베이니아 주 카네기멜런대 컴퓨터과학부에 컴퓨터과학 연구원으로 합류해 이후 동 대학의 로봇 러닝 연구소, 머신러닝 등의 분야 커리큘럼을 개발한 뒤 컴퓨터공학과 로보틱스 분야의 부교수가 되었다.

그는 스탠퍼드대 부교수로 이적하게 되었고 컴퓨터공학과 전기 엔지니어링 분야로 정교수가 된다. 또한 구글의 무인자동차시스템 개발 작업에도 참여해 협업했다. 구글 펠로우(선임연구원)로 합류하기 위해 스탠퍼드대 종신교수 자격까지 포기했다. 2012년 1월 23일에는 온라인상 개인 교육기관인 유다시티

왼쪽부터 서베스천 스런, 데이비드 스타벤스, 마이크 소콜스키.

를 공동 창업했다. 유다시티Udacity는 "대담해져라, 학생들이여audacious for you, the student!"에서 나왔다고 한다.

주요 투자자

안데르센 호로비츠, 베텔스만 SE, 콕스 엔터프라이즈, 찰스 리버 벤처스, 드라이브 캐피털, 에머슨 콜렉티브, 구글 벤처스, 리쿠르트 파트너스, 발로 캐피털 그룹 등.

TutorGroup

139. 튜터그룹 TutorGroup

중국어, 영어 온라인 교육 업체

🏠 교육(온라인 교육)　🌐 타이완 타이중　📅 2004

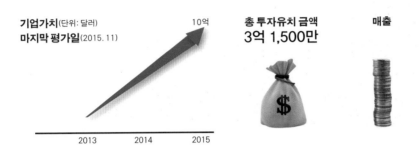

기업가치(단위: 달러)
마지막 평가일(2015. 11)

10억

2013　2014　2015

총 투자유치 금액
3억 1,500만

매출

비즈니스 모델

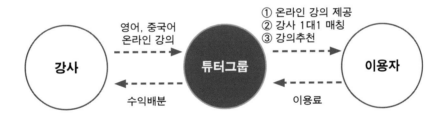

강사 ← 영어, 중국어 온라인 강의 → 튜터그룹

① 온라인 강의 제공
② 강사 1대1 매칭
③ 강의추천

튜터그룹 → 이용자

수익배분　　　이용료

　계약을 맺은 강사들이 제작한 영어와 중국어 온라인 강의를 튜터그룹 홈페이지를 통해 고객에게 제공하는 것이다. 온라인 강의를 수강하는 이용자들이 내는 이용료가 수익원이 되는 구조이다.

어떤 사업을 하는가

　저렴한 가격에 다양한 언어학습 콘텐츠를 제공하는 E-러닝 기업이다. 영어와 중국어 관련 강사들을 모집해 온라인 강의를 생산해 튜터그룹 사이트에 업로

왼쪽부터 에릭 양, 밍 양. 두 사람은 형제이다.

드한다. 튜터그룹에 이용료를 내는 이용자들은 업로드된 강의들을 수강할 수 있다. 특별히 원하는 교육 서비스들을 이용할 수도 있다. 북미와 남미의 학생들을 위한 중국어 교육, 대만에 특화된 영어 교육, 8세에서 18세의 어린이를 위한 영어, 강사와 1:1 매칭을 통한 학습 등의 교육 테마로 나뉘어져 있다. 이용자의 선호도와 피드백을 감안하여 강의 추천 서비스도 제공된다.

중국인들에게는 영어교육 강의가 있기 있고 해외 이용자에게는 영어로 제공하는 중국어 교육 강의가 인기 있다.

창업자는 누구인가

에릭 양Eric Yang과 밍 양Ming Yang이 공동 창업했다. 두 사람은 형제이다. 에릭 양은 UCLA에서 화학 박사과정을 마친 뒤 고향인 타이완으로 돌아왔다. 그는 도쿄대학교에서 교육자와 연구자로서 교육과 정보 기술에 관심을 두다가 형 밍 양과 온라인 교육 플랫폼인 튜터그룹을 설립했다.

주요 투자자

알리바바 그룹 홀딩스, 사이버에이전트 벤처스, GIC, 골드만 삭스, 치밍 벤처 파트너스, 러시아-차이나 인베스트먼트 펀드, SBI 홀딩스, 실버링크 캐피털, 테마섹 홀딩스 등.

140. 미아닷컴 Mia.com

중국의 유아용품 온라인 판매 업체

🏠 전자상거래(육아 상품) 🌐 중국 베이징 📅 2011

기업가치(단위: 달러)
마지막 평가일(2015. 9)

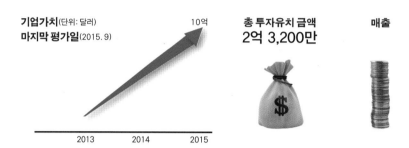

10억

2013　　　2014　　　2015

총 투자유치 금액
2억 3,200만

매출

비즈니스 모델

해외 유아용품 생산업체의 제품을 구매하여 미아닷컴에서 온라인으로 중국 소비자들에게 판매한다.

어떤 사업을 하는가

2011년 10월 알리바바가 운영하는 온라인 쇼핑몰 타오바오의 입점 업체로 시작했다. 이 후 영유아와 아동 제품을 찾는 고객이 많아지면서 따로 도메인을 만들어 독자적인 온라인 쇼핑몰을 운영하기 시작했다. 미아닷컴의 승승장구 비결은 우선 특정 계층을 타깃으로 한 틈새시장 공략이 주효했다는 평가다. 쑨웨이 미아닷컴 CFO는 "다양한 카테고리를 다루는 대형 업체와 달리 중산층 가정을 대상으로 질 좋은 해외 수입 육아용품에 집중했다"고 설명했다. 미아닷컴은 수입 유아동 제품을 전문으로 다루며 성장했다. 독일산 유아복, 일본산 유아용 비타민 제품 등을 수입해 판매하고 있다.

중국은 35년 만에 '한 자녀 정책'을 폐지하고 '두 자녀'를 허용하기로 하면서 중국 유아용품 시장이 호황을 맞을 것으로 기대되고 있다. '두 자녀' 정책으로 연간 태어날 아이의 수는 2,200만 명이고 4년 동안 늘어날 인구는 무려 5,700만 명에 달할 것으로 추정된다. 유아용품 시장 역시 들썩이고 있다. 2015년 11월 『월스트리트저널』에 따르면 2015년 중국의 출산·육아 시장(온·오프라인 포함)은 전년 대비 15% 늘어난 2,440억 달러(약 286조 1,632억 원)를 기록할 전망이다. 2020년에는 관련 시장이 500조 원을 돌파할 것으로 예상했다.

세쿼이아 캐피털이 투자한 바이두가 주요 투자자이다. 검색 엔진인 바이두가 검색 결과에서 구매로 이어지는 이커머스 비즈니스를 강화하고자 하는 계획을 갖고 있었기 때문이다. 미아닷컴은 좋은 품질의 해외 유아용품을 판매하는 차별화된 콘셉트를 내세워 중국의 젊은 부모에게 인기를 끌고 있다.

창업자는 누구인가

리우 난Liu Nan은 여성으로서 중국에서 가장 큰 온라인 영유아 물품 사이트인 미아닷컴의 창업자 겸 대표이사이다. 그녀는 미아닷컴 설립 전에는 DOW에서 일했고 자신만의 소매업을 시작하던 2011년에는 그녀 자신 역시 아이를 키우는 전업주부로서 처음에는 알리바바의 타오바오 온라인 장터의 입점업체 중 하나로서 수입 육아용품을 판매했다. 그러다 중국에서 영유아 용품의 위생안전 스캔들이 연달아 터지던 시기에 그녀의 소매업 매출이 어느날 갑자기 6만 위안으로 껑충 뛰게 되었다.

이에 고무된 그녀는 사업을 본격화해 자체 웹사이트를 갖추고 매출이 크게 상

리우 난

승한 2013년에는 자체 상거래 앱까지 출시했다. 그녀는 외국의 검증받은 육아 수입용품들에 대한 수요가 폭발하던 시기를 잘 이용해 성공한 케이스로 스스로를 평가하고 있다.

주요 투자자

바이두, 차이나 르네상스 K2 벤처스, H 캐피털 온라인, 세쿼이아 캐피털, 젠펀드 등.

141. 도커 Docker

기술자동화 소프트웨어 개발, 유지보수, 교육사업체

🏠 소프트웨어(비즈니스 소프트웨어) 🌐 미국 캘리포니아 📅 2010

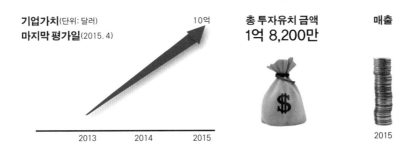

기업가치(단위: 달러)
마지막 평가일(2015. 4)

10억

2013   2014   2015

총 투자유치 금액
1억 8,200만

매출

2015

비즈니스 모델

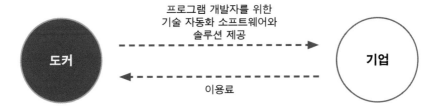

도커

프로그램 개발자를 위한
기술 자동화 소프트웨어와
솔루션 제공

이용료

기업

　도커는 오픈소스 프로젝트명인 동시에 기업명이다. 리눅스 컨테이너 응용프로그램의 배포를 자동화하는 오픈소스 엔진이다. 대신 도커 기술에 대한 유지보수 서비스와 교육서비스 등의 솔루션을 제공하고 이용료를 받는다.

어떤 사업을 하는가

　도커는 하나의 컴퓨터나 서버에서 여러 개의 애플리케이션 서버를 구동할 수 있게 하는 '리눅스 컨테이너'라는 기술을 자동화해서 프로그램 개발자들이 쉽게 사용할 수 있도록 도와준다. 프로그래머가 프로그램을 개발하기 위해서 갖

왼쪽부터 솔로몬 하익스, 세바스티안 팔, 벤자민 골럽.

취야 하는 서버, 스토리지, 운영체제 등의 개발환경을 서비스 형태로 제공하는 플랫폼 서비스사업을 했던 닷클라우드가 컨테이너 기술을 활용하며 개발했고 오픈소스로 공개했다.

2014년 8월엔 플랫폼 서비스Platform-as-a-Service 사업인 닷클라우드를 독일 업체에 팔고 도커에 집중하고 있다. 도커가 개발한 기술은 오픈소스이기 때문에 수익이 없다. 도커 기술에 대한 유지 보수 서비스를 하거나 교육사업을 하면서 수익을 낸다. 아직 도입단계이지만 구글과 같은 IT 기업들이 클라우드 기술에서 다커와 같은 컨테이너기술을 적극 도입하고 긍정적으로 평가하고 있다.

창업자는 누구인가

솔로몬 하익스Solomon Hykes, 세바스티안 팔Sebastien Pahl, 벤자민 골럽Benjamin Golub이 공동 창업했다. 솔로몬 하익스는 미국 뉴욕에서 미국인 아버지와 프랑스 캐나다 혈통의 어머니 사이에서 태어났다. 4세 때 프랑스로 건너가 파리대학 컴퓨터공학부를 졸업한 뒤 미 캘리포니아주립대에서 6개월을 보냈고 로스앤젤레스의 한 프랑스영화 제작사에서 잠깐 일한 경험이 있다.

7세 때부터 컴퓨터 코딩에 관심이 있었고 청소년기 대부분을 집 근처 피시방에서 스타크래프트와 워크래프트 등을 하며 보냈다. 그러다 청소년 신분으로 피시방에서 인터넷 서버 관리를 맡게 됐다. 그즈음 관심사가 게임에서 프로그래밍으로 바뀌었다고 한다. 그는 CEIS에서 2년간 인프라스트럭처 엔지니어로 일했고 스마트잡Smartjob에서 1년간 솔루션 엔지니어로 일했다. 그는 친구 세바스티안 팔Sebastien Pahl과 2009년에 플랫폼 서비스업체 닷클라우드dotCloud를 설립했다. 플랫폼 서비스 기술을 개발하며 도커를 만들었다.

주요 투자자

ACE, AME 클라우드 벤처스, 벤치마크, 코튜 매니지먼트, 골드만삭스 그룹, 그레이록 파트너스, 인사이트 벤처 파트너스, 로워케이스 캐피털, 노던 트러스트 코퍼, 세쿼이아 캐피털, SV 엔젤, 트리니티 벤처스, Y 콤비네이터 등.

MODE MEDIA 142. 모드 미디어

Mode Media

일반인 제작 디지털 콘텐츠 제공 미디어

🏠 미디어 🌐 미국 캘리포니아 📅 2004

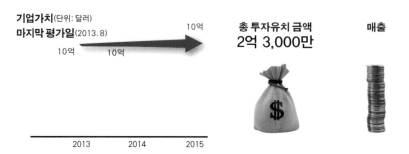

기업가치(단위: 달러)
마지막 평가일(2013. 8)

10억

10억   10억

2013   2014   2015

총 투자유치 금액
2억 3,000만

매출

비즈니스 모델

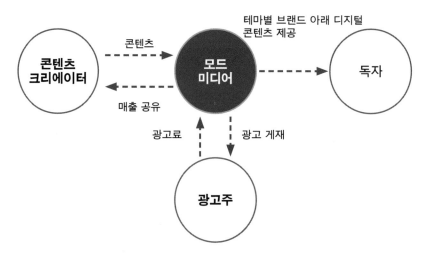

콘텐츠
크리에이터

콘텐츠

모드
미디어

테마별 브랜드 아래 디지털
콘텐츠 제공

독자

매출 공유

광고료   광고 게재

광고주

　1만 명 이상의 라이프스타일 비디오 크리에이터들과 월별 4억 명의 사용자 집단을 거느린 디지털 라이프 스타일 미디어 회사 중 가장 큰 회사에 속한다. 모드 미디어는 소셜 기반의 소비자 플랫폼인 모드닷컴mod.com을 2015년에 런칭했다.

이 사이트에서 전문적인 편집자들에 의해 큐레이팅된 개별 소비자들에게 최적화된 콘텐츠와 비디오 스토리들을 제공한다. 주로 원천 콘텐츠, 브랜드화시킨 비디오 시리즈, 유명 브랜드들에 관한 온라인 광고를 통해 수익을 내고 있다.

어떤 사업을 하는가

일반인 콘텐츠 제작자들이 만든 동영상 등의 디지털 콘텐츠를 제공하는 미디어. 모드 미디어는 적절한 콘텐츠를 적절한 이들에게, 적절한 시간에 맞게 제공하겠다는 목표를 두고 설립되었다. 프리미엄 비디오 콘텐츠를 제공하는 대형 엔터테인먼트 플랫폼을 만들고 있다. 모드 미디어에 올라오는 콘텐츠는 전문적인 편집자들이 관리하면서 구독자의 콘텐츠 시청 알고리즘에 맞춰 분류해 고객들에게 추천한다.

유튜브와 마찬가지로 콘텐츠를 시청하는 구독자에게 구독료를 받지는 않는다. 광고주들에게 받는 광고료가 수익이 되며, 광고는 모드 미디어 사이트나 게시되는 동영상 콘텐츠 안에 노출된다. 구독자가 콘텐츠를 만드는 크리에이터들에게 광고료의 일부를 분배한다.

창업자는 누구인가

사미르 아로라Samir Arora, 레베카 아로라Rebecca Bogle Arora, 빅터 조드Vic Zaud, 페르난도 루아르테Fernando Ruarte, 수전 케어Susan Kare, 라즈 나라얀Raj Narayan, 어니 치코냐Ernie Cicogna, 다이애나 뮬린스Dianna Mullins, 엠마뉴엘 잡Emmanuel Job 등 아홉 명이 공동 창업했다. 사미르 아로라는 1965년에 인도 뉴델리에서 부유한 집안의 맏아들로 태어났다. 10대 때 가족들과 뉴욕으로 갔다. 가족들은 여러 레스토랑과 호텔을 경영했고 다각화된 제조업을 했다. 그는 인도 명문 세인트 사비에르 고등학교를 다녔고 인도 명문 공대 중 하나인 비를라과학기술연구소BITS에서 전기 전자공학을 공부했다. 프랑스 인시아드 비즈니스 스쿨과 하버드 비즈니스 스쿨을 나왔고 런던 비즈니스 스쿨에서 세일즈 마케팅 학위를 받았다.

위 왼쪽부터 시계방향으로 사미르 아로라, 레베카 아로라, 빅터 조드, 페르난도 루아르테, 수전 케어, 라즈 나라얀, 어니 치코냐, 다이애나 물린스, 엠마뉴엘 잡(사진 없음). 사미르 아로라와 레베카 아로라는 부부이다.

그는 1983년부터 1992년까지 애플 컴퓨터의 소프트웨어 & 뉴미디어 부서에서 일했다. 그 후 웹디자인 회사인 넷오브젝트NetObjects를 공동 설립하여 운영했다. 넷오브젝트는 후에 IBM에 매각했다. 그는 2002년에 브랜드 광고주가 웹을 통해서 독자들과 만날 방법은 없을까 고민하던 중 글램 미디어 아이디어를 떠올렸다. 하지만 아이디어를 진짜로 실행하게 된 계기는 PC 포럼으로 유명한 에스더 다이슨Esther Dyson의 "논의만 하지 말고 실제로 해 보이세요"라는 한마디 때문이었다고 한다. 이 말을 듣고 프로젝트가 가동하기 시작해 2003년에 글램 최초의 버전이 공개되었다.

레베카 아로라Rebecca Bogle Arora는 사미르 아로라의 아내로 모드 미디어를 공동 창업했고 모드미디어에서 웰빙 부문 에디터이자 선임 제품관리자로서 일했다. 글램, 오라클, 액센추어 등에서도 제품관리자로 일했다. 그녀는 요가 교사이자 킥복싱 교사, 명상 수련자이다. 또 저소득 계층 고등학생들을 위한 멘토링 프로그램을 비영리로 운영하기도 한다.

주요 투자자

액셀 파트너스, ADK, 에어리스 홀딩, BDCA 벤처 어드바이저, 부르다 디지털 미디어, DAG 벤처스, Dentsu, 드레이퍼 피셔 저비슨, GLG 파트너스 LP, 인포메이션 캐피털, 미주호 캐피털, 닛케이BP, 쇼가쿠칸, 슈웨이사, 월든 벤처 캐피털 등.

WiFi伴侣

143. 와이파이마스터
Wifimaster

와이파이 핫스팟 무료연결 및 공유 플랫폼 업체

🏠 소비자 인터넷(모바일 소프트웨어)   🌐 중국 상하이   15 2013

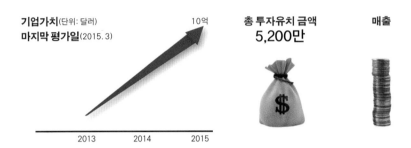

기업가치(단위: 달러)
마지막 평가일(2015. 3)   10억

총 투자유치 금액
5,200만

매출

2013   2014   2015

비즈니스 모델

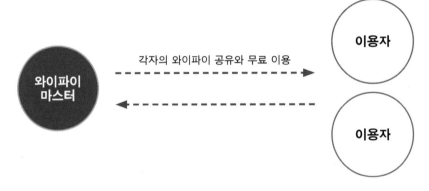

이용자

각자의 와이파이 공유와 무료 이용

와이파이
마스터

이용자

　와이파이 마스터키라는 앱을 운영한다. 이용자들이 각자의 와이파이를 공유하고 필요한 이용자가 근처의 와이파이를 무료로 이용할 수 있다. 아직 명확한 수익구조는 없다.

어떤 사업을 하는가

공유 와이파이 앱 제공업체. 사용자가 와이파이 핫스팟에 사용할 로그인 자격 증명을 크라우드소싱할 수 있게 해준다. 2016년 2월에는 iOS와 구글 플레이 합산 전 세계 상위 다운로드 10위권 내에서 5위로 급상승했다. 사실 와이파이 마스터키가 와이파이 공유 아이디어를 최초로 낸 것은 아니다. 이미 2009년에 프랑스 통신회사인 프리Free가 고객 네트워크 내에 대규모 와이파이 커뮤니티를 만들었다. 와이파이 마스터키가 모바일의 유비쿼터스 특성을 활용해 그 규모를 훨씬 더 키운 것이다.

와이파이 마스터키의 창업자인 다니안 첸Danian Chen은 한 매체와의 인터뷰에서 공유 경제는 전 세계적으로 자연스러운 흐름이고 그 중요성이 더욱 커질 것이라며 앞으로 전 세계 사용자들이 무료 인터넷을 보다 편리하게 이용할 수 있는 서비스 개발에 노력을 집중하겠다고 밝혔다. 중국에서는 복잡한 로그인 과정을 거치지 않고 편리하게 이용할 수 있다는 점 때문에 사용자가 폭발적으로 늘어나고 있다. 그러한 반응은 전 세계적으로 퍼지고 있다. 공식 해외 출시 후 단 6개월 만에 223개 국가에 진출하는 빠른 성장세를 이어갔다.

와이파이 마스터키 앱은 성숙 시장은 물론 개발 도상 국가에서도 엄청난 성공을 거두고 있다. 특히 브라질과 멕시코에서는 2016년 2월 6일부터 2월 29일까지 구글 플레이 다운로드 기준 10위권에 이름을 올릴 만큼 좋은 성과를 보이고 있다. 와이파이 마스터키는 2015년에 싱가포르에 지역 본부를 차리며 모바일 연결이 불안정하고 공유 앱에 대한 수용력이 우수한 신흥 시장에서 성공하기 위한 단계를 착실하게 준비하고 있다.

창업자는 누구인가

다니안 첸Danian Chen과 리 레이Li Lei가 공동 창업했다. 다니안 첸은 어릴 적 인터넷에 대해 배우게 된 것이 인생의 터닝포인트였다고 말한다. 프리웨어에 매료되어 첫 번째 프리웨어인 엔카운터ENCounter를 만들기도 했다. 21세의 나이

왼쪽부터 다니안 첸, 리 레이.

에 게임&엔터테이먼트 기업인 샨다그룹Shanda Group을 설립했고 2008년부터 2012년까지 COO의 자리에 있었다. 세상과 연결될 수 있는 혁신적인 온라인 공유 플랫폼을 만들고 싶어 와이파이 공유 앱 와이파이마스터를 만들어냈다고 한다.

주요 투자자

하이퉁 카이위안 인베스트먼트, 노던 라이트 벤처 캐피털 등.

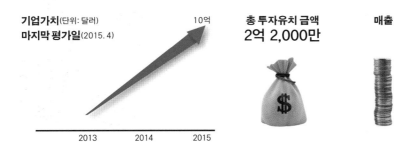

144. 판시 Panshi

중국의 중소기업 온라인 광고 게재 업체

🏠 소프트웨어(인터넷 광고) 🌐 중국 저장성 15 2004

기업가치(단위: 달러)
마지막 평가일(2015. 4)

10억

2013   2014   2015

총 투자유치 금액
2억 2,000만

매출

비즈니스 모델

광고주 → 의뢰비 → 판시 → 광고 노출 → 웹
광고주 ← 광고 게재 ← 판시

온라인 광고 플랫폼. 중국의 중소기업들이 인터넷을 통해서 소비자에게 정확하고 적절하게 광고할 수 있게 솔루션을 제공한다. 중소기업의 온라인 광고 게재 컨설팅 서비스를 중국에서 처음으로 시작했다.

어떤 사업을 하는가

중국 기업에 인터넷 광고 서비스를 제공한다. 서치 엔진 서비스, 네트워크 제휴 프로모션, 클라우드 기반의 네트워크 마케팅 포털 기능, 기업 메일링 서비스, 네트워크 마케팅, 통합인증 서비스 등을 제공한다. 또 대기업을 위한 솔루션도 제공한다. 예를 들어 아이디어 제안, 활동 프로모션, 온라인 홍보, 미디어 매수, 시장조사, 모니터링 보고서 같은 것들이다.

창업자는 누구인가

닝 티안Ning Tian은 중국 저장성 판시 회사의 회장이자 대표이사다. 2000년에 저장대학교를 졸업했다. 그는 그 후 저장성 청소년연합회 사무차장, 조달청 대대 부참모, 저장시 소프트웨어 사업가연합회 의원 등을 지냈다.

닝 티안 (출처 : 닝 티안)

1999년에 두 명의 동급생과 함께 저장대학교 판시 컴퓨터네트워크 기술회사를 창업했다. 당시 저장성 최초의 학생 소유의 회사였다. 이후 창업가정신을 가진 학생들에게 롤모델이 될 만한 성공 케이스로 자리 잡았다. 2004년 11월에 저장 판시 정보 기술회사를 창업했다. 판시는 매우 정교하게 타깃팅된 네트워크 마케팅 기술을 가진 온라인 광고회사로 자리 잡았다.

주요 투자자

팡 펀드 파트너스, 제이디 캐피털, 르펑 인베스트먼트, 상해연창투자관리공사, WI 하퍼그룹 등.

145. 어베스트 소프트웨어
Avast Software
PC&모바일 백신 소프트웨어 제공

🏠 소프트웨어(컴퓨터 보안) 🌐 체코 프라하 🏰 1988

기업가치(단위: 달러) 10억 10억 **총 투자유치 금액** **매출**
마지막 평가일(2014. 2) **1억**

2013 2014 2015

비즈니스 모델

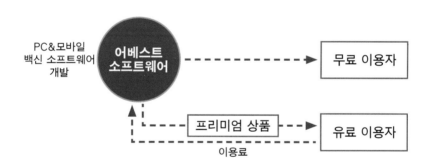

PC&모바일 백신 소프트웨어 개발 → 어베스트 소프트웨어 ---→ 무료 이용자

프리미엄 상품 ---→ 유료 이용자
이용료

　　PC와 모바일의 백신을 개발한다. 홈페이지를 통해서 무료로 공개하기도 하고, 여러 가지 백신과 컴퓨터 관리용 프리미엄 상품을 만들어 유료이용자에게는 이용료를 받고 판매한다.

왼쪽부터 빈센트 스테클러, 파벨 바우디스, 에두아드 쿠세라.

어떤 사업을 하는가

백신 소프트웨어 개발업체. 가정용, 교육용, 비즈니스용으로 나누어진 제품을 판매한다. 홈페이지에서 무료 버전을 배포하지만 이용 기간과 컴퓨터 대수에 따라 차등화한 프리미엄 월정액 상품 판매를 통해 수익을 낸다.

백신 소프트웨어 외에도 클라우드 백업 솔루션, 기업통신 서비스 등을 제공하는 상품도 판매한다. 어베스트 소프트웨어는 타사의 백신 프로그램보다 많은 기능을 제공한다고 밝힌다. 홈 네트워크 보안, 원치 않는 툴바나 확장 프로그램 제거, 원격지원, 올인원 검사, 가짜 금융사이트 확인 등의 부가적인 서비스가 함께 제공된다.

1988년 비엔나 바이러스를 퇴치한 최초의 백신을 만들어냈다. 컴퓨터 보안 분야의 저명한 기관의 VB100 어워드에서 모든 테스트 부문에서 수상했다. 보안 사업의 명성을 이어오며 아마존에서 보안 소프트웨어 판매 1위를 차지할 정도로 많은 고객을 확보하고 있다. 2014년에는 이용자 수 2억 3천만 명을 달성했다. 2014년부터 한국에서도 어베스트 코리아를 운영하고 있다.

창업자는 누구인가

빈센트 스테클러Vincent Steckler, 파벨 바우디스Pabel Baudis, 에두아드 쿠세라 Eduard Kucera가 공동 창업했다. 파벨 바우디스는 프라하 수리수학설비 연구소의 연구원이었다. 그는 비엔나 바이러스를 접하고 제거 프로그램을 만들었다. 비엔나 바이러스를 퇴치한 최초의 백신이었다. 이 프로그램을 동료인 에두아드 쿠세라에게 보여주었다. 그 후 두 사람은 1988년 ALWIL 소프트웨어 협동조합으로 시작해 컴퓨터를 보호하기 위한 백신을 만들기 시작했다.

당시만 해도 체코슬로바키아가 소련으로부터 독립하기 전이어서 억압적인 제도 때문에 회사 형태의 조직을 만들 수는 없었다. 1991년이 되어서야 협동조합에서 회사형태로 전환했다.

주요 투자자
CVC 캐피털 파트너스, 서미트 파트너스 등.

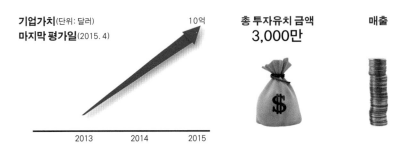

146. 판리 Fanli

중국 내 온라인 쇼핑몰들의 판매정보 취합 제공 업체

🏠 전자상거래　🌐 중국 상하이　📅 2006

기업가치(단위: 달러)
마지막 평가일(2015. 4)

10억

2013　　2014　　2015

총 투자유치 금액
3,000만

매출

비즈니스 모델

중국 내
온라인
쇼핑몰

경유 구매 수수료

판리

할인율과 적립금 등
판매정보 정리·제공

소비자

구매

중국 내 각종 온라인 쇼핑몰들의 할인율, 적립금 정보, 판매 정보 등을 정리하여 소비자에게 전달한다. 소비자가 판리의 정보를 보고 온라인 쇼핑몰에 들어가 구매를 하면 포인트를 제공해준다. 판리는 온라인쇼핑몰로부터 구매 건당 수수료를 받아 수익을 낸다.

어떤 사업을 하는가

중국 내 온라인 쇼핑몰들의 할인율이나 적립금 등의 판매 정보를 정리하여 일반 소비자에게 제공하는 사이트. 소비자와 B2C 사이트를 연결해주는 게이트

키퍼Gate Keeper와 같은 링크 서비스이다. 온라인 쇼핑몰은 소비자가 판리를 거쳐 제품을 구매하면 그에 대해 건당 3~8%의 수수료를 낸다. 일본의 대형 전자상거래 업체 라쿠텐이 약 10%의 지분을 소유

왼쪽부터 거용창, 게리 게. (출처 : 판리)

하고 있다. 판리는 중국 내에서 가장 큰 규모의 리베이트 사이트로 많은 이용자를 보유하고 있다. 라쿠텐의 투자는 중국 이커머스 시장으로의 진출 전략의 연장선으로 평가된다.

창업자는 누구인가

거용창Yongchang Geng과 게리 게Gary Ge가 공동 창업했다. 거용창은 상하이에서 1981년에 태어나 퉁지대 공정학과를 졸업하고 미국 소프트웨어 회사 팩텍Pactec 소프트에서 기술분야 업무를 담당했다. 그 후 회사의 업무조정에 따라 미국 네티즌에게 할인정보를 제공하는 웹사이트 운영을 담당하게 되었다. 그는 그때만 해도 그 일을 하는 게 따분하다고 생각했다. 미국시장에 대해 전혀 몰랐고 또 계속 기술 분야만 담당했기 때문이다. 하지만 그는 업무를 하면서 새로운 시장에 눈을 떴고 여러 대형 B2C 온라인매장의 마케팅 방식을 접하게 되었다.

그는 곧 온라인쇼핑을 자주 이용하는 미국 네티즌들이 팻월렛닷컴fatwallet.com 이라는 웹사이트를 매우 선호한다는 사실을 알게 되었다. 네티즌들은 이 사이트에 등록한 후 이 사이트와 합작관계에 있는 수백 개의 B2C 웹사이트에서 원하는 제품을 구입한다. 그럼 팻월렛fatwallet은 구입 금액의 일정 비율을 소비자들에게 수표로 되돌려 준다.

그는 이러한 방식이 판매자와 소비자 그리고 중개자에게 모두 이익을 가져

다준다는 것을 알게 되었다. 그리고 그런 방식이 아직 중국에 없다는 사실을 알고는 직장에 다니면서 한번 만들어보기로 했다. 그는 2006년 11월에 창업자금 10만 위안을 갖고 웹디자이너인 동료 개리 게Gary Ge와 함께 일주일 만에 사이트 등록을 하고 바로 웹사이트를 만들어냄으로써 판리닷컴을 만들었다. 그때 그의 나이가 만 26세였다. 그 후 몇 달도 안 돼 바로 흑자를 내기 시작했고 그는 다니던 회사에 사표를 내고 본격적으로 사업에 뛰어들었다. 판리닷컴은 2010년 B2C 온라인 쇼핑이 선풍적인 인기를 끌 때 폭발적인 성장을 했다.

주요 투자자

이그니션 파트너스, 라쿠텐 벤처스, SIG 아시아 인베스트먼트, 스팀보트 벤처스 등.

147. 포스카우트 ForeScout

네트워크 보안관리 자동화 플랫폼 제공업체

🏠 소프트웨어(네트워크 보안)　🌐 미국 캘리포니아　🏰15 2000

기업가치(단위: 달러)
마지막 평가일(2016. 1)

11억

2014　2015　2016. 1

총 투자유치 금액
1억 5,600만

매출
1억 2,500만

2015

비즈니스 모델

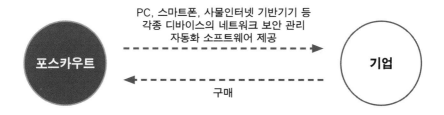

PC, 스마트폰, 사물인터넷 기반기기 등
각종 디바이스의 네트워크 보안 관리
자동화 소프트웨어 제공

포스카우트　　　　　　　　　　　기업

구매

　　기업 고객을 대상으로 PC, 스마트폰 등의 네트워크에 연결할 수 있는 기기들의 네트워크 보안을 관리하는 프로그램을 개발하여 판매한다.

어떤 사업을 하는가

　　기업고객을 대상으로 PC, 스마트폰, 사물인터넷 기반 디바이스 등 네트워크에 연결하여 이용하는 디바이스들과 관련된 네트워크보안을 관리하는 자동화된 플랫폼과 솔루션을 제공한다. 네트워크에 어느 디바이스가 실질적으로 얼마

왼쪽 위부터 오데드 코메이, 드로르 코메이, 히지 예스룬. 아래 왼쪽부터 도론 시크모니, 오리 나이쉬텐. 오데드 코메이와 드로르 코메이는 형제이다.

나 연결되어 있는지 확인하고 관리할 수 있다. 또한 연결 기기의 종류, 이용자, 연결 애플리케이션, 운영시스템에 대한 전반적인 정보를 모아 확인할 수 있다.

사물인터넷 산업이 주목받으면서 사물인터넷 보안 분야를 선도하는 기술력을 보유하고 있다. 포스카우트에 따르면 지난 몇 년간 꾸준히 50%대의 성장을 이어왔으며 2015년 매출은 1억 2,500만 달러였다. 지난 몇 년간 매년 50%의 성장을 했다고 밝혔다.

창업자는 누구인가

형 오데드 코메이Oded Comay와 동생 드로르 코메이Dror Comay는 이스라엘 텔아비브에서 태어나 텔아비브대에서 컴퓨터공학과 수학을 전공했다. 그들은 히지 예스룬Hezy Yeshurun 교수, 도론 시크모니Doron Shikmoni, 오리 나이쉬텐Ori Naishtein과 2000년에 네트워크 보안 회사 포스카우트를 공동 창업했다.

이스라엘은 창업국가로 유명하다. 포스카우트는 이스라엘에서 최초로 유니콘 클럽의 주인공이 되었다. 현재도 이스라엘 텔 아비브 북쪽에 150여 명의 직원을 고용하여 연구개발 사무실을 두고 있다. 본사는 미국 캘리포니아 캠프벨에 두고 대표이사로 전 맥프리사 대표이사였던 미국인 마이클 데세자르Michael DeCesare를 영입해 운영 중이다.

주요 투자자

액셀 파트너스, 아마데우스 캐피털 파트너스, 애스펙트 벤처스, BCS 인베스트먼트, 헤라클레스 테크놀러지 그로스 캐피털, 메리테크 캐피털 파트너스, 피탕고 벤처 캐피털, 웰링턴 매니지먼트 등.

148. 디엔핑 Dianping

맛집 평가 서비스 소셜 플랫폼

🏠 소비자 인터넷(리뷰 리스팅) 🌐 중국 상하이 📅15 2003

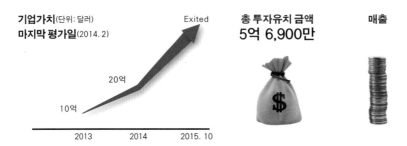

기업가치(단위: 달러)
마지막 평가일(2014. 2)

Exited

20억

10억

2013   2014   2015. 10

총 투자유치 금액
5억 6,900만

매출

비즈니스 모델

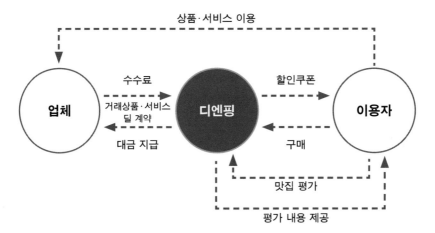

상품·서비스 이용

| 업체 | 수수료 | 디엔핑 | 할인쿠폰 | 이용자 |

거래상품·서비스
딜 계약

대금 지급

구매

맛집 평가

평가 내용 제공

　계약을 맺은 판매업체로부터 할인쿠폰이나 이용권을 거래해서 사이트를 통해 고객들에게 판매한다. 이용자들은 디엔핑 사이트를 통해 이용권을 구매하고, 업체에 가서 상품과 서비스를 이용한다. 이용 후 음식점에 대한 평가를 할 수 있고 다른 이용자들의 평가도 볼 수 있다.

왼쪽부터 장타오, 에드워드 롱. (출처 : 디엔핑)

어떤 사업을 하는가

소셜커머스 쿠폰과 연계한 맛집 평가 서비스 소셜플랫폼. 디엔핑大众评은 '대중이 평가한다'라는 뜻을 가진 중국 내 최대의 맛집 평가 사이트이다. 각종 음식점 업체들이 수수료를 지불하고 디엔핑과 상품이나 서비스 딜 계약을 맺고 디엔핑을 이용하는 일반 사용자들은 디엔핑을 통해 그 상품이나 서비스를 구매하고 각 업체를 통해서 상품과 서비스를 이용하는 O2O 플랫폼이다.

이용자들은 이용 후 디엔핑 사이트 내에 먹거리, 볼거리, 놀거리 등에 대한 평가를 매기고, 이렇게 매겨진 평가들은 또 다른 이용자들에게 공유된다. 디엔핑에서는 이 리뷰를 정리해 지역별 레스토랑 가이드 책으로 발행하기도 했다. 초창기에는 맛집 평가에만 주력했지만 점점 소셜커머스 방식의 데일리 딜daily deal 형식의 전자쿠폰을 발행하기 시작했다. 이것이 이용자들의 오프라인 단체 구매로 이어지면서 디엔핑은 성장을 거듭하게 된다.

2015년 10월 중국의 대형 소셜커머스 업체 메이투안Meituan과 합병하면서 여전히 비상장기업인 메이투안 디엔핑Meituan-dianping의 이름으로 각각의 서비스를 따로 운영하고 있다.

창업자는 누구인가

장타오Tao Zhang와 에드워드 롱Edward Long이 공동 창업했다.

주요 투자자 엑시콘

2015년 10월 중국 메이투안과 합병했다.

Fab. 149. 팝 Fab

종합 디자인상품 판매 온라인 쇼핑몰

🏠 전자상거래 🌐 미국 뉴욕 📅 2009

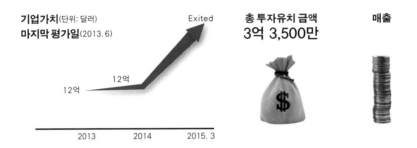

기업가치(단위: 달러)
마지막 평가일(2013. 6)

Exited

12억

12억

2013   2014   2015. 3

총 투자유치 금액
3억 3,500만

매출

비즈니스 모델

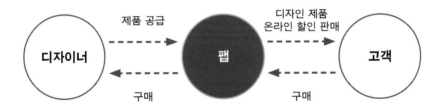

제품 공급

디자인 제품
온라인 할인 판매

디자이너 ----→ **팝** ----→ **고객**

구매   구매

디자이너로부터 독특한 디자인과 아이디어 제품을 구매하여 온라인 사이트를 통해서 고객에게 할인 판매한다.

어떤 사업을 하는가

팝은 온라인 종합 디자인 상품과 인테리어 소품을 한정된 기간 안에 할인된 가격으로 판매하는 온라인 쇼핑몰이다. '매일 추천' 시스템을 통해 독창적인 아이디어 상품을 할인판매하면서 인기를 얻고 성장했다. 10억 달러의 유니콘이 되긴 했지만 사이트 판매 구성의 변화가 잦았던 탓에 수익 예측의 어려움이 있

왼쪽부터 제이슨 골드버그, 브래드포드 쉐인 쉘해머, 니시스 샤, 수닐 케다, 디파 샤.

었다.

디자이너들의 주문생산 방식의 소량생산 제품을 단기간 반짝 세일로 판매할 때에는 사용자 수의 급증에 따른 물량의 증가를 감당하지 못했다. 그에 대한 대안으로 대규모 물류창고를 만든 후 대량구매와 대량판매 식으로 변경했다. 이 변화로 팹만의 독창성을 잃게 되어 고객이 줄었다. 독창성이 사라진 팹은 대규모 온라인 쇼핑몰과의 경쟁에서 살아남지 못하고 인수되었다.

창업자는 누구인가

제이슨 골드버그Jason Goldberg, 브래드포드 쉐인 쉘해머Bradford Shane Shellhammer, 니시스 샤Nishith Shah, 수닐 케다Sunil Khedar, 디파 샤Deepa Shah가 공동 창업했다. 제이슨 골드버그는 20세의 나이에 클린턴 정부의 일원으로 일했다. 2004년에는 구직자들에게 유명한 웹사이트인 잡스터닷컴Jobster.com을 운영하다가 매각했다. 2008년에는 소셜 뉴스 제공 웹사이트인 소셜메디안Socialmedian을 만들어 운영하다가 XING에 매각했다.

그 후 그는 파슨스 디자인 스쿨을 졸업한 공동 창업자 브래드포드 쉘해머Shellhammer와 함께 2010년에 Fabulis.com이라는 이름의 동성애자 소셜 네트워크 사업을 시작했다. 초기에는 속옷과 가구 정도를 팔았다. 하지만 사이트의 성장이 두드러지지 않아 다양한 상품을 시도해 보다가 아이디어가 돋보이는 각종 디자인 상품 판매 플랫폼 Fab.com으로 정착하게 된다. 2011년부터

2012년까지 패션 셀렙과 스타일리스트들이 디자인하고 엄선한 새로운 패션을 개인화하여 제공하며 빠르게 업데이트했다. 그렇게 하면서 독특하고 기발하고 창의적인 패션 큐레이션 강자로 주목받았다.

2013년에 텐센트와 안드레센 호로비츠 등으로부터 1,700억 원대의 투자를 받기도 했다. 하지만 그 시점에 경영진들은 핵심을 벗어나 무리한 확장과 방만한 경영을 하면서 불과 1년 만에 위기에 봉착했다. 그리고 결국 2015년 3월 PCH 인터내셔널에 매각됐다. 가격은 비공개였으나 1억 5,000만 달러에서 2억 5,000만 달러 사이로 추정된다.

주요 투자자 엑시콘
2015년 3월 PCH 인터내셔널이 인수.

GILT 150. 길트 그룹 Gilt Group

명품 패션브랜드 취급 회원제 인터넷 쇼핑몰

🏠 전자상거래(온라인 패션 소매) 🌐 미국 뉴욕 🏛 2007

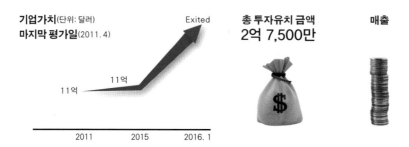

기업가치(단위: 달러)
마지막 평가일(2011. 4)

Exited

11억

11억

2011   2015   2016. 1

총 투자유치 금액
2억 7,500만

매출

비즈니스 모델

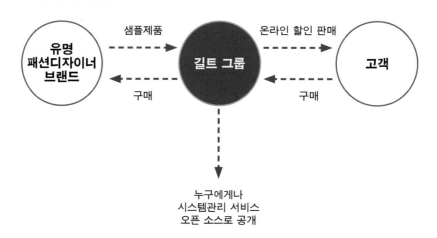

유명
패션디자이너
브랜드

샘플제품 →

← 구매

길트 그룹

온라인 할인 판매 →

← 구매

고객

↓

누구에게나
시스템관리 서비스
오픈 소스로 공개

유명 명품 브랜드의 샘플 제품을 구매하여 온라인 사이트를 통해서 고객에게
할인 판매한다. 시스템 관리 서비스를 누구나 이용할 수 있게 오픈 소스로 공개
하기도 한다.

어떤 사업을 하는가

미국의 '럭셔리계 아마존'으로 꼽히는 온라인 럭셔리 브랜드 쇼핑몰. 유명 명품 패션 브랜드의 샘플 제품을 할인 판매한다. 유명 명품 패션 브랜드 디자이너의 샘플 제품을 구매하여 회원들에게 단기간에 최고 70%까지 할인 판매하는 '반짝 세일(플래시 세일)' 형태의 온라인 쇼핑몰로 유명하다. 미국에서 플래시 세일 형태를 도입했던 초창기 기업으로 시장을 선도하며 크게 성장했다. 첫해에는 예상치의 7배 이상의 수익을 내기도 했다.

그 후 음식, 남성복, 여행 등의 카테고리별로 판매 사이트를 만드는 등 사업을 확장했다. 하지만 사업의 지나친 확장은 길트 그룹의 경쟁력을 약화시켰다. 2012년 초반부터 어려움이 드러났고 그 해에 직원의 10%를 해고하기도 했다. 결국 2011년 4월 기준 총 투자금액 2억 7,500만 달러로 가치를 11억 달러로 평가받았던 것이 최종 투자가 되었고 이후 인수되었다. 인수 가격은 투자받았던 총 금액에도 미치지 못했다. 2016년 1월 허드슨베이 컴퍼니Hudson's Bay Company가 2억 5,000만 달러로 인수했다.

창업자는 누구인가

알렉시스 메이뱅크Alexis Maybank, 알렉산드라 윌키스 윌슨Alexandra Wilkis Wilson, 케빈 라이언Kevin Ryan, 미셸 펠루소Michelle Peluso, 마이클 브리젝Michael Bryzek, 퐁 응웬Phong Nguyen이 공동 창업했다. 알렉시스 메이뱅크는 이베이에서 근무했고 알렉산드라 윌키스는 「루이뷔통」「불가리」에서 근무했다. 그 둘은 하버드 MBA 출신이면서 명품 애호가였다. 어느 날 그들은 뉴욕에서 샘플 세일을 사기 위해 줄서 있는 200여 명의 고객들을 보고 아이디어를 냈다고 한다. '길트'라는 이름은 '금장을 한Gilt'과 소비에 대한 '죄책감Guilt'의 이중적 의미를 염두에 뒀다고 한다.

처음 '길트닷컴'은 패션업계의 관계자로부터 추천을 받아야 회원 가입을 할 수 있었다. 지금은 폐지됐지만, 초대를 받아야만 가입할 수 있고 구매할 수 있다는 점은 새로운 쇼핑 문화를 형성하기에 충분한 조건이 됐다.

왼쪽 위부터 알렉시스 메이뱅크, 알렉산드라 윌키스 윌슨, 케빈 라이언, 미셸 펠루소, 마이클 브리젝, 퐁 응웬.

2012년 기준 직원 수 900명에 파크 애비뉴 남쪽에 넓고 근사한 사무실을 마련했다. 자체 재고를 보유한 전자상거래 업체 규모가 최대인 '아마존'에 이어 세계 2위를 기록하기도 했다. 회원 수가 500만 명을 넘고 하루 1만 개 이상의 상품을 발송하는 것으로 알려졌다.

주요 투자자 엑시콘

2016년 1월 허드슨베이 컴퍼니가 2억 5,000만 달러에 인수.

Good 🔒 # 151. 굿 테크놀러지

Good Technology

스마트폰 보안 솔루션 소프트웨어 제공

🏠 소프트웨어(모바일 보안) 🌐 미국 캘리포니아 15 1996

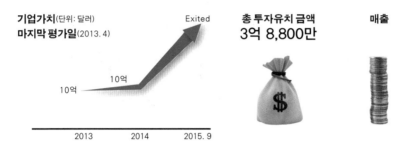

기업가치(단위: 달러)
마지막 평가일(2013. 4)

Exited

10억

10억

2013   2014   2015. 9

총 투자유치 금액
3억 8,800만

매출

비즈니스 모델

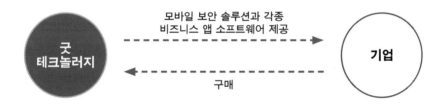

모바일 보안 솔루션과 각종
비즈니스 앱 소프트웨어 제공

굿
테크놀러지

기업

구매

　　기업 운영에 도움을 주는 모바일 기기 보안관리 프로그램과 회사 운영을 돕는 프로그램들을 개발하여 판매한다.

어떤 사업을 하는가

　　굿 테크놀러지는 기업고객을 대상으로 모바일 기기의 보안 솔루션을 제공하고 각종 비즈니스 애플리케이션 소프트웨어를 개발해 판매한다. 은행, 보험사, 헬스케어, 소매업, 정부 등의 여러 분야에 6,200만 곳 이상의 고객을 확보하고 있다. 2013년 4월을 마지막으로 총 3억8,800만 달러를 투자받았고 기업가

왼쪽부터 데이비드 호튼, 트래 바살로.

치 10억 달러로 평가받았다. 하지만 이후 추가적인 투자는 이루어지지 않았고 2015년 9월 블랙베리가 4억 2,500만 달러에 인수했다. 평가된 가치의 절반에 못 미치는 가격이었다.

창업자는 누구인가

데이비드 호튼David Whorton과 트래 바살로Trae Vassallo가 공동 창업했다. 비스토 자회사. 이메일 리더기 회사 스프링씽스SpringThings가 전신이다. 스프링씽스는 블랙베리와의 경쟁에서 지고 사업을 소프트웨어로 옮겼다. 2006년에 모토로라가 굿 테크놀러지를 사들였다. 그 후 2009년에 모토로라는 다시 굿 테크놀러지를 비스토Visto에 팔았다. 비스토는 굿 테크놀러지 회사의 이름을 그대로 유지했다. 또 같은 시기에 특허침해 합의로 블랙베리로부터 2억 6,000만 달러 이상을 투자받기도 했다.

한편 굿 테크놀러지는 '기업들이 자사 직원용 모바일 기기를 관리할 수 있도록 도와주는 것'이 소명임을 깨달았다. 이후 굿 테크놀러지는 벤처 캐피털에서 1억 4,600만 달러를 투자받았다. 그러나 모바일 기기가 기업에서 오히려 잘 알려지게 되면서 해당 시장은 빠르게 성숙기로 접어들었다. 굿 테크놀러지의 경쟁자들은 대규모 테크 업체인 SAP, IBM, 구글, VM웨어ᵥₘwₐᵣₑ 등에 의해 무너졌다. 이 분야에서 남아 있는 가장 큰 독립 경쟁자(경쟁업체)는 2014년 6월 상장한 모바일아이런MobileIron이다.

현재 굿 테크놀러지의 CEO는 크리스티 와이어트Christy Wyatt가 맡고 있다. 그녀는 15년 이상 하이테크 산업 및 기업에서 리더십을 발휘한 경험을 지닌 인정받는 기업가다. 그녀는 풍부한 경험을 바탕으로 세계적으로 알려진 글로벌 테크 기업들에서 중역을 지내며 그 이름을 알렸다. 모토로라 모바일 사업부의 전무이자 제너럴 매니저로 일했을 뿐 아니라 전자통신분야의 대표이기도 했다. 또 씨티 뱅크의 컨슈머 E-비즈니스 사업부와 모바일 테크놀러지 사업부의 글로벌 헤드를 역임했다.

주요 투자자 엑시콘

2015년 9월 블랙베리가 4억 2,500만 달러에 인수.

152. 레전더리 엔터테인먼트
Legendary Entertainment
할리우드 영화 제작사

🏠 엔터테인먼트&게임(영화)　🌐 미국 캘리포니아　🏰 2005

기업가치(단위: 달러)
마지막 평가일(2014. 9)

Exited

30억

30억

2014　　2015　　2016. 1

총 투자유치 금액
9억

매출

비즈니스 모델

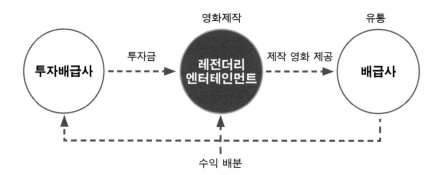

투자배급사　　투자금　→　레전더리 엔터테인먼트　　제작 영화 제공　→　배급사

영화제작　　　　　　유통

수익 배분

할리우드 영화제작사.

어떤 사업을 하는가

2000년에 토마스 툴Tomas Tull이 설립한 영화 제작사이다. 「쥬라기월드」 「다크나이트」 「고질라」 「인터스텔라」 등의 유명한 영화를 다량 제작했던 할리우드

유명 영화제작사이다. 캘리포니아 주 버뱅크에 본사를 두고 있다. 2005년부터 워너 브라더스와 계약을 맺어 영화를 제작하다가 2014년에 계약 만료로 유니 버설 스튜디오와 새로 계약을 맺어 제작하고 있다.

2009년에 게임 제작사인 레전더리 디지털 네트웍스Legendary Digital Networks를 설립했으며 2년 후 TV 시리즈 제작사인 레전더리 텔레비전Legendary Television과 레전더리 이스트Legendary East를 설립해 아시아 시장까지 진출했다. 그동안 할리 우드 메이저 제작사 중 중국시장 공략에 가장 적극적이기도 했다. 2013년에는 중국영화그룹과 함께 합작 영화사 레전더리 이스트를 중국에 설립했고 영화를 제작 중이다.

2016년 1월에 중국 완다그룹이 35억 달러에 인수함에 따라서 레전더리 픽 처스에서 레전더리 엔터테인먼트로 사명을 변경했다. 현재까지 중국 기업의 해 외 최대 문화분야 인수 건으로 기록되고 있다. 완다그룹이 인수한 후에도 경영 은 CEO 토머스 털이 계속 맡는다. 완다그룹은 2012년 미국 2위의 영화배급사 인 AMC 홀딩스를 인수했던 경험이 있다. 레전더리 엔터테인먼트 인수는 제작 에서 배급, 상영까지 중국 자본의 글로벌 영화산업에 대한 영향력이 갈수록 확 대될 것이라는 전망을 가능하게 한다.

완다 그룹의 왕젠린王健林 회장은 "레전더리 픽처스 인수로 완다 필름은 세계 최고 수입 영화사로 등극했다."며 "앞으로 레전더리 픽처스에게 더 큰 시장, 특 히 급속하게 성장하는 중국 영화시장 기회를 제공해 레전더리 픽처스가 고속 성장할 수 있도록 할 것"이라고 밝혔다.

창업자는 누구인가

토마스 툴Thomas Tull은 1970년에 치위생사 어머니의 아들로 태어나 뉴욕에서 자랐다. 야구와 미식축구에 소질을 보여 미식축구 장학생으로 고교생활을 마쳤 다. 1992년 해밀턴 칼리지를 졸업한 뒤, 법관이 되려던 계획을 포기하고 사업의 길로 들어서 세탁소 체인사업을 했다. 이후 투자금융 분야로 이적해 몇 개의 회계사무소의 매입매각에 관여했다. 이어 사모펀드 분야에서 코벡스 그룹의 회장직까지 올랐다.

어느 날 그의 회사가 엔터테인먼트 분야에 투자하게 되었고 이에 엔터테인먼트 업계에 대해 배우기 시작했다. 그는 사모펀드 측면에서 영화제작사의 가치를 알아낸 뒤 코벡스를 그만두고 6억 달러의 자금을 유치해 레전더리 픽처스라는 이름으로 영화사업을 시작한다. 2005년에 워너브러더스사와 제휴를 맺고 영화 제작사업을 시작했다.

토마스 툴

주요 투자자 엑시콘

2016년 1월 중국 완다그룹이 35억 달러에 인수.

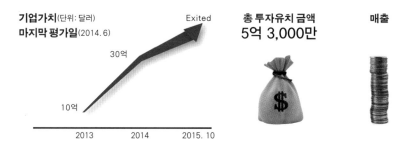

PURESTORAGE

153. 퓨어 스토리지

Pure Storage

기업용 플래시 스토리지 제공 업체

🏠 소프트웨어(플래시 저장)　🌐 미국 캘리포니아　🗓 2009

기업가치(단위: 달러)
마지막 평가일(2014. 6)

Exited

30억

10억

2013　　　2014　　　2015. 10

총 투자유치 금액
5억 3,000만

$

매출

비즈니스 모델

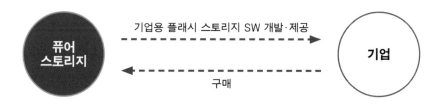

퓨어
스토리지

기업용 플래시 스토리지 SW 개발·제공 →

← 구매

기업

기업 고객을 대상으로 데이터를 저장할 수 있는 스토리지를 제공한다.

어떤 사업을 하는가

퓨어 스토리지는 기업 고객을 대상으로 컴퓨터 데이터 저장장치인 하드디스크를 대신하여 모든 정보를 플래시에서 불러오는 올 플래시 스토리지를 개발해 판매한다. 퓨어 스토리지는 미국의 IT, 통신, 테크놀러지 부문 시장조사 및 컨설팅 기관인 IDCInternational Data Corporation에서 발표한 '2015-2016년 글로벌 올 플래시 어레이 벤더 분석'에서 올 플래시 어레이 시장 리더로 선정되기도 했다.

IDC는 "퓨어 스토리지는 가성비를 높이는 포괄적인 기능과 기술의 발전 수준과 관계없이 유연하게 실행되는 업그레이드로 업계에서 인정받고 있는 동시에 순추천고객지수NPS에서 IT 기업 중 최고인 79점을 기록하는 등 높은 수준의 고객 만족을 유지하고 있다."고 밝혔다. 한국에서도 2013년부터 퓨어스토리지 코리아가 사업을 시작했다. 2015년 10월 뉴욕증권거래소NYSE에 상장했고 당시 시가총액은 상장 전 평가받은 최종 평가가치보다 약간 낮은 29억 달러였다. 2016년 2월 말 기준 시가총액은 28억 달러이다.

창업자는 누구인가

존 콜그로브John Colgrove, 존 헤이즈John Hayes, 스콧 디첸Scott Dietzen가 공동 창업했다. 존 콜그로브는 미국 뉴저지 주의 럿거스대를 졸업했다. 베리타스 소프트웨어의 창립 엔지니어로 데이터센터 관리 그룹에서 펠로우 겸 수석 기술 책임자로 시작했다. 베리타스 소프트웨어는 시만텍에 인수합병됐다. 그는 그곳에서 20여 년간 재직했는데 큰 성공을 거둔 베리타스 볼륨 매니저VxVM와 베리타스 파일 시스템VxFS의 핵심 아키텍트였다.

그 후 그는 개인적인 관심사를 추구하기 위해 2008년 시만텍을 퇴사한 뒤 서터 힐 벤처스Sutter Hill Ventures에 예비 창업자로 입사했다. 바로 그곳에서 그는 기업들의 솔리드 스테이트 스토리지 수용이 증가하고 있다는 사실을 알게 됐다. 그리고 이 새로운 기술의 장점을 십분 활용하겠다는 목표를 가지고 존 헤이즈와 퓨어스토리지를 공동 창업하였다.

존 헤이즈는 대학에서 컴퓨터 및 시스템엔지니어링을 전공하고 빅스Bix에서 창립 엔지니어로 근무했다. 그러던 중 빅스가 인수되어 야후에 입사했고 야후에서 CTO로 재직하기도 했다.

스콧 디첸은 이메일과 협업 소프트웨어 기업 짐브라Zimbra의 대표 겸 최고 기술책임자CTO로 일했다. 그 회사가 야후에 인수되자 야후의 부사장으로 일했다. 그 후 야후가 사업 조정을 위해 짐브라를 매각하자 그만두고 나와 클라우드

왼쪽부터 존 콜그로브, 존 헤이즈, 스콧 디첸. (출처 : 퓨어 스토리지)

컴퓨팅 기술업체 클라우데라Cloudera 이사로 재직했다. 그러던 중 그의 능력을 눈여겨본 벤처 투자자가 큰 성장이 예상되는 퓨어스토리지의 CEO로 추천해 2010년 9월부터 CEO를 맡고 있다.

주요 투자자 엑시콘

2015년 10월 뉴욕증권거래소에 기업가치 29억 달러로 상장.

☐ Square 154. 스퀘어 Square

신용카드 리더기를 통한 모바일 결제서비스 제공

🏠 금융 서비스(모바일 결제)   🌐 미국 캘리포니아   📅 2009

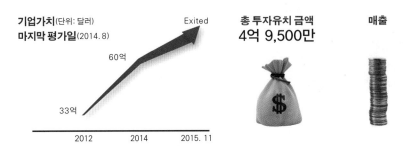

기업가치(단위: 달러)
마지막 평가일(2014. 8)

Exited

60억

33억

2012   2014   2015. 11

총 투자유치 금액
4억 9,500만

매출

비즈니스 모델

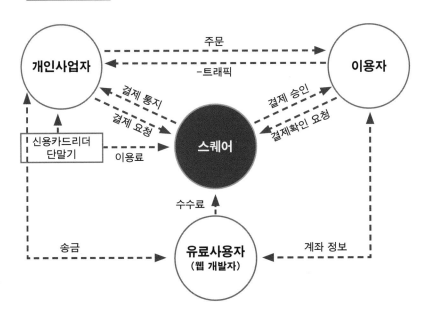

작은 신용카드 리더 단말기를 생산하여 개인 사업자들에게 판매한다. 사업자들의 제품이나 서비스를 이용한 고객들이 그 단말기를 이용해 카드결제를 할 수 있다. 결제 수수료가 스퀘어의 수익원이 된다.

어떤 사업을 하는가

소형 신용카드 리더기를 통한 모바일 결제 서비스를 제공한다. 스퀘어는 스마트폰이나 태블릿PC의 이어폰 단자에 꽂아 이용할 수 있는 네모난 작은 신용카드 리더기를 처음으로 시장에 선보였다. 이 단말기는 카드의 자기신호를 오디오 잭을 통해 데이터로 변환시킨다. 단말기 자체는 10달러 정도로 저렴한 가격에 판매하며 일부 지역에서는 무료로 받을 수도 있다.

그 편리함과 저렴함 덕에 소상공인에게서 많은 인기를 얻었다. 기존 신용카드를 그대로 사용할 수 있는 편리함 때문에 이용자 수가 늘어난 측면도 있다.

협력 소상공인들과 카드사와 은행으로부터 얻는 수수료가 수익이 된다. 이후 스퀘어는 아이패드와 같은 태블릿PC를 POS 기기로 이용할 수 있는 스퀘어 스탠드Square Stand, 온라인 몰을 개설하고 물건을 판매할 수 있는 마켓플레이스를 제공하는 스퀘어 마켓Square Market, 전자지갑 서비스인 스퀘어 월렛Square Wallet 등의 추가적인 서비스를 시작했다. 2015년 11월 나스닥에 상장했다. 당시 시가총액은 최종 평가가치보다 1억 달러 떨어진 29억 달러였다. 2016년 2월 말 기준 시가총액은 35억 달러이다.

창업자는 누구인가

잭 도시Jack Dorsey와 짐 맥켈비Jim McKelvey가 공동 창업했다. 짐 맥켈비는 1965년에 태어나 1991년에 소프트웨어업체인 미라 디지털 퍼블리싱Mira Digital Publishing을 창업했다. 당시 잭 도시는 그 회사에서 15세의 나이에 인턴으로 일하고 있었다. 두 사람은 2008년에 다시 만나게 되는데 당시 잭 도시는 트위터를 창업하고 CEO로 있다가 CEO가 에반 윌리엄스Evan Williams로 바뀌면서 고향에

왼쪽부터 잭 도시, 짐 맥켈비. (출처 : 유튜브 캡처)

내려온 상태였다. 그때 그는 10대 때 만났던 고향 형인 맥켈비를 찾아갔다.

당시 맥켈비는 유리 공예 작업을 하면서 스튜디오를 운영하고 있었다. 그곳에서 두 사람은 이런저런 이야기를 나누었다. 그러던 중 맥켈비가 카드결제 시스템이 없어서 3,000달러를 벌지 못한 일을 이야기했다. 그러자 잭 도시가 그 문제를 풀어보자고 제안했다. 그렇게 두 사람은 모바일 결제 시스템 개발 회사를 2009년에 창업하게 된다. 맥켈비가 하드웨어 개발을 맡고 잭 도시가 소프트웨어 개발을 맡았다. 2010년부터 본격적으로 모바일 결제 시장에 뛰어들었다.

잭 도시는 "스퀘어 운영하면서 가장 중요하게 생각한 것은 서비스와 소프트웨어를 매우 직관적이고 쉽게 만드는 것이었다"면서 "고객이 상품을 개봉하자마자 사용법을 바로 이해할 수 있도록 신경 썼다"고 말했다. 미국 경제 매체 『비즈니스 인사이더』는 "스퀘어 같은 소프트웨어 업체들이 소비자 행동을 데이터로 파악할 수 있어 때문에 모바일 결제시장에서도 유리한 고지를 선점할 수 있을 것"이라고 전망했다.

주요 투자자 엑시콘

2015년 11월 나스닥에 기업가치 29억 달러로 상장.

sunrun 155. 선런 Sunrun

주택용 태양광전지 대여 및 토털 솔루션 제공

🏠 에너지(태양열)　🌐 미국 캘리포니아　📅 2007

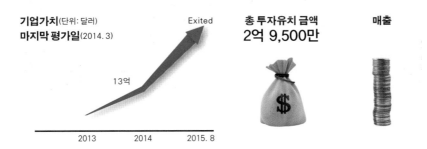

기업가치(단위: 달러)
마지막 평가일(2014. 3)

Exited

13억

2013　2014　2015. 8

총 투자유치 금액
2억 9,500만

매출

비즈니스 모델

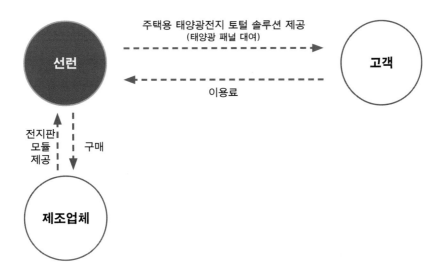

선런

주택용 태양광전지 토털 솔루션 제공
(태양광 패널 대여)

이용료

고객

전지판
모듈
제공

구매

제조업체

　태양광 판넬을 구매하여 고객에게 패널을 대여해주고 관리해준다. 고객은 전기료 대신 태양광 판넬 이용료를 매달 낸다.

왼쪽부터 에드워드 펜스터, 린 주리치, 냇 크리머.

어떤 사업을 하는가

주택용 태양에너지 이용에 관심이 있는 고객들은 인터넷 홈페이지나 전화 등
을 통해 무료로 견적 신청을 할 수 있다. 선런에서는 상담 후 신청한 집의 적합성
을 판단하고, 현재 상태와 요금 절약 목표에 맞추어 견적과 일정을 맞춘다. 각 신
청자의 집에 최적화하여 태양광 패널을 구매하거나 대여하는 등 조건에 맞춰
시스템을 조절하고 전반적인 관리를 제공한다. 고객들이 내는 이용료가 선런의
주 수입원이고, 선런의 시스템을 이용하는 고객들은 기존에 내던 전기료보다
20% 정도를 절약할 수 있다.

2015년 8월 나스닥에 상장했고 당시 시가총액은 최종 평가가치보다 1억 달
러 높은 14억 달러였다. 2016년 2월 말 기준 시가총액은 6억 달러이다.

창업자는 누구인가

린 주리치Lynn Jurich, 에드워드 펜스터Edward Fenster, 냇 크리머Nat Kreamer가 공동
창업했다. 린 주리치는 1979년에 태어나 스탠퍼드대에서 과학, 기술, 사회학 학
사 학위를 받았고 비즈니스 스쿨을 나왔다. 선런 창업 전에는 벤처 투자회사 서

미트파트너스에서 일했다. 2007년 스탠퍼드대 비즈니스 스쿨 재학 중 만난 학과 친구이자 공동 창업자 에드워드 펜스터Edward Fenster와 함께 일반주택 태양광 사업을 준비해 선런을 창업했다. 2008년 대학원 졸업과 함께 US뱅크로부터 자금을 지원받으며 태양광 전지판 대여 사업을 시작했다. 2009년『포천』선정 가장 영향력 있는 여성 기업가 중 한 명으로 선정됐다.

주요 투자자 엑시콘

2015년 8월 나스닥에 기업가치 14억 달러로 상장.

156. 쇼피파이 Shopify

클라우드 기반 온라인 쇼핑몰 제작 툴 제공

🏠 소프트웨어(버티컬 마켓 소프트웨어) 🌐 캐나다 오타와 📅 2006

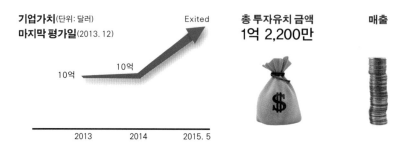

기업가치(단위: 달러)
마지막 평가일(2013. 12)

Exited

10억

10억

2013   2014   2015. 5

총 투자유치 금액
1억 2,200만

매출

비즈니스 모델

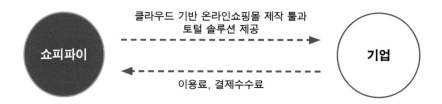

쇼피파이

클라우드 기반 온라인쇼핑몰 제작 툴과
토털 솔루션 제공

이용료, 결제수수료

기업

인터넷 쇼핑몰을 만드는 사업자에게 쉽게 인터넷 쇼핑몰을 만들 수 있는 프로그램을 판매하고 관리를 해준다. 고객들은 월별 이용료를 내고 물품이 거래되면 거래 시 수수료를 쇼피파이에게 지불한다.

어떤 사업을 하는가

고객사가 온라인 쇼핑몰을 쉽게 만들 수 있도록 도메인 등록과 쇼핑카트 시스템, 결제시스템, 시스템 보안 등 전자상거래 웹사이트 제작 툴과 솔루션을 제공한다. 웹사이트 관리에 어려움을 겪는 사업자도 쇼피파이를 이용하면 상품 제작과 판매에만 집중할 수 있다. 쇼피파이의 고객사로는 제네럴 일렉트릭, 국제 앰네스티, 테슬라 모터스 등을 비롯하여 약 10만 곳 정도이며 사업 분야도 다양하다.

고객사에게 24시간 기술지원 상담을 전화나 라이브 채팅으로 제공하기도 한다. 또한 쇼피파이가 제공하는 서비스에는 검색엔진에 사이트와 상품이 잘 검색되도록 하는 검색엔진 최적화(SEO, Search Engine Optimization) 기능이 있어 판촉을 위한 마케팅 툴도 제공 가능하다. 쇼피파이를 이용하는 고객사들은 각 회사가 이용하는 베이직Basic, 프로페셔널Professional, 언리미티드Unlimited 서비스 등급에 맞게 월 이용료를 내고 물품 거래 시 결제 수수료를 낸다.

2015년 5월 뉴욕증권거래소와 캐나다 토론토증권거래소TSX에 상장했다. 상장 당시 시가총액은 12억 6,000만 달러로 최종 평가가치였던 10억 달러보다 높았다. 2016년 2월 말 기준 시가총액은 13억 달러이다.

창업자는 누구인가

토비아스 루이트케Tobias Lutke, 다니엘 웨이난트Daniel Weinand, 스콧 레이크Scott Lake가 공동 창업했다. 토비아스 루이트케는 캐나다 오타와에 본사를 둔 전자상거래 회사 쇼피파이의 창업자 겸 대표이사이다. 6세 때 부모님으로부터 8비트짜리 가정용 컴퓨터였던 코모도르Commodore 64를 선물 받은 후로 컴퓨터에 관심을 두게 됐다. 12세 때 자신이 하던 게임들의 코드를 고쳐 게임을 즐기기도 했고 자기 컴퓨터의 부품을 재조립해 쓰기도 했다. 17세의 나이에 학교를 자퇴한 뒤 코-블렌저 보그Ko-blenzer BOG라는 곳에서 견습생 프로그램을 수강해 컴퓨터 프로그래머가 되기 위한 교육을 받았다.

2002년에 독일에서 캐나다로 이주한 뒤 친구인 다니엘 웨이난트, 스콧 레이크와 함께 자신의 집 차고에서 온라인 스노보드 가게를 열었다. 하지만 그는 당시의 전자상거래 플랫폼에 불편함을 느껴 루비온레일Ruby on Rails이라는 오픈소스 프레임워크를 이용해 자신들만의 전자상거래 플랫폼을 만들어 2006년에

왼쪽부터 토비아스 루이트케, 다니엘 웨이난트, 스콧 레이크. (출처 : 쇼피파이)

제품을 출시했다. 2012년에 각종 창업 관련 잡지에 '올해의 CEO'로 선정되는 등 인정을 받기 시작했고 2015년에는 15만 명 이상의 소매상들이 쇼피파이 플랫폼을 애용하게 되었다.

다니엘 웨이난트는 독일 중앙부 라인 지방 도시에서 자랐다. 음악적 재능을 타고나 베를린의 예술 고등학교에서 작곡을 배울 생각이었다. 하지만 결국 독일의 공업도시 도르트문트에서 컴퓨터 사이언스를 배웠다. 도르트문트에서 5년간 배우고 하겐 대학에서 연구 조수로서 3년간 자바 프로그래밍을 경험했다.

주요 투자자 엑시콘

2015년 5월 뉴욕증권거래소와 토론토증권거래소에 기업가치 12억 6,000만 달러로 동시 상장.

157. 비츠 일렉트로닉스
Beats Electronics
헤드폰, 이어폰, 스피커 등의 오디오기기 개발 및 판매

🏠 하드웨어(음악 오디오) 🌐 미국 캘리포니아 🔢 2005

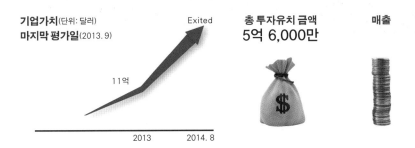

기업가치(단위: 달러)
마지막 평가일(2013. 9)

Exited

11억

2013   2014. 8

총 투자유치 금액
5억 6,000만

매출

비즈니스 모델

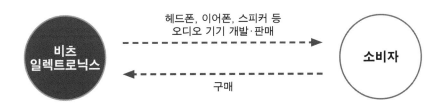

헤드폰, 이어폰, 스피커 등
오디오 기기 개발·판매

비츠
일렉트로닉스

구매

소비자

헤드폰과 이어폰, 스피커 등의 음향기기를 만들어 온라인과 오프라인상으로
고객들에게 판매한다.

어떤 사업을 하는가

'닥터드레 헤드폰'으로 유명한 고음질의 헤드폰, 이어폰, 스피커를 제작하고
판매한다. 크라이슬러, 피아트, HP, HTC, 현대자동차 등의 협력사의 제품에 비
츠 오디오를 탑재하여 출시하기도 했다. 이중 HTC는 2011년 비츠 일렉트로닉
스에 약 3억 달러를 투자하고 51% 인수했다. 투자 이후 HTC는 비츠Beats 이어

왼쪽부터 지미 이오바인, 닥터 드레. (출처: 비츠뮤직)

폰을 함께 제공하여 음악 감상에 특화된 리자운드Rezound라는 스마트폰을 출시
했다. 하지만 시장에서의 반응이 좋지 않았고 HTC의 상황이 악화되면서 가지
고 있던 비츠 일렉트로닉스의 지분을 모두 매각했다.

이후 비츠 일렉트로닉스는 2013년 9월 칼라일 그룹으로부터 5억 달러를 투
자받으며 11억 달러 가치의 유니콘이 되었다. 2014년 8월 애플이 30억 달러로
인수했다. 비츠 일렉트로닉스의 최종 평가가치였던 11억 달러보다 19억 달러
높았다. 인수 당시 지미 이오바인은 애플의 경영진에 합류했다. 닥터 드레와 지
미 이오바인의 음악 스트리밍 웹사이트 비츠 뮤직Beats Music도 함께 인수되면서
비츠 일렉트로닉스의 인수는 애플의 음악 서비스 및 유통 측면의 강화를 예상
케 했다.

창업자는 누구인가

미국의 전설적 래퍼이자 프로듀서인 닥터 드레Dr. Dre와 인터스코프 레코드의
회장 지미 이오바인Jimmy Iovince이 고음질의 음향기기를 직접 만들고자 설립했다.

주요 투자자 엑시콘

2014년 8월 애플이 30억 달러에 인수.

box 158. 박스 Box

온라인 클라우드 스토리지 서비스 제공 업체

🏠 소프트웨어(클라우드 저장)　🌐 미국 캘리포니아　📅 2005

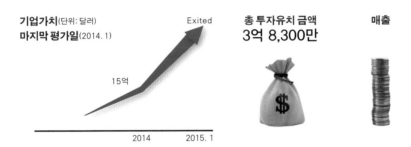

기업가치(단위: 달러)
마지막 평가일(2014. 1)

Exited

15억

2014　2015. 1

총 투자유치 금액
3억 8,300만

매출

비즈니스 모델

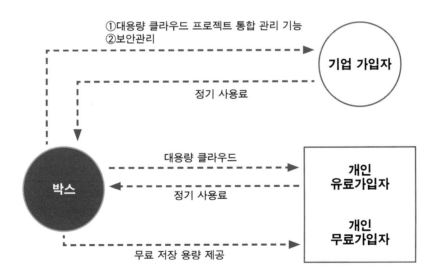

①대용량 클라우드 프로젝트 통합 관리 기능
②보안관리

기업 가입자

정기 사용료

대용량 클라우드

박스

정기 사용료

개인
유료가입자

개인
무료가입자

무료 저장 용량 제공

　가상 저장 공간인 클라우드를 고객에게 판매한다. 이용자들은 월별 이용료를 내고 각종 파일, 동영상, 음악 파일 등을 저장해 둘 수 있다. 기업고객에게는 추가 금액을 받고 저장 공간을 이용해서 진행하는 프로젝트의 협업을 관리하거나 보안을 관리해주는 서비스를 제공하기도 한다.

어떤 사업을 하는가

기업용 드롭박스. 기업 및 개인에게 저장공간인 클라우드 스토리지를 제공한다. 다양한 앱에서 사용이 가능하고 미디어 파일이나 폴더에 대해서 위젯을 설정해서 다른 웹페이지에 붙일 수 있는 특징이 있다. 주 수익원은 고객의 이용료이며 가격에 따라 차등 적용되는 다양한 옵션을 제공한다. 기본 사용자에게는 무료로 10기가바이트GB의 스토리지 공간을 제공하며 한 파일의 최대 업로드 크기는 250메가바이트MB로 제한한다.

무료이용자에게는 avi 등의 일부 파일형식의 스트리밍을 제한한다. '스타터Starter' 서비스는 1인당 매월 5달러에 100기가바이트의 스토리지를 제공하며 파일 업로드 크기는 최대 2기가바이트, 가입인원은 최대 10명까지이다. 비즈니스 계정은 1인당 매월 15달러의 비용으로 스토리지 공간을 무료로 이용할 수 있으며 파일 업로드는 최대 5기가바이트까지 가능하다.

기업고객들에게는 팀 단위 및 비즈니스를 대상으로 프로젝트 통합 관리 기능이나 보안관리를 함께 제공하는 기업용 맞춤 설계로 가격을 조정한다. 2015년 6월 나스닥에 상장했다. 상장 당시 시가총액은 27억 달러로 최종 평가가치보다 12억 달러 높았다. 2016년 2월 말 기준 시가총액은 14억 달러이다.

창업자는 누구인가

경영대학 1학년이던 아론 레비Aaron Levie는 될 만한 사업거리를 찾아오라는 과제를 받고 하드디스크가 사라진 컴퓨터를 떠올렸다. 대학교를 중퇴한 후 클라우드 저장 서비스라는 아이디어로 친구 딜란 스미스Dylan Smith, 카렌 애플레튼Karen Apleton과 함께 20세의 나이로 박스를 창업했다.

왼쪽부터 딜란 스미스, 아론 레비, 카렌 애플레톤. (출처 : 박스)

주요 투자자 엑시콘

2015년 1월 나스닥에 기업가치 27억 달러로 상장.

Quotient 159. 쿠폰스닷컴

Coupons.com

온라인 할인쿠폰 제공 사이트

🏠 전자상거래(온라인 거래) 🌐 미국 캘리포니아 🏰 15 1998

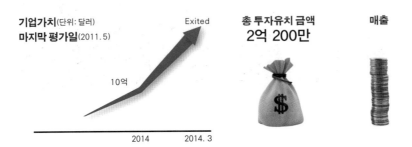

기업가치(단위: 달러)
마지막 평가일(2011. 5)

10억

Exited

2014   2014. 3

총 투자유치 금액
2억 200만

매출

비즈니스 모델

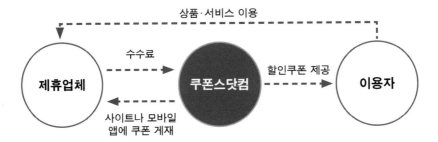

상품·서비스 이용

제휴업체 —— 수수료 →→ 쿠폰스닷컴 —— 할인쿠폰 제공 →→ 이용자

사이트나 모바일
앱에 쿠폰 게재

제휴를 맺은 제품 생산업체나 소매업자들의 판매상품에 대한 할인 쿠폰을 모아서 사이트에서 개인 소비자들에게 무료로 제공한다. 이용 고객들은 쿠폰스닷컴에서 할인쿠폰을 다운받아서 해당 매장에서 직접 매장에서 쿠폰을 이용해 할인을 받는다.

어떤 사업을 하는가

제품 생산업체나 소매업자와의 제휴를 통해 온라인, 소셜, 모바일쿠폰 등을 포함해 프린트 가능한 디지털 할인쿠폰을 모아서 개인 소비자들에게 무료로 제공하는 사이트이다. 쿠폰스닷컴을 통해서 상품 판매가 이루어지는 것은 아니며 온오프라인 쇼핑몰에서 이용할 수 있는 쿠폰만을 제공한다. 2,000개 이상의 브랜드와 6만 4,000개 이상의 소매업자와 제휴를 맺고 있다.

2015년 8월부터 기업명을 쿼티엔트 테크놀러지Quotient Technology로 변경했다. 쿠폰스닷컴Coupons.com이라는 쿠폰제공 사이트는 그대로 운영하면서 쿼티엔트 테크놀러지에서는 소매업자나 제품 생산업체들을 대상으로 하는 쿠폰 타겟팅, 분석 플랫폼 리테일러iQ라는 새로운 비즈니스를 시작했다. 웹사이트나 모바일 기기, 소셜미디어를 통해서 쿠폰을 유통하고 비즈니스에 이용하기 위한 솔루션을 제공한다. 2014년 3월 뉴욕증권거래소에 상장했다. 상장 당시 시가총액은 12억 달러로 최종 평가가치보다 2억 달러 높았다. 2016년 2월 말 기준 시가총액은 8억 달러이다.

창업자는 누구인가

스티븐 보울Steven Boal과 미셸 보울Michele Boal이 공동 창업했다. 두 사람은 부부이다. 스티븐 보울의 쿠폰스닷컴 창업 전 월스트리트에서 금융 기술 분야에서 오래 일했다. 그는 시카고에 있는 옵션상품 분석회사인 오프트엣지OptEdge의 사장을 지냈고 J. P. 모건에서 글로벌 신흥시장 파생상품부문 부사장을 지냈다. 이후 실리콘밸리의 금융소프트웨어 회사인 인테그럴 디벨로프먼트 코퍼레이션 Integral Development Corporation의 부사장을 지냈다.

스티븐 보울은 원래는 '쿠폰 모으기 따위'에는 전혀 관심이 없었다. 그런데 어느 날 장인의 집에 놀러 갔는데 장인이 일요판 신문의 쿠폰 섹션을 오리고 있는 것을 보았다고 한다. 장인에게 그런 걸 모으는 게 도움이 되느냐 물었고 약간의 언쟁 끝에 장인은 그동안 모았던 한 박스 분량의 쿠폰들을 보여주며 이것이 검

왼쪽부터 미셸 보울, 스티븐 보울. 두 사람은 부부이다.

소하게 사는 법이라고 충고했다고 한다. 그 일 이후 그는 인터넷으로 쿠폰 산업에 대해 검색해 봤고 당시 650만 달러 규모가 된다는 것에 신선한 충격을 받았다고 한다. 수요는 꾸준한 데 비해 쿠폰을 다루는 방식은 30년 내내 전통적인 종이 쿠폰을 오려가 바코드를 읽히는 불편한 방식임을 발견하고 쿠폰을 온라인 시장으로 옮기면 좋겠다는 생각을 하게 됐다고 한다.

아내인 미셸 보울은 수년간의 마케팅 및 홍보업무 이력을 지니고 있었고 가정주부들의 쿠폰 소비성향을 잘 알고 있었기에 그는 아내를 설득해 창업동지가 되었다. 이후 전 직장 동료였던 마이크 월시Mike Walsh에게 연락해 새 사업 모델을 설명하고 첫 직원으로 채용해 사업을 시작했다.

닷컴 붐이 일어나기 시작하던 1998년에 창업해 닷컴 버블이 붕괴되던 2000년대 초반에는 식료품 및 건강미용 중심의 디지털쿠폰에 집중함으로써 살아남았다. 델몬트, 캠벨, 월그린 등 대형업체를 포함해 2,000여 업체와 제휴를 맺음으로써 이후 빠른 성장을 구가했다.

주요 투자자 엑시콘

2014년 뉴욕증권거래소에 기업가치 12억 달러로 상장.

160. 피스커 오토모티브
Fisker Automotive
하이브리드 친환경 자동차 제조업체

🏠 에너지(자동차)　🌐 미국 캘리포니아　📅 2007

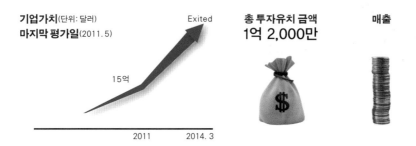

기업가치(단위: 달러)
마지막 평가일(2011. 5)

15억

Exited

2011　2014. 3

총 투자유치 금액
1억 2,000만

매출

비즈니스 모델

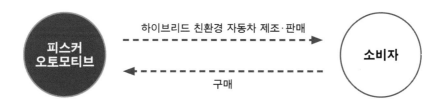

피스커 오토모티브 → 하이브리드 친환경 자동차 제조·판매 → 소비자
소비자 → 구매 → 피스커 오토모티브

친환경 자동차를 생산하여 소비자에게 판매한다.

어떤 사업을 하는가

초창기에는 헨리크 피스커 특유의 디자인 감각이 드러나는 자동차들을 높은 가격의 소량생산 방식으로 생산했다. 그러던 중 퀀텀 테크놀러지Quantum Technologies와의 전기차 기술 제휴를 통해 2012년 '카르마Karma'를 시장에 선보였다. 엔진이 장착되어 있지만 구동에는 관여하지 않고 발전기 가동에만 이용되고, 차 구동은 전기모터가 담당하는 하이브리드 차량이었다. 하지만 출시 이

왼쪽부터 헨리크 피스커, 버나드 퀼러. (출처 : 피스커 오토모티브)

후 재정적 문제가 부각되고 배터리 결함 문제로 리콜사태도 생기면서 생산이 중단되었다.

헨리크 피스커는 2013년 경영 문제로 피스커 오토모티브를 사임했고 피스커 오토모티브는 파산 절차를 밟게 되었다. 2014년 파산 경매에서 중국 자동차 부품회사인 완샹그룹Wanxiang Group이 1억 4,290만 달러로 인수했다. 피스커 오토모티브의 최종 가치였던 15억 달러에 한참 못 미칠 뿐만 아니라 총 투자금액인 12억 달러의 10분의 1 정도밖에 되지 않았다. 인수한 후 카르마 오토모티브Karma Automotive로 회사 이름을 바꿔 새로이 비즈니스를 시작했다.

창업자는 누구인가

헨리크 피스커Henrik Fisker와 퀼러Bernhard Koehler가 공동 창업했다. 헨리크 피스커는 1963년 덴마크에서 태어났다. 자동차 디자이너로 BMW와 포드 등에서 일했다. 그러다가 포드를 그만둔 뒤 전직 BMW 임원이었던 버나드 퀼러와 함께 2007년 럭셔리 자동차 회사인 피스커 오토모티브를 창업했다.

주요 투자자 엑시콘

2014년 중국 완샹그룹이 1억 4,290만 달러에 인수.

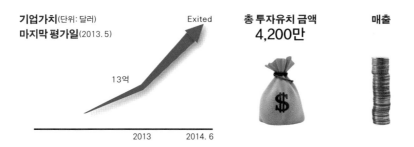

161. 한후아 파이낸셜
Hanhua Financial
중소기업 신용보증, 컨설팅서비스, 대출서비스 운영업체

🏠 금융 서비스 🌐 중국 충칭 📅 2004

기업가치(단위: 달러)
마지막 평가일(2013. 5)

Exited

13억

2013   2014. 6

총 투자유치 금액
4,200만

매출

비즈니스 모델

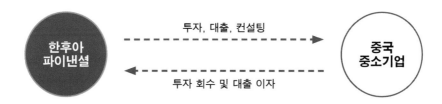

투자, 대출, 컨설팅

한후아
파이낸셜

중국
중소기업

투자 회수 및 대출 이자

    중국 내의 중소기업에 투자금과 대출금을 지원해준다. 투자한 기업이 성장하여 수익을 내면 투자금을 회수하면서 분배받는 수익과 대출 이자가 한후아 파이낸셜의 수익원이다.

어떤 사업을 하는가

    중국 국무원 직속기구인 국가공상행정관리총국의 지원을 받는 공인된 중국 내 전국적인 금융 서비스 기업이다. 한후아 파이낸셜의 주된 비즈니스는 중소기업을 위한 투자, 투자관리, 투자컨설팅이다. '신용발달, 자산관리, 중소기업

장궈샹(오른쪽). 홍콩 증시 상장날.

금융 서비스와 가치창출'이라는 콘셉트로 운영된다. 중소기업에 단기융자를 제공하기도 한다.

2014년 6월 19일 홍콩증권거래소HKEX에 상장했다. 상장 당시 시가총액은 16억 달러로 최종 평가가치보다 3억 달러 높았다. 2016년 2월 말 기준 시가총액은 6억 달러이다.

창업자는 누구인가

장궈샹张国祥, Guoxiang Zhang은 1992년에 셴양텔레비전대Shenyang Television University에서 금융학 학사학위를 받았고 1997년에는 중화인민공화국의 인력 자원사회보장부에서 인증한 중급 금융전문가 자격을 획득했다. 2011년 중국 장강상학원Cheung Kong Graduate School of Business에서 온라인 MBA 학위를 땄다.

그는 2004년부터 한후아의 대표이사로 시작해 이 회사의 전략과 영업, 홍보광고 영역에서 중추적인 역할을 해왔다. 중국 내의 각종 정부 및 민간 금융회사와 기술회사의 상임이사직도 겸하면서, 2013년 3월부터 한후아 파이낸셜의 회장 겸 대표이사로 재직 중이다.

주요 투자자 엑시콘

2014년 6월 홍콩증권거래소에 기업가치 16억 달러로 상장.

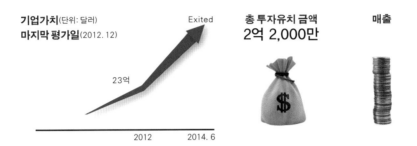

162. 고프로 GoPro

웨어러블 비디오 카메라 제조업체

🏠 하드웨어(비디오 카메라) 🌐 미국 캘리포니아 📅 2004

기업가치(단위: 달러)
마지막 평가일(2012. 12)

Exited

23억

2012   2014. 6

총 투자유치 금액
2억 2,000만

매출

비즈니스 모델

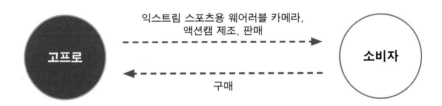

익스트림 스포츠용 웨어러블 카메라,
액션캠 제조, 판매

고프로 →→→→ 소비자

← 구매

공중촬영, 방수 등의 기능성 소형 비디오 카메라를 생산하여 온라인과 오프라인 채널을 통해 고객에게 판매한다.

어떤 사업을 하는가

익스트림 스포츠의 격렬한 순간을 고화질로 잘 담을 수 있고, 여기저기 부착이 가능한 소형 카메라와 카메라 이용 편의를 위한 장비들을 판매한다. 자동차, 항공, 자전거, 보트, 다이빙, 사냥, 암벽등반, 스카이다이빙, 스노우보딩, 카약 등활동별로 공중촬영이나 수중촬영 등에 적합한 모델을 제공한다. 액션캠의 선두주자로 초창기 시장을 장악했다.

제품판매 외에도 모바일용 고프로 앱과 PC용 고프로 스튜디어 소프트웨어를 무료로 제공한다. 모바일 앱을 통해 카메라를 원격으로 제어하거나 고프로 채널의 콘텐츠를 감상할 수 있다. 고프로 스튜디오를 이용해서는 자신이 촬영한 영상을 편집하여 콘텐츠를 만들어 각종 사이트에 공유할 수 있다. 또 고프로 홈페이지에서도 콘텐츠를 공유하는 채널을 제공한다. 제품을 판매한 이후에도 이용자들의 관심을 유지할 수 있는 커뮤니티를 제공하는 셈이다. 2014년 6월 나스닥에 상장했다. 당시 시가총액은 39억 달러로 최종 평가가치인 23억 달러보다 16억 달러 높았다. 2016년 2월 말 기준 시가총액은 16억 달러이다.

창업자는 누구인가

닉 우드먼Nick Woodman은 투자은행 로버슨 스티븐스Robertson Stephens의 공동 창업자였던 아버지와 히스패닉 혈통의 재혼녀로 미국의 벤처 캐피털 회사인 US 벤처 파트너의 이사였던 어머니 사이에서 태어났다. 그는 캘리포니아에서 살면서 서핑의 매력에 흠뻑 빠지게 되었다. 명문고등학교인 멘로 스쿨을 다녔는데 오랜 전통을 가진 그 고등학교에 최초로 서핑클럽을 만들기도 했다. 사설이긴 하지만 그가 부잣집 도련님으로 태어나 해변이 발달한 캘리포니아에서 살지 않았다면 고프로는 만들어지지 않았을지도 모른다.

그는 서핑 클럽 자금을 모집하기 위해 고등학교 미식축구 게임에서 티셔츠를 팔기도 했다. 1997년에 캘리포니아대에서 시각디자인 전공과 문예창작 부전공으로 졸업했다. 졸업 후 그는 두 개의 회사를 창업했는데 첫 번째 회사는 전자제품을 온라인으로 싸게 파는 웹사이트였고 두 번째는 사용자들에게 현금 보상을 해주는 온라인 게임 및 판촉 사이트였다. 두 개의 사업 모두 실패로 돌아갔다.

그는 사업 실패 후 5개월 동안 호주와 인도네시아로 서핑 여행을 떠났다. 여행에서도 서핑을 즐겼는데 자신의 서핑 장면을 촬영하기 위해 35밀리 카메라를 고무밴드를 이용해 자기 손바닥에 밀착시켜 쓰곤 했다. 하지만 스포츠 활동을 근접 촬영하는 것도 불가능했고 저렴한 가격에 고품질을 얻을 만한 장비가 없다는 사실을 깨달았다.

그는 거기서 영감을 얻어 고프로를 창업할 아이디어를 발전시키게 되었다고 한다. 자기 여자친구의 1달러 90센트짜리 조가비 목걸이를 팔고 어머니에게 3만 5,000달러를 빌려 재봉틀을 사서 카메라 벨트를 몸에 부착시킬 최초의 시제품을 만들었다. 초기 개발모델은 사용자의 손목에 탑재시켜 바로 눌러 찍기만 하면 되는 형태의 35밀리 카메라였다.

그는 초기 모델을 자신의 폭스

닉 우드먼

바겐 이동주택 차량에 싣고 다니며 주위에 팔러 다니곤 했다. 첫 번째 큰 매출이 일어난 것은 일본의 한 회사가 자신들의 스포츠 쇼에 전시할 용도로 100대의 기기를 주문하면서부터였다. 그 이후 매 해마다 매출이 두 배씩 급증하기 시작했다고 한다.

주요 투자자 엑시콘

2014년 6월 나스닥에 기업가치 39억 달러로 상장.

163. 호튼웍스 Hortonworks

빅데이터 관리 소프트웨어 및 솔루션 제공 업체

🏠 소프트웨어(빅데이터 소프트웨어) 🌐 미국 캘리포니아 📅 2011

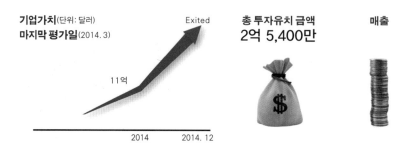

기업가치(단위: 달러)
마지막 평가일(2014. 3)

Exited

11억

2014   2014. 12

총 투자유치 금액
2억 5,400만

매출

비즈니스 모델

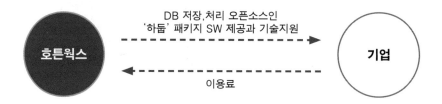

호튼웍스

DB 저장,처리 오픈소스인
'하둡' 패키지 SW 제공과 기술지원

이용료

기업

기업에서 대용량 데이터 저장 처리 소프트웨어를 제공하고 관리해준다.

어떤 사업을 하는가

기업을 대상으로 대용량의 빅데이터를 처리할 수 있는 오픈소스 소프트웨어인 '하둡'의 배포판을 공급하고 데이터베이스 유지, 관리, 컨설팅, 교육 등의 관련 비즈니스를 운영하고 있다. 하둡은 오픈소스 프로젝트이기 때문에 여러 벤더들이 새 기능을 추가하거나 고객에 맞춰 안전성을 개선하는 방식으로 독자적인 배포판을 개발해 공급한다.

왼쪽부터 시계방향으로 에릭 발데슈빌러, 앨런 게이츠, 애런 머시, 드바라 다스, 마하데브 코나르, 산자이 라디아, 오웬 말리, 수레쉬 스리니바스. (출처 : 호튼웍스)

하둡을 수정하고 기능을 추가하면 소프트웨어로 판매하는 경쟁사와는 다르게 호튼웍스는 수정사항을 하둡에 다시 반영한다. 하둡 생태계를 구축하고 오픈소스 코드를 발전시켜 원하는 모든 이에게 혜택이 돌아가도록 하는 것이 철학이다. 2013년 12월에는 한국 지사인 호튼웍스 코리아가 국내에서 사업을 시작했다. 2014년 12월 나스닥에 상장했다. 상장 당시 시가총액은 11억 달러로 최종 평가가치와 같았다. 2016년 2월 말 기준 시가총액은 5억 달러이다.

창업자는 누구인가

에릭 발데슈빌러Eric Baldeschwieler, 앨런 게이츠Alan Gates, 애런 머시Arun Murthy, 드바라 다스Devaraj Das, 마하데브 코나르Mahadev Konar, 산자이 라디아Sanjay Radia, 오웬 말리Owen Malley, 수레쉬 스리니바스Suresh Srinivas가 공동 창업했다.

주요 투자자 엑시콘

2014년 12월 나스닥에 기업가치 11억 달러로 상장.

164. 제이디닷컴 JD.com

중국의 전자상거래 종합 온라인 쇼핑몰

🏠 전자상거래 🌐 중국 베이징 📅 2004

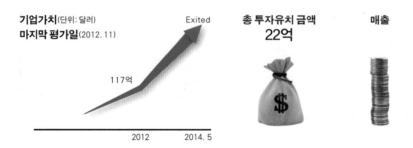

기업가치(단위: 달러)
마지막 평가일(2012. 11)

Exited

117억

2012   2014. 5

총 투자유치 금액
22억

매출

비즈니스 모델

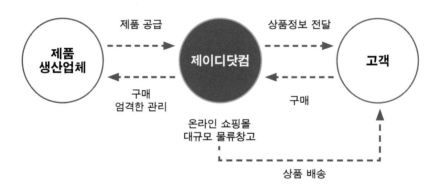

제품 생산업체에게 제품을 공급받아 대규모 물류창고에 보관해 둔다. 제이디 닷컴 사이트를 이용해서 일반 고객에게 판매하고 배송한다.

류창동. (출처: 파이낸스 아시아)

어떤 사업을 하는가

중국 최대 전자상거래 기업인 알리바바 다음으로 두 번째로 큰 종합 온라인 쇼핑몰. 알리바바의 강력한 경쟁자로 주목받고 있다. 알리바바의 오픈마켓 형식과 다르게 정품만을 취급하며 엄격하게 관리되는 자체 쇼핑몰이라는 특징으로 자체 물류창고를 가지고 있고 중국 내 2,050개 현에 배송 시스템을 갖추는 등 물류배송 시스템을 경쟁력으로 내세운다.

2014년에는 텐센트와의 제휴로 텐센트의 모바일 메신저 큐큐QQ와 위챗 WeChat에 전자상거래 서비스를 연동시켜 모바일 전자상거래 플랫폼을 선점해 빠르게 모바일 채널을 확보했다. 2015년 11월에는 원클릭 주문 결제 버튼인 제이디 나우JD Now를 출시했다. 아마존이 4월 출시했던 아마존 대쉬와 유사한 서비스로 와이파이가 탑재되어 고객이 버튼을 누르면 평소 사용하던 생필품 등의 브랜드 상품을 주문할 수 있다. 제이디닷컴은제이디 나우를 중국 최초 스마트 쇼핑 디바이스라고 정의했다.

창업자는 누구인가

대학에서 사회학을 전공한 류창동Qiangdo Liu 회장은 전공보다 컴퓨터 프로그래밍에 관심이 많았다. 졸업 후 재팬 라이프Japan Life라는 일본계 건강보조기구 업체에서 일하다가 회사를 그만둔 뒤 24세에 전자제품 판매점을 창업했다. 그러다가 2003년 중증 급성호흡기증후군 사스SARS의 중국 유행 시기에 복합 온라인쇼핑몰인 제이디닷컴JD.com을 창업했다. 2014년 5월 나스닥에 상장했다. 상장 당시 시가총액은 285억 달러로 최종 평가가치보다 약 168억 달러 높았다. 2016년 2월 말 기준 시가총액은 365억 달러이다.

주요 투자자 엑시콘

2014년 5월 나스닥에 기업가치 285억 달러로 상장.

165. 라쇼우 LaShou

중국의 소셜커머스 사이트 운영 업체

🏠 전자상거래 🌐 중국 베이징 📅 2009

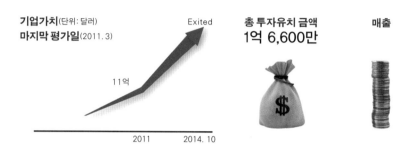

기업가치(단위: 달러)
마지막 평가일(2011. 3)

Exited

11억

2011   2014. 10

총 투자유치 금액
1억 6,600만

매출

비즈니스 모델

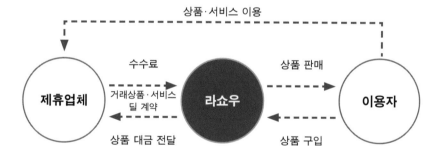

상품·서비스 이용

제휴업체

수수료

거래상품·서비스
딜 계약

라쇼우

상품 판매

이용자

상품 대금 전달

상품 구입

계약을 맺은 제휴업체로부터 상품이나 이용권을 거래해서 사이트를 통해 고객들에게 판매한다. 이용자들은 사이트를 통해 상품과 이용권을 구매하고 업체에 가서 서비스를 이용한다.

어떤 사업을 하는가

제휴업체들과 상품과 서비스 딜 계약을 통해 수수료를 받고, 업체 이용권을

일반 소비자에게 제공하는 O2O 기반 플랫폼 소셜
커머스 라쇼우Lashou.com를 운영한다. 소셜커머스 붐
과 함께 시작된 라쇼우는 2011년 판매액 17억 위안
을 돌파할 만큼 폭발적인 상승세를 기록하며 전체 매
출순위 1위를 차지하기도 했다. 하지만 점차 판매부
진으로 경영에 어려움이 생기면서 CEO였던 보우

보우 (출처 : 라쇼우)

BoWu를 비롯한 경영진이 여럿 사퇴했다. 사퇴한 창업자 보우BoWu는 2013년 패
션 O2O 플랫폼을 새로 창업했다. 2014년 10월에 라쇼우는 부동산, 유통, 정보
서비스, 헬스케어 등 다양한 사업을 하는 중국의 재벌기업 산바오그룹三胞集團,
Sanpower에 인수되었다. 인수 가격은 공개되지 않았지만 경영의 어려움을 겪다
가 인수된 만큼 인수 가격이 평가받았던 가치에 미치지 못했을 것으로 보인다.
인수 가격은 공개되지 않았다.

창업자는 누구인가

보우BoWu와 샤오보 지아Xiaobo Jia가 공동 창업했다. 창업자 보우는 대학에서
전자공학을 전공했다. 1999년 포커스Focus라는 중국의 부동산 포털사이트를
만들어 운영했고 비디오 공유 비즈니스인 인리치 테크놀러지EnReach Technology
를 설립해 운영하기도 했다. 다양한 창업 경험을 가지고 소셜커머스인 라쇼우
를 창업했다.

주요 투자자 엑시콘

2014년 10월 중국 산바오 그룹이 인수.

LendingClub 166. 렌딩 클럽 Lending Club

P2P 대출서비스 제공 업체

🏠 금융 서비스　🌐 미국 캘리포니아　📅 2006

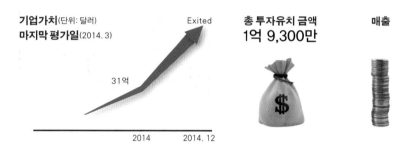

기업가치(단위: 달러)
마지막 평가일(2014. 3)

Exited

31억

2014　　2014. 12

총 투자유치 금액
1억 9,300만

매출

비즈니스 모델

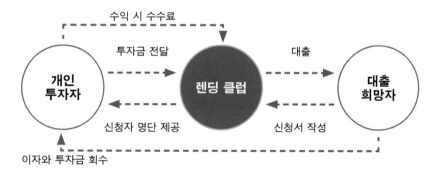

수익 시 수수료

투자금 전달　　　　　　　　대출

**개인
투자자**　　　　　**렌딩 클럽**　　　　　**대출
희망자**

신청자 명단 제공　　　　신청서 작성

이자와 투자금 회수

　온라인 사이트를 통해 투자자들과 대출 희망자를 연결해주는 중개 역할을 한다. 대출 희망자들에게 신청서를 받고 대출희망자의 정보가 담긴 명단을 투자자에게 공개하면 투자자들은 원하는 사람에게 투자한다. 투자금 회수 이상으로 이익이 나는 경우 투자자는 렌딩 클럽에게 수수료를 내고 이 수수료는 렌딩 클럽의 주 수입이 된다.

왼쪽부터 리노드 라플란체, 소울 타이트. (출처 : 렌딩 클럽)

어떤 사업을 하는가

렌딩 클럽은 페이스북의 앱으로 P2P 대출서비스를 시작했다. 대출 희망자가 렌딩 클럽을 통해 온라인으로 신청서를 작성하고 투자자들은 대출 신청자 명단을 보고 원하는 사람에게 투자한다. 투자자는 25달러(약 2만 7,000원) 단위로 분산투자를 하게 된다. 3년 만기 기준 평균 대출 이자율은 일반 금융기관보다 저금리인 11% 정도이며 투자자의 수익은 일반예금 상품보다 높은 연 7~8%이다.

렌딩 클럽은 대출 희망자와 투자자 사이를 연결해주는 플랫폼 역할을 한다. 투자자는 투자로 수익이 발생했을 때에만 렌딩 클럽에 수수료를 지급한다. 인터넷을 기반으로 하기 때문에 운영비가 적고 수많은 소액투자자로부터 돈을 모을 수 있어서 은행처럼 기관투자자에게 의존할 필요가 없다. 2014년 12월 나스닥에 상장했다. 상장 당시 시가총액은 85억 달러로 최종 평가가치보다 54억 달러 높았다. 현재 시가총액은 34억 달러이다.

창업자는 누구인가

소울 타이트Soul Htite와 리노드 라플란체Renaud Laplanche가 공동 창업했다. 소울 타이트는 오라클에서 12년간 서버 개발자로 근무하다가 변호사였던 친구 리노드 라플란체Renaud Laplanche로부터 P2P 대출사업 구상을 듣고 함께 렌딩 클럽을 창업하게 되었다. 창업부터 4년간 렌딩 클럽의 CTO로 자동 대출업무처리 플랫폼을 개발했다. 공동 창업자 소울 타이트는 2011년 이후 중국에서 새로운 P2P 대출회사 디안룽Dianrong을 창업해 CEO가 되었다.

주요 투자자 엑시콘

2014년 12월 나스닥에 기업가치 85억 달러로 상장.

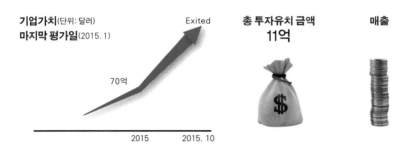

167. 메이투안 Meituan

중국의 소셜커머스 사이트 운영 업체

🏠 전자상거래(소셜커머스) 🌐 중국 베이징 📅 2010

기업가치(단위: 달러)
마지막 평가일(2015. 1)

Exited

70억

2015   2015. 10

총 투자유치 금액
11억

매출

비즈니스 모델

상품·서비스 이용

수수료

상품대금 지불

제휴업체

상품·서비스
딜 계약

메이투안

이용자

상품 대금 전달

상품구입

계약을 맺은 제휴업체로부터 상품이나 이용권을 거래해서 사이트를 통해 고객들에게 판매한다. 이용자들은 사이트를 통해 상품과 이용권을 구매하고 업체에 가서 서비스를 이용한다.

왕싱 (출처: 메이투안)

어떤 사업을 하는가

중국 최대 소셜커머스 업체. 메이투안은 제휴 업체에 수수료를 받고 업체 이용권을 일반 소비자에게 제공하는 O2O 기반 플랫폼 소셜커머스 업체이다. 중국 최대의 전자상거래업체 알리바바가 메이투안의 지분 15%를 소유하고 있다가 텐센트가 20%의 지분을 보유하고 있던 디엔핑과 합병했다. 알리바바와 텐센트가 소셜커머스 분야에서 확고한 지배력을 갖기 위해 합병을 진행하면서 서로 할인 경쟁에 드는 비용을 줄일 수 있을 것이라 기대하고 있다. 2015년 10월 중국의 대형 맛집 평가사이트 디엔핑과 합병하면서 여전히 비상장기업인 메이투안-디엔핑Meituan-dianping의 이름으로 각각의 서비스를 따로 운영한다.

창업자는 누구인가

왕싱Xing Wang*은 2010년 메이투안을 창업했다. 중국에 첫 소셜커머스를 선보였다.

주요 투자자 엑시콘

2015년 10월 중국 대형 맛집 사이트 Dianping과 합병.

---

* 자세한 내용은 84쪽 5위 메이투안-디엔핑 참고.

168. 모빌아이 Mobileye

자율주행 자동차 충돌방지 기술개발 업체

🏠 하드웨어(고급 운전자 보조장치) 🌐 이스라엘 예루살렘 🏰 15 1998

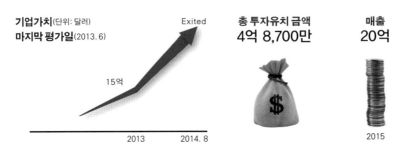

기업가치(단위: 달러)
마지막 평가일(2013. 6)

Exited

15억

2013   2014. 8

총 투자유치 금액
4억 8,700만

매출
20억

2015

비즈니스 모델

자율주행자동차 충돌방지장치 기술·제품 개발. 운전자가 사고를 예방하고 안전하게 운전할 수 있도록 도와주는 운전 보조 시스템 기술을 개발하고 기술을 접목한 제품을 제작하여 판매한다. 자동차 제작 업체와 거래를 하기도 하며 개인 고객도 직접 구매하여 개인 자동차에 이용할 수 있다.

어떤 사업을 하는가

추돌 경보, 차선이탈 경보, 안전거리 모니터링 및 경보, 속도제한 표시 등 사고를 미리 방지하는 지능형 운전보조시스템ADAS, Advanced Driver Assistance System 기술

왼쪽부터 암논 샤슈아, 지브 아비람. (출처 : 모빌아이)

을 개발하고 제품을 제작해 판매한다. 미 교통부 산하 도로안전관리국NHTSA의
관리기준을 통과한 유일한 제품으로 유명하다. 2013년 3월 '인류의 더 나은 미
래를 위한 기술을 제공하는 기업'에 선정되기도 했다.

현재는 자율주행 자동차의 상용화에 주된 목표를 두고 있다. 창업자 암논 샤
슈아Amnon Shashua는 2018년쯤 자율주행 자동차에 모빌아이의 칩이 탑재될 예
정이다. 해당 차량은 운전자가 심근경색을 앓거나 졸음운전을 하는 등 정상적
인 운전 능력을 상실한 상황에서 자율주행을 하게 될 것이라 밝혔다. 2014년
7월 나스닥에 상장했다. 당시 시가총액은 53억 달러로 최종 평가가치였던
15억 달러보다 38억 달러나 높았다. 2016년 2월 말 기준 시가총액은 70억 달
러이다.

창업자는 누구인가

암논 샤슈아Amnon Shashua와 지브 아비람Ziv Aviram이 공동 창업했다. 암논 샤슈
아는 이스라엘 텔아비브 대학에서 수학과 컴퓨터공학을 전공했고 와이즈만과
학연구소에서 컴퓨터공학 석사학위를 받았고 미국 MIT에서 두뇌 인지과학으
로 박사학위를 받았다. 이스라엘 히브리대학 컴퓨터공학과 교수를 역임했고 컴
퓨터 시각기술과 머신러닝 분야에서 명망 있는 기술자로서 각종 영예로운 기술

상을 받았다.

그는 1999년에 오로지 카메라와 소프트웨어 알고리즘만을 이용해 외부 차량을 인식할 수 있는 자신의 학문적 연구성과를 시각적 기술솔루션으로 상업화시키기 위해 모빌아이를 창립했다. 당시 기술 소유권은 이스라엘 히브리대의 이썸Yissum 연구소에 귀속되어 있었기 때문에 라이센스를 받아낸 후에야 회사를 설립할 수 있었다. 그는 창업동료로 지브 아비람Ziv Aviram을 영입했다. 지브 아비람은 세 곳의 이스라엘 회사의 대표이사를 맡아 적자기업들을 경영개선으로 흑자 전환시킨 경험이 있다. 그는 모빌아이에 공동 창업자 겸 대표이사로 합류했다.

그들은 이스라엘 예루살렘에 연구개발 부서를 설립해 수년간의 테스트 끝에 상업적인 제품으로 모빌아이 기술을 출시했다. 그 후 BMW, 제너럴모터스, 볼보 등에 OEM 방식으로 납품 판매했다. 처음에는 이들 자동차 회사의 신차에 옵션품으로 채택되었다가 이후 기본 스탠더드로 채택되었다. 2015년에는 테슬라 모터스에서 모델S 제품군에 자율주행 솔루션용으로 모빌아이 기술을 사용하기로 했다.

주요 투자자 엑시콘

2014년 8월 나스닥에 기업가치 53억 달러로 상장.

169. 네스트 랩스 Nest Labs

스마트 실내온도조절기 제조업체

 하드웨어(온도조절장치)   미국 캘리포니아   15 2010

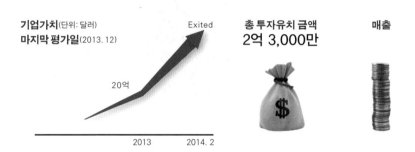

기업가치(단위: 달러)
마지막 평가일(2013. 12)

Exited

20억

2013   2014. 2

총 투자유치 금액
2억 3,000만

매출

비즈니스 모델

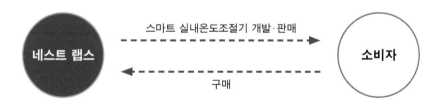

네스트 랩스 —— 스마트 실내온도조절기 개발·판매 ——> 소비자

<—— 구매 ——

인터넷에 연결되어 자동으로 실내 온도를 조절하는 온도조절기를 제작하여 온라인과 오프라인 채널을 통해 소비자에게 판매한다.

어떤 사업을 하는가

스마트 실내온도 조절기를 개발하고 제작, 판매하는 업체이다. 온도 조절기는 방에 불이 켜져 있거나 햇볕이 강할 때를 스스로 감지하고, 거주자의 움직임을 분석해 집안의 히터나 에어컨도 자동으로 조절할 수 있다. 아이폰이나 PC를 활용해 원격 조절도 가능하다.

왼쪽부터 맷 로저스, 구글 창업자이자 CEO 래리 페이지, 토니 파델. (출처 : 네스트 랩스)

이후 출시한 스마트 화재경보기 역시 온도조절기와 마찬가지로 사물인터넷 개념이 적용된 제품이다. 와이파이가 연결된 상태이면 오류 수정, 성능 향상 및 추가 기능을 위한 업데이트를 받을 수도 있다. 하드웨어를 판매하는 기업이지만 소프트웨어의 기능이 중요한 비중을 차지하는 것이다.

2014년 2월에 구글은 32억 달러라는 높은 가격으로 네스트 랩스를 인수했다. '사물인터넷' 분야를 주도하기 위한 전략으로 보인다. 구글이 2012년 휴대폰 제조 기업 모토로라를 인수한 이후 두 번째로 큰 규모의 인수합병이었다. 인수가격인 32억 달러는 네스트 랩스의 매출액의 10배 이상의 가격이었다.

창업자는 누구인가

토니 파델Tony Fadell과 맷 로저스Matt Rogers가 공동 창업했다. 토니 파델은 미국의 발명가, 디자이너, 기업인 겸 투자자이다. 1969년에 태어나 대학에서 컴퓨터 엔지니어링을 전공했다. 이후 필립스에서 근무하다가 디지털 음악 플레이어 업체인 퓨즈를 창업했다. 퓨즈 운영 당시 스티브 잡스를 만나 애플에서 함께 일할 것을 제안받고 2001년부터 애플에 합류했다. 2006년 3월부터 2008년 11월까지 애플에서 아이팟 개발에 참여했으며 '아이팟의 아버지' 중 한 명으로 꼽힌다.

그는 애플에서 수석부사장까지 맡게 되었는데 가정에서 흔히 볼 수 있는 물건들과 인터넷을 연결한 제품 라인에 대한 욕구가 있었다. 아이폰 소프트웨어 매니저 출신인 동료 맷 로저와 2010년 5월 네스트 랩스를 설립했고 2014년 1월 구글에 매각했다.

주요 투자자 엑시콘

2014년 2월 구글이 32억 달러에 인수.

170. 뉴 렐릭 New Relic

앱 모니터링 툴 제공(SaaS) 업체

🏠 소프트웨어(모니터링) 🌐 미국 캘리포니아 📅 2007

기업가치(단위: 달러)
마지막 평가일(2014. 4)

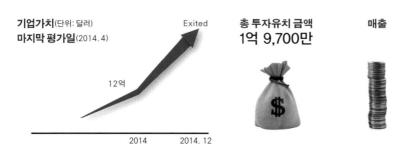

Exited

12억

2014   2014. 12

총 투자유치 금액
1억 9,700만

매출

비즈니스 모델

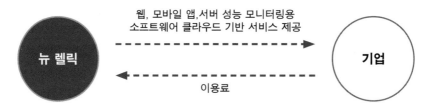

웹, 모바일 앱,서버 성능 모니터링용
소프트웨어 클라우드 기반 서비스 제공

뉴 렐릭 → 기업

이용료

기업 고객에게 기업에서 운영하는 웹 서버나 비즈니스 관리 프로그램의 성능을 실시간으로 확인하는 모니터링 프로그램을 개발하여 판매한다.

어떤 사업을 하는가

기업 고객을 대상으로 웹과 모바일 앱, 서버의 성능에 대해 실시간으로 확인할 수 있게 해주는 올인원All-inone 관리 툴을 제공한다. 마이크로소프트, 그루폰, 소니, 어도비, 폭스 등 수 천개의 기업을 고객사로 두고 있다. 고객들은 뉴 렐릭을 이용함으로써 비즈니스에 중요한 애플리케이션 관리 비용, 최적화 비용을

줄일 수 있다. 고객들의 이용료가 뉴 렐릭의
주 수입원이 된다. 홈페이지에서는 현재 이
용하고 있는 애플리케이션의 병목현상을
확인할 수 있는 무료버전을 제공하고 있다.

2014년 12월 뉴욕증권거래소에 상장
했다. 당시 시가총액은 14억 달러로 최종
평가가치인 12억 달러보다 2억 달러 높았
다. 2015년에는 더 하위 레벨에 대한 모니

루이스 써니 (출처 : 뉴 렐릭)

터링을 위해 인프라스트럭쳐 모니터링 기술 스타트업인 Opsmatic을 인수했다.
2016년 2월 말 기준 시가총액은 13억 달러이다.

창업자는 누구인가

루이스 써니Lewis Cirne는 대학에서 컴퓨터과학을 전공하고 이후 애플에서 근
무하다가 1998년 와일리 테크놀러지Wily Technology라는 기업용 앱 관리솔루션
업체를 창업했다. 이후 그는 와일리 테크놀러지가 매각되면서 SaaS 모델에 포
커스를 맞추게 되었다. 루이스 서니 본인 이름의 철자 순서를 바꾼 말인 뉴 렐릭
이라는 이름으로 바꿔 앱 모니터링 서버 제공 업체를 창업했다.

주요 투자자 엑시콘

2014년 12월 뉴욕증권거래소에 기업가치 14억 달러로 상장.

171. 로켓 인터넷 Rocket Internet

ROCKETINTERNET

이미 성공한 비즈니스 모델 벤치마킹 전문 업체

🏠 소비자 인터넷(벤처 빌더)　🌐 독일 베를린　🏰 2007

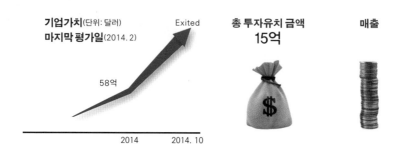

기업가치(단위: 달러)
마지막 평가일(2014. 2)

Exited

58억

2014　　2014. 10

총 투자유치 금액
15억

매출

비즈니스 모델

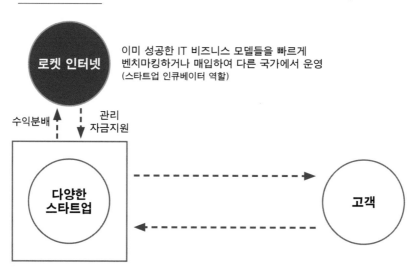

로켓 인터넷

이미 성공한 IT 비즈니스 모델들을 빠르게
벤치마킹하거나 매입하여 다른 국가에서 운영
(스타트업 인큐베이터 역할)

수익분배　　관리
　　　　　　자금지원

**다양한
스타트업**

고객

　성공한 기업의 비즈니스를 분석해 다른 국가에서 운영할 수 있도록 스타트업
을 설립하기도 하고 그 분야의 스타트업에게 투자를 하거나 인수하기도 한다.
자체적으로 관리하고 있는 여러 스타트업이 있으며 그 각각의 스타트업이 성장하고 수익을 내면 투자금을 회수하고 수익을 분배 받는다.

어떤 사업을 하는가

이미 성공한 IT 비즈니스 모델들을 빠르게 벤치마킹 후 매각하여 다른 국가에서 운영하는 스타트업 빌더이다. 로켓인터넷은 이미 성공한 IT 비즈니스 모델을 다른 국가들에 재빨리 내놓아 성공시키는 전략으로 성장한 스타트업의 인큐베이터 역할을 하는 기업이다. 사업 모델을 찾아내면 MBA와 컨설팅회사 등에서 경영진을 물색해서 회사를 설립해 여러 국가에 런칭한다.

미국이나 선진 유럽에서 성공한 사업 모델을 다른 지역에 내놓는 방식으로 60여 국에서 40여 종류의 IT 사업을 벌이고 있다. 로켓인터넷이 '이베이' '그루폰' '핀터레스트' '에어비엔비' 등을 벤치마킹하여 유럽이나 인도 등에서 설립한 회사로는 각각 '알란도' '시티딜' '핀스파이어' '윔두' 등이 있다.

2010년 11월 로켓인터넷 코리아가 만들어져 비즈니스를 시작했다. 이후 소셜커머스업체 '그루폰코리아', 온라인 화장품 판매업체 '글로시박스', SNS 기반 숙박업체 '윔두코리아', 사진 기반 SNS '핀스파이어', 명품 전문 소셜커머스업체인 '프라이빗라운지' 등을 설립했다. 이 중 '프라이빗라운지'는 경쟁 업체인 위메이크프라이스에 팔아넘겼다.

2014년 9월 프랑크푸르트증권거래소에 상장했고 당시 시가총액은 82억 달러로 최종 평가가치인 58억 달러보다 24억 달러 높았다. 2016년 2월 말 기준 시가총액은 38억 달러(35억 유로)이다.

창업자는 누구인가

올리버 잠버Oliver Samwer, 마크 잠버Marc Samwer, 알렉산드라 잠버Alexandra Samwer 가 공동 창업했다. 이들은 형제들이다. 올리버 잠버는 대학에서 경영학을 전공한 후 신발제조 사업을 한 경험이 있었다. 그는 형제인 마크와 알렉산드라와 함께 2007년 로켓인터넷을 창업했다. 삼 형제는 첫 사업으로 이베이의 사업 모델

왼쪽부터 마크 잠버, 올리버 잠버, 알렉산드라 잠버.

을 모방한 독일판 이베이인 알란도Alando를 창업했다. 창업 약 100일 만에 잠버 형제들은 알란도를 이베이에 4,300만 달러에 팔았다.

그 후 삼 형제는 모두 독일, 스위스, 오스트레일리아에 진출한 이베이 사업의 매니징 디렉터로 일하게 된다. 그들은 곧 두 번째 사업을 시작한다. 유럽과 미국에서 모바일로 이용 가능한 음악, 게이프 비디오 등을 제공하는 콘텐츠 마켓인 잠바Jamba를 창업한 것이다. 4년 후 버라이사인Verisign에 매각한다. 삼 형제는 이베이를 그만두고 다양한 경험을 바탕으로 본격적으로 로켓인터넷 사업을 시작하게 된다. 로켓인터넷은 번뜩이는 아이디어와 행동력 있는 온라인 서비스 스타트업 창업자들에게 필요한 노하우와 자금을 제공하면서 시장의 트렌트를 가장 빠르게 읽어내는 거대 인터넷상거래 사업 플랫폼으로 성장했다.

주요 투자자 엑시콘

2014년 10월 프랑크푸르트증권거래소에 기업가치 82억 달러로 상장.

wayfair 172. 웨이페어 Wayfair

가정용 인테리어 상품 온라인 몰 운영 업체

🏠 전자상거래(가정용품 온라인 소매) 🌐 미국 매사추세츠 15 2002

기업가치(단위: 달러)
마지막 평가일(2014. 3)

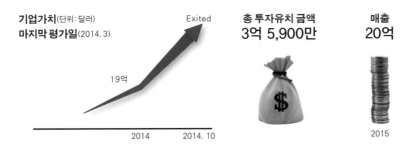

19억

Exited

2014   2014. 10

총 투자유치 금액
3억 5,900만

매출
20억

2015

비즈니스 모델

인테리어 상품 제조업체 — 제품 공급 → 웨이페어 — 가정용 인테리어 상품 온라인 판매 → 고객
인테리어 상품 제조업체 ← 구매 — 웨이페어 ← 구매 — 고객

　　가정용품 온라인 리테일 선두업체. 웨이페어닷컴Wayfair.com를 통해 가정용 인테리어 상품 등을 테마별로 상품을 구성하여 고객들에게 온라인으로 판매한다.

어떤 사업을 하는가

　　웨이페어는 가구, 욕실용품, 주방용품, 유아동 장난감, 조명기구, 홈데코 등의 가정용 인테리어 상품을 판매하는 온라인 몰이다. 소규모 브랜드들을 인수하여 카테고리별로 콘셉트에 맞는 하위 브랜드 쇼핑몰을 두고 있기도 하다. 72시간 동안에 정해진 상품을 최고 70% 할인해서 판매하는 할인품목으로 인기가 많다. 주문금액이 49달러가 넘으면 배송비는 무료이다.

2014년 9월 나스닥에 상장했고 당시 시가총액은 24억 달러로 최종 평가가 치인 19억 달러보다 5억 달러 높았다. 2016년 2월 말 기준 시가총액은 33억 달러이다.

창업자는 누구인가

니라즈 샤Niraj Shah과 스티브 코닌Steve Conine는 대학 동기로 심플리파이 모바일Simplify Mobile과 iXL이라는 글로벌 컨설팅업체를 운영했던 경험이 있었다. 그들은 2002년 인터넷 서칭 패턴과 결과들을 분석해 스테레오 재생장치 선반, 스탠드 등의 온라인 판매 기회를 파악했다. 그래서 스티브의 집 빈방에서 웨이페어를 시작했다. 처음에 하나의 사이트에서 시작했다가 점차 확장되어 여러 가지 가정용 인테리어 상품 온라인 판매 사이트를 보유하게 되었다.

그들은 2013 NYC 앙트레프레너 서밋에 출연해 기업가로 성공하기 위한 네 가지 법칙을 알리기도 했다. 첫째, 도전 또는 모험을 통해 서로 간에 신뢰를 구축해 나가는 것. 둘째, 서로가 서로에 대해 건설적으로 대화하는 방법을 배우는 것. 종종 파트너십이 실패하는 이유 중 하나가 아주 사소한 것에 사로잡혀 있기 때문이다. 그들은 그 이유가 서로에 대한 비판적인 피드백이 부재한 결과라고 말한다. 셋째, 서로가 무엇을 잘하는지 그리고 무엇을 중시하는지에 대해 배우라는 것이다. 처음에 스티브는 마케터로 시작하였고 니라즈는 엔지니어로 시작하였다. 하지만 서로에 관한 관심과 배움을 통해 지금은 스티브가 엔지니어 역할을 하고 니라즈가 비즈니스를 담당하고 있다고 한다.

마지막으로 넷째, 동기와 목표를 잘 나열해보는 것을 강조하였다. 만약 파트너가 서로 다른 목표를 품고 있다면 좋게 끝나지 않을 수 있다고 말하였다. 웨이페어 LLC는 2002년에 설립이 되어 11년간 지속이 되어오고 있다. 그러나 처음 9년 동안은 외부의 지원 하나 없이 독자적으로 사업을 운영하기 위해 노력했다. 그러다 최근 2년 동안 크게 성공했다. 사업 운영에서 기업문화를 중요했기 때문

왼쪽부터 니라즈 샤, 스티브 코닌.

에 이같은 결과를 가져왔다고 밝히기도 했다. 다시 말해 그들은 좋은 사람들과 만족하며 일을 함으로써 좋은 결과를 이끌어낼 수 있었다.

주요 투자자 엑시콘
2014년 10월 나스닥에 기업가치 24억 달러로 상장.

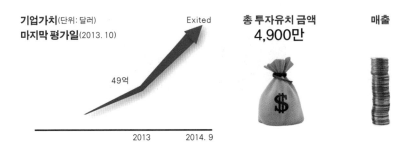

zalando 173. 잘란도 Zalando

패션 온라인 몰 운영 업체

전자상거래(패션 온라인 소매) 독일 베를린 2008

기업가치(단위: 달러)
마지막 평가일(2013. 10)

Exited

49억

2013   2014. 9

총 투자유치 금액
4,900만

매출

비즈니스 모델

의류
생산업체 ─ 제품 공급 → 잘란도 ─ 의류 온라인 판매 → 고객
         ← 구매 ─   ← 구매 ─

유럽 최대 온라인 의류업체. 웹사이트와 모바일 앱을 통해서 의류 생산업체 패션 아이템을 조합하여 고객들에게 온라인으로 판매한다.

어떤 사업을 하는가

잘란도는 독일 최대의 온라인 의류 쇼핑몰이다. 크게 스포츠, 아동, 미용 세 부분으로 나눠 패션 아이템을 판매한다. 로켓 인터넷의 지원을 기반으로 설립되었다. 독일뿐 아니라 유럽 전체를 타깃으로 한다. 모바일 앱도 구성이 잘 되어 있는데 모바일 앱에서는 특히 '스타일 셰이커Style Shaker'라는 기능이 소비자들에

왼쪽부터 루빈 리터, 데이비드 슈나이더, 로버트 겐츠. (출처 : 잘란도)

게 인기를 끌었다. 스마트폰을 흔들면 여러 패션 아이템이 조합되어 코디네이션을 제안하는 기능으로 코디네이션을 친구와 공유할 수도 있다.

또 모바일 앱에 바코드 스캐너 기능을 넣어 오프라인의 의류의 바코드를 스캔하면 앱에서도 옷에 대한 온라인 판매정보를 확인할 수 있다. 2014년 2월 독일의 '인터넷 월드 비즈니스 숍 어워드Internet World Business Shop Award'에서 베스트 쇼Best Show 부문에 선정되어 독일의 인터넷 쇼핑몰 중 최고임을 입증했다.

2014년 9월 프랑크푸르트증권거래소에 상장했고 당시 시가총액은 68억 달러로 최종 평가가치인 49억 달러보다 19억 달러 높았다. 2016년 2월 말 기준 시가총액은 80억 달러(74억 유로)이다.

창업자는 누구인가

루빈 리터Rubin Ritter, 데이비드 슈나이더David Schneider, 로버트 겐츠Robert Gentz가 공동 창업했다. 로버트 겐츠는 대학생 때부터 독일에서 자기만의 인터넷 기업을 갖고 싶어했다. 그는 친구 데이비드 슈나이더David Schneider와 함께 멕시코에서 한 학기 동안 공부하던 시기에 '유니비케이트Unibicate'라는 멕시코 대학생들 대상 소셜네트워크 서비스로 첫 창업을 시작했다. 투자자를 찾기 위해 로켓 인터넷의 올리버 잠버를 찾아갔지만 좋은 평가를 받지 못했다. 투자자를 찾을 수 없어 유니비케이트를 접었고 8개월간 수입이 없이 지냈다.

두 사람은 다시 로켓인터넷을 다시 찾아갔다. 로켓인터넷의 올리버 잠버는 그들에게 유럽으로 돌아갈 비행기 표를 사주었다. 하지만 겐츠와 슈나이더는 돌아가는 대신 올리버 잠버가 운영하는 가격비교 포털 타리파스24Tarifas24에서 몇 달을 일했다. 곧 그들은 새로운 사업 아이디어를 구상했다. 그들은 유명한 미국의 자포스Zappos를 벤치마킹하여 신발판매 온라인 쇼핑몰 잘란도를 시작했다. 이후 로켓 인터넷으로부터 투자를 받으며 잘란도를 성공적으로 성장시켰다.

주요 투자자 엑시콘

2014년 9월 프랑크푸르트증권거래소에 기업가치 68억 달러로 상장.

174. 콰이디 다처 Kuaidi dache

중국의 모바일 P2P 택시 예약 이용 서비스

🏠 소비자 인터넷(운송 서비스)　🌐 중국 항저우　📅 15　2012

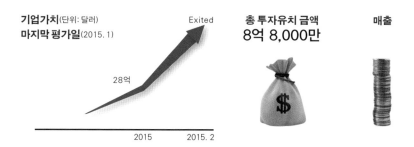

기업가치(단위: 달러)
마지막 평가일(2015. 1)

Exited

28억

2015　　2015. 2

총 투자유치 금액
8억 8,000만

매출

비즈니스 모델

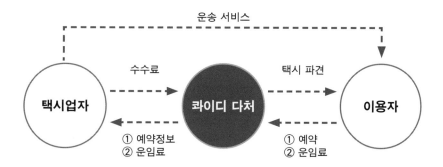

운송 서비스

택시업자　　수수료　　콰이디 다처　　택시 파견　　이용자

① 예약정보　　　　　　① 예약
② 운임료　　　　　　　② 운임료

　　모바일 앱을 통해서 택시업자와 개인 이용자들을 중개해준다. 이용자는 콰이디 다처 앱을 통해 택시를 예약한다. 그럼 콰이디 다처는 예약정보를 택시 운전기사에게 제공한다. 고객이 택시를 이용하고 나면 앱을 통해서 교통비를 계산한다. 콰이디 다처는 교통비를 택시업자에 넘겨주고 수수료를 받는다.

어떤 사업을 하는가

우버의 P2P 택시 예약 이용 서비스 비즈니스 모델을 중국에 처음 도입한 선두 그룹이었다. 알리바바로부터 대규모의 투자를 유치한 콰이디 다처는 비슷한 시기에 같은 비즈니스를 시작한 텐센트의 디디다처와 고객에게 보증금을 더 지급하기 위한 불꽃 튀는 경쟁을 보였다. 두 업체 사이 가격경쟁은 계속 치열해져 이용 고객이 보조금을 받으면 택시비를 내지 않아도 되는 상황까지 만들어지면서 중국의 P2P 택시이용 서비스 시장 자체가 폭발적으로 성장했다.

중국 통신전문 시장조사기관인 애널리시스 인터내셔널Analysis International이 발표한 '중국 택시 앱 시장 분기별 보고서'에 따르면 2014년 12월 중국 택시 앱의 전체 사용자 수는 1.72억 명이고 콰이디 다처의 점유율이 56.4%였고 디디다처의 점유율이 43.3%였다. 2014년 8월에는 콰이디와 디디는 보조금 제도를 함께 중단하고 2015년 1월부터는 협상을 시작하여 2월 전략적 합병을 마쳤다. 각 회사의 CEO는 합병 후에도 공동으로 CEO를 맡았다.

창업자는 누구인가

뤼촨웨이呂传伟, Dexter Chuanwei Lu, 청 웬Cheng Wen, 앤디 첸Andy Chen, 동 자오Dong Zhao, 조 C. 리Joe C. Lee가 공동 창업했다. 창업을 주도한 뤼촨웨이는 언론에 잘 모습을 드러내지 않는 스타일이다. 그가 실리콘밸리에서 비즈니스를 한 경험이 있다는 정도만이 외부에 알려져 있다. 그는 중국판 우버를 표방하며 2012년 5월 항저우에 콰이디 과학기술 유한공사를 설립했고 8월에 콰이디 다처를 런칭했다. 항저우에 기반을 둔 회사다.

'콰이디 다처'는 중국어로 '빠른 택시'라는 의미다. 콰이디는 바이두나 알리바바와 제휴를 맺었고 알리바바와 소프트뱅크 등으로부터 투자도 받으며 중국 내 300개 도시에서 100만 명의 택시 운전자들과 1억 명 이상의 사용자를 확보했고 매일 오더만 300만 건을 기록하며 성장했다.

콰이디가 그렇게 성장할 수 있었던 데는 우버와 다르게 미리 사전예약이 가

왼쪽부터 뤼촨웨이, 청 웬, 앤디 첸, 동 자오, 조 C. 리. (출처: 콰이디 다처)

능하고 결제도 중국의 최대 모바일 결제시스템인 알리페이를 이용했기 때문이다. 콰이디는 2013년에 알리바바에서 1,000만 달러 투자를 받으며 전국 30개 도시로 비즈니스를 확장했다. 2013년 9월 홍콩까지 사업 영역을 확대하고 10월에 전체 시장에서 1위로 등극했다. 2013년 11월에 다황평 다처를 인수하고 2015년 1월에 소프트뱅크로부터 투자를 받았다. 사업상 강력한 경쟁상대였던 디디 다처와 2015년 2월 14일 발렌타인데이에 전격적으로 합병을 발표해 전 세계를 놀라게 했다. 전격적 합병의 배경에는 우버의 중국 시장 공략 소식이 큰 자극제가 되었다고 한다.

색인

유니콘Unicorn

초판 1쇄 발행 2016년 4월 25일
초판 3쇄 발행 2016년 12월 5일

지은이 유효상
펴낸이 안현주

경영총괄 장치혁 **마케팅영업팀장** 안현영
디자인 표지 twoes 본문 dalakbang

펴낸곳 클라우드나인 **출판등록** 2013년 12월 12일(제2013-101호)
주소 우) 121-898 서울시 마포구 월드컵북로 4길 82(동교동) 신흥빌딩 6층
전화 02-332-8939 **팩스** 02-6008-8938
이메일 c9book@naver.com

값 29,900원
ISBN 979-11-86269-45-9 03320